D1664401

Georg Kreis

Gerechtigkeit für Europa

Eine Kritik der EU-Kritik

Schwabe Verlag

Gedruckt mit Unterstützung der Berta Hess-Cohn Stiftung, Basel. Die Publikation wurde ausserdem gefördert durch die Freiwillige Akademische Gesellschaft Basel.

Abbildung Umschlag: Kai-Uwe Heinrich / Der Tagesspiegel, Berlin
Umschlaggestaltung: icona basel gmbh, Basel
Layout: icona basel gmbh, Basel
Druck: Schwabe AG, Basel
Gesamtherstellung: Schwabe AG, Basel
Printed in Switzerland
ISBN Printausgabe 978-3-7965-3743-1
ISBN eBook (PDF) 978-3-7965-3781-3
Das eBook ist seitenidentisch mit der gedruckten Ausgabe und erlaubt Volltextsuche.
Zudem sind Inhaltsverzeichnis und Überschriften verlinkt.
rights@schwabe.ch
www.schwabeverlag.ch

Inhalt

Vorwort

Gerechtigkeit! Diese Forderung meint nicht Kritiklosigkeit, verlangt jedoch nach einer Kritik, die ihren Gegenstand nicht schlechter macht als er ist und die insbesondere die Verantwortung für Mängelbefunde am richtigen Ort ansiedelt. Das ist in der öffentlichen Debatte immer weniger der Fall.

Der britische «Brexit»-Entscheid vom Juni 2016 bildete für viele einen willkommenen Anlass, um die Europäische Union (EU) grundsätzlich in Frage zu stellen und im knappen Entscheid der Briten für den Austritt aus der EU mit geradezu europhoben Kommentaren einen Beweis dafür zu sehen, dass sich die EU falsch entwickelt habe oder grundsätzlich falsch konzipiert sei. Die EU müsse sich darum entweder in eine neue, andere Richtung weiterentwickeln oder gar von Grund auf neu aufgebaut werden. Die nach der «Brexit»-Abstimmung freigesetzte Fundamentalkritik war zwar nicht neu, sie wurde aber mit ungebremster Entschiedenheit vorgebracht und zog in selbstverstärkender Weise weitere Kommentare ähnlicher Art nach sich.

Seit einiger Zeit regt sich nun aber in einem positiven Bewusstseinsschub eine zivilgesellschaftliche Gegenbewegung, die für die EU und die mit ihr verbundenen Werte mit einer heiteren Militanz einzustehen bereit ist.[1] In den Medien ist nach dem ersten Wahlgang der französischen Präsidentschaftswahl vom 23. April und vor der Stichwahl am 7. Mai 2017 immerhin festgehalten worden, dass man auch

---

1 Die mittlerweile europaweite Bewegung «Pulse of Europe» ist im November 2016 vom Frankfurter Anwalt Daniel Röder und seiner Frau Sabine lanciert worden. Im Vorfeld der französischen Präsidentschaftswahlen hat «Pulse of Europe» jeden Sonntag in vielen EU-Städten Demonstrationen organisiert und dabei einen ebenso erstaunlichen wie erfreulichen Zulauf erfahren (vgl. beispielsweise: http://www.faz.net/aktuell/politik/inland/pulse-of-europe-sie-gehen-fuer-europa-auf-die-strasse-14845135.html). Auch nach den Wahlen in Frankreich gingen die zivilgesellschaftlichen Aktivitäten weiter; s.a. http://pulseofeurope.eu.

«mit Europa» Wahlen gewinnen kann.[2] Fraglich ist, ob und wie lange dieses europafreundliche Engagement andauert.

Wie aber ist es zu diesem Stimmungswandel gekommen? Die Ursachen liegen wohl in einer Kombination verschiedener Umstände: die aufschreckende Wahl eines «enfant terrible» zum Präsidenten der einflussreichsten Macht der Welt, die irritierende Verabschiedung Grossbritanniens aus dem Gemeinschaftsprojekt, die ausgebliebenen Triumphe der Europafeinde bei den Wahlen in Österreich und in den Niederlanden, dann die Wahl eines Hoffnungsträgers zum französischen Staatspräsidenten. Im Juni 2017 wurde Helmut Kohls Tod zum Anlass, um in einem «europäischen Staatsakt» mit dem Verstorbenen zugleich auch sein entschiedenes Europaengagement zu würdigen.[3] Der grosse Kanzler starb 87jährig gleichsam zum richtigen Zeitpunkt, ein halbes Jahr zuvor hätte sein Ableben noch nicht denselben europapolitischen Effekt haben können. Umgekehrt war 2012 die wahrhaft ehrenvolle Verleihung des Friedensnobelpreises an die EU beinahe wirkungslos verpufft, weil sie in eine andere Konstellation fiel. In diesem Sommer 2017 kommt zu alledem noch Estlands Übernahme der EU-Präsidentschaft: Fast erscheint es wie ein Omen, dass dieses so zukunftsfreudige wie europafreundliche Land wegen des geplanten Austritts Grossbritanniens ein halbes Jahr früher die Koordination der EU übernehmen darf und diese Aufgabe mit Begeisterung und Zuversicht angeht.

Was die verschiedenen von Russland ausgehenden aggressiven Handlungen (die Angriffe auf die Ukraine, die Cyberattacken und die Expansion in Syrien) alleine nicht geschafft haben, hat nun die Kombination der genannten Faktoren zustande gebracht: Das europäische Zusammenstehen und Zusammengehen wird wieder vermehrt als notwendig erachtet, die Kooperationsbereitschaft hat wieder zugenommen, das Gemeinschaftsprojekt hat wieder Glanz und einen positiven Horizont erhalten.

Die bisher vorherrschenden Einstellungen sind damit aber nicht beseitigt. Seit Jahren wird eher aus grundsätzlichen Vorbehalten denn aus Sympathie immer wieder von verschiedenen Seiten die «Neuerfindung» Europas angeregt, vorgeschlagen oder

---

2 Matthias Daum, Probiert es doch mal mit Europa. In: Die Zeit vom 28. April 2017 (http://www.zeit.de/2017/18/europaeische-union-schweiz-wahlkampf).

3 Zu der nicht vorhersehbaren Konstellation gehört, dass etwa gleichzeitig auch Simone Veil verstarb und als erste Präsidentin des Europäischen Parlaments (1979–1982) erneut gewürdigt wurde. Veil verkörperte in mehrfacher Hinsicht «Europa» und seine Geschichte, zum einen als Auschwitz-Überlebende, zum anderen als Vorkämpferin für die Legalisierung der Abtreibung und als Mitkämpferin für die Abschaffung der Todesstrafe und die Ermöglichung gleichgeschlechtlicher Ehen. Sie erhielt im Juli 2017 ein Ehrengrab im Panthéon, der nationalen «Ruhmeshalle» Frankreichs, in der besonders verdiente französische Persönlichkeiten bestattet werden.

gar gefordert. So wurde am 9. Mai 2016 (dem «Europatag») ein internationaler und überparteilicher Aufruf mit einer «Roadmap for a New European Renaissance» veröffentlicht.[4] Und nach dem «Brexit»-Votum vom Juni 2016 erklärte der in Hamburg lehrende Schweizer Ökonom Thomas Straubhaar, die EU müsse dieses Votum als Signal verstehen, das dazu auffordere, «zusammen mit den einzelnen Mitgliedern und ihren Bevölkerungen alles auf den Prüfstand zu stellen» und sich dabei «neu zu erfinden».[5] Selbst von der Jean-Monnet-Stiftung wurde eine Schrift publiziert, die dezidiert eine Reform und eine Neugründung («une réforme et un refondement») fordert.[6] Und eine jüngst erschienene Aufsatzsammlung kommt ebenfalls mit dem Titel «Europas Ende, Europas Anfang. Neue Perspektiven für die Europäische Union» daher.[7] Das Wort «neu» hat mit Bezug auf Europa inzwischen beinahe magische Qualität erlangt, es verspricht positive Veränderung und wird darum auch von EU-Sympathisanten verwendet, die sich vom 60-Jahr-Jubiläum der Römischen Verträge einen «Neustart» erhoffen und in der «Erklärung von Rom» vom 25. März 2017 eine «neue Geburtsurkunde» erblicken möchten, obwohl diese auch Zufriedenheit und Stolz über Erreichtes zum Ausdruck bringt. Das im Hinblick auf das Treffen in Rom veröffentlichte Weissbuch der EU-Kommission vom 1. März 2017 will seinerseits mindestens ein «neues Kapitel» aufschlagen.

Als Historiker kann man sich von solchen Weckrufen in doppelter Weise herausgefordert fühlen: Einmal, weil da «alte Ideen» – insbesondere die der Relativierung (nicht Beseitigung) nationaler Grenzen – etwas schnell auf der Schutthalde der Geschichte entsorgt zu werden scheinen; und zum anderen, weil die Erwartung ausgesprochen wird, dass man die weitere Entwicklung wirklich «neu» erfinden könne. Zukunft muss tatsächlich nicht nur als Verlängerung der Vergangenheit verstanden werden; aber man kann nicht ohne seine eigene Geschichte zu neuen Ufern aufbrechen.

---

4 http://www.m9m.eu/L201/ (The appeal of 9 May).

5 Thomas Straubhaar, The Day After. In: Aargauer Zeitung vom 29. Juni 2016. Im Weiteren jedoch sehr richtig: «Es gilt, dem Pessimismus und den national(istisch)en Bewegungen eine neue gemeinsame optimistische Vision eines friedlichen, stabilen, prosperierenden und damit lebenswerten Europas des 21. Jahrhunderts entgegenzusetzen.»

6 Etwa Vincent Martenet, Un pacte pour réformer et refonder l'Union européenne. In: Collection débats et documents Nr. 8, März 2017, der Fondation Jean Monnet, Lausanne.

7 Vgl. Rüttgers/Decker, 2017 (die Publikation ist aus einer Ringvorlesung der Universität Bonn hervorgegangen).

Der Ausgang des britischen «Brexit»-Referendums ist von vielen als «historisch» bezeichnet worden. Mit derartigen Qualifizierungen ist man heutzutage stets schnell zur Stelle. Als Historiker mag man dieser Tendenz zunächst entgegenhalten, dass eigentlich alles Geschehene immer historisch ist, jedoch von unterschiedlicher Tragweite. Mit «historisch» ist im Fall des «Brexit» gemeint, dass der Entscheid für Grossbritannien höchst folgenreich werden könnte – in negativer wie vielleicht auch in positiver Weise. Grundsätzlich vergleichbare Einschätzungen gibt es auch mit Blick auf die EU. Hier werden die Konsequenzen ebenfalls in positiven wie negativen Varianten gedacht: Entweder werde der britische Austritt einen Dominoeffekt auslösen und dies der Anfang vom Ende sein. Oder es bestehe nun die Chance für einen Neuanfang, der die EU – endlich – auf den richtigen Weg bringe. Und dazwischen liegt die dritte Variante des schlichten Weiterbestehens und Weitermachens, möglicherweise mit leichten Justierungen.

Die Ausweitung der Gemeinschaftsaufgaben hat das europäische Gemeinschaftsbewusstsein nicht gestärkt, sondern – begleitet von unerfüllten und unerfüllbaren Demokratisierungswünschen – zu einer verstärkten Infragestellung des Gemeinschaftsprojekts geführt. So paradox es ist: Es sind just die Fortschritte und Errungenschaften der EU, die zu ihrer immer kritischeren Beurteilung führen. Noch zu Beginn des 21. Jahrhunderts konnte Wilfried Loth, ein exzellenter Kenner der Geschichte der europäischen Integration, mit grosser Selbstverständlichkeit davon ausgehen, dass «mit der Ausweitung der Gemeinschaftsaufgaben und der Demokratisierung europäischer Politik» die Integration der EU-Bürger zunehmen werde, dass eine «pro-europäische» Mehrheit «eindeutig und ungefährdet» sei und die europäische Dimension der kollektiven Identität in Zukunft «noch stärker» ins Bewusstsein treten werde.[8]

Die Zuversicht, die dem europäischen Integrationsprojekt früher entgegengebrachte wurde, ist inzwischen abhandengekommen und hat eher negativen Einschätzungen Platz gemacht. Abwertende Urteile über die EU können mittlerweile sogar davon ausgehen, dass sie Mehrheitsmeinung sind. Auffallend ist dabei, dass sehr viele der geäusserten Meinungen so kritisch wie uninformiert daherkommen und ihre Vorwurfshaltungen von falschen Voraussetzungen ausgehen. Darum diese Schrift mit dem Titel «Gerechtigkeit für Europa». Und darum auch ein Blick in die Geschichte.

Die Geschichte der europäischen Integrationsbemühungen ist entweder völlig unbekannt oder wird gerade von heftigen Kritikern der gegenwärtigen Verhältnisse

8 Wilfried Loth, Europäische Identität in historischer Perspektive. Bonn 2002. S. 20ff.

als irrelevant angesehen. Deswegen konnte ein britischer Publizist aus einer linksradikalen Position heraus im Juni 2016 behaupten: «Von Anfang an war die EU nicht die Verkörperung des Bürgerwillens – sie ist der Kampf gegen den Bürgerwillen.» Was er unter «Anfang» versteht, verrät der folgende Satz: «Der Maastrichter Vertrag von 1992, der die EU, wie wir sie kennen, begründete [...]».[9] Die Entwicklung, die seit der Gründung der Europäischen Gemeinschaft für Kohle und Stahl 1951 über vier Jahrzehnte hinweg bis zu «Maastricht» geführt hat, ist in diesen Ausführungen inexistent und irrelevant. Das «EU-Übel» setzte offenbar erst 1992 ein, wie sich auch die Missachtung der Bürger durch die europäischen Institutionen und die entsprechende Opposition der Bürger, auf die so gerne verwiesen wird, erst ab diesem Zeitpunkt manifestierten.

Eine jüngst erschienene kleine Schrift bedient wenigstens auf dem vom Verlag fabrizierten Umschlag den Wunsch nach Wiederherstellung demokratischer Mitbestimmung in der EU-Politik mit der Aussage, Thomas Piketty fordere dazu auf: «Holt euch die Kontrolle über Europa zurück!» Und im Klappentext wird gesagt, es gehe darum, «die Bürger einzubinden» und «den Interessen der Mehrheit Gehör zu verschaffen». Gemeint ist damit aber nicht gemäss einer gängigen Erwartung die direktdemokratische Mitsprache, sondern ganz im Gegenteil der Ausbau der supranationalen Ebene mit der Schaffung eines Parlaments (einer «Versammlung» der repräsentativen Mitsprache) für die Eurozone, die bisher am Europäischen Parlament vorbeiverwaltet wurde.[10]

Der gegenwärtige, von vielen als ungut empfundene Zustand wird oft mit der Vorstellung verbunden, dass die Vergangenheit besser war. Konkret ist damit gemeint: dass die EU in früheren Zeiten weniger «bürgerfern» war und die Bürger und Bürgerinnen zufriedener mit ihr waren. Eine neutrale Formulierung lautet, dass zwischen

---

9 Brendan O'Neill, Für Europa, gegen die EU, 20. Juni 2016 (https://www.novo-argumente.com/artikel/fuer_europa_gegen_die_eu, Zugriff: März 2017). O'Neill ist ein der Linken zuzurechnender Journalist und war 2006 Mitgründer des «Manifesto Club». In seinen Texten finden sich noch andere Fehlannahmen wie: «Die Briten wurden in die EU integriert, ohne dazu befragt zu werden.» Diese Aussage unterschlägt, dass die britischen Bürger und Bürgerinnen 1975 Gelegenheit hatten, über die EG-Mitgliedschaft ihres Landes abzustimmen. In einigen Medien wurde vor der Durchführung der «Brexit»-Abstimmung zum Beispiel mit dem überspitzten Titel «1975 waren die Briten noch überzeugte Europäer» auf diese Abstimmung über den Verbleib des Landes in der EU hingewiesen.

10 Vgl. Stéphane Hennette/Thomas Piketty/Guillaume Sacriste/Antoine Vauches, Für ein anderes Europa. Vertrag zur Demokratisierung der Eurozone. München 2017 (franz. Original: «Pour un traité de démocratisation de l'Europe»).

den Bürgern und der EU eine «Entfremdung» eingetreten sei. Wer da wem gleichsam abhandengekommen ist, bleibt hier jedoch offen. Mit den folgenden Ausführungen soll diese Entwicklung nachgezeichnet und damit klarer gemacht werden. Die bisherige Auseinandersetzung mit dem Phänomen hat sich für die Frage, zu welchem Zeitpunkt eine allfällige Entfremdung massiv zunahm und was die näheren Gründe für die Wende waren, kaum interessiert.

Der Blick in die Vergangenheit, die der sehr momentanen Gegenwart vorausgegangen ist, hat so gesehen eine doppelte Funktion: Erstens soll er falsche Vorstellungen, die vor allem in der Argumentation von Kritikern der EU aufscheinen, berichtigen. Und zweitens soll aufgezeigt werden, wann und unter wessen Verantwortung die heute beklagten Mängel in den europäischen Integrationsprozess Eingang gefunden haben.

Im Folgenden soll nicht einfach die Geschichte des europäischen Integrationsprozesses rekapituliert und dargestellt werden. Hierzu gibt es bereits zahlreiche, bessere wie auch schlechtere Darstellungen (vgl. die Literaturangaben im Anhang). Unser Augenmerk soll sich vielmehr auf spezielle Gegebenheiten richten: zunächst auf den zurzeit herrschenden Missmut, der sich – einmal etabliert – nicht wieder so schnell aufzulösen scheint; dann in einem zweiten und dritten Kapitel auf das verschiedentlich beklagte Bürgerdefizit sowie auf die bisher ausgebliebene Vollendung der Politischen Union. In einem vierten und letzten Kapitel soll die aktuelle Krise besprochen und die Möglichkeiten eines Neuanfangs skizziert werden.

Die vorliegende Text verbindet Ausführungen, die der allgemeinen Orientierung der europäischen Bürger und Bürgerinnen dienen, mit Rekapitulationen der einschlägigen geschichts- und weiteren sozialwissenschaftlichen Forschungsarbeiten zu den aufgeworfenen Fragen. Ziel dieses Vorgehens ist, erkennbar zu machen, wie intensiv die nun erneut interessierenden Fragen schon diskutiert worden sind. Zum Thema ist schon viel Bedenkenswertes geschrieben worden. Es ist höchste Zeit, dass dieses zur Kenntnis genommen und in die Überlegungen miteinbezogen wird, damit eine gerechtere Einschätzung zustande kommt.

Die Aufmerksamkeit gilt im Folgenden den Entwicklungen innerhalb der EG/EU: Die Problematik der nicht unwichtigen Erweiterungen der Gemeinschaft und ihrer Aussenbeziehungen bleibt weitgehend unberücksichtigt. Ein immer wieder genanntes und einleuchtendes Argument lautet: Die EG/EU müsse auch wegen ihrer Position in der Welt eine im Innern gut funktionierende Institution sein, damit sie nach Aussen stark auftreten kann und als kohärent agierendes Gebilde wahrgenommen wird. Das ist jedoch ein sekundäres Argument. Zuerst muss die europäische Gemeinschaft für sich selber funktionieren. Damit ist gemeint: eine den Mehrheitswillen der repräsentierten Bevölkerung kohärent und effizient umsetzende Handlungseinheit.

Ein Teil der im Laufe der 1990er Jahre aufgekommenen Ablehnung der EU ist gewiss auch als Reaktion auf die sogenannte «Osterweiterung» zu verstehen. In Frankreich war die Skepsis gegenüber dieser Erweiterungsrunde grösser, als man lange Zeit registriert hat. Die Ablehnung des Verfassungsvertrags von 2005 war die Quittung nicht nur dafür, dass die Bürgerinnen und Bürger vor diesem Schritt nicht konsultiert worden waren, sondern auch für den Schritt selber. Und der «Brexit»-Entscheid von 2016 ist ebenfalls zu einem grossen Teil die Folge der freien Zuwanderung aus Mittel- und Osteuropa. Dabei war es Grossbritannien, das sich für die Erweiterung der EU um die ehemaligen Ostblock-Staaten stark gemacht hatte, auch, um damit der Vertiefung der Gemeinschaft entgegenzuwirken. Zudem wollte die britische Regierung 2004 die von der EU ausgehandelte Karenzfrist von vier Jahren für das Inkrafttreten der vollen Personenfreizügigkeit nicht für sich in Anspruch nehmen, hat also zum Teil selber zu verantworten, wofür sie jetzt die EU verantwortlich macht.

Geht es um Europa oder um die EU? Wem das hier vorgelegte faktengestützte Plädoyer nicht passt, wird vermutlich zunächst den Titel kritisieren und anmerken, dass die EU doch nicht Europa und Europa nicht die EU sei.[11] Diesen Einwand kann man problemlos vorbringen – und er wird umso zutreffender sein, wenn Grossbritannien auch formal nicht mehr Teil der EU sein wird. Es gibt aber zahlreiche Gründe dafür, von höherer Warte aus betrachtet von «Europa» zu sprechen, wenn es um die Bemühungen der EU geht.[12] Die EU hat legitimerweise die Absicht, ganz Europa zu stärken und arbeitet auf eine politische, soziale und wirtschaftliche Ordnung hin, die dieser Intention immer besser entsprechen soll. Indem hier nicht ausschliesslich von der EU, sondern auch von Europa die Rede ist, auch wenn EU gemeint ist, wird dieser Dimension Rechnung getragen. Im Folgenden wird in der Erörterung der konkreten Vorgänge noch genug von EG und EU die Rede sein.

---

11 Falls man einen besonders beredten Einspruch in Form eines Leserbriefes zur Kenntnis nehmen will, hier ein Beleg: Hartwig Thomas, Mathematiker und Software-Unternehmer, klagt darüber, dass diese Gleichsetzung vom ZDF auch auf die NZZ übergegriffen habe (NZZ vom 10. Januar 2017).

12 Larry Siedentop, Brendan Simms/Benjamin Zeeb, Thomas Schmid und Claus Offe führen alle «Europa» im Sinne von EU im Titel (vgl. die Bibliografie im Anhang). Achim Trunk sieht in der semantischen Verschiebung von EG/EU zu «Europa» ein Indiz für den Integrationserfolg; früher sei noch vom «Europa der Sechs» oder «Europa der Fünfzehn» die Rede gewesen (2007, S. 331).

Dieser Text ist zum grössten Teil im Laufe des Jahres 2016 entstanden. Für seine Formulierung konnte auf Vorarbeiten aus den vergangenen zwanzig Jahren zurückgegriffen werden. Im Sommer 2017 wird er jetzt zu einem Zeitpunkt aus der Hand gegeben, da die Geschichte seines Gegenstands noch längst nicht abgeschlossen ist. Das ist das Schicksal von Zeitgeschichte, die an die Gegenwart heranführt. Bisher konnte leicht die Auffassung bestehen, dass sich die Entwicklung des europäischen Integrationsprozesses – auch ohne teleologischen Glauben an eine Zielbestimmtheit – im Sinne einer sich stets intensivierenden Weiterführung von Vergangenheit fortsetze. Diese Vorstellung ist inzwischen weitgehend aufgegeben worden. Die Zukunft der EU erscheint, wie das von der EU-Kommission am 1. März 2017 vorgelegte Weissbuch zum Ausdruck bringt, in unserer Zeit als besonders offen und unbestimmt. Dies ist ein zusätzlicher Grund, die lange Vorgeschichte der Gegenwart in diese Überlegungen einzubeziehen.

Der Autor dieses Buches hat von verschiedener Seite wertvolle Hilfe erhalten, bei der Klärung punktueller Fragen ebenso wie durch die Lektüre des Manuskripts durch Michael Gehler, den exzellenten Kenner der Integrationsgeschichte und Leiter des Instituts für Geschichte an der Universität Hildesheim, sowie durch Christa Tobler, Europarechtlerin und Kollegin im Basler Europainstitut. Der Studienkollege Luzi Schucan hat sich erneut des Textes angenommen, ebenso wie Katharina Böhmer im Lektorat des Schwabe Verlags. Gedankt sei auch der Berta Hess-Cohn Stiftung und der Freiwilligen Akademischen Gesellschaft, die mit ihrer finanziellen Unterstützung die Publikation ermöglicht haben. Der Autor möchte an dieser Stelle auch seine bleibende Verbundenheit mit dem Europainstitut der Universität Basel ausdrücken, das er aufbauen und von 1993 bis 2011 leiten durfte. Er dankt seiner Nachfolgerin Madeleine Herren und ihrem Team für das Gastrecht, das er, verbunden mit zahlreichen guten Gesprächen, in diesem schönen Haus noch immer geniessen darf.

Basel, im August 2017 G.K.

1. Missmut gegenüber dem Integrationsprojekt

Mit Missmut sind Kritik und Ablehnung gemeint, die teils aus Stimmungen hervorgehen, teils Stimmungen hervorrufen, das heisst Missstimmung, Unzufriedenheit und Ungehaltenheit, Gereiztheit und Verärgerung – und diffuse Protesthaltung. Der Philosoph Richard David Precht diagnostiziert eine stark verbreitete Anspruchshaltung aus einem Zustand permanenter Gereiztheit. Grundunzufriedenheit werde durch die Wirtschaft erzeugt, und diese Haltung veranlasse die Menschen, ebenso übersättigt und gereizt auf die Politik zu reagieren.[13] Missmut ist kein Begriff in der Terminologie der Fachliteratur, die sich mit distanzierenden und ablehnenden Haltungen gegenüber dem europäischen Integrationsprojekt beschäftigt. Vielmehr ist da von Europamüdigkeit, Eurosklerose, Europapessimismus, Europaskeptizismus, Europhobie und Anti-Europäismus die Rede.[14] Der Politologe Werner Weidenfeld stellt in seiner jüngsten Publikation den Begriff des Misstrauens ins Zentrum seiner Diagnose, er spricht von Misstrauensgesellschaft und davon, dass sich Europa auf dem Humus des Misstrauens bewege.[15]

---

13 Richard David Precht, Unsere gereizten Seelen. In: Die Zeit vom 22. September 2016. Der wachsende Missmut wird in der Wissenschaft vermehrt thematisiert, vgl. etwa Dieter Thomä, Puer Robustus. Eine Philosophie des Störenfrieds. Frankfurt a. M. 2016.

14 Nachvollziehbar wird in einem Papier von 2014 des Berliner Delors-Instituts postuliert, die engere und schärfere Haltung der Europhobie nicht mit der breiteren und offeneren Haltung der Euroskepsis gleichzusetzen. Vgl. http://www.delorsinstitut.de/2015/wp-content/uploads/2014/12/EuroskeptizismusOderEurophobie-Bertoncini-Koenig-JDI-B-DT_Nov27.pdf (letzter Zugriff August 2017). Die französische Historikerin Marie-Thérèse Bitsch geht aber so weit, die Nichtunterstützung von Europaprojekten der Zwischenkriegszeit dem Anti-Europäismus zuzurechnen. Vgl. Vorwort zu Wassenberg/Clavert/Hamman, 2010, S. 19.

15 Weidenfeld, 2017, S. 6 und 532.

Schon 2005 hatte der ehemalige EU-Kommissar Günter Verheugen in seinem Rückblick «Unmut» und «Verdrossenheit» festgestellt.[16] Daneben wird auch der seltene Begriff des Alter-Europäismus verwendet, um eine Haltung zu bezeichnen, die mit ihrer Opposition gegen ein zentralistisches Regime und für ein Europa der Regionen einsteht und ein sozialeres Europa und mehr Beachtung des Umweltschutzes erwartet.[17] Mit der Historikerin Birte Wassenberg kann man aber sagen, dass die Frage der Terminologie zweitrangig ist und es eher um die Feststellung geht, dass die bezeichneten Haltungen weniger mit objektiven Analysen des europäischen Integrationsprozesses zusammenhängen als «mit dem Ausdruck einer Reihe von negativen Emotionen, von Gefühlen: Gefühlen der Angst».[18]

In der Literatur wird im Weiteren vorgeschlagen, ohne Berücksichtigung von Stimmungslagen zwischen harter und weicher Europaablehnung zu unterscheiden.[19] Harte Ablehnung wird bei extremen Parteien auf dem rechten wie dem linken Flügel geortet, weiche Ablehnung entsprechend eher in der Mitte der Gesellschaft und bei Ländern mit ausgeprägtem Unabhängigkeitswillen. In letzter Zeit hat sich harte Ablehnung aber bis in die Mitte der Gesellschaft ausgedehnt.[20]

Die Deutung der zweifellos bestehenden Missstimmung ist zu stark auf die EU-Problematik ausgerichtet und wird zu eng mit ganz bestimmten Schwächen der EU-Strukturen in Verbindung gebracht. Diese erscheinen als hauptverantwortlich

---

16 Günter Verheugen, Europa in der Krise. Für eine Neubegründung der europäischen Idee. Köln 2005, S. 24.

17 Auf der Gegenseite werden Europafreunde, Eurooptimisten, Europaenthusiasten und Eurotурbos wahrgenommen. Aus persönlicher Erfahrung kann ich sagen, dass, mit Ausnahme der Ersteren, solche Bezeichnungen keine Selbst-, sondern Fremdbezeichnungen sind, die die Bezeichneten polemisch überzeichnen.

18 Vielversprechend und teilweise auch hilfreich, aber auch hinter den durch den Titel erzeugten Erwartungen bleibend: Birte Wassenberg/Frédéric Clavert/Philippe Hamman (Hg.), Contre l'Europe? Anti-européisme, euroscepticisme et alter-européisme dans la construction européenne de 1945 à nos jours. Vol. 1: Les concepts. Stuttgart 2010, S. 419ff. und 428.

19 Vgl. Paul A. Taggart/Aleks Szczerbiak, Opposing Europe? The comparative party politics of Euroscepticism. Oxford 2005. Weich und zugleich hart sind die britischen «Euro-rebels». Wassenberg bezeichnet die genannte Unterscheidung zwischen hart/rejects und weich/critics für überholt und fordert eine tiefergreifende Analyse (2010, S. 428).

20 Zu einer parteipolitischen Variante: Frank Decker/Florian Hartleb, L'euroscepticisme en Allemagne. Les partis politiques et l'Union européenne. In: Laure Neumayer/Antoine Roger/Frédéric Zalewski (Hg.): L'Europe contestée: ‹populisme› et ‹euroscepticisme› dans l'Union européenne élargie. Paris 2008, S. 34–54.

für den Missmut, obwohl eine andere Kausalität die Stimmung stärker bestimmt. Gewiss wurde und wird Missmut über die EU zu einem Teil auch von dieser selbst verursacht. Angaben zu EU-immanenten Faktoren für das Anwachsen des Malaise finden sich in zahlreichen politologischen Studien.

Die beklagten Missstände müssen aber nicht direkt für das Ausmass des verstärkt zum Ausdruck gebrachten Missmuts verantwortlich sein. Durchaus möglich ist, dass Missmut auch aus anderen Gründen herrschte und, abgesehen von den bereits genannten sachlichen Gegebenheiten, auf gesellschaftlich-politische Dynamiken zurückzuführen ist: Entweder stiessen neue Entwicklungen auf Ablehnung oder erlebten alte Zustände neue Bewertungen. Alternativ waren – in einer dritten Variante – alte Zustände und neue Entwicklungen lediglich Katalysatoren, an denen sich ein aus anderen Gründen verstärkt aufgekommener Missmut entzündete. Verheugen führte 2005 die «abwehrende Gebärde», wenn von Europa die Rede sei, auch nicht direkt auf die EU zurück. Eine und die einzig genannte Erklärung vermutete er darin, dass es den Menschen schwerfalle, sich auf den immer schneller eintretenden Wandel einzustellen.[21]

Schon früh wurde in der Literatur zur europäischen Integration darauf hingewiesen, dass allgemein das Verhältnis zu den eigenen Regierungen in hohem Mass bestimmend sei für die Einstellung zu Vorlagen der europäischen Integration. Karlheinz Reif erklärte bereits 1993, dass «seit einigen Jahren» eine zunehmende Entfremdung eines Teils der Bevölkerung vom politischen System, von der Funktionsweise der Demokratie in ihrem Land, von den etablierten Eliten und von der traditionellen politischen Klasse zu einer Erosion der grundsätzlichen Zustimmung zum Projekt der europäischen Integration beigetragen habe.[22]

Das «Brexit»-Resultat vom Juni 2016 sollte zu einem wichtigen Teil als Folge dieser Unzufriedenheit mit der eigenen Regierung und der eigenen Elite verstanden werden. Konkret war dies ein «slap» für Premierminister Cameron, wie die 2005 in Frankreich durchgeführte Europa-Abstimmung eine «gifle» für Staatspräsident Chirac war (vgl. unten, S. 190). Mehrheitlich wurde das «Brexit»-Resultat von 2016 aber gerne als Indiz, ja als Beweis dafür genommen, dass die EU in einer Krise stecke und eine kritische bis ablehnende Haltung gegenüber dem Integrationspro-

21 Verheugen, 2005, S. 24.

22 Reif, 1993, S. 29, unter Verwendung des im Folgenden erklärten Terminus des «Permissive Consensus» und mit dem Verweis, dass das Eurobarometer im Herbst 1992 erstmals mehr Befragte ausgewiesen habe, die mit dem Funktionieren der Demokratie in eigenen Land eher unzufrieden als zufrieden seien.

jekt gerechtfertigt sei. Kennt man die von Grossbritannien seit 1946 eingenommene Haltung zur «Europafrage», ist man über den politischen Entscheid vom Juni 2016 weniger erstaunt und nimmt ihn vor allem weniger als Folge einer vermeintlich zutreffenden Beurteilung des europäischen Integrationsprojekts wahr. Dominik Geppert stellt sehr zutreffend fest, dass der Ausgang der «Brexit»-Abstimmung ausser von der aktuellen Stimmung auch von einer gegebenen politischen Kultur und einer bestehenden Mentalität abhing, dass die Lagerlinie durch beide grossen Parteien verläuft und Cameron mit seinem Referendum im Grunde einfach das Gleiche gemacht hat wie Wilson 1975.[23]

Ohne die allgemeine Bedeutung des «Brexit» für das europäische Gemeinschaftsprojekt in Abrede zu stellen, sei hier der auf die EU ausgerichteten Krisendiagnose die Auffassung entgegengehalten, dass es eher beträchtliche Teile der europäischen Gesellschaften sind, die in einer Krise stecken und dass weit weniger die EU der direkte Ausgangspunkt der Krise ist. Indirekt steckt die EU insofern aber doch in einer Krise, als sich der gesellschaftliche Krisenzustand ihrer Mitglieder auch auf sie auswirkt.

Der «Brexit» kann in dieser Perspektive auch als Ausdruck dafür interpretiert werden, dass sich die britische Gesellschaft in einer Krise befindet und dass im «leave»-Votum ein allgemeinerer Protest gegen zwei Erscheinungen zum Tragen kommt, nämlich gegen die Globalisierung sowie gegen die eigene, nationale Regierung, die ihre Bürger und Bürgerinnen zu wenig vor deren negativen Auswirkungen schütze oder aus anderen Gründen abgelehnt wird. Für diese Entwicklungen ist nun aber die EU nicht primär verantwortlich. Die auf das Referendum vom Juni 2016 folgenden innergesellschaftlichen Auseinandersetzungen insbesondere um die Rechte der altehrwürdigen Institution des Parlaments bestätigen die Diagnose, wonach die politischen Missstimmungen mindestens so sehr innerstaatlichen Kontroversen entspringen.[24]

---

23 Dominik Geppert, Die Europäische Union ohne Grossbritannien: Wie es zum Brexit kam und was daraus folgt. In: Rüttgers/Decker, 2017, S. 117–130. Zit. S. 120.

24 Gegen die Absicht der Regierung, das Parlament in der «Brexit»-Frage auszuschalten, klagte die Fondsmanagerin Gina Miller am Londoner High Court und später beim Appellationsgericht und bewirkte, dass auch Unter- und Oberhaus zustimmen mussten. Diese Zustimmung wurde unter der Bedingung erteilt, dass die Verhandlungsergebnisse ebenfalls wieder dem Parlament vorzulegen seien. Das Austrittsgesuch unter Berufung auf Art. 50 des Vertrags der Europäischen Union wurde von Regierungschefin Theresa May am 28. März 2017 unterzeichnet und am 29. März dem EU-Ratspräsidenten überreicht. Am 19. Juni 2017 wurden die Verhandlungen formell eröffnet. Gemäss geltender Bestimmung stehen zwei Jahre Verhandlungszeit bis zum Austritt

1.1 Die EU als Projektionsfläche

Eine heute gängige Art, über die EU und ihre Befürworter zu reden, entspringt in hohem Mass negativen Emotionen und bedient diese wiederum. Selbst Thomas Schmid, der mit seiner Schrift für eine Erneuerung der EU werben will, kommt in dieser Stimmung nicht ohne wiederholte Beschwörungen eines trivialen Feindbildes aus, wenn er gegen «fanatische Berufseuropäer», «Durch-dick-und-dünn-Europäer», «Durchhalteeuropäer», die «Sturheit vieler Europapolitiker», «Geschaftlhuber-Europäer» und «in die Jahre gekommene Europaenthusiasten» polemisiert.[25]

Der gegen das «Europaprojekt» gerichtete Missmut hat verschiedene Ursachen. Er drückt sich in einer Reihe von Vorwürfen aus, die inzwischen alle einigermassen geläufig sind und von denen angenommen wird, dass sie Quelle des Missmuts sind: Neben dem Vorwurf der Bürokratie, der Überregulierung und des machtvollen und undurchschaubaren Zentralismus nimmt der Vorwurf der mangelnden Mitbestimmung, also des entmündigenden Demokratiedefizits, einen wichtigen Platz ein. Letzteres war insofern mit Kritik an «Brüssel» verknüpft, als wegen empfundener Missstände das Bedürfnis aufkam, über demokratische Partizipation gleichsam zum Rechten zu sehen und Bürokratie und Überregulierung bekämpfen zu können. So lange fast alles mehr oder weniger gut lief, war Mitsprache kein Thema. Diese Voraussetzung macht der deutsch-britische Historiker Kiran Klaus Patel stark, wenn er betont, das Demokratiedefizit habe in der goldenen Zeit der Hochkonjunktur keine Rolle gespielt und sei erst dann zu einem Problem gemacht worden, als das entstandene Wohlstandsniveau durch die Globalisierung in Frage gestellt wurde.[26]

Neben den Ansätzen, welche die Einstellung zur EU weitgehend von den in der EU gegebenen Verhältnissen ableiten, sollte eine weitere Erklärung beachtet werden: Diese versteht die herrschenden Haltungen nicht als von der EU, sondern vom allgemeineren Zustand der Gesellschaften hervorgerufen. Dieser Ansatz empfiehlt, die Ursachen des Malaise nicht ausschliesslich beim Objekt – in unserem Fall der

---

Grossbritanniens zur Verfügung, die aber nach allgemeiner Einschätzung nicht ausreichen werden. Einen Monat nach der Übergabe des Austrittsgesuchs wurden auf dem Gipfel der Staats- und Regierungschefs die Verhandlungsleitlinien festgelegt. Den Verhandlungsergebnissen müssen das EU-Parlament und die nationalen Parlamente der 27 EU-Mitglieder ebenfalls zustimmen.

25 Thomas Schmid, Europa ist tot, es lebe Europa! Eine Weltmacht muss sich neu erfinden. München 2016. S. 10, 12, 16, 52, 231 und 232. Damit betreibt er in seinem fahrigen Buch selber, was er an anderer Stelle beklagt, dass nämlich die EU mit ihrer Kompliziertheit «die Prediger des Verdrusses» anziehe wie das Licht die Motten (S. 57).

26 Patel, 2005.

EU – zu suchen (ohne deswegen auf eine kritische Analyse der EU zu verzichten), sondern bei der allgemeineren Gestimmtheit und deren Ursachen.

Die EU wäre dann Projektionsfläche für das Ausleben bestimmter Stimmungen. Sie wäre nach dem bekannten Muster bloss Sündenbock, das heisst eine gerne benutzte Adresse für die Deponierung von eigenen Schwächen, die man als Angehörige nationaler Gemeinschaften hat. Ein Beispiel dafür ist die vor allem in Industrieverbänden verbreitete Meinung, dass die meisten Gesetze, konkret bis zu 80 Prozent, von der EU diktiert seien. 2009 haben Erhebungen des Deutschen Bundestags aber festgestellt, dass weniger als ein Drittel (konkret 31,5 Prozent) der Gesetze durch EU-Vorgaben bestimmt gewesen seien. Für die Fehlannahme der 80 Prozent gibt es eine historische Erklärung, wesentlicher ist aber, dass diese als negativer Mythos zirkuliert und wohl noch weiterbestehen wird.[27]

Der Missmut gegenüber der EU ist in diesem Verständnis allerdings bloss als eine sehr naheliegende Anwendungsvariante eines wesentlich breiteren Missmuts zu verstehen, der sich auf der einen Seite durchaus auch gegen die eigenen nationalen Regierungen, auf der anderen Seite aber gegen aussernationale Grössen, gegen die USA, gegen die Treffen der Staatsoberhäupter der G7, gegen ausgewählte internationale Organisationen (WTO, OECD etc.) und andere Institutionen (etwa das WEF) richtet. Ein Teil des Missmuts richtet sich neuerdings auch gegen zwischenstaatliche und interregionale Freihandelsprojekte (wie heute gegen TTIP, TISA und CETA). Ein anderer Teil richtet sich gegen die eigenen Regierungen, aber nicht nur wegen deren Involviertheit in solche Verhandlungen, sondern auch wegen deren innenpolitischer Distanz zur Basis.

Der EU-Gipfel im belgischen Laeken vom Dezember 2001 war von heftigen Demonstrationen von Globalisierungsgegnern begleitet, obwohl der Gipfel keine Welthandelsthemen auf der Traktandenliste hatte und im Gegenteil der vermehrte Einbezug der Bürger dort ein Hauptthema war (vgl. unten, 62 und 183).[28] Die Demonstrationen in Belgien waren eine Fortsetzung der zum Teil sehr gewalttätigen Proteste am EU-Gipfel von Göteborg vom Juni 2001 während der vorangegangenen

27 Der «80-Prozent-Mythos» geht auf eine Rede des ehemaligen EG-Kommissionspräsidenten Jacques Delors im Jahr 1988 zurück. Damals erklärte dieser vor dem Europaparlament: «In zehn Jahren werden 80 Prozent der Wirtschaftsgesetzgebung, vielleicht auch der steuerlichen und sozialen, gemeinschaftlichen Ursprungs sein.» (http://www.faz.net/aktuell/wirtschaft/wirtschaftspolitik/neue-statistik-eu-macht-weniger-gesetze-als-angenommen-1858607.html).

28 https://www.nadir.org/nadir/aktuell/2001/09/03/5877.html.

schwedischen Präsidentschaft[29] und am G8-Treffen von Genua im Juli 2001. Und diese waren eine Art Fortsetzung älterer Proteste am Amsterdamer Gipfel von 1997 und am WTO-Ministertreffen in Seattle von 1999. In einer frühen Phase waren Minigruppen der links-grünen Szene (Seattle-People, Occupy-Bewegung) die Protagonisten dieser öffentlichen Empörung. Inzwischen ist die Empörung im kleinbürgerlichen und mittelständischen Milieu, also in der «extremen Mitte» der Gesellschaft, angekommen. In der Literatur wird bereits für 1993 festgestellt, dass anti-europäische Haltungen in gemässigten politischen Formationen eine Respektabilität erlangt hätten, die sie zuvor nicht besessen hätten.[30]

Was der Soziologe Heinz Bude in seiner Schrift über die Macht von Stimmungen als Reflex auf die stark gewachsene Bedeutung von Gestimmtheit ausführt, bezieht sich nicht auf die EU, es kann aber diesbezüglich durchaus Geltung beanspruchen.[31] Wie Bude ausführt, entstand eine «generelle Stimmung der Gereiztheit» und eine Empörungsbereitschaft infolge der «ungeheuren Haltlosigkeit der Welt» und des Eindrucks, dass man ein «Haufen von Niemanden» sei.[32] Die mangelnde Bereitschaft, «allseitige Abhängigkeit in unübersichtlichen Systemen» hinzunehmen, habe zu Verdriesslichkeit, Missgunst, Misstrauen und Fremdenhass geführt. «In ihrem Verlassenheitsgefühl suchen die sich ignoriert, unterschätzt und zurückgesetzt Fühlenden nach wechselseitiger Resonanz und Verstärkung im gemeinsamen Hervortreten aus der nivellierten Mittelschicht.»[33]

29 Wie auch die gängige Weltenzyklopädie bestätigt: «The political background to the protests was a conjuncture of three forces. EU-criticism and opposition to membership in the EU was stronger in Sweden than anywhere else in the union. Secondly a wave of globalisation protests against neoliberalism had gained momentum after the protests during the EU Summit in Amsterdam 1997 and the WTO meeting in Seattle 1999. Anti-war and environmental concerns against the U.S. was a third factor.» (https://en.wikipedia.org/wiki/EU_Summit_2001).

30 Economist vom 15. Mai 1993, zit. nach Ezra Suleiman, Is Democratic Supranationalism a Danger? In: Charles A. Kupchan, Nationalism and Nationalities in the New Europe. Ithaca 1995. S. 66–84. Zit. S. 83.

31 Heinz Bude, Das Gefühl der Welt. Über die Macht von Stimmungen. München 2016. Bude im Vorjahr: Die Selbstgerechten, die Übergangenen und die Verbitterten. Die Gesellschaft der Angst und der Protestbegriff des Volkes. Eine Dresdner Rede. In: Theater heute, Nr. 3, März 2015, S. 30–35.

32 Mark Greif, Ein Haufen Niemande. In: n+1 Research (Hg.), Ein Schritt weiter. Frankfurt a. M. 2008, S. 26–29. Zit. bei Bude, 2016, S. 129.

33 Bude, 2016, S. 17 und 24ff.

Trifft das nicht genau die sich verbreitende Haltung auch gegenüber der EU? Bude spricht zwar von überall plötzlich hochschiessendem Misstrauen (ob bei der Piratenpartei oder bei Pegida, ob im Widerstand gegen «Stuttgart 21» oder bei der «Tea Party»). Das schliesst den nicht speziell genannten Anti-EU-Missmut ein. Dieser ist aber weniger «plötzlich hochschiessend» als ein in den vergangenen Jahren schleichend aufgekommenes, sich selbst verstärkendes Dauerphänomen.[34] Wilfried Loth hat schon 2002 auf die hohe Stimmungsabhängigkeit der Einstellung zur EU hingewiesen und dafür einen Beleg beispielsweise in den Reaktionen auf die bekannte Rede von Joschka Fischer an der Humboldt-Universität gesehen: Von ihr sei unmittelbar, aber ohne Dauer eine momentane Verbesserung in der Einstellung zur EU ausgegangen.[35] Dies muss uns veranlassen, im Bild des «politischen Meinungsklimas» zwischen der etwas trägeren und tiefer liegenden Grundstimmung (im Singular) und den leichter wandelbaren, momentanen Oberflächenstimmungen (im Plural) zu unterscheiden.

Jahrzehntelang war kaum Missmut über das europäische Integrationsprojekt zu vernehmen. In unserer Zeit hingegen häufen sich die missmutigen Meinungsäusserungen zur EU, und zwar auf den verschiedensten Ebenen und in den verschiedensten Formaten. Das Desinteresse ist inzwischen in Feindseligkeit, Uninformiertheit gekippt. Dies verhält sich nach dem auch in anderen, aber weniger bedeutsamen Fragen beobachtbaren Muster: Man ist kenntnisschwach, dafür aber meinungsstark. Und man kann in einer bestimmten Weise meinungsstark sein, weil die eigene Meinung von anderen mitgetragen wird und weil sie durch Wiederholung und selektive Wahrnehmung immer zutreffender zu werden scheint.

Feststellungen, dass bezüglich der Integrationsfragen eine grosse Uninformiertheit und Ahnungslosigkeit herrsche, ziehen sich spätestens seit den 1980er Jahren wie ein roter Faden durch die Umfrageberichte. Die schwachen Kenntnisse führten aber noch nicht zu negativen EU-Bildern.[36] Die Experten der Meinungsfor-

34 Bude liefert im Kapitel «Stimmung für ‹Stimmung›» treffende Umschreibungen von Dauergefühlen: «Die Stimmung dauert aufgrund der Bereitschaft, bestimmte Gefühle zu erfühlen, bestimmte Erwartungen zu erwarten und bestimmte Vorhersagen vorherzusagen» (S. 39). Es sei aber unmöglich, von einem einfachen Zusammenhang von Ursache und Wirkung auszugehen. Man könne höchstes Zustände feststellen und über Ursachen spekulieren (2016, S. 41ff.).

35 Loth, 2002, S. 22.

36 Zum Beispiel zu Befragungen von deutschen und britischen Bürgern und Bürgerinnen in Jahrbuch der Europäischen Integration 1994/95, ebenso zuvor etwa im Jahrbuch 1991/92 und dann auch wieder im Jahrbuch 1995/96. Betont wird, dass das Informationsdefizit bei den Briten verständlich sei, weil diese sich nicht als Europäer fühlten, dies aber bei den Deutschen nicht der

schung wiesen indessen schon in den 1990er Jahren darauf hin, dass Uninformiertheit «irrationale Ängste» nähre, wobei unklar blieb, um welche Ängste es ging. Aber es musste sich um Ängste handeln, die vermehrt im Nationalen ihr Heil suchten und sich so indirekt auch gegen die supranationale EU richteten.[37]

Die gegenwärtigen Verhältnisse legen die Vermutung nahe, dass herrschende Stimmungen seit ein paar Jahren in höherem Masse bestimmend sind als in früheren Zeiten und dass sich diese aus Ohnmachtsempfindungen vor allem in emotional determinierter Ablehnung zwischenstaatlicher Kooperation ausdrücken und mit der Forderung nach Basismitbestimmung einhergehen. Es wäre aufschlussreich, feststellen zu können, wann und wie es zu diesem Stimmungsumschwung und der damit verbundenen Wahrnehmungsverschiebung kam und ob es überhaupt einen solchen eher brüsken Umschwung gab oder man sich den Wandel vielmehr als gleitende Entwicklung vorstellen muss. Die folgenden Abschnitte werden sich dieser Fragen annehmen. Die gesamtgesellschaftliche Stimmung könnte sich in dem Sinne geändert haben, dass sie generell, also auch in Fragen, die mit «Europa» nichts zu tun hatten, weniger zu idealisierenden Einschätzungen bereit und fähig war.

1.2 Das Aufkommen der Bürgermeinung – und deren Entdeckung (1990er Jahre)

Auf Deutschland bezogen, eröffneten die Experten der Meinungsforschung ihren Bericht von 2001 mit der Feststellung:

> «‹Jetzt wird es mit Europa ernst.› Das ist die Stimmung, die sich aus den Allensbacher Umfragen zum Thema Europa vom Frühjahr 2001 herauslesen lässt. Lange Jahre hatten sich die Deutschen wenig für Themen der Europapolitik interessiert. Europa lag ihnen fern, die Vorgänge in Brüssel erschienen ihnen abstrakt, unverständlich und auch nicht besonders wichtig. Es war, als sei Europa eine Veranstaltung, die den Bürger in Deutschland nichts anginge. Noch im Frühjahr 2000 wurde die Einstellung der Bevölkerung zum Thema Europa in einem Artikel für die ‹Frankfurter Allgemeine Zeitung› mit dem lapidaren Titel: ‹Europa – kein Thema› zusammengefasst. Doch in der Zwischenzeit ist das Interesse der Deutschen für die Europapolitik angesprungen.»

Fall sei. Und zuvor das «bescheidene Informationsniveau» bezüglich des Desinteresses gegenüber den ausgesprochen positiven Ergebnissen des Brüsseler Gipfels vom Februar 1988, vgl. Jahrbuch 1987/88, S. 316 und 321.

37 Zitat des deutschen Regierungssprechers Hausmann. In: Jahrbuch der Europäischen Integration, 1995/96, S. 277ff.

Die Mehrheit der Deutschen würde zwar nicht den Fachdiskussionen über die künftige Gestalt Europas folgen, es sei aber denkbar, «dass sie den Eindruck bekommt, das vereinte Europa, das lange eine ferne Zukunftsvision war, sei nun plötzlich nicht mehr nur ein Thema für Festreden, sondern Gegenstand konkreter Planungen».[38]

Gemäss derartigen Zwischenberichten müsste der Umschwung schon oder erst 2000/01 eingetreten sein. «Schon» bezüglich der Vorstellung, dass die Stimmung erst 2005 gekippt sei, und «erst» bezogen auf frühere Feststellungen, die bereits 1994 einen tiefergreifenden Wandel registrierten (vgl. unten, S. 38). Andere wiederum meinen nachträglich, im schwierigen Ratifikationsprozess des Vertrags von Maastricht von 1992 den entscheidenden Kippmoment erkennen zu können.[39] Da stellt sich die Frage, ob die Vorbehalte gegen «Maastricht» wirklich Auslöser oder ob sie nicht Produkte einer bereits eingetretenen Wende gewesen sind.

1993 wies der Umfrageexperte Karlheinz Reif darauf hin, dass sich ein Abrutschen der Zustimmungsraten schon «sehr viel» früher, nämlich 1987–1989, abgezeichnet habe.[40] Mit Beate Kohler-Koch ist dem entgegenzuhalten, dass das dänische «Maastricht»-Nein sowie die auch in Frankreich beinahe eingetretene Ablehnung der «Maastricht»-Vorlage weniger mit der Unpopularität der europäischen Integration zu tun hatten als vielmehr mit der Unpopularität der Regierungen dieser Länder. Sie stuft den Bezug zu «Maastricht» und dem Integrationsprojekt als «sehr vordergründig» ein. Bei solchen Referenden würden nationale Faktoren die entscheidende Rolle spielen, die Beschäftigung mit dem eigentlich zur Abstimmung stehenden Vertragswerk sei «eher oberflächlich». Dabei verweist sie auf die von Franklin/Van der Eijk/Marsh 1995 publizierte Untersuchung, die eine klare Korrelation zwischen einem positiven Votum und der allgemeinen Zufriedenheit mit der Arbeit der Regierungen aufzeigt. Insgesamt scheine es also «unangemessen» zu sein, aus dem dänischen und später dem irischen Referenden eine Legitimitätskrise der europäischen Integration abzuleiten.[41]

38 Ebenda, 2000/01, S. 303.

39 In Wilfried Loths jüngster Darstellung der Vorgänge um «Maastricht» spielt die Demokratiefrage dagegen keine Rolle (2015, S. 310–336).

40 Karlheinz Reif: Ein Ende des «Permissive Consensus»? Zum Wandel europapolitischer Einstellungen in der öffentlichen Meinung der EG-Mitgliedstaaten. In: Rudolf Hrbek (Hg.), Der Vertrag von Maastricht in der wissenschaftlichen Kontroverse. Baden-Baden 1993. S. 23–40. Zit. S. 24.

41 Kohler-Koch, 2004, S. 207ff.; Franklin/Van der Eijk/Marsh, 1995.

Bis in die 1990er Jahre herrschte gegenüber der EG/EU kein allgemeiner Missmut. Gewiss gab es einzelne Unmutsbekundungen, insbesondere von Bauern, die in den 1960er Jahren ihre Unzufriedenheit mit der Landwirtschaftspolitik demonstrierten, wie umgekehrt auch Kritik von Seiten der Konsumenten. Und die mit «1968» bezifferten Jugendunruhen, die sich in erster Linie gegen die Gesellschaft richteten, forderten allgemein mehr Demokratie und nahmen dem Nationalstaat und seinen inter-, trans- und supranationalen Verbindungen gegenüber eine kritische Haltung ein. So erstaunt es nicht, dass sich an einem 1970 von der EG-Kommission veranstalteten Kolloquium, an dem 260 Vertretungen von Jugendorganisationen teilnahmen, eine breite Front unzufriedener Stimmen auch gegen die EG bildete.[42]

Es dominierte jedoch eine Grundhaltung, die nur am Rande etwas Unzufriedenheit wegen des zu langsamen und zu bescheidenen Integrationsfortschritts signalisierte, nicht hingegen über Fremdbestimmung und Demokratiedefizit klagte. Die Aversion gegen «Maastricht» war im Vergleich zu heutigen Stimmungen klein, sie wurde aber 1992/93 im Vergleich zu vorangegangenen ruhigen Zeiten als bereits gross empfunden. Zudem herrschte im Vorfeld des Vertrags von Maastricht in Kombination mit dem wirtschaftlichen Aufschwung der ausgehenden 1980er Jahre entgegen Reifs Einschätzung sogar so etwas wie ein Binnenmarkt-Hochgefühl.

In dieser Phase der Integrationsgeschichte schienen ein Neubau nicht nötig und ein weiterer Ausbau nach den alten Regeln durchaus möglich. Zwei sehr unterschiedliche Ereignisse dieser Zeit können hierfür stehen:

1990 gewann der bekannte italienische Cantatore Toto Cutugno mit seinem Bekenntnis «Insieme: 1992» in Zagreb durch die Zuschauer-Voten den Eurovision Song Contest. Sein Hymnus, der von Europa sagte, es sei nicht weit entfernt («non lontano») und ein an Höhe gewinnender Traum («sogno sempre piu in alto») blieb mit seinem Refrain «insieme, unite, unite, Europe» wochenlang auf den ersten Rängen der Charts – gewiss wegen seiner musikalischen Qualität, aber auch wegen seiner Botschaft.

1992 begann nach einiger Vorlaufzeit die in mehreren Sprachen und von mehreren Verlagen lancierte Publikation «Europa bauen» – «Faire l'Europe» – «The Making of Europe». Herausgeber der 22-bändigen Reihe war der angesehene Historiker Jacques Le Goff, seine Mitherausgeber erstrangige Autoren wie Peter Burke, Umberto Eco oder Hagen Schulze. Bei dieser Reihe ging es überhaupt nicht um die EU und auch nicht um Geschichtspolitik im Dienste Brüssels. Implizit ging das

42 C.L. aus Brüssel, Die Jugend und die Europäische Gemeinschaft. In: NZZ Nr. 273 vom 16. Juni 1970.

publizistische Grossunternehmen jedoch von der Prämisse aus, dass eine positive Grundeinstellung zum Integrationsprojekt und darum auch gegenüber Europa im weiteren Sinn herrsche.[43] Die Bände umkreisten Themen allgemein historischer und sozialer wie kultureller Natur, sie handelten beispielsweise vom Europa des Hungers und des Überflusses, vom Europa der Landwirtschaft und der Meere, der Städte und der Sprachen. Die Generalperspektive war, wie dem Vorwort zu entnehmen ist, vom damaligen Integrationsoptimismus geprägt: «Dass dieser Kontinent in seinem Streben nach Einheit so manchen internen Zwist, so manchen Konflikt, so manches Trennende und Widersprüchliche überwinden musste, soll in dieser Reihe nicht verschwiegen werden.»[44] Bemerkenswert an der Formulierung des Überwindenmüssens ist die Tempuswahl der Vergangenheit («musste»), obwohl das Gleiche («müssen») auch für die Gegenwart und die Zukunft zu sagen wäre.[45] 1996, also leicht zeitverschoben zum Projekt «Europa bauen» des Beck-Verlags (München), lancierte der Fischer-Verlag (Frankfurt a. M.) die Reihe «Europa entdecken».[46]

Das westeuropäische Integrationsprojekt hatte mit der Wende von 1989 durch den Gang der Geschichte eine beinahe berauschende Bestätigung erfahren und so eine positive Grundstimmung möglich gemacht: Alle nach der Wende freigekommenen Staaten Mittel- und Osteuropas wollten Mitglied der EU werden. Die darin zum Ausdruck kommende Wertschätzung bestätigte den zum «Club» gehörenden Mitgliedern ihr positives Selbstbild, in dem sie als Erfolgsmodell erschienen. Von den Staats- und Regierungschefs des West- wie des Ostlagers wurde im Dezember

43 Nicht auszuschliessen, aber auch nicht konkret nachweisbar ist allerdings, dass das Publikationsunternehmen durch die EU unterstützt worden ist.

44 Man wollte mit thematischen Essays «Bausteine» zur Verfügung stellen und auf diese Weise dafür sorgen, dass es kein geschichtsloses Europa gebe, weil es ohne Herkunft keine Zukunft gebe. Vorwort von Le Goff in jedem Band.

45 NZZ-Feuilletonchef Hanno Helbling bemerkte leicht maliziös und zugleich beruhigt, dass die Geschichte nicht für die Vermittlung von Zukunftsvisionen eingesetzt werde; es gehe hier nicht um «Europa bauen», sondern um «Europa nachbauen» und einzig um die Herkunft der Gegenwart – «und damit sollte man sich begnügen». (NZZ vom 19./20. Juni 1993).

46 Dieses zweite Unternehmen ging noch stärker auf Distanz zu den harten Strukturen (Staat, Wirtschaft usw.), um noch näher an die Alltagskultur heranzukommen. Thematisch war es breiter angelegt; Geschlecht und Lebensalter, Wohn- und Arbeitsverhältnisse bildeten wichtige Kategorien. Die Legitimation wurde bezeichnenderweise nicht im «Bauen», sondern im «Fundieren» gesucht. Man wollte im Sinne einer Bewusstseinspflege «Zusammenhänge gemeinsamer Erinnerung» verdeutlichen (Wolfgang Benz, der Herausgeber). Im Weiteren zu dieser historiografischen Problemstellung Pichler, 2011; Kreis, 2011.

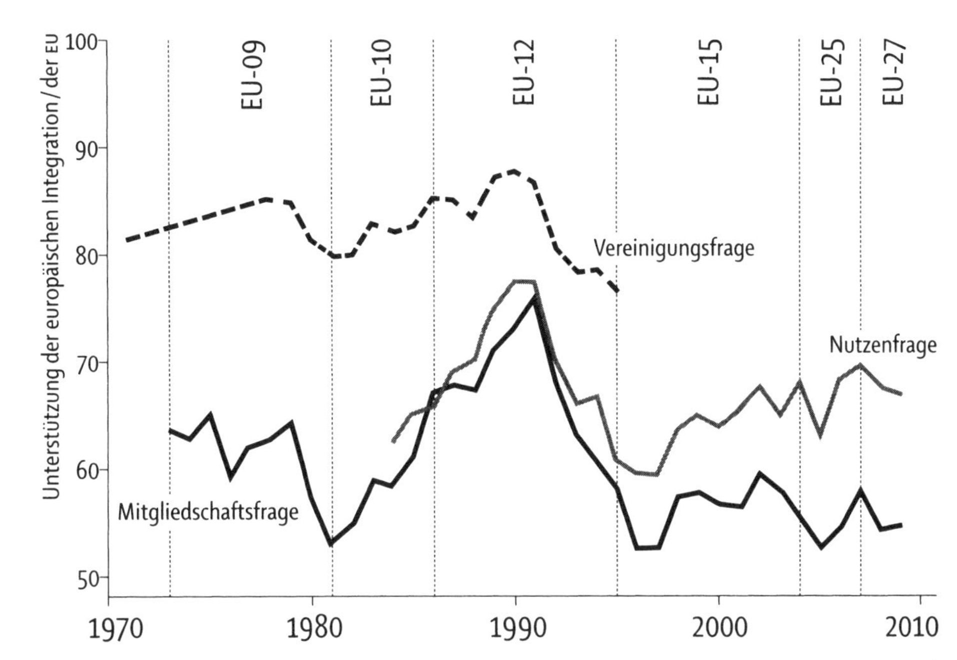

Abb. 1: Die Unterstützung der europäischen Integration 1970/73–2010 (Bildlegende: *schwarz: ob die Mitgliedschaft eine gute Sache sei; grau: ob die Mitgliedschaft Vorteile bringe; gestrichelt: ob eine weitere Integration erwünscht sei*).[47]

1990 in diesem Sinne die «Charta von Paris für ein neues Europa» frohgemut verabschiedet. In diesem Dokument mit dem Titel «Ein neues Zeitalter der Demokratie, des Friedens und der Einheit» begegnet das Wort «Demokratie» 37 Mal. Qualifiziert wird die Demokratie hier als «ihrem Wesen nach repräsentativ».[48]

Als «neu» wurde an diesem Europa ausschliesslich seine Dimension verstanden, der Einbezug der Staaten, die 1950 hinter dem Eisernen Vorhang lagen. Ansonsten sah man keinen Grund für eine Neugestaltung der Erfolgsgemeinschaft. Der tschechoslowakische Staatspräsident Václav Havel bestätigte dies im Mai 1991 in seiner Dankesrede für den Karlspreis, indem er von einer Zukunft mit übernationalen Strukturen sprach, «die im westeuropäischen Bereich seit dem Zweiten Weltkrieg entstanden sind und sich bewährt haben».[49]

---

47 Guido Tiemann/Oliver Treib/Andreas Wimmel, Die EU und ihre Bürger. Wien 2011. S. 26.

48 https://www.bundestag.de/blob/189558/21543d1184c1f627412a3426e86a97cd/charta-data.pdf

49 Vaclav Havels Karlspreis-Rede, http://www.karlspreis.de/de/preistraeger/vaclav-havel-1991/rede-von-vaclav-havel.

Das bis zur EU-Osterweiterung (mit Schwankungen) anhaltende allgemeine Hochgefühl fand seinen Ausdruck in der Erklärung des irischen Ministerpräsidenten Bertie Ahern vom Mai 2004, die er in seiner Eigenschaft als EU-Ratspräsident zur sogenannten «Osterweiterung» abgab: «Aus Krieg haben wir Frieden geschaffen, aus Hass Achtung, aus Teilung Einigung, aus Diktatur und Unterdrückung lebendige und stabile Demokratien, aus Armut Wohlstand.»[50] Heute würde man eine solche Erklärung als Narrativ bezeichnen und von ihm sagen, es sei inzwischen abhanden gekommen.

Für die mindestens bis 1991/92 andauernde Phase des stillschweigenden Gewährenlassens hat sich in der Literatur der Begriff des «permissiven Konsenses» eingebürgert. Die Bezeichnung «Konsens» dürfte jedoch eine zu günstige Einschätzung sein, ebenso wie die von Beate Kohler-Koch u. a. verwendete Bezeichnung des «wohlwollenden Einverständnisses».[51] Man könnte auch, wie Birte Wassenberg es tut, von «passiver Duldung» sprechen.[52] Noch treffender ist die 1992 von Elisabeth Noelle-Neumann und Gerhard Herdegen in ihrem Kommentar zum leichten Rückgang der Zustimmung gewählte Formulierung: «Noch ist es so, dass die Tendenzen des Meinungsklimas gegenüber Europa nicht von Ablehnung und Gegnerschaft charakterisiert werden, sondern von zunehmendem Desinteresse, von Indifferenz.»[53] Die Mediensoziologie bezeichnet ein solches vorherrschendes Desinteresse als einen «Non-Attitude-Issue».[54]

Der bereits 1970 geprägte Begriff des «permissiven Konsenses» ist von der Forschung lange Zeit nicht rezipiert worden.[55] Bezeichnenderweise erscheint er erst

50 Wirsching, 2012, S. 172.

51 Kohler-Koch, 2004, S. 207.

52 Moreau/Wassenberg, 2016, S. 20.

53 Jahrbuch der Europäischen Integration, 1982, S. 299.

54 Gerhards, 1993, S. 96. Patel verweist in seiner Erörterung der Gleichgültigkeit auf das altgriechische «adiaphoron», als das Mittelding, das weder angenehm noch unangenehm ist und darum keine Haltung verlangt (2005). An anderer Stelle formuliert Patel bemerkenswert unaufgeregt, dass die Mischung zwischen den Ambitionen eines Kreises der Eingeweihten und einer Distanz der «ziemlich desinteressierten» Bevölkerungsmehrheit als «zentrales Charakteristikum» des Einigungsprozesses gelten könne (Kiran Klaus Patel, Europäische Integration, in: Jost Dülffer/Wilfried Loth (Hg.), Dimensionen internationaler Geschichte. München 2012. S. 353–372. Zit. S. 371).

55 Leon L. Lindberg/Stuart A. Scheingold, Europe's would-be polity. Patterns of change in the European Community. Cambridge 1970. In sonderbarer Koinzidenz erschien im gleichen Jahr auch Ronald Inglehart, Cognitive Mobilization and European Identity. In: Comparative Politics 3,

wieder im Laufe der 1990er Jahre, als mit der Zunahme des Missmuts auch das Forschungsinteresse an diesem Phänomen und am vermeintlichen Demokratiedefizit zunahm und der Begriff nun dazu dienen konnte, etwas zu beschreiben, was verloren gegangen war. Ein Kommentar zum EU-Verfassungsentwurf von 1994 (vgl. unten, S. 179) kommt beiläufig zu einer übereinstimmenden Einschätzung, wenn hier gesagt wird, dass jetzt nicht mehr von einer «stillschweigenden Zustimmung der Bürger» ausgegangen werden könne.[56]

Der «permissive Konsens» ist ein Zustand, der im Gegensatz zu artikulierten Haltungen kaum erfasst werden kann. Darum ist der Forschung schwerlich vorzuwerfen, dass sie sich für ein Phänomen nicht interessierte, das nur weitgehend unbemerkt gegeben war – und/oder dieses sogar verkannte. Ohne sich auf diesen Begriff zu beziehen, hielt der Politologe Werner Weidenfeld, einer der besten Kenner der europäischen Integrationsvorgänge, in seinen jährlich vorgenommenen Einschätzungen 1993 fest, der «eher diffuse Europa-Konsens der Nachkriegszeit» verliere seine Bindewirkung.[57]

Das europapolitische Meinungsklima erlebte erst 1995/96 einen deutlichen Umschwung. Dies zeigt sich sowohl in den von der Meinungsforschung gestellten Fragen als auch in den eingeholten Antworten. Fragen, wie sie zuvor nicht gestellt worden waren, lauteten 1995/96, ob die EU Anlass zu «eher Freude» oder zu «eher Sorge» sei. Die Sorge überwog mit 38 Prozent gegen die Freude mit nur 31 Prozent, und noch deutlicher war der Unterschied bei den Hoffnungen und Befürchtungen bezüglich der Währungsunion: 14 zu 57 Prozent.[58]

Die Bürgerunzufriedenheit wurde im Laufe der 1990er Jahre, wie im nächsten Kapitel gezeigt werden wird, von der Politik und der Wissenschaft wahrgenommen und problematisiert, mithin in dem Moment, da sich diese mit grösserer Dezidiertheit meldete. Es wäre erstaunlich gewesen, wenn man sich in den Medien und in den Institutionen der EU ohne Anlass für die Bürgermeinung zu interessieren begonnen hätte. Das aufkommende Interesse war die Folge der vermehrt geäusserten Unzufriedenheit, die sich neben der bisherigen Kritik an der Bürokratie und dem Zentralismus stärker nun auch in Form von Kritik am Demokratiedefizit äusserte.

1970, S. 45–70. Auseinandersetzungen dieser Art erlebten aber keine Fortsetzung. Scheingold veröffentlichte bereits früher: The Rule of Law in European Integration: The Path of the Schuman Plan. New Haven 1965.

56 Kluth, 1995, S. 104.

57 Jahrbuch der Europäischen Integration, 1992/93, S. 16.

58 Ebenda, 1995/96, S. 278.

Seit wann gab es diesen Vorwurf und seit wann nahm diese spezifische Unzufriedenheit für die Haltung gegenüber der EU ein ins Gewicht fallendes Ausmass ein? In vielen Texten bleiben die Angaben dazu unbestimmt.[59]

Systematische Meinungserhebungen setzten allerdings schon zu Beginn der 1970er Jahre ein, was zeigt, dass bereits damals ein leicht erhöhtes Interesse für die Haltungen der Bürger und Bürgerinnen bestand. Die bereits in den 1950er Jahren geschaffene offizielle EG-Statistik (Eurostat) liess von 1973 an zweimal jährlich eine Eurobarometer-Umfrage durchführen, die von Bürgern und Bürgerinnen wissen wollte, ob man die EG und die Mitgliedschaft des eigenen Landes für «eine gute Sache» («a good thing») halte.[60] Thomas Herz relativierte im ersten «Jahrbuch der Europäischen Integration» von 1980 zu Recht die Aussagekraft der auf diese Weise gewonnenen Antworten. Sie könnten nämlich auf ganz verschiedene Kriterien abstellen: auf politische und/oder wirtschaftliche, auf soziale Vor- und Nachteile, auf den Abbau von Handelsschranken und Wirtschaftswachstum versus erhöhten Wettbewerb, auf Erweiterung von Problemlösungskapazitäten versus Einbusse an nationaler Souveränität, auf engere Beziehung zwischen den Völkern versus Diskriminierung etc.: «Welche dieser Faktoren die Oberhand gewinnen, dürfte mit der Zeit und von Situation zu Situation wechseln.»[61] Die wirtschaftlichen Vor- und Nachteile, so die Vermutung des Berichterstatters, könnten in den letzten Jahren an Bedeutung gewonnen haben. Handlungsfähigkeit der oberen Organe versus demo-

59 Rudolf Hrbek in einem an sich nach allen Regeln der Kunst verfassten Aufsatz: «Seit langem» werde der EG, später der EU ein Demokratie-Defizit bescheinigt. (Politische Entscheide jenseits des Nationalstaats. In: Klaus Dicke (Hg.), Politisches Entscheiden. Baden-Baden 2001, S. 108).

60 «Since 1973, the European Commission has been monitoring the evolution of public opinion in the Member States, thus helping the preparation of texts, decision-making and the evaluation of its work. Our surveys and studies address major topics concerning European citizenship: enlargement, social situation, health, culture, information technology, environment, the Euro, defence, etc.» (http://ec.europa.eu/public_opinion/index_en.htm). Eurostat wurde 1953 für die Zwecke der Europäischen Gemeinschaft für Kohle und Stahl (Montanunion) gegründet. Im Laufe der Jahre verbreiterte sich das Aufgabengebiet, und mit der Gründung der Europäischen Wirtschaftsgemeinschaft 1958 wurde daraus eine Generaldirektion (GD) der Europäischen Kommission. Den 1974 für das Jahr 1973 erstmals publizierten Erhebungen gingen weitere 1970 und 1971 voraus. 1980 setzt mit dem Jahrbuch der Europäischen Integration, gestützt auf Umfragen des Allensbach-Instituts und weitgehend ausgerichtet auf die deutsche Bevölkerung, ein jährlicher Bericht über die öffentliche Meinung zur Europapolitik ein.

61 Jahrbuch der Europäischen Integration, 1980, S. 285.

kratische Mitbestimmung kam als Begriffspaar in der Umschreibung von 1980 bezeichnenderweise noch nicht vor.

Bereits im Vorfeld von «Maastricht», im April 1990, tauchte in einer Erklärung des Europäischen Rats selbst zwar nicht das Wort «Demokratiedefizit», jedoch die selbstgesetzte Zielvorgabe auf, «die demokratische Legitimität der Union zu stärken».[62] Die im Dezember 1991 verabschiedete Präambel zum Vertrag von Maastricht hielt fest, dass in der neuen Etappe dem Subsidiaritätsprinzip entsprechend «die Entscheidungen möglichst nahe bei den Bürgern» getroffen werden sollen. Es erstaunt ein wenig, dass hier die Bürger auftauchten. Sie waren aber nur indirekt gemeint; zum Ausdruck gebracht werden sollte, dass man dem Gesamtgebilde eine «föderale Ausrichtung» geben wolle. Wegen des Widerstands der Briten konnte das aber nicht so formuliert werden: Für diese klang das «F-word» nach Plänen für bundesstaatliche Strukturen, die man auf keinen Fall akzeptieren und denen man nicht einmal semantisch Vorschub leisten wollte.

Sowohl EG-Kommissionspräsident Jacques Delors als auch EG-Parlamentspräsident Egon Klepsch machten sich 1992/93 zu dezidierten Befürwortern eines Abbaus des demokratischen Defizits. Delors wurde mit dem Satz zitiert: «Entweder werde Europa immer demokratischer oder es wird kein Europa mehr geben.»[63] Damit war implizit eine Gegenposition zu derjenigen des europäischen «Gründungsvaters» Jean Monnet formuliert. Klepsch stellte einen «Kreuzzug für Demokratie» in Aussicht, der von der Kommission angeführt werde.[64] In der Diskussion um den Vertrag von Maastricht kam es zum bemerkenswerten Doppelbefund, dass a) die Gesamtwertschätzung zum EG-Projekt hoch, aber b) am Sinken sei. Nach ihrer Zustimmung zum Ziel der Einigung Westeuropas befragt, äusserten sich im Herbst 1991 79 Prozent positiv, im Frühjahr 1992 aber «nur» noch 76 Prozent. Und im selben Zeitraum ging die Einschätzung, ob die eigene EG-Mitgliedschaft «eine gute Sache» sei, von 69 auf 65 Prozent zurück.[65] Wenn dieser bereits vor dem Juni 1992 feststellbare Rückgang der Anfang eines allgemeinen Niedergangs war, kann man nicht sagen, dass das dänische Nein und die anschliessend nur harzig verlaufende Ratifikationsdebatte die Auslöser waren.

---

62 Schlussfolgerungen des Vorsitzes des Europäischen Rates zur 43. Ratssitzung (Sondertagung) am 28. April 1990 in Dublin, in: Jahrbuch der Europäischen Integration 1990/91, S. 405.

63 Financial Times vom 16. September 1992. Zit. nach Kupchan, 1995, S. 67.

64 Gespräch mit Delors, in: Financial Times vom 11. Februar 1993. Zit. nach Kupchan, 1995, S. 74.

65 Schmuck, 1992, S. 213, mit signifikanten Länderunterschieden, am höchsten sind die Werte in Belgien, am niedrigsten in Grossbritannien.

Vorbehalte gegenüber dem Integrationsprojekt und Klagen über dessen Demokratiedefizit sind nicht identisch. Es gab Vorbehalte, die nicht in erster Linie dem Demokratiedefizit galten, wie es Kritik auch wegen des Demokratiedefizits gab, die nicht zu allgemeinen Vorbehalten gegenüber der EG führten. Im Folgenden soll der Frage nachgegangen werden, wann sich erste Klagen über das Demokratiedefizit der EG finden lassen: Wenig erstaunlich erscheint, dass man dabei immer wieder auf sehr allgemeine Angaben zu angeblich bestehenden Stimmungen stösst. Zur Klärung dieser Frage bieten sich die Berichte des seit 1980 erscheinenden, eben erwähnten «Jahrbuchs der Europäischen Integration» an.[66] Eine Zusammenstellung der Beobachtungen zu den 1990er Jahren lässt erkennen, seit wann und in welchem Ausmass vermehrt Kritik an der EU aufgekommen ist. Zuvor seien jedoch vier Wortmeldungen aufgeführt, die ebenfalls eine gesteigerte Beachtung der Demokratiefrage belegen.

1. Erstaunlich früh, nämlich 1990/91, befasste sich *Shirley Williams* mit dem «demokratischen Defizit» der EG und nahm dabei das britische Parlament zum Massstab. Ihre Diagnose verblieb im Bereich der repräsentativen Demokratie und verstand das Defizit als die Lücke (*gap*) zwischen der auf Gemeinschaftsebene transferierten Macht und den Kontrollmöglichkeiten des Europäischen Parlaments, eine Lücke, die von nationalen Beamten und Lobbyisten gefüllt werde. Wenn aber die EG ein demokratisches Modell sein wolle, müsse es rechenschaftspflichtig (*accountable*) nicht gegenüber den europäischen Regierungen und Bürokraten werden, sondern gegenüber den Völkern Europas, also den gewählten Parlamentsabgeordneten.[67] Diese Publikation lässt erkennen, dass die Problematik bereits vor «Maastricht» zum Thema von Publikationen gemacht wurde – wobei hier offen bleiben muss, ob Williams eine Vorreiterin dieser Wahrnehmung darstellte oder ob sie bereits aus einer verbreiteten Sensibilität für diese Frage sprach. Jedenfalls war es eine Stimme, die auf die «Maastricht» vorgelagerte Regierungskonferenz Einfluss nehmen wollte.

2. Drei Monate nach der Unterzeichnung des Maastrichter Vertrags durch die EU-Aussen- und -Finanzminister, aber noch vor Beginn des Ratifikationsprozesses, und einen Monat vor dem dänischen Nein ging der Politologe *Karlheinz Reif* in seinem Beitrag für das Wochenbulletin «Aus Politik und Zeitgeschichte» vom 1. Mai 1992 ausführlich auf die «drei Dimensionen» des demokratischen Defizits

66 http://wissen-europa.de (letzter Zugriff Juli 2017).

67 Shirley Williams, Sovereignty and Accountability in the European Community. In: Robert Keohane/Stanley Hoffmann (Hg.), The New European Community: Decisionmaking and Institutional Change. Boulder, CO 1991. S. 159 und 173ff. Zit. nach Kupchan, 1995.

ein.[68] Sehr interessant und aufschlussreich erscheint seine Einschätzung, dass bezeichnenderweise erst nach der Unterzeichnung des Vertrags von Maastricht die öffentliche Debatte über das demokratische Defizit in der Europäischen Gemeinschaft «wieder» aufgeflammt und es nicht auszuschliessen sei, dass sie sich im Laufe des Ratifikationsverfahrens bis auf Bürgerebene ausdehnen werde. Das «wieder» lässt aufhorchen: Seit wann gab es also die Debatte über das Demokratiedefizit?

Die Bemerkung täuschte insofern, als sie suggerierte, es hätte schon früher öffentliche Debatten dieses Themas gegeben. Reif erläuterte zwar, die Debatte sei so alt wie die Gemeinschaft selber, nämlich 40 Jahre. Hätte er die Erwartungen der 1948 zurückgedrängten Föderalisten einbezogen, hätte er sogar von 45 Jahren sprechen können. Aber er bezog sich auf die Bemühungen um die Schaffung einer Politischen Gemeinschaft im Rahmen der EVG um 1952. Und er meinte die auf den inneren Zirkel der Institutionen und bloss «auf einige Segmente der politischen Klasse und der Experten» beschränkte Debatte. Reifs «wieder» nahm einen Ebenenwechsel vor, von der obersten auf die unterste. Zunächst als Dimensionen bezeichnet, unterschied er drei Ebenen: die der Institutionen, die der soziopolitischen Vermittlungsstrukturen (Parteien, Verbände, Medien) und schliesslich die der Bürger. Er griff den «permissiven Konsens» zur Bezeichnung der Bürgerhaltungen auf und verband diese mit der Aufforderung: «Nun integriert mal schön.»

Eine Verbesserung des Demokratiedefizits suchte Reif nicht im Ausbau der direktdemokratischen Zuständigkeit der Bürger, sondern in der Stärkung der repräsentativen Institution des Europäischen Parlaments. Wenn man diesem gleiche Zuständigkeiten wie den nationalen Parlamenten gäbe und insbesondere die Kompetenz, eine Regierung zu bilden oder ihr mit einfachem Mehr das Vertrauen zu entziehen, dann würden Wahlen in ein solches Parlament zu einem aktiven statt bloss permissiven Konsens. Zu den über Umfragen erfassten Bürgereinstellungen bemerkte er, dass im Vorfeld von «Maastricht» mit der Binnenmarktperspektive die «europa-positive» Haltung zugenommen habe, jetzt aber, 1992, der Anteil der hoff-

68 Karlheinz Reif, Wähler und Demokratie in der EG. Die drei Dimensionen des demokratischen Defizits. In: Aus Politik und Zeitgeschichte B 19, 1992, S. 43–52. Weitere Publikationen des gleichen Autors zum gleichen Thema: Das Demokratiedefizit der EG und die Chancen seiner Verringerung. In: Politische Bildung 3793, 1993, S. 37–62. – Ders., Ein Ende des «Permissive Consensus»? Zum Wandel europapolitischer Einstellungen in der öffentlichen Meinung der EG-Mitgliedstaaten. In: Rudolf Hrbek (Hg.), Der Vertrag von Maastricht in der wissenschaftlichen Kontroverse. Baden-Baden 1993. S. 24–40. Reif hat seinerseits auf eine noch frühere, aber nur am Rande aufgekommene Thematisierung bei Robert Keohane/Stanley Hoffmann (1990) hinweisen können.

nungsvoll in die Zukunft Schauenden sinke und der Anteil derer, die Befürchtungen oder Unsicherheiten hegten, dagegen ansteige. Ungeklärt bleibt, ob dies, wie Reif doch suggeriert, auf die Tatsache zurückzuführen ist, dass sich ein «Mehr an Europa» ankündigte und in diesem sogar ein «Noch mehr Europa», das den «Durchschnittsbürger» noch unmittelbarer betreffen werde. Die Möglichkeit, dass andere Faktoren wesentlich am Malaise beteiligt wären und in der EU bloss die vordergründige Gefahrenquelle gesehen würde, wird jedenfalls nicht ausgeschlossen.

3. Im Sommer 1992 forderte das Manifest «Europa-Wissenschaftler plädieren für Maastricht» eine «entschiedene und umfassende Stärkung» des demokratischen Charakters der Europäischen Gemeinschaft und ging davon aus, dass dies ein Desiderat und ein weiterzuverfolgendes Ziel sei. Es sah dieses aber nicht durch den Vertrag von Maastricht bedroht, sondern im Gegenteil von dessen allfälliger Ablehnung.

> «Ohne Inkrafttreten des Maastrichter Verhandlungspakets ist mit einer *Verstärkung des Demokratiedefizits* (Hervorhebung durch d. Vf.) zu rechnen, denn die bereits heute vorhandenen Tendenzen zur unkontrollierten Vorherrschaft der Bürokratien der nationalen und internationalen Ebene werden wegen der Europäisierung von Problem- und Entscheidungsstrukturen zunehmen.»[69]

4. Im Oktober 1992, zwei Monate vor der Maastrichter Ratifikationsabstimmung im Bundestag, wies der Bielefelder Rechtsprofessor und Bundesverfassungsrichter *Dieter Grimm* im Wochenmagazin «Der Spiegel» ausführlich auf den «Mangel an Demokratie» in der EG hin. Schon im ersten Satz nahm er eine aufschlussreiche zeitliche Einordnung vor: «Von einem ‹Demokratiedefizit› der Europäischen Gemeinschaft ist heute allenthalben die Rede.» Nicht weniger interessant ist seine Bemerkung, dass zur Umschreibung des Demokratiedefizits nicht viele Worte verloren werden müssen. Für ihn ging es einzig um die Kompetenzausstattung des Europäischen Parlaments, also nicht um demokratische Basismitbestimmung. Das Parlament falle mit Blick auf seine Befugnisse und seinen Einfluss weit hinter die anderen Organe zurück: «Die Gemeinschaft ist exekutivlastig.» Das Defizit könne aber nicht alleine mit der Stärkung des Parlaments abgebaut werden. «Parlamentarismus ist

69 Frankfurter Allgemeine Zeitung vom 11. Juni 1992. Vgl. auch Zr., NZZ Nr. 155 vom 7. Juli 1992. Das Manifest wurde integral, aber ohne Datumsangabe veröffentlicht in: Rudolf Hrbek, Kontroversen und Manifeste zum Vertrag von Maastricht. In: Integration 15, 4, 1992, S. 241–245. Zit. S. 241; mit der Liste der Unterzeichner wie Bieber, Bracher, Grabitz, Grosser, Hrbek, Picht, Rovan, Wallace, Weidenfeld, Wessels u. a. Diese Erklärung ist nicht identisch mit derjenigen der Wirtschaftsprofessoren, die am gleichen Tag und am gleichen Ort publiziert worden ist (vgl. Anm. 209).

nicht mit Demokratie identisch.» Das Parlament müsste einen stärkeren «sozialen Unterbau» haben mit gesellschaftlichen Institutionen wie Parteien, Interessenverbände, Bürgerinitiativen, Medien. Grimm empfahl als Gegenmassnahme die Stärkung der nationalen Parlamente (denen er offenbar unausgesprochen den «sozialen Unterbau» als vorhanden zuschrieb), das heisst mehr Einfluss auf die von ihren Regierungen in Brüssel eingenommenen Positionen. Am Schluss landete Grimm bei den Interessen seines Landes: Die Bundesrepublik (wie auch jeder andere Mitgliedstaat) dürfe nicht auf den Status eines Bundeslandes und das Grundgesetz nicht auf den Status einer Landesverfassung zurückfallen.[70]

Nach diesen vier disparaten Zeugnissen erhöhter Beachtung der Demokratiefrage soll nun zur gleichen Frage etwas systematischer den Spuren nachgegangen werden, die sich für die1990er Jahre im «Jahrbuch der Europäischen Integration» in der Berichterstattung von Werner Weidenfeld, einem der besten Kenner des europäischen Integrationsprozesses unter den Politologen, und Elisabeth Noelle-Neumann, der Leiterin des angesehenen Allensbach-Instituts, finden lassen:

1990/91 war «Demokratie» kein Thema, das mit Blick auf die EG erörtert wurde, sondern vielmehr im Zusammenhang mit den politischen Zuständen in den nun nicht mehr unter Sowjetherrschaft stehenden mittel- und osteuropäischen Staaten.

1992 stellte Weidenfeld immerhin kurz fest: «Das demokratische Defizit im politischen System der Gemeinschaft, die mangelnde Transparenz und Effizienz des Entscheidungsprozesses schwächen die Bindung der Bürger an Europa und stellen die Regierbarkeit in Frage.»[71] Im gleichen Jahr zeigte Noelle-Neumann mit der Aussage: «Themen wie das Demokratie-Defizit in der Europäischen Gemeinschaft sind von den Umfragen noch kaum bearbeitet», dass zu diesem Zeitpunkt immerhin die Aufmerksamkeit so weit geweckt war, dass das Registrierungs- und Verarbeitungsdefizit jetzt ein Thema war.[72]

Im Jahresbericht von *1993* ging Weidenfeld bereits ausführlicher auf das neue Phänomen der Europaverdrossenheit ein: Die im Vertrag von Maastricht getroffenen Vereinbarungen stünden gar nicht im Mittelpunkt der Kontroverse (die es of-

70 Dieter Grimm, Der Mangel an europäischer Demokratie. In: Der Spiegel Nr. 43 vom 19. Oktober 1992. Grimm blieb weiterhin in dieser Debatte präsent. Zuletzt: Europa ja – aber welches? Zur Verfassung der europäischen Demokratie. München 2016.

71 Jahrbuch der Europäischen Integration, 1991/92, S. 13.

72 Ebenda, S. 279. Bezeichnenderweise bezog Noelle-Neumann das Defizit lediglich auf die Kompetenzausstattung des Europäischen Parlaments.

fenbar gab und die registriert werden konnte). «Maastricht» ziehe aber wie ein Magnet «die diffusen Befürchtungen, Vorbehalte und Ängste der Menschen» auf sich. Das sei die «geradezu mythologische Undurchschaubarkeit des Vorgangs». Schon jetzt kam Weidenfeld zum Schluss, dass «neue Orientierungen an einem gewandelten Europa» unausweichlich würden. Dabei nannte er als einen von mehreren Punkten:

> «Europa braucht eine transparente Perspektive. Wenn Europa den Existenzrahmen seiner Bürger absteckt, dann kann dies nicht im diskussionsfreien Raum geschehen. Weder das schale Pathos europäischer Festreden noch das Wörterbuch der Bürokratie kann die Loyalität der Europäer zu einer gemeinsamen Ordnung begründen. [...] Der Kern Europas ist zudem auf Klarheit bei der Verteilung der Kompetenzen angewiesen. Sonst wuchert Misstrauen gegenüber zentralistischem Magnetismus. Europa braucht zudem Transparenz der Entscheidungsprozeduren. Sonst wuchert Furcht vor fehlender Verantwortlichkeit.»[73]

In Weidenfelds Berichten wird weniger die Klage über ein Demokratiedefizit als der allgemeine Missmut registriert. *1994* wird festgestellt:

> «Eine merkwürdige Stimmung erfasst Europa. Desinteresse, Ratlosigkeit und Frustration legen sich über den Kontinent. Was als Idee die Phantasie der Generationen beflügelte, wird als das reale politische System des geeinten Europa zum Fokus larmoyanter Klage. [...] Und das soll es nun gewesen sein? Die Visionen scheinen verzehrt, die Träume der neuen Generation verflogen. Ein Kontinent, der sich über den Trümmerfeldern des Weltkrieges zur Gemeinschaft verbindet – dieser Kontinent verliert nun Sinn und Orientierung. Die Not scheint gebannt, das Gegenüber ist verschwunden. Die Quellen seiner Identität versiegen. Der Kontinent wird schlapp.»[74]

Schon damals, *1994*, beklagte Weidenfeld in seiner Jahresbilanz die fortschreitende Entsolidarisierung und die Rückwendung zum nationalen Egoismus und meinte, dass nicht nur Osteuropa, sondern auch Westeuropa von diesem «Bazillus» befallen sei. Das war Kritik an den Bürgern und Bürgerinnen und an gesellschaftlichen Entwicklungen. Weidenfeld sparte aber auch nicht mit Kritik an den Institutionen:

> «Die Unübersichtlichkeit des vereinten Europa provoziert Misstrauen. Wo kaum noch die Experten und Insider die Entscheidungsabläufe nachzeichnen und kontrollieren können, wie soll da Zustimmung und Vertrauen entstehen? Echte Mitwirkung an der Gestaltung der Existenzfragen muss auf europäischer Ebene heute noch als ein Fremdwort gelten. [...] Trotz aller Kritik schreitet die Integration Europas voran – Tag für Tag mit immer neuen Verord-

73 Ebenda, 1992/93, S. 22ff.

74 Ebenda, 1993/94, S. 13ff.

nungen und Richtlinien. Wie ein Magnet zieht der integrierte Kern immer mehr Zuständigkeiten und immer mehr Mitglieder an sich. Europa sitzt in der Erfolgsfalle, weil der Kompetenzausdehnung keine Effektivierung der Instrumente gefolgt ist. Der Hinweis auf die Gefahr eines europäischen Zentralismus ist mehr als nur ein wahlkämpferisches Menetekel.»[75]

1995 fiel Weidenfeld die Häufung von Reformrufen auf. Er stellte einige dieser Appelle zusammen (die wiederum nur als Auswahl hier aufgeführt werden): «Europa braucht den großen Schiffsputz», die «EU braucht eine grundlegende Reform», die «EU muss zu einer umfassenden Runderneuerung ihrer Institutionen und Mechanismen bereit sein». Diese Appelle als solche nahm Weidenfeld gelassen, denn die Entwicklung der europäischen Einigung lasse sich auch als Geschichte der Reformversuche beschreiben. Es sei die zwölfte Reformdebatte, zugleich aber auch die erste unter komplett gewendeten Vorzeichen, und trotzdem fahre man wie gehabt weiter, auf Maastricht I folge unter dem Titel «Europa '96» ein Maastricht II.

> «Wir vergessen dabei, dass Maastricht haarscharf an einem Scheitern vorbeischrammte. Für jeden kundigen Beobachter musste klar sein: Es war das letzte Mal, dass die Europäer eine solche Vorgabe akzeptieren würden. Aber ungerührt bereiten wir ein wirkliches Maastricht II vor. Es gehört wenig Phantasie zu den Prognosen: Das wird ein Desaster werden, weil sich am Ende die Bürger Europas verweigern werden.»[76]

Ebenfalls *1995* holte Noelle-Neumann gleich zu Beginn ihres Berichts zu einem massiven und für eine Expertin zu einer bemerkenswert scharfen Kritik an den Verantwortlichen des europäischen Integrationsprozesses aus. Wegen ihrer Geläufigkeit soll sie ausführlich zitiert zu werden:

> «Wahrscheinlich liegt den Europa-Politikern nichts daran, in engere Verbindung zu den europäischen Völkern zu treten. Anders kann man sich nicht erklären, dass die Europäische Union (EU) für die meisten ihrer Bürger in immer weitere Ferne rückt. Der Prozess der europäischen Integration schreitet voran, die Stufen werden festgelegt, Jahreszahlen genannt, die hinausgeschoben und dann wieder bestätigt werden; eine halbjährliche Ratspräsidentschaft folgt der nächsten. All das spielt sich allerdings so gut wie ohne Beteiligung der Bürger ab, von den kurzen Unterbrechungen durch die Wahlen zum Europäischen Parlament einmal abgesehen.»[77]

---

75 Ebenda.

76 Ebenda, 1994/95, S. 13ff.

77 Ebenda, S. 267. – Der britische Historiker Timothy Garton Ash stiess im gleichen Jahr ins gleiche Horn: «Die Eliten verhandeln für die Menschen und fragen diese, wenn überhaupt, erst hinterher, ob sie einverstanden sind.» (Europa denken. In: Internationale Politik 9, 1995, S. 8).

Vier Seiten später finden sich im gleichen Rapport nochmals ausgesprochen persönlich-kritische Bemerkungen zum Thema: «Die Widersprüche und die Distanziertheit sind Indikatoren dafür, dass die Politiker diese Fragen zwar unter sich diskutieren, jedoch keinen Dialog mit der Bevölkerung führen.» Entsprechend gleichgültig lasse die Bevölkerung die Frage, ob es in der Europäischen Union zu wenig Demokratie gebe, wobei sich dies auf den lange schwachen Einfluss des Europäischen Parlaments beschränkte. Noelle-Neumann setzt hinzu:

> «Offenbar vermuten die deutschen Bürger, dass sich die europäischen Parlamentarier auch dann nicht besonders darum bemühen würden, die Bevölkerung zu überzeugen, wenn sie selbst, die Parlamentarier, mehr Einfluss in Brüssel hätten. Wahrscheinlich sitzt die Erfahrung tief, dass die Politiker sich nur um die Bevölkerung bemühen, wenn die Situation es unbedingt erfordert, wie bei Fragen der Personalentscheidungen, die irgendwann einer allgemeinen Abstimmung unterworfen werden.»[78]

1996 vermittelte Weidenfeld eine wiederum nicht auf die Demokratiefrage abstellende Einschätzung: Die europapolitische Aufmerksamkeit konzentriere sich mehr und mehr auf die Reform der Europäischen Union. Der Alltag der Integration, seine Erfolge und Defekte, seine Fortschritte und Krisen – all dies rücke in den Hintergrund. Die Frage nach der Zukunftsfähigkeit Europas werde zum orientierenden Leitthema – und finde ein vielstimmiges Echo: «Mit technischen Reformen allein wird die Europäische Union die Zukunft nicht meistern! [...] Von der EU-Folgekonferenz Maastricht II sind nur faule Kompromisse zu erwarten.» Weidenfeld fragte sich, «unterwegs wohin?» – wer solle sich schon im «Dschungel namens Maastricht II» zurechtfinden?[79]

Im gleichen Jahr, *1996*, stellte Noelle-Neumann bezüglich der Verhältnisse in Deutschland bedauernd fest:

> «Die deutsche Demokratie hat – bedingt durch die Erfahrungen der Väter des Grundgesetzes in der Hitler-Zeit – den regierenden Politikern besonders wenig Möglichkeiten gelassen, die Bevölkerung direkt anzusprechen, um über ihre Pläne und Argumente zu informieren.»

Das Thema Brüssel-Strassburg-Europa befinde sich seit Jahren in einem Niemandsland. «Das Europa-Thema gilt bei den Redaktionen als unattraktiv, und entsprechend wenig kommt es im Fernsehen vor. Falls es behandelt wird, überwiegen ne-

78 Ebenda, S. 271.

79 Ebenda, 1995/96, S. 13ff. «Maastricht II» ging 1997 als Vertrag von Amsterdam in die Geschichte ein.

gative Bewertungen.» Ausführlich besprach sie die «grosse Kluft», die es in der Frage der Währungsunion gebe, zu der die «Elite» (Führungskräfte aus Wirtschaft, Politik und Verwaltung) eine ausgesprochen positive Haltung einnehme und die «Bevölkerung» eine deutlich negative.[80]

Dies war auch das Hauptthema des folgenden Berichts zum Meinungsbild von *1997*. Bedauernd hielt Weidenfeld fest, dass es den Medien in der Frage der Währungsunion nicht gelinge, «aus der schweigenden Mehrheit eine redende, emotionalisierte Mehrheit zu machen. Offenbar war es unmöglich, das Thema Währungsunion zu moralisieren, wie das mit den Themen Nato-Nachrüstung und Tiefflugübungen 1982 bis 1984, Shell-Ölplattform Brent Spar in der Nordsee oder französische Atomtests 1995 im Südpazifik gelungen war.»[81]

Im gleichen Jahr, *1997*, war Weidenfelds Beurteilung der Europapolitik mit Blick auf den Vertrag von Amsterdam vom Juni 1997 jedoch wieder zuversichtlicher. Die Reformbereitschaft der Verantwortungsträger sah er als Resultat der als Faktum verzeichneten Erscheinungen: «das wachsende Misstrauen der Europäer in die Problemlösungsfähigkeit ihrer Institutionen und die zunehmende Kluft zwischen den Bürgern und der Union», und dieses habe sich vor allem in den öffentlichen Kontroversen im Zuge der Ratifikation des Maastricht-Vertrages gezeigt.[82]

1998 verstärkte sich in Weidenfelds Bericht die positive Beurteilung:

> «Europas Zukunftsprofil wird deutlicher. Eine Reihe von Entscheidungen und Ankündigungen markieren Positionsbestimmungen mit weitreichenden Folgen: Die gemeinsame Währung wird eingeführt, die Öffnung nach Osten hat begonnen und der Vertrag von Amsterdam vertieft die politische Integration. Damit werden aber auch die Ambivalenzen des Prozesses wieder deutlicher. Europa rückt enger zusammen und wird zugleich konfliktträchtiger. Beide Entwicklungslinien, die Ausdehnung wie die Verdichtung, machen Defizite in der Handlungsfähigkeit der Europäischen Union offenbar.»

Zu seinen Reformdesideraten gehörte die Modernisierung des institutionellen Rahmens – «orientiert an den Kriterien der Effizienz, Transparenz und an demokratischer Kontrolle, die zugleich Raum für ein höheres Mass an politischer Führung bietet».[83]

Noelle-Neumann blieb *1998* weitgehend beim Euro-Thema, das heisst den damit verbundenen Hoffnungen und Befürchtungen. Und einmal mehr bemängelte sie die schwache Informiertheit der Deutschen. «Die politischen Streitfragen in der

80 Ebenda, S. 277ff.

81 Ebenda, 1996/97, S. 279.

82 Ebenda, S. 19.

83 Ebenda, 1997/98, S. 13ff.

Europäischen Union bleiben den Menschen eigenartig fern, als handele es sich gar nicht um Fragen, die die deutsche Bevölkerung betreffen könnten.» Für unser Thema sind die quasi nebenbei gestellte Frage und die Antworten darauf von besonderer Bedeutung. Die Frage lautete: «Würden Sie sagen, dass es in der Europäischen Union zu wenig Demokratie gibt? Ich meine, hat das demokratisch gewählte Europäische Parlament zu wenig Einfluss, oder würden Sie das nicht sagen?» Bei den Antworten hielten sich Ja und Nein etwa die Waage: Für 26 Prozent hatte das Europäische Parlament zu wenig Einfluss, 28 Prozent waren explizit nicht dieser Meinung, und 46 Prozent erklärten, dazu nichts sagen zu können.[84] Bezeichnend ist, dass auch hier unter «Demokratie» einzig repräsentative Demokratie und nicht Basispartizipation verstanden wurde.

1999 nannte Weidenfeld neben vielen Erfolgen als einen der wesentlichen Rückschläge den «Akzeptanzverlust der EU in den Bevölkerungen» sowie die «ungelöste Frage der Demokratie auf europäischer Ebene, insbesondere im Hinblick auf Gewaltenteilung und -kontrolle». Und zur allgemeinen Einstellung erläuterte er:

> «Jahrzehntelang fanden die Ideen der europäischen Integration und ihre Folgeentscheidungen breite öffentliche Unterstützung. Heute wird dagegen jeder kleine Schritt von einer skeptisch gestimmten Öffentlichkeit begleitet. Die meisten Menschen neigen dazu, die Erfolge der Vergangenheit als selbstverständlich hinzunehmen. Tatsächlich hat die europäische Politik wegen der Erfolge der vergangenen Jahre an Attraktivität verloren.»[85]

In einem weiteren Passus erinnerte Weidenfeld an die zentrale Zweckbestimmung der Europäischen Gemeinschaft: «Die Integration Europas hatte von Beginn an mehr im Sinn als die reine Maximierung des Nutzens ihrer Mitglieder. Die EU verbindet wirtschaftlichen Aufschwung und politische Stabilität mit Strukturen des Ausgleichs der Interessen aller Mitglieder.» Zuvor hatte er aber auch darauf hingewiesen, dass gegenläufige Bewegungen im Gange seien: «Dort, wo in Europa die Globalisierung besonders stark empfunden wird, erfährt die nationale, regionale oder lokale Identität eine zusätzliche, ausgleichende Bedeutung.»[86]

Noelle-Neumanns Feststellungen von *1999* gingen in die gleiche Richtung: Die Europäische Vereinigung würde von der Bevölkerung als nüchtern erwogenes Zweckbündnis begriffen und nicht als ein Zueinanderstreben auf Grund einer tieferen Gemeinsamkeit. «Die Unterschiede und Gegensätze erhalten dabei gegenüber

84 Ebenda, S. 300.

85 Ebenda, 1998/99, S. 21ff.

86 Ebenda, S. 20ff.

den gemeinsamen Interessen zunehmend Gewicht.» Und auf die Frage, ob es einmal einen gesamteuropäischen Staat gebe, erklärte die grosse Mehrheit der Deutschen, dass sie dies nicht wünschte und auch nicht damit rechnete.[87]

Die geplante Einheitswährung betraf zwar eine spezielle Frage, könnte aber indirekt doch auch die allgemeine Einstellung mitbestimmt haben. Die Einstellung zum Euro war anfänglich überhaupt nicht negativ. Die Zustimmung stieg in den Jahren 1995 und 1996 sogar an, in den Niederlanden zum Beispiel von 57 Prozent auf 77 beziehungsweise 70 Prozent, in Deutschland von 45 auf 55 beziehungsweise 50 Prozent.[88] Der «public support» ging dann aber zurück, als gegen Ende der 1990er Jahre aus Rücksicht auf die Konvergenzvorgaben der Wirtschafts- und Währungsunion (WWU) in den nationalen Staatshaushalten Einschränkungen vorgenommen wurden und die Wirtschaft aus anderen Gründen lahmte und sich gar zurückbildete. Hinzu kamen Verlustgefühle im symbolischen Bereich, als auf den 1. Januar 2002 die nationalen Währungen aus dem Barverkehr verschwanden und in der nationalen Debatte da und dort die Preisgabe etwa des auf das Jahr 1360 zurückgeführten französischen Franc und des 1378 erstmals geprägten niederländischen Guldens beklagt wurde.[89] In Deutschland war die Ablehnung eines Verzichts auf die DM schon früh markant: 1970 lag sie erst bei 26 Prozent, 1984 hingegen bei 42 Prozent.[90]

---

87 Ebenda, S. 314. «Lediglich 23% der Bevölkerung dachten im April 1999, dass es einmal einen so weitgehenden Zusammenschluss geben könne. 51% erklärten: ‹Nein, zu einem solchen Staat wird Europa nicht zusammenwachsen.› Eine relative Mehrheit der Deutschen (46%) sagte auch ausdrücklich bei einer zeitgleich gestellten Frage, dass sie ein solches Zusammenwachsen nicht wünsche.»

88 Dalton/Eichenberg, 1998, S. 277.

89 Die bewusst national gehaltenen Rückseiten der Euro-Münzen vermochten diejenigen, die unzufrieden sein wollten, offenbar nicht zu beruhigen. – Im Dezember 2001 bewarben sich verschiedene französische Orte um ein Denkmal für die untergehende französische Währung. Sie alle trugen den «Franc» in ihrem Ortsnamen: Franqueville-Saint-Pierre bei Rouen, Frans, Francs, Francay und Francière (http://derstandard.at/816143/Denkmal-fuer-franzoesischen-Franc). Dalton/Eichenberger sind ebenfalls der Meinung, dass das Projekt, das ein «substratum of cultural and national identitification built over hundreds of years» berührte, Widerstände hervorrief (1998, S. 281).

90 Umgekehrt Zustimmung von 52 Prozent 1970 mit stetigem Rückgang auf 33 Prozent bis 1982, vgl. Jahrbuch der Europäischen Integration, 1982, S. 296. Leicht variierend in 1984, S. 304. Zur Verbundenheit mit der D-Mark: Guido Thiemeyer hebt ihre Bedeutung als Teil des «mythischen Gründungsaktes» der Bundesrepublik mit der Währungsreform von 1948 hervor, und er hält ebenfalls fest, dass es 1992 keine Massenproteste gegeben habe (Der Kampf um das wahre Europa. Anti-Europäismus und Euro-Skeptizismus in der Opposition gegen die Wirtschafts- und Währungsunion in der

Die heutige Zustimmung zum Euro hängt von seinem Erfolg ab, der im Wechselkurs und in den Konsequenzen für wirtschaftlich schwache Mitglieder und schliesslich alle Mitglieder der Euro-Zone bemessen wird. Wer mit dem Output in diesem Fall nicht zufrieden ist, bemängelt schnell die Input-Legitimation mit Verweis darauf, dass über die Einführung des Euro nie abgestimmt worden sei. Insofern als diese Einführung eine Konsequenz des Vertrags von Maastricht ist, trifft die Aussage nicht zu. Der mit der Kritik gerne verbundene Vorwurf, als Bürger habe man in Währungsfragen und zur Euro-Politik der Europäischen Zentralbank (EZB) nichts zu sagen, zeigt zudem, dass auch in diesem Fall die EU mit Erwartungen und Forderungen konfrontiert wird, die gegenüber nationalen Zentralbanken nie aufkommen.[91]

Hier können wir den Durchgang durch die Jahrbücher der 1990er Jahre mit einer zweifachen Feststellung abschliessen: Nicht als direkte Reaktion auf konkrete Integrationschritte, sondern aus einem allgemeinen Stimmungswandel erodierte im Lauf der 1990er Jahre die «beflügelnde» Phantasie und machte sich «larmoyante» Klage (Weidenfeld 1994) breit. Die allgemeine Unzufriedenheit und die Klage über das Demokratiedefizit der EU hielten sich aber in Grenzen. Beides wurde offenbar aus zeitgenössischer Perspektive weit weniger dramatisch empfunden, als man dies auf der Grundlage der später einsetzenden Sekundärliteratur meinen könnte.

Obwohl das Problem des Demokratiedefizits seit 1994/95 im Wahrnehmungsraster der Jahrbuchberichterstattung eigentlich gesetzt war, finden sich in den Berichten der Jahre 1996–2005 über die öffentliche Meinung erstaunliche wenige Auseinandersetzungen mit dieser Problematik. Wichtiger und darum erwähnenswerter erschienen offenbar die Währungsunion, die Osterweiterung, die EU-Mitgliedschaft der Türkei sowie weltpolitische Themen wie «9/11», der Einfall in den Irak u. a. m.

1.3 Erste wissenschaftliche Verarbeitungen des neuen Phänomens

Ein Demokratiedefizit, wie wir es heute verstehen, nämlich als fehlende direktdemokratische Mitbestimmung vor allem in ganz zentralen Fragen, bestand von Anfang an, mithin lange, bevor es als solches wirklich bemerkt oder gar von der nicht

---

deutschen Öffentlichkeit 1990–1999. In: Maria Gainar/Martial Libera (Hg.), Contre l'Europe? Anti-européisme, euroscepticisme et alter-européisme dans la construction européenne de 1945 à nos jours. Vol. 2: Acteurs institutionels, milieux politiques et société civile, Stuttgart 2013, S. 271–284).

91 Nationalbanken sollten generell regierungs- und damit in einem gewissen Sinn auch politikunabhängige Institutionen sein.

einbezogenen Basis beanstandet worden wäre. Die wissenschaftlichen Analysen des Phänomens setzten aber erst nach seinen ersten Thematisierungen ein, wie sie im «Jahrbuch der Europäischen Integration» greifbar werden und oben zusammengefasst worden sind.

2015 konnten Politologen zwar feststellen, dass sich die akademische Gemeinschaft mit dem «so-called» Demokratiedefizit bereits befasst und inzwischen eine so reiche wie komplexe Literatur dazu produziert habe.[92] Zutreffender ist jedoch, was die norwegischen Politologen Andersen und Eliassen noch 1996 bemerkten: «The debate on democracy in the EU has not received much attention in academic research.»[93] Etwa zeitgleich stellte Wolfgang Wessels in seinem Jahresbericht zur Integrationsforschung mit einem Hinweis auf fünf Publikationen (u. a. auch auf Andersen/Eliassen) fest, es würden *erneut* Begrifflichkeiten wie «Demokratie» und «Legitimität» thematisiert.[94]

Dieses «erneut» bedarf der Erläuterung: Vor 1996 tauchte das Thema in den Forschungsberichten nämlich noch nicht auf.[95] Aber im folgenden Jahr konnte der Referent sozusagen als Routinehinweis festhalten: «Als ständiger Merkposten fast jeder politischen und wissenschaftlichen Diskussion fallen die Stichworte ‹Legitimität› oder ‹demokratisches Defizit›.[96] Ein weiterer Indikator der nunmehr stärker beachteten Frage der politischen Partizipation findet sich in der Tatsache, dass sich die bereits in den 1960er Jahren geschaffene «Stiftung Mitarbeit» 1994 mit einer Schrift zum Verhältnis von Demokratie und europäischer Supranationalität in die laufende Debatte einklinkte und sich in diesem Dilemma tendenziell für die Erhaltung der Demokratie einsetzte als einer «Lebenskraft», die nicht selbstzerstörerisch beschnitten werden dürfe.[97]

92 Simona Piattoni/Justus Schönlau, Shaping EU Policy from Below. EU Democracy and the Committee of the Regions. Cheltenham 2015. S. 7.

93 Erklärt wurde das bescheidene Interesse u. a. damit, dass sich das politische System permanent verändert habe, vgl. Svein S. Andersen/Kjell A. Eliassen, The European Union: How Democratic Is it? London 1996. S. 1, ohne Bezug zur «Maastricht»-Ratifikation; die Publikation ist vielmehr auf «Amsterdam» ausgerichtet.

94 Jahrbuch der Europäischen Integration, 1995/96, S. 25.

95 1993 gibt es gar nichts zum Thema. 1994 wurde lediglich kurz angesprochen, dass Veränderungen auf EU-Ebene nötig seien, damit die Demokratien der Mitgliedstaaten längerfristig erhalten oder gar verbessert würden. 1995 war indirekt die Demokratiefrage berührt, als es um die föderale Balance ging.

96 Jahrbuch der Europäischen Integration, 1996/97, S. 33.

97 Stiftung Mitarbeit (Hg.), Wieviel Europa verträgt die Demokratie? Redaktion: Tilman Evers, Opladen 1994.

In der wissenschaftlichen Verarbeitung lässt sich (wie oft) die folgende disziplinäre Abfolge feststellen: Recht früh können sich die Juristen an die Analyse der gesetzten Verhältnisse machen, sozusagen den Schluss bilden die Historiker mit ihren etwas aufwendigeren Arbeiten, und dazwischen liegen die Politologen. Die Wissenschaftsproduktion verläuft freilich nicht in jedem Fall zwingend nach diesem Schema, zudem gibt es noch andere Disziplinen, die sich ebenfalls mit dem Thema beschäftigen. Dies zeigt eine Arbeit des *Soziologen* Jürgen Gerhards, der schon 1992/93 in einer Reaktion auf «Maastricht» nicht ausdrücklich auf das Demokratiedefizit fokussierte, sich aber mit dem Öffentlichkeitsdefizit befasste und zu den Ursachen eine Plausibilitätsskizze verfasste, allerdings, wie er selber sagt, ohne «hinreichende» empirische Überprüfung.[98]

Die als ein sehr theoretisches Problem verstandene Legitimität der EG war, wie die Mannheimer *Politologen* Rudolf Wildenmann und Oskar Niedermayer 1991 zeigen, schon früh ein Thema, aber nicht aus einer akuten Defizitwahrnehmung heraus, sondern aufgrund der theoretisch-normativen Auffassung, dass sich die Problematik der demokratischen Mitsprache nicht auf den nationalstaatlichen Rahmen begrenzen lasse, sondern auch für die europäische Ebene gelten müsse.[99] Niedermayers Beitrag zeigt, wie wenig pauschale Umfragewerte aussagen, weil man nicht weiss, ob Zustimmung oder Ablehnung eher aus affektiven oder utilitaristischen Gründen genannt werden, also aus der Einstellung zu zwischenstaatlicher Kooperation oder aus Nützlichkeitsüberlegungen, wobei in der affektiven Variante noch zwischen grundsätzlicher Zustimmung und Zufriedenheit mit der konkreten Realisierung zu unterscheiden wäre. Zu diesen Unbestimmtheiten hinzu kommt noch die erhebliche Volatilität, das heisst die erheblichen Schwankungen unter dem Einfluss momentaner Eindrücke. Und schliesslich kommen die in der Frühphase noch stärkeren Unterschiede in den nationalen Tendenzen hinzu (unterschieden nach den Gründungsmitgliedern der EWG von 1957 und den Neumitgliedern von 1973; und in dieser letzten Kategorie abermals unterschieden zwischen Grossbritannien und Dänemark mit grösserer Skepsis und Irland mit positiverer Einstellung). Diese

98 Gerhards, 1993, S.97

99 Oskar Niedermayer, Bevölkerungsorientierungen gegenüber dem politischen System der Europäischen Gemeinschaft. In: Rudolf Wildenmann (Hg.), Staatswerdung Europas? Optionen für eine Europäische Union. Baden-Baden 1991, S. 321–353. Mit Hinweisen auf frühere Arbeiten etwa von K. Neunreither 1976 oder Hans von der Groeben 1987.

Diversitäten zeigen, dass es nicht sinnvoll ist, Pauschalaussagen zu den Einstellungsveränderungen im Laufe der Zeit zu machen.[100]

Ebenfalls vergleichsweise früh, im Jahr 1992, thematisierte der *Politologe* Karlheinz Reif – wie bereits dargelegt – ein dreifaches Demokratiedefizit: Er bezog sich dabei auf das Europäische Parlament und seine Bestellung durch die allgemeinen Wahlen im System der repräsentativen Demokratie.[101]

Aus dem Jahr 1994/95 liegt eine *juristische Abhandlung* von Winfried Kluth zur demokratischen Legitimation der EU vor. In ihrem Vorwort wird vom Demokratiedefizit behauptet, dass es eine «in den letzten Jahren verbreitete These» sei.[102] Vom dänischen Nein gegen «Maastricht» vom Juni 1992 angestossen, befasste sich die 1995 publizierte rechtswissenschaftliche Dissertation von Stephan Körkemeyer mit den «Möglichkeiten und Grenzen unmittelbarer Volksbeteiligung an der staatlichen Willensbildung in der Europäischen Union». Sie interessierte sich aber nicht explizit für das Demokratiedefizit. Ihr ging es vielmehr darum abzuklären, wie weit Gemeinschaftsrecht und direkte Demokratie vereinbar seien. Der Autor war überzeugt, dass Referenden in der EU an Bedeutung gewinnen würden. In seinem Ausblick ging er davon aus, dass eine stärkere direkte Beteiligung des Volkes der europäischen Integration «neue Schubkraft» gebe könne. Zudem ging er davon aus, dass die Schweiz als Modell für einen europäischen Bundesstaat dienen könne.[103]

Einige Bemerkungen zu den frühen Beiträgen der *Politologen*: Den angelsächsischen Politologen Mark Franklin, Michael Marsh, Lauren McLaren kommt das Verdienst zu, in ihrer 1994 veröffentlichten Studie die Frage nach dem Stimmungsumschwung aufgegriffen zu haben. Sie erblickten in den öffentlichen Debatten um «Maastricht» einen wichtigen Faktor für die Trendwende. Mit ihrem Aufsatztitel «Uncorking the Bottle. Popular Opposition to European Unification in the Wake of

---

100 Niedermayer bietet, auch unter Berücksichtigung von Bildung und Alter, allerdings ein differenziertes Bild der Entwicklung der Bevölkerungsorientierungen gegenüber dem politischen System der EG in den siebziger und achtziger Jahren, vgl. ders., 1991, S. 333ff.

101 Karlheinz Reif, Wahlen, Wähler und Demokratie in der EG. Die drei Dimensionen des demokratischen Defizits. In: Aus Politik und Zeitgeschichte B 19, 1992, S. 43–52.

102 Winfried Kluth, Die demokratische Legitimation der Europäischen Union: Eine Analyse der These vom Demokratiedefizit der Europäischen Union aus gemeineuropäischer Verfassungsperspektive. Berlin 1995. Hervorgegangen war diese Publikation aus einem bereits 1994 an der Universität Köln gehaltenen Vortrag. Wie zu erwarten war, rückte in dieser Aufmerksamkeitskonjunktur gelegentlich auch die Schweiz mit ihrer direkten Demokratie ins Blickfeld.

103 Körkemeyer konnte sich auch auf Äusserungen von Richard von Weizsäcker, Horst Bangemann und Roland Bieber u. a. berufen, die in die gleiche Richtung wiesen (1995, S. 6ff. und 145).

Maastricht» griffen sie auf ein bekanntes Bild zurück, nämlich auf den ambivalenten, hilfreichen oder gefährlichen Flaschengeist, der, einmal befreit, nicht mehr in die Flasche zurück möchte.[104] Der Punkt in diesem Aufsatz ist aber nicht die Folge der Freisetzung des Flaschengeistes, sondern die Annahme, dass es den Geist mit seinem Freiheitswillen schon vorher gegeben habe. Mit dem Widerstand gegen «Maastricht» sei ein euroskeptisches Gebräu entwichen, das in den Jahrzehnten zuvor langsam, aber zugleich immer grösseren Druck erzeugend, vor sich hingegoren habe.[105] Dem ist die Einschätzung entgegenzuhalten, dass es zwar im Laufe der vorangegangenen Jahre eine stille Erosion der Zustimmung zur EG gegeben hatte, aber erst die Volksabstimmungen von 1992 in Dänemark und Frankreich den Oppositionsgeist erzeugt haben – und zwar nicht durch die schwachen Resultate selbst, sondern durch die mit dem Abstimmungskampf aufgekommenen öffentlichen Kontroversen.[106]

Unter dem Eindruck der Entladungen der Missstimmungen um 1992 kann uns die «Uncorking the Bottle»-These einleuchten, ihre Richtigkeit ist damit aber nicht belegt. Von einer unter dem Deckel gehaltenen Unzufriedenheit (um auch dieses Bild zu verwenden) ist für die Zeit vor 1992 kaum etwas wahrzunehmen, und dies nicht nur wegen des Deckels. In der Forschung ist man sich nämlich weitgehend einig, dass vor 1992 sogar eine «single market euphoria» geherrscht habe.[107] Von euphorischen Ausschlägen ist bereits weiter oben die Rede gewesen (vgl. oben, S. 27). Der *Mediensoziologe* Jürgen Gerhards traf die Gegebenheit besser, wenn er 1993 ohne Rückdatierung des Malaise sagt, «Maastricht» habe eine «nachholende Diskussion» ausgelöst.[108]

---

104 Van der Eijk/Franklin bezeichnen die EU-Opposition als schlafenden Riesen (S. 47). Mair übernimmt dieses Bild, macht aber aus ihm einen ruhiggestellten («sedated») Riesen (2007, S. 3 und 12ff.).

105 Mark Franklin/Michael Marsh/Lauren McLaren, Uncorking the Bottle. Popular Opposition to European Integration in the Wake of Maastricht. In: Journal of Common Market Studies 32, 4, 1994, S. 455–472. Zustimmend zit. bei Tiemann/Treib/Wimmel, 2011, S. 233.

106 Hrbek, 1995, sagt vom dänischen Abstimmungsergebnis, es habe weit über das Land hinaus das Signal für eine Debatte darüber gegeben, ob die mit dem Vertrag errichtete Europäische Union nicht ein zu grosser und überfordernder Schritt sei (S. 173).

107 Etwa Desmond Dinon, der dennoch mit Bezug auf Dalton/Eichenberg das Bild des «genie of public opinion out of the bottle» zwölf Jahre später übernahm: From Treaty Revision to Treaty Revision: The Legacy of Maastricht. In: Journal of European Integration History 19, 1, 2013, S. 123–139. Zit. S. 127 und 138.

108 Gerhards, 1993, S. 96.

1995 nahm der Tübinger Politologe Rudolf Hrbek vom Maastricht-Vertrag ausgehend das Thema des Demokratiedefizits wieder auf.[109] Es sei «nur verständlich», dass auch die Diskussion um das Demokratiedefizit, das bereits zuvor bestanden habe und sich nun mit dem ehrgeizigen Vertragswerk noch verstärkte, intensiver würde. Er zeigte zwar auf, dass der Vertrag eine ganze Reihe von institutionellen und verfahrensmässigen Elementen enthalte, von denen eine «legitimitätssteigernde Wirkung» erwartet werden könne. Diese Einzelelemente würden allerdings das Entscheidungssystem erheblich komplizieren und damit noch schwerer durchschaubar machen, was wiederum «legitimitätsmindernd» wirke.

Drei weitere, alle erst 1998 vorgelegte Studien, die sich mit der Entwicklung der Grundeinstellungen zur EG/EU befassen, belegen, dass der Grad der demokratischen Legitimation des europäischen Gemeinschaftsprojekts auch in der Welt der Wissenschaft zunehmend ein Thema wurde.

Matthew J. Gabel ging in seiner Dissertation der Frage nach, wovon die Zustimmung zur europäischen Integrationspolitik abhänge. Er stellte, allerdings wenig überzeugend, die Einschätzung des jetzt wieder diskutierten «permissiven Konsenses» in Frage, indem er mit Theorie und Statistik aufzeigte, dass die gefühlsmässige Verbundenheit (*affective allegiances to EU)* schon immer klein (etwa bloss 20 Prozent) und konstant und dass die Nützlichkeitserwägung (*utilitarian evaluation)* ebenfalls schon immer ein entscheidender Bestimmungsfaktor gewesen sei. Dies ist oder wäre aber kein fundamentaler Widerspruch zur These des «permissiven Konsenses».[110] Stillschweigende Zustimmung kann es aus emotionalen wie aus rationalen Motiven geben, wie Missbilligung, wenn sie sich in Grenzen hält, stillschweigend bleiben kann. Gabel interessierte sich in einer weiteren Studie für die Anteile und den Wandel der Unterstützungsmotive. Dabei kam er zum Schluss, dass Werteorientierung und Wissensstand wenig bestimmend seien, die Abhängigkeit dagegen von der unstabilen, nicht robusten Akzeptanz der nationalen Regierungen recht hoch. Und im Falle der WWU seien nicht die zu erwartenden makroökonomischen Vorteile bestimmend,

109 Rudolf Hrbek, Der Vertrag von Maastricht und das Demokratie-Defizit der Europäischen Union auf dem Weg zu stärkerer demokratischer Legitimation? In: Gedächtnisschrift für Eberhard Grabitz. München 1995. S. 171–193. Hrbek hatte sich aber schon 15 Jahre zuvor zu diesem Problemkomplex geäussert: Demokratiegebot und Europäische Gemeinschaft. In: Klaus Hartmann (Hg.), Die Demokratie im Spektrum der Wissenschaften. Freiburg 1980. S. 285–322.

110 Matthew J. Gabel, Interests and Integration. Market Liberalization, Public Opinion and European Union. Ann Arbor/Michigan 1998. S. 16ff. und 112.

sondern die gruppenspezifischen Verlustängste derjenigen, die mit Kürzung der sozialstaatlichen Leistungen rechnen.[111]

Die etwa gleichzeitig mit Gabel publizierten Abklärungen der beiden Public-Opinion-Experten Russell J. Dalton und Richard C. Eichenberg vermittelten in den allgemeinen Ausführungen die schnell einleuchtende, aber auch etwas banale Feststellung, dass positive Meinungen zur EU den Integrationsprozess begünstigen würden und negative Meinungen ihn dagegen bremsen können.[112] Weniger banal waren ihre Überlegungen zur Frage, warum die Indifferenz (also der «permissive Konsens») schwindet und zu einem bestimmten Zeitpunkt entweder zu positiven oder negativen Meinungen mutiert. Dalton/Eichenberg nannten drei Gründe: erstens die Entwicklung von den diskreten intergouvernementalen zu den öffentlicheren supranationalen Integrationsverhandlungen, zweitens die vermehrten Auswirkungen der EU-Entscheidungen auf die nationalen Innenpolitiken infolge des Integrationsfortschritts und drittens die vermehrte Beachtung der öffentlichen Meinung infolge ihrer aufkommenden Bedeutung.

Der *erste Punkt* betrifft den tatsächlich paradoxen Effekt, dass die stärkere Öffnung mit den problematisierenden Diskussionen und einzelnen Plebisziten den Erwartungen zwar entgegenkam, die Unzufriedenheit aber erhöhte und nicht abbaute.

Beim *zweiten Punkt* dürfte es ohne weiteres einleuchten, dass Integrationseffekte, wenn sie in vermehrtem Mass den Lebensalltag in den Mitgliedstaaten erreichen, auch zu Meinungen über die Institutionen führen, die diese dafür verantwortlich machen. Das galt aber mehr der gedachten als der im Alltag gespürten Wirklichkeit. Schon 1992 warf der Politologe Otto Schmuck immerhin die Frage auf (beantwortete sie aber nicht affirmativ), ob mit «Maastricht» die von vielen Analytikern erwartete Systemgrenze von einem national dominierten «Verflechtungssystem» zu einer eigenständigen europäischen Handlungseinheit nun endgül-

111 Matthew J. Gabel, Public Support for European Integration: An Empirical Test of Five Theories. In: The Journal of Politics, 60, 2, 1998, S. 333–354. Er unterschied fünf Faktoren: 1. Das Wissen um den Vorgang, 2. Der wirtschaftliche Nutzen, 3. Die Identifikation mit Europa, 4. Die Zustimmung zur eigenen Regierung und 5. Die Zustimmung zu bestimmten Werten. Im Vordergrund standen nicht die Konjunkturen von Einstellungsentwicklungen, sondern, wie im Untertitel zum Ausdruck gebracht wird, das Interesse, bestimmte Theorien zu verifizieren oder zu falsifizieren. Etwa gleichzeitig Gabel, vgl. Anm. 110. – Ähnliche frühere Studie zusammen mit Harvey Palmer. In: European Journal of Political Research Januar 1995, S. 1–19.

112 Russell J. Dalton/Richard C. Eichenberg, Citizen Support for Policy Integration. In: Wayne Sandholtz/Alec Stone Sweet, European Integration and Supranational Governance. Oxford 1998. S. 250–282. Zit. S. 251.

tig erreicht worden sei.[113] In den 1990er Jahren dürfte es aber noch kaum konkrete, irritierende oder gar störende Alltagserfahrungen infolge von EU-Eingriffen in die Politik der einzelnen Mitgliedstaaten gegeben haben. Und diese «Erfahrungen» bezog man vor allem aus Berichten über restriktive Vereinheitlichungsregeln – von der Gurke über Glühbirnen bis zu Gaspedalstellungen von Gabelstaplern. Andere machten daraus immer wieder eine Erklärung, zum Beispiel Guido Thiemeyer im Jahr 2001:

> «Es scheint, als habe die Union mit der europäischen Währungsunion eine Schwelle überschritten, die in der öffentlichen Meinung die Grenzen markiert zwischen dem Teil von Wirtschaftspolitik, den man ohne demokratische Kontrolle einem Expertengremium überliess, und jenem Teil, über den die Bevölkerung mitbestimmen will. [...] Damit ist die Europäische Union an einem Wendepunkt ihrer Entwicklung angelangt. Der technokratische Weg der europäischen Integration scheint zu Ende zu sein.»[114]

Zum *dritten Punkt*: Wie an anderer Stelle gezeigt (vgl. oben, S. 32), gewann die öffentliche Meinung im Laufe der 1970er Jahre an Bedeutung. Was aber bewirkten die jeweiligen Publikationen? Ging von den positiven oder negativen Trendfeststellungen – wie bei Börsenkurven – ein selbstverstärkender Effekt aus? Negative Befunde könnten durchaus eine solche Wirkung gehabt und eine selektive Wahrnehmung des Negativen verstärkt haben. Um 2001 war die distanzierte oder gar ablehnende Haltung gegenüber der EU so stark, dass das «Jahrbuch der Europäischen Integration» im Bericht zur öffentlichen Meinung einen speziellen Zwischentitel mit «Negative Europabilder» setzte und vor deren festen Etablierung warnte:

> «Zu dem Zeitpunkt, an dem das Interesse an einem Thema anspringt, bilden sich Einstellungen der Bevölkerung heraus, die dann oft lange Zeit nicht mehr umzuwenden sind. Allmählich nimmt das Europabild der Deutschen schärfere Konturen an, und dieses Europabild hat eine Reihe negativer Aspekte.»[115]

Der erste und der letzte Punkt beleuchten dagegen ein Paradox: Das Bestreben, mit mehr Transparenz und Einbezug der Bürger und Bürgerinnen die Akzeptanz des

113 Schmuck, 1992, S. 106, mit Hinweis auf Roy Pryce (Hg.), The Dynamics of European Union. London 1987.

114 Thiemeyer, 2001, S. 46ff. Mit demokratischer Kontrolle war direktdemokratische Kontrolle gemeint. Zudem suggerierte er mit der Formulierung, dass Kontrolle «wieder» sichergestellt werden müsse, dass, abgesehen vom französischen Erweiterungsreferendum von 1972 und den drei «Maastricht»-Referenden, je über etwas an der Basis abgestimmt worden wäre (S. 47).

115 Jahrbuch der Europäischen Integration, 2000/01, S. 304.

Integrationsprozesses zu fördern, hatte einen kontraproduktiven Effekt und führte zu einem Rückgang der Zustimmung. Es bietet sich die naheliegende Vermutung an, dass durch einen sich selbst verstärkenden negativen Effekt der beiden knappen «Maastricht»-Abstimmungen in Dänemark und Frankreich eine allgemeinere, über diese beiden Länder ausgreifende Meinungsbildung in Gang gesetzt worden sei und dies mit einer «Ermutigungsspirale» vermehrt negative Einschätzungen freigesetzt habe.[116]

Neben der sogenannten öffentlichen Meinung, die weitestgehend ja veröffentlichte Meinung ist, gibt es noch das schwer fassbare Breitenphänomen der «silent majority». Von ihr kann angenommen werden, dass ihr eher Zufriedenheit als Unzufriedenheit zu Grunde liegt: Erfahrungsgemäss wird nämlich Unzufriedenheit vernehmbarer artikuliert als Zufriedenheit.

Dalton/Eichenberg stellen Zahlen zur Verfügung, die eine Einordnung des «Entkorken»-Moments gestatten. Auch sie bedienen sich der Gefässmetapher, allerdings in dem Sinne, dass sie von der generellen Zustimmung sagen, sie befände sich in einer «half empty/half full»-Situation. Gemeint war die Durchschnittszustimmung zur EWG/EG über die Jahre 1985–1997. Die Autoren zeigen, dass die mit der beschlossenen Währungsunion (WWU) angestrebte Intensivierung des Integrationsprozesses bei den Bürgern und Bürgerinnen zunächst gut ankam, zumal man sich davon eine weitere Belebung der Wirtschaft versprach.

Eine weitere, von David R. Cameron vorgelegte politikwissenschaftliche Studie zeigt, dass von «Maastricht» offenbar doch keine unmittelbare negative Wirkung auf die Einstellung zur EU ausging (entgegen der 1994 von Matthew J. Gabel geäusserten und oben referierten Annahme). Die im Oktober und November 1996 durchgeführte Umfrage über die Zustimmung zur Einführung der Euro ergab alles in allem mit 51 Prozent eine knappe Ja-Mehrheit und eine Gegnerschaft von 33 Prozent. Dies, obwohl im Vorjahr die Staats- und Regierungschefs auf dem Gipfel von Madrid im Dezember 1995 einstimmig beschlossen hatten, gemäss «Maastricht» die dritte und letzte Stufe zur Einführung der Währungsunion einzuleiten. Dabei handelte es sich jedoch um Durchschnittswerte. Zustimmung und Ablehnung vari-

116 Mit «Ermutigungsspirale» ist das Gegenteil der von Noelle-Neumann in den 1970er Jahren in die Diskussion gebrachten Schweigespirale gemeint, wonach die Menschen sich umso leichter zu ihrer Meinung öffentlich bekennen, wenn diese mit einem vorherrschenden Meinungsklima übereinstimmt bzw. ein solches Klima wahrgenommen oder mindestens vermutet werden kann. Vgl. Elisabeth Noelle-Neumann: Die Schweigespirale. Öffentliche Meinung – unsere soziale Haut. München 1980.

ierten erheblich je nach Land. Italien lieferte mit 73 Prozent die höchste Zustimmung, Finnland mit 29 Prozent die niedrigste. Nicht erstaunlich war die mehrheitliche Ablehnung in den Ländern, die ohnehin nicht zum Euro-Raum gehören wollten. Bedenklich war aber die mehrheitliche Ablehnung auch in den beiden künftigen Euro-Ländern Deutschland (mit 39 Prozent Ja zu 42 Prozent Nein) und Österreich (mit 35 Prozent Ja zu 41 Prozent Nein).[117]

Das Interesse der *historischen Forschung* wandte sich unter dem Eindruck der aktuellen Missstimmung erst spät der Frage des Demokratiedefizits zu und führte bisher nur zu wenigen Abklärungen. Der 2001 publizierte Aufsatz von Guido Thiemeyer zu den Ursachen des «Demokratiedefizits» ist eine fast einsame Pionierleistung: Bezeichnenderweise ist der Begriff im Titel mit Anführungszeichen versehen. Seine Analysen konzentrieren sich aber auf die Einrichtung der repräsentativ-demokratischen Organe der EG.[118]

Eine der neuesten wissenschaftlichen Auseinandersetzungen wurde von jungen Forscherinnen und Forschern der Universität Strassburg lanciert und war deklariertermassen eine Reaktion auf die «Welle der Ablehnung», die sich seit etwa fünfzehn Jahren gegen den Integrationsprozess richtet. Die Studien waren interdisziplinär angelegt, sie umfassten aber mehrheitlich historische Beiträge.[119]

117 Vollständige Liste in David R. Cameron, Creating Supranational Authority in Monetary and Exchange-Rate Policy: The Sources and Effects of EMU. In: Wayne Sandholtz/Alec Stone Sweet, European Integration and Supranational Governance. Oxford 1998. S. 212. – Dieter Freiburghaus belegt in seiner Schrift aus dem Jahr 2000 ebenfalls den Zustimmungsrückgang, er zeigt ihn aber nur im grossen Bogen der 1990er Jahre: 1991 hätten noch 72 Prozent der Befragten die EU-Mitgliedschaft als «eine gute Sache» bezeichnet, 1999 seien es nur noch 49 Prozent gewesen (2000, S. 346).

118 Thiemeyer, Guido: Die Ursachen des «Demokratiedefizits» der Europäischen Union aus geschichtswissenschaftlicher Perspektive. In: Wilfried Loth (Hg.), Das europäische Projekt zu Beginn des 21. Jahrhunderts. Opladen 2001. S. 27–47.

119 Contre l'Europe? Anti-européisme, euroscepticisme et alter-européisme dans la construction européenne de 1945 à nos jours. Vol. 1: Birte Wassenberg/Frédéric Clavert/Philippe Hamman (Hg.), Les concepts. Stuttgart 2010. Vol. 2: Maria Gainar/Martial Libera (Hg.), Acteurs institutionnels, milieux politiques et société civile. Stuttgart 2013. – Aus dem gleichen Forschungskontext, aber stärker auf die Gegenwart ausgerichtet: Patrick Moreau/Birte Wassenberg (Hg.) European Integration and New Anti-Europeanism. Vol. 1: The 2014 European Election and the Rise of Euroscepticism in Western Europe. Vol. 2: The 2014 European Election and New Anti-European Forces in Southern, Northern and Eastern Europe. Stuttgart 2016.

1.4 Frühe Kritik am europäischen Integrationsprojekt (seit 1945)

Wie lässt sich die in den 1990er Jahren vermehrt aufgekommene Kritik an der EU nun in den grösseren Zusammenhang der Geschichte der europäischen Integration einordnen? Über frühe Kritik an den ersten Integrationsprojekten wissen wir recht wenig.[120] Das schliesst nicht aus, dass man doch einiges zusammentragen kann. Was man findet, ist punktuelle Kritik, wenig grundsätzliche Gegnerschaft und kaum allgemeine Abneigung.[121]

Zur *allgemeinen Abneigung*: Zunächst sei darauf hingewiesen, dass Umfragen bestehende Meinungen bloss abrufen und dass diese, wenn sie kritisch sind, nicht die gleiche Qualität haben wie aus eigenem Antrieb geäusserte Kritik. Die Berichte zur Stimmungsentwicklung gingen in der Regel davon aus, dass die Einstellung zum Europaprojekt in den nicht weiter definierten Ausgangslagen gut und die Zustimmung (selbst bei weitestgehender Indifferenz) hoch war und die Europaidee nach und nach an Glanz einbüsste. Bereits in den Jahren 1973–1980 ging die positive Beurteilung der EG leicht, aber eindeutig zurück, so dass 1980 festgestellt wurde, die Beurteilung des Integrationsprozesses sei «skeptischer» geworden und die «nationalen Egoismen» hätten zugenommen.[122] 1985 folgte die Feststellung, seit 1973 sei ein fast kontinuierlicher «leichter Rückgang» zu verzeichnen.[123] Deutlich später findet sich die Feststellung, dass «bereits» 1979 eine «Entfremdung» der Bürger von der Europäischen Union bestanden habe.[124] Als Erklärung für den leichten Rückgang der Zustimmungsrate im Laufe der 1970er Jahre werden schon 1982 die bekannten und später wichtiger werdenden Begründungen genannt:

120 Eine 2008 in Strassburg gebildete Forschergruppe hat inzwischen in höchst anerkennungswürdiger Weise einen Teil dieser Lücke gefüllt. Vgl. die in Anm. 119 genannten Publikationen.

121 Absolute Zustimmung wäre eine den gesellschaftlichen Gegebenheiten nicht entsprechende Erwartung. Dass nationale «résistances» gegen Europa so alt sind wie die europäische Idee, zeigen auf: Justine Lacroix/Ramona Coman (Hg.), Les résistances à l'Europe. Cultures nationales, idéologiques et stratégiques d'acteurs. Brüssel 2007.

122 Thomas Herz im ersten Jahrbuch der Europäischen Integration, 1980, S. 289. Beide zitierten Formulierungen im Original schon in Anführungszeichen.

123 Dieser Rückgang sei in Deutschland und Dänemark besonders ausgeprägt. Vgl. Jahrbuch der Europäischen Integration, 1985, S. 309.

124 Jahrbuch der Europäischen Integration, 2005, S. 294ff.

«Unüberschaubarkeit und Kompliziertheit der europäischen Entscheidungsprozesse, ausgeuferte Bürokratie, Auseinanderklaffen von Erwartungen und Wünschen der EG-Bürger einerseits und Leistungsvermögen der Europäischen Gemeinschaft auf der anderen Seite.»[125]

Zur *grundsätzlichen Gegnerschaft*: Die Kommunisten waren dauerhaft und die Sozialdemokraten nur anfänglich gegen das europäische Integrationsprojekt eingestellt. Relativiert muss dieses Grundfaktum insofern werden, als in den 1970er Jahren die Eurokommunisten (zum Beispiel der Italiener Enrico Berlinguer) eine gemeinschaftsfreundliche Haltung einnahmen und schon in der ersten Stunde zahlreiche Sozialdemokraten (zum Beispiel der Belgier Paul-Henri Spaak) aktive EG-Politiker waren. Aus naheliegenden Gründen lehnten die Kommunisten die Marshallplan-Hilfe der USA ab, weil diese die westeuropäischen Länder gegenüber der Bedrohung aus dem sowjetischen Osten stärkte. Und sie bekämpften aus dem gleichen Grund selbstverständlich auch die frühen Pläne zu einer Europäischen Verteidigungsgemeinschaft (EVG). Die Sozialdemokraten insbesondere in Deutschland befürworteten an sich die Schaffung eines vereinigten Europa, zum Teil opponierten sie aber anfänglich wie die britische Labour Party gegen seine konkrete Ausgestaltung und lehnten zum Beispiel die Europäische Gemeinschaft für Kohle und Stahl (EGKS) ab – und sahen in diesem Europa vor allem die vier «k» für klein, kartellistisch, kapitalistisch und klerikal.[126] Kritik an einem vereinigten Europa, Opposition dagegen und sogar Gegenaktionen kamen aus Grossbritannien bereits vor seinem Beitritt zur EWG 1973.[127] Bereits 1948 hatte die Labour Party das von der Conservative Party (und hier insbesondere von Churchill und Sandys) propagierte Modell eines ausschliesslich intergouvernementalen Europa abgelehnt.

Sofern die «Meilensteine» der markanteren Integrationsschritte überhaupt zur Kenntnis genommen wurden, war die öffentliche Meinung weitgehend indifferent, sowohl bei der Unterzeichnung der Römischen Verträge von 1957 als auch bei der Einigung auf dem Gipfel von Den Haag von 1969 sowie bei vielen der folgenden

125 Ebenda, 1992, S. 296.

126 Patrick Bredebach, Vom bedingten «Nein» zum bedingten «Ja»: Die deutsche Sozialdemokratie und die europäische Integration in den 1950er Jahren. In: Gainar/Libera, 2013, S. 191–205, hier S. 205. – In seiner Karlspreis-Rede vom 6. Mai 2016 betonte Papst Franziskus die Verdienste der «christlichen» Politiker Schuman und De Gasperi für die europäische Einigung.

127 Zeittypisch und mit wenig Beachtung der inneren Opposition: Sir David Hannay (Hg.), Britain's Entry into the European Community. London 2000 («O'Neill-Report» über die Verhandlungen 1970–1972). – Neuerdings nun aber dazu die Beiträge von Thomas Raineau, Simon Usherwood und Oliver Daddow in: Gainar/Libera, 2013.

Verständigungen.[128] Eine grundsätzliche Kritik im Sinne einer kontinuierlichen Beanstandung einer spezifischen Gegebenheit galt der «Bürokratie», und dies bemerkenswerterweise bereits spätestens seit Ende der 1970er Jahre. Im Widerspruch zur Meinung, die Bürgerferne der Brüsseler Verwaltung und Klagen über Bürokratie und Demokratiedefizit seien ein Phänomen der jüngsten Zeit, erinnerte ein rückblickender Bericht daran, dass im März 1979 mehr als zwei Drittel (68 Prozent) der Befragten einer Allensbacher Repräsentativumfrage angegeben hätten, beim Stichwort «Europäische Gemeinschaft» an Bürokratie zu denken, und bis zum Jahr 1984 sei der Wert bereits auf 76 Prozent gestiegen.[129]

Zu *punktueller Kritik*: Gewichtige Kritik kam anfänglich sogar aus den Reihen der Befürworter einer stärkeren Integration. Ein eindrückliches Beispiel dafür ist die Rede, mit der sich Paul-Henri Spaak im Dezember 1951 von der Präsidentschaft der Parlamentarischen Versammlung des von ihm als viel zu schwach beurteilten Europarats verabschiedet hatte, um, wie er sagte, den Platz wieder unter jenen einnehmen zu wollen, «die wirklich für Europa kämpfen».[130] Spaak wurde anschliessend Präsident der Parlamentarischen Versammlung der mit mehr Kompetenzen ausgestatteten Europäischen Gemeinschaft für Kohle und Stahl (EGKS). Kritik gab es auch aus den Reihen des Europarats, wo man über die konkurrierenden «Parallel»-Institutionen der EGKS und der EWG nicht erfreut war.[131]

Kritik zeigte sich in der Frühphase des europäischen Einigungsprozesses in Form punktueller Proteste, etwa gegen Regelungen im Fischereiwesen, gegen rigorose Massnahmen in der Stahlindustrie oder wegen chronischer Überproduktion (insbesondere des berühmten «Butterbergs»).[132] Punktuelle Kritik war in der Regel

128 Zur geringen Beachtung der Römischen Verträge im Moment ihrer Unterzeichnung: Georg Kreis, Auf dem Erinnerungspfad der europäischen Einigung. Zur Rekapitulation der Römischen Verträge von 1957. In: Jahrbuch für Europäische Geschichte 9, 2008, S. 205–215. Herbert Lüthy stellte 1960 fest, die Parlamente hätten die Abkommen «mit verbundenen Augen» ratifiziert. («Ein Zollverein namens Europa». In: Herbert Lüthy, Nach dem Untergang des Abendlandes. Köln 1960, S. 387–403. Zit. S. 391, vgl. auch Anm. 135).

129 Jahrbuch der Europäischen Integration, 2005, S. 294ff.

130 Spaaks Rücktrittsrede vom 11. Dezember 1951, in: Walter Lipgens, Die Europäische Integration. Stuttgart 1983. S. 55.

131 Birte Wassenberg, L'opposition à la création de la CEE au sein de l'Assemblée Parlementaire du Conseil de l'Europe (1955–1957). In: Gainar/Libera, 2013, S. 105–126.

132 Die Frankfurter Allgemeine Zeitung veröffentlichte eine Karikatur mit einer EWG-Landschaft und dazu die Bildlegende: «Oben auf dem Butterberg haben wir eine herrliche Aussicht auf den Zuckerkegel, das Getreidemassiv und ganz in der Ferne auf England» (2. Dezember 1969).

nicht mit einer allgemeineren Infragestellung des Integrationsvorhabens verbunden. Auch im Lehrbuch von Beate Kohler-Koch von 2004 wird betont, dass der Entzug von «spezifischer» Zustimmung nicht als Beleg für generell sinkende «diffuse» Unterstützung gewertet werden dürfe. Diese Art von Kritik könnte sogar ein Hinweis für eine Zunahme des Europabewusstseins sein.[133] Es konnte, wie für 1985 verzeichnet, Diskussionsrunden geben, die sich des gängigen Themas annahmen, die EG «kranke» an diesem oder jenem Sachverhalt. Diese «Krankheiten» wurden aber nicht als wirklich bedrohlich, sondern vielmehr als bedauerlich empfunden, mehr im Sinne eines Schnupfens denn als Multiple Sklerose.[134]

Die wenigen kritischen Kommentare der 1960er und 1970er Jahre zur EWG im Ganzen galten eher den als zu bescheiden beurteilten Fortschritten im Vergemeinschaftungsprozess und, wie das folgende Beispiel zeigt, insbesondere der fehlenden Politischen Union und der Beschränkung auf das Wirtschaftliche. Und allenfalls richtete sich die Kritik noch auf die zwangläufige Diskrepanz zwischen Zielformulierungen und Erreichtem. Kritik wegen fehlender Basismitbestimmung gab es zunächst keine, sie wäre, weil sie erst viel später aufkam, anachronistisch gewesen.

Der Schweizer Historiker Herbert Lüthy, der lange in Frankreich gelebt hat, war einer dieser frühen Kritiker. Seine Kritik galt der fehlenden politischen Integration.[135] Er hatte von dem Gemeinschaftsprojekt mehr erwartet als nur eine EWG

Später kam noch die Rede von den «Weinseen» hinzu (zit. nach Brunn, 2002, S. 171ff.), 1983/84 war der «Butterberg» ein derart oft zitiertes Phänomen, dass es die Meinung gab, man solle ihn statt der Sterne in die Europaflagge aufnehmen, vgl. Jahrbuch der Europäischen Integration, 1983 (mit Angaben zu 1984!), S. 311 und 313. Nochmals mit leicht anderen Zahlen 1984, S. 305.

133 Kohler-Koch, 2004, S. 209ff. In dieser Darstellung findet sich eine weiterführende Liste sozialer Proteste gegen die EG/EU der Jahre 1971–2000 (S. 208).

134 Im zitierten Fall «krankte» die EG auch nicht an sich selber, sondern am Egoismus der Nationalstaaten. Vgl. Jahrbuch der Europäischen Integration, 1985, S. 304.

135 Georg Kreis, Der Blick auf Europa – ein Blick in die Geschichte. Wie Herbert Lüthy den europäischen Vergemeinschaftungsprozess beurteilte. In: Schweizer Monatshefte 12, 1997/1,1998. S. 35–38. Erneut in: Vorgeschichten zur Gegenwart. Ausgewählte Aufsätze, Bd. 3, Basel 2005. S. 323–329. Dieser Beitrag bezog sich auf folgende Schriften Lüthys: Frankreichs Uhren gehen anders. 1954. Neu aufgelegt in der Gesamtausgabe Werke Bd. II, Zürich 2002; speziell das Kapitel «L'Europe cordiale», S. 269ff., und «Kleineuropa», S. 281ff. Erstmals im Oktober 1960 unter dem Titel «Als Zeus Europen lieb gewann. Die ‹Integration› und die ‹Konföderation›» erschienen, dann unter dem Titel «Europa als Zollverein? Eine karolingische Meditation im Jahre 1960». In: Wo liegt Europa? Zehn Versuche zu den Umtrieben des Zeitgeistes. Ein Nachwort nach dreissig Jahren, Zürich 1991. Schliesslich in der Werkausgabe Bd. III, Essays I 1940–1963. Zürich 2003. S. 369–392. Sodann: Wo liegt Europa?» In: Ausgabe von 1991 und neuerdings auch in der Werkausgabe

mit ihrer Beschränkung aufs Ökonomische. 1960 bemerkte er unter dem Titel «Europa eine Zollunion?» enttäuscht, die Gemeinschaft sei zu einem Etappenplan für den Gemeinsamen Markt verkommen, man begnüge sich damit, «die Austauschbedingungen französischer Rindshinterteile gegen deutsche Rindsvorderteile zu regeln». Die Mängelrüge beanstandete auch das Fehlen und Vermeiden einer klaren Zieldefinition. Die Integrationspolitiker würden wie eine Katze um den heissen Brei herumschleichen. Dies führte Lüthy nicht allein auf vorsichtiges Taktieren zurück, sondern auf die «platte Unmöglichkeit», das finale Gebilde zu benennen, weil man nicht den homogenen Territorialstaat kopieren könne und sich eine nach innen wie nach aussen vielfältig verflochtene Staatenunion vorstellen sollte. Als dringend nötig erachtete er jedoch schon 1960 die Einigung auf ein gemeinsam bestelltes, übergeordnetes Entscheidungs- und Exekutivorgan, das befähigt wäre, Konflikte zwischen den Konföderierten zu schlichten und eine gemeinsame Politik nach aussen zu führen, aber die Finger von überflüssigen Vereinheitlichungen lasse.[136]

Lüthy missfiel das auf Etappen verteilte Entwicklungsmodell der künftigen EG, das er den Briten zuschrieb und von dem er schon 1954 sagte, der *functional approach* sei ein schöner Name für gar keine Methode und bringe bloss infinitesimale Anpassungen und millimeterweise Annäherungen. Staaten würden nicht wie Wirtschaftsgebiete allmählich zusammenwachsen. Ein gemeinsamer Markt und eine politische Einheit würden keinen graduellen, sondern einen kategorialen Unterschied bilden. «Alle paar Monate wurde ein neuer ‹erster Schritt zur Vereinigung Europas› gefeiert, doch auf hundert erste folgte nie ein zweiter Schritt: ein Tausendfüssler, der mit zahllosen Gliedern am Ort trat.» Europa sei fortan auf vielen Wegen gegangen und auf allen Wegen stecken geblieben.[137]

Lüthy kritisierte aber auch die von den Franzosen (dem Land Colberts) besonders eifrig geförderte Zentralisierung, wie sie gemäss seiner späteren Einschätzung die Oberhand gewonnen habe. Bereits 1960 hatte er die Verwaltungsstrukturen beanstandet: Mit Blick auf diese sprach er von «Geschiebe von Gremien, Sekretariaten, Verträgen, Kompetenzen, Beamtenstäben, Direktiven und Nomenklaturen». Immerhin räumte er ein, dass der damals etwa 2000 Mitarbeiter umfassende Beamtenstab

Bd. IV, Essays II 1963–1990. Zürich 2004. S. 412–428. – Lüthy hatte die gleichen Vorbehalte wie Raymond Aron, der 1973 beispielsweise bemerkte: «Il est temps que l'Europe se préoccupe d'autre chose que d'agrumes, de dollars et de céréales.» Vgl. Olivier de Lapparent, L'euroscepticisme de Raymond Aron. In: Wassenberg/Clavert/Hamman, 2010, S. 207–221.

136 Werke III, S. 391ff.

137 In: Frankreichs Uhren gehen anders (1954), Werke II, 2002, S. 279.

im Vergleich zu den «unzähligen Heerhaufen nationaler Wirtschaftsbürokratien» doch sehr klein sei. Ein weiterer Kritikpunkt galt schon 1954 der Unverständlichkeit der Absichten und Abläufe. Zu den Vorbereitungen des EWG sagte er: «All das war wenig geeignet, die Phantasie der europäischen Öffentlichkeit zu entflammen, und für den ‹Mann auf der Strasse› blieb es ein Buch mit sieben Siegeln.»[138] 1990 verschärfte Lüthy seine Kritik, gleich dreimal verwendete er das Wort «Termitenstaat», von dem eine «ameisenhafte Geschäftigkeit» ausgehe. Lüthys Stimme war eine der wenigen kritischen, aber eine Kritik nicht an «zu viel», sondern an «zu wenig» Europa, an dem zu langsamen Voranschreiten der Integration.

Das bringt uns zu einem speziellen Punkt: zur mehrfach erörterten Frage, ob das Integrationstempo Ursache für eine Abneigung gegen den Prozess der europäischen Einigung war – und wie dieses Tempo idealerweise zu sein hätte. Im Zusammenhang mit der Ablehnung der EVG durch die französische *Assemblée Nationale* war die Meinung geäussert worden, dass dieser weitere Integrationsschritt – nach demjenigen der EGKS – für die damaligen Zeitgenossen zu viel gewesen sei (vgl. S. 221).

Bis in die 1980er Jahre dominierte die Kritik am zu langsamen Voranschreiten der europäischen Integration. Ein wiederholter und zum Beispiel 1977 im Zusammenhang mit dem 20-Jahr-Jubiläum der Römischen Verträge erhobener Vorwurf lautete, dass Europa eine Schnecke sei.[139] Dieser Kritik entsprach auch der Begriff der «Eurosklerose»,[140] der in den Jahren nach 1974 in den alltagssprachlichen Wortgebrauch einzog und der nach 1984 dem der ebenfalls nicht positiv gemeinten «Europhorie» Platz machen musste. Auch nach den bescheidenen Ergebnissen der Nizza-Verhandlungen tauchte die Metapher von der Schnecke im Dezember 2001 anlässlich des Gipfels von Laeken wieder auf: «Die Schnecke EU, sie bewegt sich doch.»[141]

Die Umfragen zum Integrationstempo gingen davon aus, dass die Befragten in jedem Fall damit unzufrieden seien, bloss in zwei Varianten: entweder ging es zu langsam oder zu schnell. Das Allensbach-Institut präsentierte 1984 auf Grund einer methodisch schwierigen Abklärung zwei Einschätzungen zur Frage, wie schnell der

---

138 Ebenda, S. 274.

139 Georg Kreis, Europa – eine Schnecke? In: ders., Vorgeschichten zur Gegenwart. Ausgewählte Aufsätze, Bd. 5, Basel 2011. S. 293–299. Vgl. Karikatur S. 92.

140 Der Begriff wird auf Grund der Schrift «Eurosclerosis», Kieler Diskussionsbeiträge, 2, Kiel 1985, dem Ökonomen Herbert Giersch (1921–2010) zugeschrieben, dürfte aber älter sein.

141 Vgl. den Bericht auf der Seite der Konrad-Adenauer-Stiftung: http://www.kas.de/wf/de/33.1396/ (letzter Zugriff Juli 2017).

Integrationsprozess vermeintlich real voranschreite und wie schnell er nach Gutdünken der Befragten voranschreiten sollte. Diesen Resultaten zufolge wünschten sich die befragten Bundesbürger eine deutlich schnellere Geschwindigkeit des Integrationsprozesses, was aber nicht garantierte, dass einzelne Konsequenzen des Gewünschten dann ebenfalls positiv beurteilt würden.[142]

Zu einem deutlichen Auseinanderstreben der Einschätzungen kam es um 2003/04, mit einem markanten Rückgang des ohnehin kleineren Anteils derjenigen, die ein schnelleres Tempo wünschten (von 25 auf 10 Prozent), und einer steilen Zunahme derjenigen, die ein langsameres Tempo wünschten (25 auf 50 Prozent). Wenn nur 10 Prozent schnellere und 50 Prozent langsamere Integration wünschten (was immer damit gemeint war), dann war das Verhältnis von 1:5 zwar keine direkte Aussage zur Wertschätzung der EU, doch ein Indikator der Unzufriedenheit mit dem von der EU vorangetriebenen Prozess.[143] Wie immer gab es diesbezüglich wie zu anderen Fragen mehrfach unterschiedliche Haltungen: je nach Ländern und innerhalb der Länder je nach sozialen Gruppen.

Eine gängige Erklärung für den Rückgang der Zustimmung zum Integrationsprozess und für die Zunahme einer kritischen Haltung diesem gegenüber ist die grösser werdende Kluft zwischen der Gründungsgeneration und den Nachgeborenen. Ein grösserer Generationenumbruch erfasste die europäischen Gesellschaften bekanntlich in den 1960er/1970er Jahren. In einer von der EG-Kommission mit explizitem Bezug zu den Mai-Unruhen von 1968 im Sommer 1970 in Brüssel veranstalteten Aussprache mit Jugendlichen wies EG-Kommissionspräsident Jean Rey darauf hin, «dass für seine Generation Europa die Versöhnung zwischen sich seit Jahrhunderten bekämpfenden Ländern bedeutete, die Absicht, einen endgültigen Schlussstrich unter die Kriege in Europa zu ziehen, während dies für die junge Generation bereits eine Selbstverständlichkeit geworden ist. Für sie ist das, was in Brüssel geschieht, daher von untergeordnetem Interesse. Sie hat sich die Aufgabe gestellt, die Gesellschaft zu verändern.»[144] Der Tindemans-Bericht (vgl. S. 69) sprach

142 Jahrbuch der Europäischen Integration, 1984, S. 318ff. Auch im folgenden Bericht von 1985 wurde ein deutlicher Rückgang des Wunsches nach schnellerer Entwicklung registriert und dies damit erklärt, dass eben bereits viele Integrationsschritte gemacht worden seien (1985, S. 309).

143 Jahrbuch der Europäischen Integration, 2003/04, S. 301, und 2004/05, S. 295. Die Ausschläge zu diesem Zeitpunkt waren eine Reaktion auf die anvisierte Türkei-Mitgliedschaft. Vgl. auch Jahrbuch der Europäischen Integration, 2007, S. 298.

144 C.L. aus Brüssel, Die Jugend und die Europäische Gemeinschaft. In: NZZ Nr. 273 vom 16. Juni 1970.

vom gleichen Phänomen des Generationenwechsels, als er 1975 bemerkte, die europäische Öffentlichkeit habe im Laufe der Jahre den Faden verloren, wie auch das Wissen um die Motive des gemeinsam angestrebten Europa.

Weitere Hinweise auf die Einstellungsdiskrepanz zwischen den Generationen finden sich seit den frühen 1990er Jahren bis in die Gegenwart. Jedes Mal glaubte man eine Erklärung darin zu sehen, dass die Nachgeborenen nicht mehr das gleiche Verständnis für das Europaprojekt aufbrachten wie die Pioniergeneration der 1950er Jahre. Der Chef der NZZ-Wirtschaftsredaktion wies 1992 ebenfalls auf die Bedeutung des Generationenwechsels hin und bemerkte, dass die «jüngeren Generationen» eine andere Einstellung hätten als die «Europäer der ersten Stunde». In der Nachkriegszeit habe der politische Wille vorgeherrscht, eine über supranationales Recht geeinte europäische Union entstehen zu lassen. Der heutigen Generation dagegen fehle diese «emotionale Voraussetzung», jetzt sei die Tendenz aufgekommen, die nationale Souveränität, Subsidiarität und den kleinräumigen Wettbewerb vor «die Existenz einer authentischen Gemeinschaft» zu stellen.[145] Werner Weidenfelds Hinweis von 1994 auf die Generationenproblematik ist in einem früheren Abschnitt weiter oben bereits zitiert worden (vgl. oben, S. 38).

Zur Bedeutung des Generationenwechsels muss freilich bemerkt werden, dass in der Regel nicht klar ist, wie Generationen halbwegs trennscharf voneinander unterschieden werden sollen, und dass laufender Wandel nicht immer wieder mit Generationenwechsel erklärt werden kann. Vielmehr muss eher von einem kontinuierlichen Schwund, also einer Erosion der ursprünglichen Sinnhaftigkeit des Europaprojekts, ausgegangen werden.

Dennoch musste der Generationenwechsel immer wieder als Erklärung für die kritischer und nüchterner gewordene Einstellung zur EU dienen. 2005 bemerkte die Politikwissenschaftlerin Ulrike Guérot nach dem ernüchternden Ausgang der französischen Verfassungsabstimmung und der schwachen Zustimmung der französischen Jungwähler:

> «Ich habe lange Zeit gedacht, Europa sei eine Art Generationenprojekt, man müsse nur noch zehn Jahre warten, bis die nationalen Haudegen vom Schlage eines Le Pen gleichsam aus dem politischen System herausgewachsen und dann alle europäisch sind. Es stimmt aber nicht (mehr), trotz Erasmus und Easy-Jet. Europa ist alt, und seine Gegnerschaft jung.

---

145 Zr. (Willy Zeller, Leiter der Wirtschaftsredaktion), Vexierbild Maastricht. In: NZZ Nr. 248 vom 25. Oktober 1992. Und: hag., Der politische Wert der EG. In: NZZ Nr. 269 vom 18. November 1992, Bericht über einen Vortrag Zellers am Europa-Institut der Universität Zürich.

> Die einzige Altersgruppe, die in Frankreich mit Ja gestimmt hat, waren die über 57-Jährigen. Die Altersgruppen 18–24 und 25–40 lagen sogar über den durchschnittlichen 55 Prozent Ablehnung.»

Das Nein der Jungen, so hoffte Guérot, könnte auch kein grundsätzliches Nein zur EU gewesen sein, vielleicht hätten auch die Politiker abgestraft werden sollen, weil diese die EU nicht richtig und konsequent bauten.[146]

Der Ökonom Thomas Straubhaar ging in seinem «Brexit»-Kommentar, im dem er dazu aufrief, die ganze EU zu überprüfen und sie neu zu erfinden, ebenfalls auf die Generationenfrage ein und erklärte, die Jugend lechze nach einer Vision, sie wolle nicht ein Europa, «das alten Ideen der Nachkriegszeit nachhängt, die in einer vergangenen anderen Zeit durchaus erfolgreich waren und dem Kontinent über 70 Jahre Frieden gebracht haben». Die Jugend wolle vielmehr Europa mit seinen Freiheiten des Reisens, Studierens, Arbeitens und Wohnens.[147] Dies ist allerdings, wenn man das beifügen darf, noch lange keine Vision. Zur Generationsproblematik gehört auch, dass nach 1989 die Leistung des vereinigten Westlagers in der kollektiven Abwehr der Bedrohung aus dem Osten nicht mehr gewürdigt wird. Dies könnte sich aber angesichts des neuerdings wieder zunehmenden Säbelrasselns in Putins Russland auch wieder ändern.

1.5 Der neuere Stimmungszustand (seit den 2000er Jahren)

Zu Beginn des neuen Jahrhunderts war die anerkennende Wahrnehmung des Demokratiedefizits auf der obersten Etage der Europapolitik angekommen: Am Gipfel im belgischen Laeken vom Dezember 2001 war in der Abschlusserklärung, welche die Ausarbeitung eines Verfassungsentwurfs durch einen Konvent ankündigte, von nichts anderem als von Demokratie die Rede, von demokratischer Legitimität, von demokratischer Herausforderung, von demokratischer Kontrolle, von demokratischen Werten, nicht aber vom demokratischen Defizit. Dass aber eine grosse

---

146 Ulrike Guérot, Stell dir vor, es gibt Europa und keiner macht mit. Eine persönliche Betrachtung über die ethnozentrische Ignoranz vieler Europäer. In: Internationale Politik 7, Juli 2005, S. 47–49.

147 Thomas Straubhaar, The Day After. In: Aargauer Zeitung vom 29. Juni 2016. Im Weiteren jedoch sehr richtig: «Es gilt, dem Pessimismus und den national(istisch)en Bewegungen eine neue gemeinsame optimistische Vision eines friedlichen, stabilen, prosperierenden und damit lebenswerten Europas des 21. Jahrhunderts entgegenzusetzen.»

Distanz besteht zwischen «oben» und «unten», wird mit dem Satz eingeräumt: «In der Union müssen die europäischen Organe dem Bürger näher gebracht werden. [...] Die Bürger finden, dass alles viel zu sehr über ihren Kopf hinweg geregelt wird, und wünschen eine bessere demokratische Kontrolle.» Gewürdigt werden die «einzelstaatlichen Parlamente, die einen Beitrag zu Legitimierung des europäischen Projekts beitragen. Sie könnten u. a. die Einhaltung des Subsidiaritätsprinzips kontrollieren. Im Weiteren erteilt die Erklärung dem «europäischen Superstaat» und den Organen, «die sich mit allem und jedem befassen», eine klare Absage. Kurz: Die Staats- und Regierungschefs machten sich theoretisch und deklamatorisch alle Forderungen zu eigen, die von der EU-kritischen Basis erhoben worden waren. Und sie gingen implizit davon aus, dass der in Aussicht gestellte Verfassungsvertrag diesen Rechnung tragen könne.[148]

An die Ausführungen zu den 1980er und 1990er Jahren anknüpfend, seien hier nun – ohne Anspruch auf Vollständigkeit – ein paar Befunde zu den sogenannten «Nullerjahren» nach 2000 dargestellt. Dabei soll weiterhin interessieren, wie weit und inwiefern für den Zeitraum 2004–2007, die Zeit zwischen Verfassungsvertrag und Reformvertrag, Zufriedenheit mit der Integrationspolitik der EU herrschte.

2004 äusserte sich Weidenfeld im «Jahrbuch der Europäischen Integration» zufrieden über den Verfassungsvertrag, wobei er ihn nur als Zwischenergebnis verstand: «Nach der Verfassung ist vor der Verfassung. [...] auch die Verfassung ist nicht das Ende der Geschichte.» Was bemerkte er zur Demokratiefrage? Besondere Anerkennung erhielt die an der Bürgerbasis vielleicht nicht sonderlich interessierende Reform der Stimmungsgewichtungen im Ministerrat, dies auch in Anbetracht der Tatsache, dass man «in Zeiten demokratischer Ideen» lebe. Demokratie war wenigstens in arithmetischer Hinsicht wichtig: «Die Zahl der Bürger und die Zahl der Staaten – das sind die einzigen Kategorien der Legitimation im Zeitalter der Demokratien.»[149] Im Abschnitt zur öffentlichen Meinung (jetzt nicht mehr von Noelle-Neumann, sondern von Thomas Petersen verfasst) ist die politische Partizipation kein Thema, das Wort «Demokratie» findet nur Erwähnung, um im Verhältnis zur Türkei von einer allfälligen Gemeinsamkeit zu sprechen.[150]

2005 äusserte sich Weidenfeld zu den in Frankreich und in den Niederlanden negativ ausgegangenen Abstimmungen (dem «Verfassungsdesaster»). Dabei beklagte er vor allem, dass es den politischen Eliten an Überzeugungskraft fehle; euro-

148 Peter Ludlow, The Laeken Council. Brüssel 2002.

149 Jahrbuch der Europäischen Integration, 2003/04, S. 22ff.

150 Ebenda, S. 303.

päische Fortschritte dürften nicht mehr als routinemässige Selbstverständlichkeiten angesehen werden.

> «Wer ehrgeizige Ziele setzt, muss diese gut begründen können und die Bürger auf den Europa-Kurs mitnehmen. Daran hat es elementar gefehlt. Die innenpolitische Schwäche der europäischen Akteure erweist sich als eigentliche Achillesferse unseres Kontinents.»[151]

Das Nein zu dem vorliegenden Verfassungstext sei, wie er erneut bemerkte, nicht das Ende der Geschichte, ganz im Gegenteil:

> «Es kann zum Weckruf für einen erschöpften Kontinent werden. So war es auch bei den bisher gescheiterten Versuchen, eine Grundorientierung für eine politische Union Europas zu verabschieden. [...] Es gibt keinen Beleg dafür, dass dieses Mal aus dem Scheitern eines Vorschlags nicht eine neue dynamische Vitalität entstehen könnte.»

Wenn der «monströse Verfassungstext» auf seinen wesentlichen Kern zurückgeführt werde, könnte für Europa das Scheitern eines Projekts erneut zu einem entscheidenden Aufbruch werden.[152]

Thomas Petersen vom Allensbach-Umfrageinstitut, das über eine weit zurückreichende Datenbank verfügte, charakterisierte ebenfalls *2005* die Reaktionen auf die Ablehnungen des Verfassungsvertrags durch Frankreich und die Niederlande als stark vom momentanen Eindruck bestimmt. Wenn man die öffentlichen Diskussionen über die europäische Integration vor und nach den Verfassungsreferenden in Frankreich und den Niederlanden miteinander vergleiche, bemerkte er, dann «könnte man den Eindruck gewinnen, es sei von zwei verschiedenen Kontinenten die Rede. Als hätten sich jeglicher Optimismus, die ganze Vision von einem vereinten Europa über Nacht verflüchtigt. Als hätten sich die Völker Europas, verärgert über die Politik in Brüssel, in einer dramatischen Wende von Europa abgewandt.» Das wollte er nicht unrelativiert bestätigen. Unmut gegenüber der europäischen Integration habe sich, wie Umfragewerte aus den 1970er und 1980er Jahren zeigten, über Jahre aufgebaut, Zustimmung dazu hingegen entsprechend abgebaut. Welche Bedeutung mass er also dem Unmut über das Demokratiedefizit bei? Petersen relativiert: Oft würde behauptet, die Skepsis der Bürger gegenüber der Europäischen Union sei durch die Bürgerferne der Brüsseler Verwaltung, durch Bürokratie und ein sogenanntes Demokratiedefizit bedingt. Mit Verweise auf Befunde der

151 Ebenda, 2005, S. 25ff. Weidenfeld bezeichnete die Verabschiedung des Verfassungsvertrags als «ein bislang beispielloses Ereignis, einen historischen Moment der europäischen Integration».
152 Ebenda, S. 25ff.

Jahre 1979 und 1984 fügte er hinzu, dass auch diese Beobachtung nicht neu seien, um dann aber doch festzuhalten:

> «Allerdings wurde die Entfremdung der Bürger von der Europäischen Union durch die politischen Entscheidungen der jüngsten Vergangenheit zusätzlich gefördert. Eine besondere Rolle spielt dabei die Osterweiterung der EU vom 1. Mai 2004 und die Beitrittsverhandlungen mit Bulgarien, Rumänien und vor allem mit der Türkei.»[153]

Also keine Klage über ein vermeintliches Demokratiedefizit, hingegen eine starke Ablehnung des über die Aufnahme von Verhandlungen näherrückenden Türkei-Beitritts. Zu den im Jahr 2005 bei der deutschen Bevölkerung festgestellten Vorbehalten, die in anderen EU-Mitgliedern möglicherweise leicht variierten, im Kern aber wohl gleich waren, bemerkte der Berichterstatter:

> «Für die Deutschen ist Europa ganz selbstverständlich ein geographischer Begriff und die kulturelle Identität Europas von seiner christlichen Tradition nicht zu trennen. Wer erreichen will, dass sich die Bevölkerung mit der Europäischen Union und ihren Institutionen identifiziert, muss diese einfachen Tatsachen berücksichtigen. Solange die Europapolitik versucht, Europa rein intellektuell zu definieren und die heiklen Fragen der religiösen Prägung und der geographischen Begrenzung auszuklammern, wird sie die Herzen der Deutschen nicht gewinnen.»

Eine rein intellektuelle Europa-Definition, wie sie zum Beispiel der Konstanzer Philosoph Jürgen Mittelstrass vornehme,[154] würde an der «gefühlten Lebenswirklichkeit» der Bevölkerung vorbeigehen. Der Berichterstatter sah in der Ablehnung einer Öffnung gegenüber der Türkei einen weiteren möglichen Grund für die Vertrauenskrise und setzte hinzu:

> «Angesichts der eben beschriebenen Situation der schleichenden Entfremdung zwischen den europäischen Institutionen und der Bevölkerung ist es bemerkenswert, wie sehr sich die Deutschen dennoch mit dem Gedanken an ein vereinigtes Europa identifizieren [...].»[155]

---

153 Ebenda, S. 23ff. – Zur Grenzöffnung von 1989 vgl. Brait/Gehler, 2014.

154 Als möglicherweise begründete, aber fremde Haltung wird Jürgen Mittelstrass mit dem Satz zitiert: «Europa war und ist nicht so sehr eine Wirklichkeit, etwa eine geographische oder politische, sondern eine (kulturelle) Idee – die Idee eines Kontinents mit identifikationsfähigen kulturellen Strukturen und einer Lebensform, die sich selbst, seit der griechischen Entdeckung der Vernunft, als eine vernünftige Lebensform begreift.» (Ebenda, S. 296).

155 Petersen im Jahrbuch der Europäischen Integration, 2005, S. 296. Auch in Weidenfelds Beitrag (ebenda) geht es primär um den Türkei-Beitritt.

Mithin führten nicht «Maastricht», nicht die Euro-Einführung, nicht «Bürokratie» und nicht «Demokratiedefizit» in der Zeit um 2005 zu einem starken Rückgang der Zustimmung zur EU, sondern die erste Etappe der sogenannten Osterweiterung und die grundsätzlich für möglich gehaltene EU-Mitgliedschaft der Türkei. Nicht auszuschliessen ist aber wiederum, dass die bereits kritische Einstellung zum EU-Projekt diese Erweiterungsperspektiven als speziell unerwünscht erscheinen liessen.

Welches waren die Beobachtungen und Beurteilungen in den folgenden Jahren (*2006/07*)? Weidenfeld hielt es für angezeigt, sich im «Jahrbuch der Europäischen Integration» deutlich für ein erweitertes Demokratieverständnis einzusetzen. In einem Rückblick auf die Wahlen zum Europäischen Parlament von 2005 bemerkte er:

> «Eine vitale transnationale Demokratie setzt aber auch voraus, dass sich die EU-Bürger mit dem politischen System identifizieren und europäische Politik demokratisch legitimieren – etwa durch den Wahlakt zum Europäischen Parlament, vor allem aber in politischen Debatten zu europäischer Politik. Europapolitik wirkt nach innen in die Mitgliedstaaten hinein – und trotzdem ist sie noch immer kein selbstverständlicher Bestandteil nationaler, geschweige denn transnationaler Debatten. Europa ist nach wie vor ein artifizieller Nebenschauplatz.»[156]

Und etwas allgemeiner in einer weit ausholenden Erklärung:

> «Wenn sich aber in Europa eine vitale Demokratie entwickeln soll, dann gehört dazu nicht nur, die Rechte des Europäischen Parlaments oder die Beteiligung der nationalen Parlamente zu stärken, also eine Korrektur auf der Systemebene vorzunehmen. Das Thema EU muss vielmehr zum integralen und selbstverständlichen Bestandteil politischer Debatten in den Mitgliedstaaten werden. Die Abschottung der nationalen von der europäischen Ebene im politischen Diskurs muss aufgehoben werden, denn sie entspricht im Mehrebenensystem nicht mehr der Realität. Dazu ist Lernen und Umdenken erforderlich, nicht nur für die Bürger, sondern auch unter den nationalen politischen Entscheidungsträgern. Gelingt dies nicht, so besteht die Gefahr, dass Politik zwar zunehmend auch auf europäischer Ebene gemacht wird, aber dabei abgekoppelt bleibt von der Legitimation der Bürger. Anders formuliert: Der Bürger muss den politischen Entscheidungsträgern auch ein Mandat für ihre Politik in der EU geben. Und dies vermag er nur, wenn der Europapolitik ein grösserer Raum in den tagespolitischen Debatten eingeräumt wird. Ein Raum, in dem auch Kontroversen ihren Platz haben, durch die der Bürger die Wahl hat zwischen Alternativen, und in denen er Europa als politisches, nicht wie so oft als bürokratisches Projekt erfährt.»[157]

156 Ebenda, S. 23.

157 Diese Passage erschien sowohl 2006 als auch 2007 im Jahrbuch, 2006 aber noch mit dem Zusatz: «Dies ist ein Auftrag an die Politik, aber auch an die Medien.» (Ebenda, S. 24).

In der Meinungsberichterstattung stellte Petersen *2006* bei den Deutschen eine Mischung von «eher skeptischer Grundhaltung» und einer «weitgehenden Gleichgültigkeit» fest. «In dieser Atmosphäre der lähmenden Gleichgültigkeit erscheint auch das Gesamtbild der Europäischen Integration bei der deutschen Bevölkerung gegenüber den Vorjahren wie eingefroren zu sein.» Petersen sah diesen Befund aber auch in einer Entwicklungsperspektive:

> «Man erkennt, dass es sich bei der Abwendung der deutschen Bevölkerung vom Ideal des vereinten Europa um einen schleichenden Prozess handelt, der sich umso mehr fortsetzte, je weiter die europäische Integration voranschritt. Je mehr das Wunschbild von der Einheit Europas Wirklichkeit wurde, desto alltäglicher und komplizierter erschien auch der Integrationsprozess. Die Grundsatzfragen gerieten in den Hintergrund, und stattdessen gewannen Alltagsprobleme an Bedeutung, Fischereifangquoten, Landwirtschaftssubventionen, Beitragszahlungen der Mitgliederländer. Die derzeitige Situation ist also – zumindest in Deutschland – nicht als die Folge einzelner politischer Fehlentscheidungen anzusehen, sondern das Ergebnis einer sich über Jahrzehnte hinziehenden Entwicklung.» [158]

2007 finden sich die gleichen Beobachtungen:

> «Bereits seit einigen Jahren mehren sich die Zeichen dafür, dass sich die ursprünglich ausserordentlich positive Einstellung der Deutschen zur Europäischen Integration zunehmend in eine beinahe ablehnende Handlung verwandelt hat. So überwiegt seit der Deutschen Einheit fast ununterbrochen der Anteil derjenigen, die auf die Frage ‹Wie rasch sollte die Entwicklung zu einem vereinten Europa sein, schneller, langsamer oder weiter wie bisher?› antworten, es möge doch langsamer gehen. Selbst die Stagnation des Einigungsprozesses seit den gescheiterten Verfassungsreferenden in Frankreich und den Niederlanden im Jahr 2005 hat nicht dazu geführt, dass der Anteil derjenigen, die sich eine Überwindung der Lähmung wünschten, auf mehr als ein Fünftel der Bevölkerung stieg.»[159]

1.6 Legitimationsüberlegungen

Die Überlegungen zur Legitimation der EU sind weitgehend jüngeren Datums. Sie entwickelten sich parallel zum Vorwurf des Demokratiedefizits und unterscheiden bei der Abklärung der Legitimation von Staaten die Input-Legitimation (Regierung durch das Volk, *by the people*) von der Output-Legitimation (Regieren für das

158 Ebenda, S. 306ff.

159 Ebenda, S. 297.

Volk, *for the people*).[160] Diese Theorie ist zwar älter, sie kam aber für die Beurteilung der EU erst im Laufe der 1990er Jahre ins Spiel und blieb, wie Francis Chenevals Zürcher Forschungskolloquium von 2005 gezeigt hat, auch später von zentraler Bedeutung.[161]

1999 erschien Fritz Wilhelm Scharpfs «Regieren in Europa: Effektiv und Demokratisch?» und wurde in der Auseinandersetzung mit dieser Frage sogleich zu einem wichtigen Referenzwerk.[162] Scharpf sprach sich nicht für ein plebiszitäres Mitspracherecht auf supranationaler Ebene aus: Es könne auf dieser Ebene (noch) keine Demokratie geben, weil Parteien, Verbände und Medien die dazu gehörenden europaweiten politischen Kommunikations- und Meinungsbildungsprozesse nicht gewährleisten könnten. Scharpfs Überlegungen drehten sich vielmehr um die Frage, ob Input-Legitimation mit den im gegebenen System möglichen Mehrheitsentscheiden des Europäischen Parlaments oder des Rats gegeben sei und inwiefern die einzelnen EU-Mitglieder selbständige Sozialpolitik betreiben können.[163]

Die Unterscheidung zwischen den beiden Legitimationsarten ist für die Beurteilung der EU insofern bedeutend, als man allenfalls zum Schluss kommen kann, dass die Input-Legitimation wegen des Demokratiedefizits zwar schwach, die Output-Legitimation aber mit Blick auf die Leistungsbilanz recht stark sei. Ist die Output-Legitimation das einzige oder dominante Kriterium, kann auch der aufgeklärte Absolutismus des 18. Jahrhunderts eine recht gute Beurteilung erfahren. Die heutige Beurteilung orientiert sich jedoch weniger am gegebenen und für selbstverständlich erachteten Output, sondern fragt vor allem, ob die Input-Legitimation, also das Ausmass der Mitbestimmung, den demokratischen Anforderungen genüge.

---

160 Als dritte Variante gibt es noch die *Throughput*-Legitimation, welche auf die Kommunikationsvorgänge abstellt.

161 Der in Zürich lehrende Philosoph Francis Cheneval hält ebenfalls fest, dass sich «im Rahmen der seit den 1990er Jahren geführten Diskussion» eine stattliche Literatur zur Legitimation der EU entwickelt und Scharpf (vgl. unten) «nachhaltige Orientierung» gestiftet habe, vgl. Francis Cheneval, Die EU und der Prozess ihrer Legitimation. In: Ders. u. a. (Hg.), Legitimationsgrundlagen der Europäischen Union. Münster 2005. S. 6.

162 Scharpfs Dissertation von 1970 zum Thema «Demokratietheorie zwischen Utopie und Anpassung» (Konstanz) hatte keine Veranlassung, sich mit der EG zu beschäftigen, da die Demokratiefrage noch kein Thema war.

163 Scharpf, 1998, S. 17ff. und 179ff.

In diesen Erwägungen finden die durchaus vorhandenen und von den «Oberen» sogar ausdrücklich hereingeholten «Basismeldungen» wenig Beachtung.[164] Ein eindrückliches Beispiel dafür ist das zum Tindemans-Bericht 1975 durchgeführte Vernehmlassungsverfahren, das gegen 1000 Personen und etwa 200 Organisationen involvierte. Daran beteiligt waren gemäss der Literatur sehr viele Akteure, «von den zuständigen Ministern über Parteifunktionäre, Vertreter[n] von Wirtschaft und Finanz, von Gewerkschaften und Bauernorganisationen, Frauen- und Jugendverbänden bis zu Vertretern der Massenmedien und der Wissenschaft». Deren Stellungnahmen waren öffentlich, sie stellten also zumindest vorübergehend die immer wieder eingeforderte europäische Öffentlichkeit her.[165] Aber sie ergaben, wie zu erwarten, kein eindeutiges Meinungsbild: Den einen ging der Tindemans-Bericht zu weit, den anderen zu wenig weit.[166] Gerade aus heutiger Sicht und in Kenntnis der Vorwürfe, dass die EG/EU ein ohne Beachtung der Bürgermeinung verfolgtes Projekt gewesen sei, könnte erstaunen, wie aktuell die Kategorie der Öffentlichkeit im Tindemans-Bericht gefasst ist: Die Öffentlichkeit sei «skeptisch», was den Willen der EG zur Schaffung einer wirklichen Union angehe, «unsere Völker» würden von der EG erwarten, dass sie der jüngsten Entwicklung Rechnung trage, und: «Die Öffentlichkeit in unseren Ländern wünscht kein technokratisches Europa.» Weiterhin: «Die Europäische Union muss im täglichen Leben fühlbar werden und bürgernah sein.»[167] Diese Art der Berücksichtigung könnte man als obrigkeitlich oder paternalistisch empfinden, sie ist aber doch ein Indiz dafür, dass die Integrationsbemühungen nicht völlig abgehoben und beziehungslos betrieben wurden.

In einer strengen Beurteilung wird selbst dem inzwischen beträchtlich gestärkten Europäischen Parlament wenig Input-Legitimation zugeschrieben: zum einen wegen der anfänglich bescheidenen und trotz starker Aufwertung nach wie vor begrenzten Kompetenzen. Es kann über das von der Kommission vorgeschlagene

164 Nicht gemeint sind damit die ambivalenten Lobbying-Effekte, die man ebenfalls als Inputs zur Kenntnis nehmen sollte. Vgl. Svein S. Andersen/Kjell A. Eliassen, EU-Lobbying: Between Representativity and Effectiveness. In: Dies., 1996, S. 41–56. Marc Biedermann, Braucht die EU Lobbying-Gesetze? Annäherung an eine schwierige Frage. Basel 2005 (= Basler Schriften zur europäischen Integration Nr. 73).

165 Schneider/Wessels, 1977, S. 24.

166 Wolfgang Wessels, Die Integrationsstrategie des Tindemans-Berichts. In: Schneider/Ders., 1977, S. 219–238.

167 Tindemans-Bericht vom und Begleitschreiben vom 29. Dezember 1975. Beides integral in Schneider/Wessels, 1977, S. 239ff. – S.a. http://www.europarl.europa.eu/brussels/website/media/Basis/Geschichte/EGKSbisEWG/Pdf/Tindemansbericht.pdf.

Haushaltsbudget als gleichwertiges Organ zusammen mit dem Ministerrat entscheiden, es kann aber die Regierung (in diesem Fall die Kommission) nicht alleine wählen und es kann neuerdings zwar die Kommission auffordern, dem Rat bestimmte Gesetzesvorschläge zu unterbreiten, aber es kann keine Gesetze beschliessen – alles klassische Parlamentskompetenzen. Zudem ist das Parlament in hohem Masse von einer vielfältigen Gouvernanz (im Sinne von kundgetanen Erwartungen mit Lenkungsfunktion) abhängig. Und zum anderen wird es nicht von einem europäischen Gesamtvolk (einem *Demos*) gewählt, sondern von einer Vielzahl von Nationalvölkern (den *Demoi*).

Diese Unterscheidung erinnert an einen Streit um des Kaisers Bart.[168] Sie überschätzt die Kohärenz der nationalen Gemeinschaften und zielt auf eine Geringschätzung der Möglichkeit, die Europäische Union als Gemeinschaft zu verstehen. Sie wird nicht nur dem ausgeprägten Pluralismus moderner Gesellschaften,[169] sie wird auch den föderalistischen Gegebenheiten nicht gerecht, sind doch, wie das schweizerische Beispiel zeigt, doppelte Volkszugehörigkeiten durchaus möglich, Zugehörigkeit zum grösseren Volk (der sogenannten Nation) wie zu kleineren Völkern (der Länder und Kantone). Warum soll unter dem Aspekt der *Demos*-Zuschreibung in einem supranationalen Bundesstaat nicht möglich sein, was in gegebenen nationalen Bundesstaaten als unproblematisch erscheint? Hinzu kommt, dass die *Demos*-Vorstellung in einer Weise staatszentrisch verstanden wird, die den heutigen pluralistischen Gesellschaftsverhältnissen nicht mehr entspricht (vgl. dazu S. 72 und 285).[170]

Der für die Volksvorstellung als unerlässlich erachtete Gemeinschaftsglaube (Max Weber) ist im Falle der EU zwar in der Tat gering und wird vom stärkeren Gemeinschaftsglauben der Nationen in engsten Grenzen gehalten. Es ist jedoch unzutreffend und ahistorisch, den Nationen einen sozusagen schon immer gegebenen naturhaften Gemeinschaftscharakter zuzuschreiben (wie es der in Oxford lehrende

168 Diese Redewendung bezieht sich auf die irrelevante Frage, ob Karl der Grosse einen Bart getragen habe oder nicht.

169 Vgl. dazu die Schriften des zuletzt an der Universität Bamberg lehrenden Soziologen Richard Münch: Das Projekt Europa. Zwischen Nationalstaat, regionaler Autonomie und Weltgesellschaft. Frankfurt a. M. 1993.

170 Vgl. Richard Münch, Demokratie ohne Demos. Europäische Integration als Prozess des Institutionen- und Kulturwandels, in: Wilfried Loth/Wolfgang Wessels (Hg.), Theorien europäischer Integration. Opladen 2001, S. 177–203.

Schweizer Historiker Oliver Zimmer in seinen Publikationen tut).[171] Die Nationen sind in der Regel Eliteprodukte und Nationalbewusstsein eine Folge institutioneller Rahmenbedingungen.[172] Realitätsbildend ist der zumeist ohne formelles Basismandat in Anspruch genommene Wille zur Staatsgründung. In der juristischen Reflexion geht es um die Frage, wer die Kompetenz-Kompetenz hat, das heisst etwas entscheiden kann, ohne von dritter Seite dazu ermächtigt zu werden.

Die Nationalstaaten konnten und können das so selbstverständlich beanspruchen, wie es den Organen der supranationalen Ebene selbstverständlich noch immer vorenthalten bleibt. Die Regierungen der Nationalstaaten nahmen bei der Ausgestaltung des europäischen Integrationsprozesses mehrfach einen nicht von entsprechenden Mandaten abgeleiteten *pouvoir constituant* in Anspruch, indem sie – teilweise noch vor der formellen Schaffung des Europäischen Rats von 1974, die auch nicht durch die Verträge abgedeckt war – wichtige Neuerungen schufen: 1969 die Einführung der finanziellen Eigenmittel der Gemeinschaft, 1970 die Europäische Politische Zusammenarbeit (EPZ), 1972 die ersten Erweiterungsverhandlungen mit neuen Mitgliedstaaten, 1976 die Zustimmung zu den direkten Wahlen für das Europäische Parlament, 1979 die Schaffung des Europäischen Währungssystems. Letzteres war

171 Oliver Zimmer feiert den Nationalstaat als anthropologisch gegebene und als natürliche Organisationseinheit. Zudem operiert er mit einem nebulösen «Orts»-Begriff, der als Bezugspunkt für die Menschen wichtig sei, aber nur von der Nation zur Verfügung gestellt werden könne. Zimmer scheint noch nie etwas von Mehrebenen-Strukturen gehört zu haben, in denen Gemeinden, Regionen und über dem Staat – *horribile dictu* – auch ein supranationales Gebilde geschichtete und sich nicht gegenseitig ausschliessende «Orte» der Identifikation sein können. Das müsste er als Schweizer mit dem Blick auf die kommunale und kantonale Zusammensetzung des Landes eigentlich besser wissen. Vgl. Oliver Zimmer, EU in der Krise: Union der Unaufrichtigkeit. Warum die Überwindung des Nationalstaats Europa destabilisiert. In: NZZ vom 5. März 2016. Einer seiner Hauptvorwürfe lautet: «Die Architekten des Vertragswerks orientierten sich vielmehr am Nation-Building vergangener Jahrhunderte. Eine einheitliche Währung, gekoppelt mit wohlfahrtsstaatlich abgesicherter Freizügigkeit innerhalb eines staatlichen Territoriums – das sind die klassischen Integrationsmittel des Nationalstaats im 19. Jahrhundert. Im Gegensatz zu den Bauherren der EU fehlte es den nationalen Eliten im 19. Jahrhundert aber nicht an Rückhalt in der Bevölkerung.» (Oliver Zimmer, Vorwärts in die Vergangenheit. In: Das Magazin vom 30. April 2016). Ein weiterer Artikel aus dieser Haltung z. B. in der NZZ vom 25. Juli 2016, mit einem sehr berechtigen Einspruch des Politologen Leonhard Neidhardt (NZZ vom 4. August 2016).

172 «Politische Strukturen gehen kollektiven Identitäten voraus.» Zuerst Institution, dann Identität – die Bedeutung dieser Abfolge unterstreicht auch André Utzinger, Mythen oder Institutionen? Zur Bildung kollektiver Identitäten im postnationalen Europa. In: Cheneval, 2005, S. 235–251. Zit. S. 245.

eine die Input-Legitimation stärkende Novelle, strenggenommen, muss sie jedoch zu der vom System produzierten Output-Legitimation gezählt werden.

Insbesondere in den Diskussionen um die Kompetenzen des Europäischen Parlaments wird schnell das Argument bemüht, dass dessen Status schwach bleibe, solange es nicht auf einem *Demos* beruhe, das heisst auf einem Bürger-Korps, das sich auf Grund verschiedener Gegebenheiten (Sprache und Kultur, Geschichte und Erinnerung sowie gemeinsamer Öffentlichkeit) grundsätzlich als Einheit verstehe.[173] Hier findet sich wieder die zirkelschlüssige Meinung, dass dieses Korps kein Staatsvolk sei, solange es keinen entsprechenden Staat gebe, und dass es diesen Staat nicht geben könne, solange es kein entsprechendes Staatsvolk gebe. Die Standards werden auch diesbezüglich im Falle der EU höher angesetzt als im Falle der Nationen, die auf eine ahistorische Weise verabsolutiert werden, weil man übersieht, dass auch sie sich in ihrer Ausgangslage in der Regel ebenfalls in einem Zustand befanden, in dem sich die EU heute befindet. Der Historiker Wilfried Loth vertritt ganz entschieden die Meinung: «Als gesellschaftliches Projekt weist ‹Europa› damit Züge auf, die den Nationalprojekten früherer Entwicklungsphasen entsprechen.»[174]

1.7 Bedeutung des Identitätsdiskurses

Welche Bedeutung kommt im Kontext dieser Problematik dem Identitätsdiskurs zu? Das Reden über Identität, das Beanspruchen von Identität, das Verteidigen von Identität wird vor allem zur Bekräftigung von nationalen Identitätsvorstellungen und weniger zur Anerkennung von anationalen Gruppenidentitäten betrieben und hat auch die Funktion, sich gegenüber anderen Gesellschaften abzugrenzen und zugleich, wie das ganz offensichtlich in der Übung des französischen Staatspräsi-

173 Cheneval hält es immerhin für möglich, dass es auch ohne klassischen *Demos* eine hinreichende Verbundenheit im Europäischen Parlament gebe; dies gestützt auf Ausführungen des Staatsrechtlers Giovanni Biaggini, in denen bezeichnenderweise nicht von Volks-, sondern von Völkersouveränität gesprochen und mit dem Akzent auf die Throughput-Legitimation auf Verfahrensvorgänge abgestellt wird (2005, S. 13ff. und 22).

174 Wilfried Loth, Regionale, nationale und europäische Identität. In: Ders./Jürgen Osterhammel (Hg.), Internationale Geschichte. Themen – Ergebnisse – Aussichten. München 2000. S. 364. Aus der älteren Literatur seien hiezu in Erinnerung gerufen: Heinz Gollwitzer, Europabild und Europagedanke: Beiträge zur deutschen Geistesgeschichte des 18. und 19. Jahrhunderts. München 1951 und 1964. – Rolf Hellmut Foerster (Hg.), Die Idee Europa 1300–1946. München 1963. – Jean-Baptiste Duroselle, L'idée d'Europe dans l'histoire. Paris 1965.

denten Nicolas Sarkozy im Jahr 2007 der Fall war, innergesellschaftliche Gegensätze zu übertünchen.[175]

Im Falle der europäischen Integration hatte und hat das Reden über die allenfalls vorhandene und – häufiger – über die fehlende oder wegen grundsätzlicher Hindernisse sich gar nie herausbildende Identität wegen der wichtiger gewordenen Legitimationsfrage ebenfalls an Bedeutung gewonnen. Unter Berufung auf den Staatsrechtler Ernst-Wolfgang Böckenförde, der sich bezeichnenderweise ebenfalls erst Ende der 1990er Jahre zu dieser Problematik äusserte, bemerkte 2005 André Utzinger, ein «irgendwie verankertes und gelebtes Kollektivgefühl» oder ein «sense of belonging» würden vermehrt als Voraussetzung für die vertiefte und erweiterte Integration gesehen.[176] Und Achim Trunk empfahl 2007, statt die Singularformulierung zu verwenden, besser von «europäischen Identitäten» zu reden, wobei er der Meinung war, dass der Plural nicht die Folge sozialer Diversität, sondern nationaler Differenz sei.[177]

Lange Zeit kam man ohne ein Reden über europäische Identität aus, weil es sie einfach gab, in Form einer westeuropäischen Selbstverständlichkeit und, als konservative Variante, in der auf das «Abendland» rekurrierenden Ideologie.[178] Kollektive

175 Die Funktion von Sarkozys Identitätsdebatte war und ist neuerdings wieder die Stärkung des nationalen Stolzes als Gegenposition zum Multikulturalismus (http://www.lefigaro.fr/politique/2016/06/08/01002-20160608ARTFIG00336-l-ancien-president-brandit-sa-carte-d-identite-nationale.php). Roger Martelli, L'identité c'est la guerre. Mayenne 2016. – Als Beleg einer Publizistik, die sich mit halb defensiver, halb offensiver Militanz gerne der Identitätschiffre bedient: Bassam Tibi, Europa ohne Identität. Die Krise der multikulturellen Gesellschaft. München 1998. – Dominique Schnapper, La notion d'identité nationale: quelques significations? Cahiers français Nr. 342, janvier/février 2008. – Stefan Seidendorf, Europäisierung nationaler Identitätsdiskurse? Ein Vergleich französischer und deutscher Printmedien. Baden-Baden 2007 (Diss. Mannheim 2006).

176 Utzinger, 2005, S. 335. – Ernst-Wolfgang Böckenförde, Staat, Nation, Europa: Studien zur Staatslehre, Verfassungstheorie und Rechtsphilosophie. Frankfurt a. M. 1999.

177 Trunk, 2007, S. 316.

178 Aus den frühen Jahren des Europaverständnisses nach 1945: Johann Wilhelm Naumann, Altes und neues Abendland. Augsburg 1948 (Abendland ist hier primär etwas, das verteidigt werden muss). – Oskar Halecki, Grenzraum des Abendlandes. Salzburg 1957 (Schrift des nach den USA emigrierten polnischen Osteuropahistorikers, amerikanische Erstausgabe 1952). Ohne von «Abendland» zu reden, bemerkt auch Trunk, dass in den 1950er Jahren die Vorstellung einer Bedrohung aus dem Osten «fast omnipräsent» und konstitutiv gewesen sei (2007, S. 319). Wolfgang Schmale meint zum Mythos des «christlichen Abendlands», dieser habe nur eine Nischenbedeutung ohne breite Abstützung gehabt (1997, S. 49).

Identität wird vor allem dann zu einem Thema, wenn sie prekär ist oder fehlt.[179] Sie lebt in hohem Mass von Imagination, das heisst nach der von Benedict Anderson für die Nation geprägten Formel von der «imagined community».[180] Was es vor allem in Konfliktmomenten braucht, ist eine belastbare Identität.[181] Schwache Identifikation mit dem europäischen Integrationsprojekt verstärkte jeweils den Ruf nach mehr Identität oder, in traditioneller Ausdrucksweise, nach mehr Europabewusstsein.

1973 hat die EG auf ihrem Gipfel vom 13./14. Dezember in Kopenhagen eine «Erklärung über die europäische Identität» verabschiedet.[182] Die Frage ist naheliegend: Warum gab es diese Erklärung gerade jetzt und zu welchem Zweck? Der Zeitpunkt wurde nur mit der Bemerkung erklärt, dass man «den Moment» für gekommen halte. Und auf das Wozu bekommt man eine Antwort, die nicht der heute vorherrschenden Vorstellung entspricht: Es heisst, dass mit der Erklärung die Beziehungen zu den anderen Ländern der Welt und die damit verbundenen Verantwortungen besser definiert werden sollten. Die Tatsache, dass kurz zuvor die erste Erweiterung von sechs auf neun Mitglieder stattgefunden hatte und immerhin das auf ein eigenes Verständnis der europäischen Integration bedachte Grossbritannien jetzt zum «Club» gehörte, mag das Definitionsbedürfnis ebenfalls mitbestimmt haben. Es ging aber doch nicht um inneres Wesen und Sein. Noch im zwei Jahre später vorgelegten Tindemans-Bericht waren die Überlegungen über «Europa in der

179 Die italienische Historikerin Luisa Passerini deutete 2002 die Forderung nach mehr Identität einleuchtend als «a sign of uncertainty and discomfort on the one hand and regressive operation(s) to protect old values in the other» (Dies., From the Ironies of Identity to the Identities of Irony. In: Anthony Pagden (Hg.), The Idea of Europe. Cambridge 2002. S. 191–208, S. 194. Vgl. auch die kritische Analyse des «Plastikworts» Identität: Lutz Niethammer, Kollektive Identität. Heimliche Quellen einer unheimlichen Konjunktur. Hamburg 2000.

180 Benedict Anderson, Imagined Communities: Reflections on the Origin and Spread of Nationalism. London 1983; in deutscher Übersetzung: Die Erfindung der Nation. Zur Karriere eines folgenreichen Konzepts. Frankfurt a. M. 1988.

181 Ohne den Begriff der Belastbarkeit bereits zu verwenden, nennt auch Ernest Renan 1882 in seiner bekannten Definition einer Nation dieses Element, wenn er sagt, sie sei eine grosse Solidargemeinschaft, «die durch das Gefühl für die Opfer gebildet wird, die erbracht wurden und die man noch zu erbringen bereit ist». Vgl. Michael Jeismann/Henning Ritter (Hg.), Grenzfälle. Über neuen und alten Nationalismus. Leipzig 1993. S. 290ff.

182 http://www.europarl.europa.eu/brussels/website/media/Basis/Organe/ER/Pdf/Dokument_Identitaet.pdfwww.ena.lu/?doc=11766&lang=01 (letzter Zugriff Juli 2017).

Welt» vorrangig, gemeinsame Aussenpolitik und Sicherheit wurden «als Voraussetzung einer Politik der Wahrung unserer Identität» gesehen.[183]

Das erste Kapitel der Erklärung von 1973 umschrieb wohl, was den «Zusammenhalt» der Mitgliedstaaten der Gemeinschaft ausmache, es hatte aber in erster Linie die Funktion, zu dem vorzustossen, was im zweiten Kapitel mit «europäische Identität in der Welt» überschrieben ist und was im dritten Kapitel als «Dynamik des europäischen Einigungswerks» bezeichnet wird. Im ersten Kapitel finden sich am ehesten die Passagen, die uns hier interessieren müssen. Hier ist davon die Rede, dass die Mitglieder der EG im Wunsch, die Geltung der rechtlichen, politischen und geistigen Werte zu sichern, zu denen sie sich bekennen würden, und im Bemühen, die reiche Vielfalt ihrer nationalen Kulturen zu erhalten, sowie im Bewusstsein einer gemeinsamen Lebensauffassung eine Gesellschaftsordnung anstreben, die dem Menschen dient, und «die Grundsätze der repräsentativen Demokratie, der Rechtsstaatlichkeit, der sozialen Gerechtigkeit, die das Ziel des wirtschaftlichen Fortschritts ist, sowie der Achtung der Menschenrechte als die Grundelemente der europäischen Identität wahren» wollen. Und weiter:

> «Diese Vielfalt der Kulturen im Rahmen einer gemeinsamen europäischen Zivilisation, dieses Bekenntnis zu gemeinsamen Werten und Prinzipien, diese Annäherung der Lebensauffassungen, dieses Bewusstsein ihnen eigener gemeinsamer Interessen sowie diese Entschlossenheit, am europäischen Einigungswerk mitzuwirken, verleihen der europäischen Identität ihren unverwechselbaren Charakter und ihre eigene Dynamik.»

Die Regierungen sprachen für die Signatarstaaten, sie erklärten sich aber explizit davon überzeugt, «dass dieses Vorhaben dem inneren Streben ihrer Völker entspricht, die an seiner Verwirklichung, vor allem durch ihre gewählten Vertreter, teilhaben müssen».[184]

Die Staats- und Regierungschefs liessen sich von der Höhe ihres Gipfels herab vernehmen, aber sie waren überzeugt, dass die Aktion den grundlegenden Erwartungen ihrer Völker («aspirations profondes de leurs peuples») entspreche und mit ihrer

183 Begleitschreiben Tindemans' vom 29. Dezember 1975 zu seinem Bericht an seine Kollegen im Europäischen Rat, integral abgedruckt in: Schneider/Wessels, 1977, S. 243.

184 Zur Deutung der Erklärung von Kopenhagen: Sophie Huber, What Does it Mean to Be European? Questions and Answers in the Early 1970s. In: Francis Cheneval (Hg.), Legitimationsgrundlagen der Europäischen Union. Münster 2005. S. 287–301. – Dies., Polyphonie sur l'identité européenne. Aux origines d'un discours identitaire 1962–1973. Thèse n°811 HEID Genève 2009. – Wolfgang Schmale, Geschichte und Zukunft der europäischen Identität. Stuttgart 2008. S. 121ff.

Teilnahme und insbesondere derjenigen der gewählten Volksvertreter weiterverfolgt werden sollte («doit être poursuivie avec leur participation, notamment par leurs représentants élus»). Diese Sicht der Dinge traf in der Öffentlichkeit durchaus auf Zustimmung, musste aber, weil das auch anders gesehen werden konnte, doch betont werden: Frankreichs konservatives Hauptblatt «Le Figaro» analysierte, die Staatschefs seien nach den demokratischen Regeln die bevollmächtigten Inhaber des Volkswillens: «Les chefs d'Etat ou de gouvernement sont en définitive les détenteurs de la volonté populaire dans chacun des pays qu'ils représentent. Les règles démocratiques qui ont assuré leur élection ou leur désignation, leur donnent sans contestation possible un droit de décision.»[185]

Die Ambition, die Führungsspitze mit zusätzlichen Kompetenzen auszubauen und eine wirkliche Union zu schaffen, war nicht von einer entsprechenden Aufwertung auf den unteren Ebenen durch Stärkung der Mitspracherechte begleitet: Das Europäische Parlament wurde in dieser unverbindlichen Erwähnung nur indirekt angesprochen, ein Ausbau seiner Kompetenzen war nicht vorgesehen, die 1979 endlich eingeführten Direktwahlen noch in weiter Ferne und von einer Verringerung der Distanz zu den Bürgerinnen und Bürgern als den eigentlichen Trägern der Identität keine Rede. Mit «Identität» war 1973 sozusagen ausschliesslich die Position oder Mission der EG im internationalen Kontext gemeint.[186] Zwei Jahrzehnte später hatte der Bezug zur Identität die gleiche Funktion: Im Vertrag von Maastricht (Titel 1, Gemeinsame Bestimmungen, Art. B) wird als eine Zielsetzung «die Behauptung der Identität auf internationaler Ebene, insbesondere durch die gemeinsame Aussen- und Sicherheitspolitik» genannt.

Auf den Innenausbau der EWG hatte die Erklärung von 1973 keine Auswirkung. Im Tindemans-Bericht von 1975, der in einzelnen Passagen die Bürgerbefindlichkeit dezidiert im Blick hatte, kam der Begriff der «Identität» zwar sechs Mal, aber stets im Sinne der Kopenhagener Erklärung vor: als Europas Identität in der Welt.

«Identität» wurde jedoch wieder und auf andere Weise wichtig, als rund dreissig Jahre später – nach der Wende von 1989 und mit Blick auf die sogenannte Osterweiterung von 2004 sowie auf den Verfassungsvertrag und die ungelöste Frage der Türkei-Mitgliedschaft – eine weitere Identitätsdiskussion stattfand. Während es zuvor um eine eher politisch verstandene, gegen aussen gerichtete Gipfel-Identität

185 Roger Massip, Le grand tournant. In: Le Figaro, 14 décembre 1973.

186 Weitere Ausführungen dazu bei Georg Kreis, L'émergence de la notion d'« identité » dans la politique de la Communauté européenne. Quelques réflexions autour de la Déclaration du sommet de Copenhague de 1973. In: Relations internationales 140, 2009, S. 54–72.

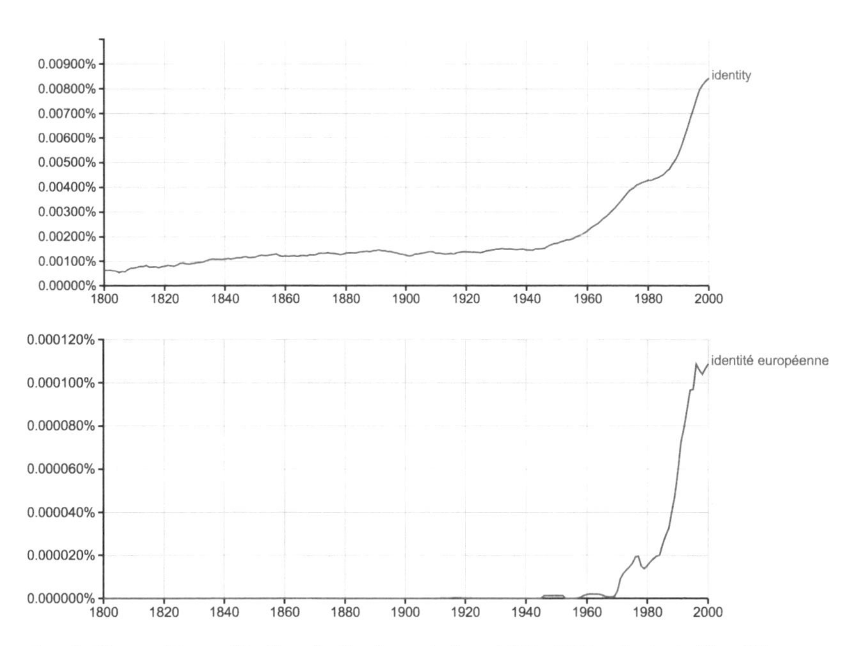

Abb. 2: Der *Google Ngram Viewer* für Google-Books zwischen 1800–2000 zeigt in beiden Diagrammen (englisch «identity», französisch «identité européenne») sehr deutlich die Zunahme eines ersten Anstiegs in den 1960er Jahren und dann vor allem in den 1980/1990er Jahren. Es ergeben sich also zwei «Häufigkeitsgebirge». (Diesen Hinweis verdanke ich Anne Marie Thiesse, Directrice de Recherche CNRS, anlässlich der Identitäts-Konferenz der Joseph Károlyi Foundation vom März 2017 im ungarischen Fehérvárcsurgó).

ging, drehte sich das öffentliche Reden jetzt um eine essentialistische und innere Substanz meinende Basisidentität, die seit 1973 regelmässig mit dem Eurobarometer erhoben wurde, wie man einem Patienten den Puls fühlt.

Das Aufkommen des Identitätsdiskurses im Laufe der 1980er Jahre ist hier darum von Interesse, weil sich in ihm ein Vorläuferprozess zum Aufkommen der Mitspracheforderungen ankündigte. Das kollektive und damit auch das nationale und letztlich auch individuelle «Ich» der Bürgerbasis gewann offensichtlich an Wichtigkeit und forderte in der Folge aus grundsätzlichem Anspruch auch in der EU und von der EU, das heisst von «denen da oben», mehr Beachtung. Die Identität als kollektives Ich – dies muss hier ergänzt werden – konnte als wenig gängige Formulierung schon wesentlich früher auftreten. So hatte der britische Regierungschef Harold Macmillan bereits 1961, als er das Parlament um Zustimmung für die Aufnahme von Verhandlungen mit der EG ersuchte, beruhigend erklärt, es gebe keinerlei

Anzeichen, «dass die Mitglieder der Gemeinschaft ihre nationale Identität verlieren, weil sie einen Teil ihrer Souveränität abgetreten haben».[187]

Ein anlässlich des 25-Jahr-Jubiläums zu den Römischen Verträgen 1982 veröffentlichter Artikel eines in der breiten politischen Öffentlichkeit wenig in Erscheinung getretenen Literaturprofessors über «Die Europamüden» bildet einen aufschlussreichen Hinweis auf einen Wandel in der Pflege der Europaidee durch die (deutschen) Literaturschaffenden. Schriftsteller der Zwischenkriegszeit (die Brüder Heinrich und Thomas Mann, Hugo von Hofmannsthal, Gerhart Hauptmann und Hermann Hesse) hätten «Europäertum» praktiziert, die Gegenwartsliteratur der Nachkriegszeit (vertreten durch Böll, Weiss, Grass, Walser, Lenz, Enzensberger, Frisch und Dürrenmatt) habe sich auf sich selber zurückgezogen, beschränke sich auf Selbstbeobachtung, Selbsterforschung und Selbstdarstellung. Diese Introspektion entbehre zwar nicht der Zeitkritik, werde aber «ohne Gewähr durch einen ‹überindividuellen geistigen Begriff› und mit einem ‹geistigen und ästhetischen Reduktionismus›» betrieben.[188] Diese Diagnose ist nachvollziehbar, die mitgelieferte Defizitbewertung muss aber nicht übernommen, ihr kann sogar die Anerkennung entgegengehalten werden, dass pathetisches und schwülstiges Europabekennertum überwunden worden sei. Die diagnostizierte Ego-Fokussierung dürfte eine Voraussetzung dafür gewesen sein, dass Identität, zunächst in individueller, dann kollektiver Dimension, in den 1970er und 1980er Jahren wichtiger geworden ist.

Die wachsende Bedeutung der Identitätschiffre führte zu einer Reihe wichtiger Publikationen: 1985 gab der deutsche Politologe Werner Weidenfeld eine Aufsatzsammlung über «Die Identität Europas» heraus. Die Basisidentität der Bürger und Bürgerinnen war dabei aber noch nicht das Thema, die «Frage nach sich selbst» galt noch ganz dem Kontinent und seiner Teile.[189] Mehr noch als auf Europa bezog sie sich auf den Nationalstaat, wie Weidenfelds vorgängige Studie von 1983 über Deutschland.[190]

187 Brunn, 2002, S. 366.

188 Gert Ueding (Jg. 1942, Universität Tübingen), Die Europamüden. Vom Glanz und Verlust eines Themas in der deutschsprachigen Literatur dieses Jahrhunderts. In: EG-Magazin 9/82, S. 29–32. Zur weiteren Einbettung der Fragestellung: Paul Michael Lützeler (Jg. 1943, Universität St. Louis/Missouri), Die Schriftsteller und Europa: von der Romantik bis zur Gegenwart. München 1992. – Ders., Hoffnung Europa. Deutsche Essays von Novalis bis Enzensberger. Frankfurt a. M. 1994.

189 Wolfgang Weidenfeld (Hg.), Die Identität Europas. Fragen, Positionen, Perspektiven. München 1985. S. 13–41. Zit. S. 15.

190 Wolfgang Weidenfeld (Hg.), Die Identität der Deutschen. München 1983. (In der Schweiz wurde nach längerer Vorbereitungszeit 1985 ein grosses Forschungsprogramm zum Thema der nationalen Identität lanciert. Sein Leiter war der Vf. dieser Zeilen. Sein Schlussbericht: Die Schweiz unterwegs. Schlussbericht des NFP 21 «Kulturelle Vielfalt und nationale Identität». Basel 1993).

Auch in seiner jüngsten Schrift räumt er der Identität eine zentrale Bedeutung ein, ja, er setzt sie, anknüpfend an eine Mahnung von Papst Franziskus, mit «Seele» gleich und sagt, dass diese wiedergefunden werden müsse.[191]

1986 widmete selbst der angesehene französische Historiker Fernand Braudel wenigstens dem Titel nach drei Bände der Identität Frankreichs, allerdings ohne sie wirklich erfassen zu können.[192] Im folgenden Jahr, 1987, veröffentlichte der französischen Kultursoziologe Edgar Morin seine Schrift «Penser l'Europe»: In ihr erhielt die Kategorie der Identität einen wichtigen Platz. Für Morin war klar, dass der Dialog «au coeur de l'identité culturelle européenne» liege.[193]

1989, in einer Zeit also, da die EG in Richtung EU strebte und man die Ost-West-Teilung als bequeme Selbstdefinition verlor, machte sich eine Gruppe von Historikern ans Werk, die europäische Identität systematisch zu vermessen. Nach dem Vorwort der Publikation von 1993 von René Girault, der in diesem Unternehmen eine führende Funktion hatte, ging es darum, «d'identifier les lieux, les situations, les hommes, les institutions qui ont concouru à faire naître cette conscience et cette identité européenne». Bemerkenswert ist die Formulierung mit dem demonstrativen «*cette* conscience» und «*cette* identité» (Hervorh. des Vf.), weil zuvor von nichts die Rede war, worauf man mit «cette» hätte hinweisen können. Es war ganz im Gegenteil gerade von einer evidenten Diskrepanz die Rede, die zwischen «une Europe pensée idéalement» und «une Europe vécu pragmatiquement» herrsche.[194]

Ein etwa gleichzeitig begonnenes und ebenfalls 1993 in drei Bänden erschienenes Werk orientierte sich noch an der alten Kategorie des «esprit».[195] Die Begriffe

---

191 Weidenfeld, 2017, S. 6ff., 449 und 533. Papst Franziskus erklärte am 25. November 2014 vor dem Europäischen Parlament bezogen auf die Flüchtlingspolitik, Europa müsse seine «gute Seele» wiederentdecken (http://www.spiegel.de/politik/ausland/papst-rede-im-wortlaut-franziskus-appelliert-an-europas-seele-a-1004974.html).

192 Fernand Braudel, L'identité de la France. Espace et histoire. Paris 1986. Dazu im Rückblick oder Nachhall: Gérard Noiriel, L'identité nationale dans l'historiographie française. Note sur un problème. In: Jacques Chevalier (Hg.), L'identité politique. Paris 1994.

193 Edgar Morin, Penser l'Europe. Paris 1987. Ausgabe 1990, Teil II, Kap. 7, S. 150, Teil III, Kap. 2, Changement d'identité, S. 165ff. Morin erklärt in dieser Schrift, dass ihm Europa 1945 egal gewesen sei und er den verschiedenen Meilensteinen keine Beachtung geschenkt habe. Erst 1973 habe er durch die Ölkrise ein europäisches Schicksalsbewusstsein entwickelt (S. 24).

194 René Girault/Gérard Bossuat (Hg.), Les Europe des Européens. Paris 1993. S. 7. Mit einem Beitrag von Antoine Fleury über die Schweiz. Vgl. ebenfalls René Girault (Hg.), Identité et conscience européennes au XXe siècle. Paris 1994.

195 Antoine Compagnon/Jacques Seebacher (Hg.): L'Esprit de l'Europe. 3 Bände, Paris 1993.

waren damals aber bereits auswechselbar. Man sprach von «‹européanité›, c'est à dire l'idée d'Europe ou d'identité européenne».[196] In den 1990er Jahren und den ersten Jahren nach 2000 häuften sich die Publikationen zur europäischen Identität.[197] Genannt seien hier lediglich die Schriften von Robert Picht (1994), Richard G. Whitman (1998), Luisa Passerini (1998), Hagen Schulze und Lutz Niethammer (1999), Bo Strath (2001), Anthony Pagden und Wilfried Loth (2002) sowie Bertrand Rochard (2003). Im Klappentext des bereits erwähnten Buchs von Lutz Niethammer aus dem Jahr 2000 heisst es: «Seit einem Jahrzehnt gehört es zur zeitgemässen Pflicht, eine kollektive Identität zu haben.»[198] Eine Pflicht und ein Betätigungsfeld besteht auch für die Wissenschaft, sich mit dem Identitätsphänomen auseinanderzusetzen. Wegen der Nähe der Analysierenden zum Analysierten wird der politisch fragwürdige Identitätsdiskurs durch die akademische Verarbeitung nobilitiert und legitimiert.[199] Schauen wir uns drei dieser Stellungnahmen noch näher an:

Das 1994 von Robert Picht, dem damaligen Direktor des Deutsch-Französischen Instituts in Ludwigsburg, herausgegebene Buch «L'identité européenne» stellte die Identität ganz ins Zentrum. Dabei fragte der Autor in absoluter Weise nach den Inhalten der Identität und glaubte sogar, diese normativ definieren zu müssen oder zu können.[200] Der bekannte Luxemburger Historiker Gilbert Trausch bemerkte in dieser Publikation, «depuis peu de temps un intérêt croissant pour la question de l'identité

196 Ebenda, S. 9.

197 In diese Konjunktur passt auch der Aufsatz von Anthony D. Smith, der mit seinen Ausführungen auf die Renationalisierung reagiert und sich für eine moderne, vom Willen und nicht von historischen Mythen abgeleitete europäische Identität ausspricht (National Identity and the Idea of European Unity. In: International Affairs 68, 1992, S. 55–76.

198 Niethammer, Kollektive Identität, 2000.

199 Aus der schier endlosen Forschungsproduktion als jüngstes Beispiel eine für August 2017 angekündigte Publikation: Christian Karner/Monika Kopytowska (Hg.), National Identity and Europe in Times of Crisis. Doing and Undoing Europe. Bingley 2017.

200 Robert Picht (Hg.), L'identité européenne. Analyses & propositions pour le renforcement d'une Europe pluraliste. (o. O.) 1994. Un produit de la T.E.P.S.A. (Trans European Policy Studies Association). Inzwischen hat der Begriff «Identität» einen festen Platz in der frankophonen Literatur. So schreibt im gleichen Jahr Gérard Bossuat im Schlusswort: «les repères identitaires européens sont difficile à percevoir.» Und: «L'identité européenne reste encore à construire dans l'esprit des citoyens européens.» In: René Girault/Ders. (Hg.), Europe brisée, Europe retrouvée. Paris 1994. S. 417. Oder später in der internationalen Literatur: Luisa Passerini (Hg.), The question of European identity. San Domenico (EUI) 1998. – Hagen Schulze, Die Identität Europas und die Wiederkehr der Antike. Bonn 1999.

européenne et une approche nouvelle de l'Europe se fait le jour».[201] Er nannte drei Gründe dafür, von denen eigentlich nur der letzte überzeugt: erstens der Erfolg der EU, zweitens die Förderung von entsprechenden Studien durch die EU[202] und drittens die grossen Veränderungen, die Europa seit vier Jahren erlebt habe.[203]

Eine ebenfalls 1994 publizierte Schrift der Universität Bayreuth gab eine zusätzliche und treffendere Erklärung für die Hochkonjunktur der Auseinandersetzung mit der Frage nach der europäischen Identität: Ausschlaggebend sei einerseits das Europajahr mit der Schaffung des Binnenmarktes 1993 und anderseits die wachsende Bedeutung der Beziehungen zu nicht-europäischen Ländern.[204]

Wilfried Loth begründete in seiner Publikation von 2002 die intensivierte Auseinandersetzung der europäischen Identität mit der weiter oben (vgl. oben, S. 51) mit Bezug auf Guido Thiemeyer bereits referierten, aber überschätzten Gegebenheit, dass die EU die Alltagswirklichkeit der Menschen in den Mitgliedsländern immer stärker präge und entsprechend die Frage nach der europäischen Identität ebenfalls immer wichtiger werde. Er ging davon aus, dass sich nationale und europäische Identität nicht ausschlössen, das Gewicht der ersteren mit der Zeit geringer würde (obwohl sie als «Zufluchtstätte» gegen die Globalisierung auch wieder wichtiger werden könnte) und dass die von der europäischen Identität ausgehende «Bindewirkung» noch stärker werden würde.[205]

Es ist nicht verwunderlich, dass der Begriff der «Identität», nachdem er für die Beschreibung kollektiver Einheiten zu einer gängigen Münze geworden war (eigentlich zu einem billigen Wechselgeld), dann auch Eingang in die Debatte um die europäische Zukunft fand und da einen stets breiter werdenden Raum einnahm. Der Identitätsdiskurs hatte hier eine doppelte Funktion: Einmal brachte er den seit «Maastricht» 1992/93 stärker aufgekommenen Anspruch auf Bürgernähe zum Ausdruck, und zum anderen diente er der Abwehr eines allfälligen Beitritts der Türkei.

201 Picht, 1994, S. 25.

202 Erwähnt wird u.a. der *Groupe de liaison des professeurs d'histoire contemporaine auprès de la Commission des C.E.*

203 Picht, 1994, S. 25.

204 Jörg A. Schlumberger/Peter Segl (Hg.), Europa – aber was ist es? Aspekte seiner Identität in interdisziplinärer Sicht. Köln 1994. Dem steht mittlerweile ein selbstbezogeneres Identitätsverständnis gegenüber, wie es beispielsweise der folgenden Publikation zugrunde liegt: Klaus Schleicher, Zur Biographie Europas. Identität durch Alltagshandeln. Hamburg 2007. S. 17.

205 Loth, 2002, S. 3, 11 und 17; und bereits zuvor Loth, 2000, S. 369. Die Vorstellung, dass von Identität eine Bindewirkung ausgehe, ist etwas einseitig; denn es ist umgekehrt auch die Bindung, die überhaupt gemeinsame Identität produziert.

Ersteres war ziemlich neu und etwas völlig anderes als, wie gezeigt, der frühe Bezug von 1973 auf die Identität. Letzteres dagegen war eher eine Weiterführung von 1973, wobei es in diesem Punkt weniger um ein Unterstreichen der Bedeutung Europas gegen aussen ging als um eine schon damals leicht anklingende defensive Abgrenzung. Für letzteres bilden wiederholte Stellungnahmen des bekannten Bielefelder Historikers Hans-Ulrich Wehler gute Belege. Eine sehr engagierte Stellungnahme gegen die Aufnahme der Türkei publizierte er unter dem Titel «Grenzen und Identität Europas bis zum 21. Jahrhundert». Aber nur der allerletzte Satz löst den ambitionierten Titel ein, indem hier Brüssel und Berlin pauschal aufgefordert werden, «die historischen Grenzen und die Identität» nicht zu verraten.[206]

Identität bleibt weiterhin in unterschiedlicher Weise ein viel diskutierter und verwendeter Begriff. Einer häufigen, tendenziell eher unkritischen Verwendung stehen wenige akademische und entsprechend kritische Auseinandersetzungen gegenüber. Dazu gehört der 2008 erschienene Aufsatz des österreichischen Politologen Johannes Pollak, der ebenfalls eine sehr kritische Haltung gegenüber diesem Begriff einnimmt, der für ihn für eine Problemwolke mit Nebelwirkung steht. Pollak ist die Unterscheidung von ideeller und politischer Identität wichtig: Ideelle Identitäten hält er für gegeben, und er schliesst nicht aus, dass diese um eine politische Identität ergänzt werden können, sofern ihr auch politische Partizipation vorausgeht.[207]

---

206 In: Helmut König u. a. (Hg.), Europas Gedächtnis. Das neue Europa zwischen nationalen Erinnerungen und gemeinsamer Identität. Bielefeld 2008. S. 121–132. Ebenfalls im Sammelband von Claus Leggewie (Hg.): Die Türkei und Europa. Die Positionen. Frankfurt a. M. 2004, mit einem sehr lesenswerten Beitrag des Althistorikers Christian Meier.

207 Johannes Pollak, Ist eine politische Identität möglich? Oder: Warum wird lernen sollten, Zwiebeln zu lieben. In: Christian Joerges/Matthias Mahlmann/Ulrich K. Preuss (Hg.), «Schmerzliche Erfahrungen der Vergangenheit» und der Prozess der Konstitutionalisierung Europas. Wiesbaden 2008. S. 63–80. Ergänzt um einen ähnlich ausgerichteten Kommentar des Juristen Felix Hanschmann, S. 81–94.

Karikaturen zu Etappen der europäischen Einigung

Bereitschaft zur Selbstkritik

Es war ein privates publizistisches Geburtstagsgeschenk, das 1997 – zum 40. Jahrestag der Römischen Verträge von 1957 – veröffentlicht wurde. Mit dem Karikaturen-Buch wurde eine doppelte Zielsetzung verfolgt: Einerseits wollte es eine Bildergeschichte zur Entwicklung der Europäischen Gemeinschaft bieten, andererseits wollte es amüsieren, war sich aber bewusst, dass es damit Gegner wie Befürworter der europäischen Integration reizte.

Zwanzig Jahre später mag es aufschlussreich erscheinen, dass schon damals die Herausgeberin dieses Bandes die Formulierung «die in Brüssel» als geläufig bezeichnete. Das sei inzwischen ein feststehender Begriff geworden. Über jene liesse sich besonders gut lästern, die weit weg sind, obwohl es statt «die» eigentlich «Wir» heissen müsse. Die relativierende Rechtfertigung, auch für die hier gezeigten Bilder, argumentierte, dass sich Karikaturen vorwiegend mit Missständen und damit fast ausschliesslich mit den negativen Seiten beschäftigen würden und die positiven Aspekte des grossen Ganzen dabei zu kurz kämen.[208]

Bei der Konsultation des von der Kommission herausgegebenen «EG-Magazins» hat sich gezeigt, dass recht kritische Karikaturen zum festen Bestandteil dieses offiziösen Organs gehören. Ist dies nicht ein Indiz für die Bereitschaft zu einer bemerkenswert grossen Selbstkritik? Jedenfalls scheute die Redaktion des Blattes keineswegs den spöttischen Blick auf das eigene Tun. Es gehört zum Wesen von Karikaturen, dass Schwachstellen, ja Missstände aufgegriffen und mit spitzer Feder beanstandet und an den Pranger gestellt werden. Das Überladen («caricare») beruht aber in der Regel nicht auf tiefer oder totaler Gegnerschaft, oft ist sogar eine positive Verbundenheit mit dem Karikierten die Voraussetzung des Spotts. In vie-

---

208 Martina Boden, Europa von Rom nach Maastricht. Eine Geschichte in Karikaturen. München 1997.

len Fällen liegt der Karikatur eine Werteordnung zu Grunde, die stillschweigend vorausgesetzt und an die mit der kritischen Darstellung implizit appelliert wird.

Die folgende Zusammenstellung versammelt 21 im «EG-Magazin» veröffentlichte Karikaturen aus den Jahren 1977–1989, die aus der Perspektive der europäischen Einigung besonders schwierig verliefen. Sie nehmen sowohl die EG-Institutionen als auch die EG-Mitglieder sowie die Einstellung der Öffentlichkeit aufs Korn. Es sind Bilder beinahe ohne Worte, die hier aber, soweit sinnvoll und möglich, zusätzlich kommentiert werden.

Fig. 1: Januar 1977: Europa im Krämerladen (Peter Leger) © Europäische Union
Kritik an der Diskrepanz zwischen Festreden auf Europa und den materiellen Egoismen der einzelnen EG-Mitglieder (ohne speziellen Anlass, zum Jahreswechsel).

Fig. 2: April 1978: Augentest für Europa (Peter Leger) © Europäische Union
Im Kontext der jüngsten Währungskrise: Die einzelnen Augenärzte weisen je auf ihre Länder und nicht auf Europa.

Fig. 3: Dezember 1978: Sozialpolitik (Peter Leger) © Europäische Union
Zum Scheitern der Dreierkonferenz vom November 1978 zwischen EG-Kommission, Arbeitgebern und Arbeitnehmern.

Fig. 4: Juli / August 1979: Europabewusstsein (Peter Leger)
© Europäische Union
Vor dem Zusammentreffen des erstmals aus Direktwahlen hervorgegangenen Europäischen Parlaments. Kritik am immer noch schwachen europäischen Bewusstsein im Vergleich mit der immer noch starken Parteiorientierung. Das Verharren im Nationalen ist kein Thema.

Fig. 5: Mai 1980: Chauvinismusberg (Peter Leger) © Europäische Union
Kritik an den Institutionen habe teilweise ihre Berechtigung, die EG-Kommission zum Beispiel gehe mit ihren Vorschlägen eher von den hehren europäischen Ideen aus als von den «vested (berechtigten) national interests». Kritik müsse aber nicht das Schleifen von Institutionen anstreben, ohne bessere Ersatzlösungen vorzuschlagen.

Fig. 6: Januar 1981: Eintritt Griechenlands (Peter Leger)
© Europäische Union
Griechenland wird am 1. Januar 1981 das zehnte Mitglied der EG. Angesicht der strukturellen Differenzen ein Anlass für Besorgnis bei der Administration. Dazu im Text die Mahnung, die Europäische Gemeinschaft setze voraus, dass die Bürger tatsächlich eine Gemeinschaft bilden wollten.

Fig. 7: Februar 1981: Parlament (Peter Leger) © Europäische Union
Viele Gemeinschaftsbeschlüsse würden «toter Buchstabe» bleiben. Seit Herbst 1980 arbeite jedoch die Gruppe Spinelli an einem Projekt, das aus dem Europäischen Parlament eine verfassungsgebende Versammlung machen wolle.

Fig. 8: Juni / Juli 1981: Interner Streit – externe Gefahr (Peter Leger) © Europäische Union

Europa ist stark mit sich selber beschäftigt. Priorität haben die Wirtschaftsinteressen. Unbeachtet bleibt dabei in Zeiten des noch nicht umgesetzten Nato-Doppelbeschlusses die von der Sowjetunion ausgehende Bedrohung.

Fig. 9: September 1982: 1939–1979 (Peter Leger) © Europäische Union

Artikel zur Europamüdigkeit

Fig. 10: Februar 1983: Von Richtern gebunden: Europa (Walter Hanel) © Europäische Union
Nach 20 Jahren der Ruhe kommt unter den «EG-Geschwistern» die Tendenz auf, sich gegenseitig vor den Kadi zu zerren – Italien und Frankreich ihren Weinstreit und Deutschland und England ihren Fischereistreit.

Fig. 11: Mai 1983: Wolkengipfel (Peter Leger) © Europäische Union
Vor dem Gipfel von Stuttgart veröffentlicht das Blatt zum zweiten Mal die bereits zum Haager Gipfel von 1976 publizierte Karikatur. Damals wie jetzt wurde und wird bemerkt, dass der Europäische Rat höchst dringliche Probleme «löst», indem er sie weiterschiebt.

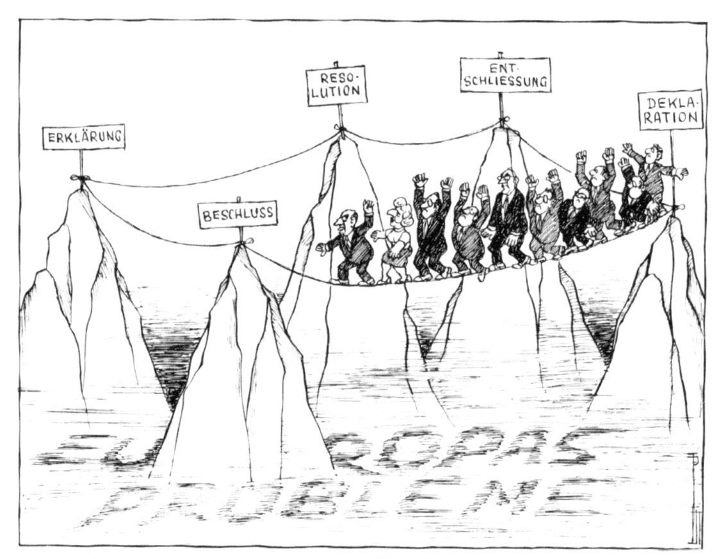

Fig. 12: Juli 1983: Seiltänzer zwischen Gipfeln (Peter Leger) © Europäische Union
Bezogen auf Reinhard Meys Lied die Variation «Über den Wolken muss die Freiheit (der Schwindel) grenzenlos sein». Die Reihe wird angeführt von François Mitterrand, Margaret Thatcher und Helmut Kohl.

Fig. 13: Januar 1984: Baum mit angesägtem Ast (Peter Leger) © Europäische Union
Rückblick auf das Jahr 1983: Europa verteidigt im Vergleich mit anderen Grossakteuren zu wenig seine Interessen, es betreibt sogar Selbstschädigung.

Fig. 14: März 1984: Ansprüche und Gegenleistungen (Peter Leger) © Europäische Union
Vor dem Gipfel von Brüssel warnt Gaston Thorn, Präsident der EG-Kommission, vor kleinlichen Streitereien. Wenn die Entscheidungsunfähigkeit andaure, würde das Erreichte der letzten 25 Jahre gefährdet und ein Prozess der Selbstzerstörung in Gang gesetzt.

Fig. 15: Juli 1984: Papierberg (Peter Leger) © Europäische Union
Europa, kaum mehr sichtbar und unter einem Berg von Resolutionen und Verordnungen begraben. Herr und Frau Meier oder Müller halten vergeblich Ausschau nach Europa.

Fig. 16: Februar 1985: Schnecken (Peter Leger) © Europäische Union
1977 zum 20-Jahr-Jubiläum des EWG-Vertrags der Vorwurf, mit der Integration viel zu langsam voranzukommen. Im EG-Magazin erneut publiziert in Verbindung mit einem Artikel, der sich, um so Blockaden zu umgehen, für eine abgestufte Integration, aber unter Beibehaltung des gemeinsamen «Endziels» ausspricht.

Fig. 17: März 1985: Sparschwein (Walter Hanel) © Europäische Union
Europa sitzt auf einem fetten Sparschwein, derweil die Welt hungert. Die im Überfluss produzierten Nahrungsmittel eignen sich aber nicht für die Weitergabe an die Dritte Welt. Dort muss vielmehr die Eigenproduktion gefördert werden.

Fig. 18: Oktober 1985: © Europäische Union
Bürger und Bürgerinnen als Hintergrundfiguren mit unterschiedlichen Haltungen und Meinungen – und das Projekt zieht seinen Weg.

Fig.19: November 1985: Eisenbahn Richtung Europäische Union (Walter Hanel) © Europäische Union
Kritik an Uneinigkeit bezüglich einer erstmaligen Einberufung einer Regierungskonferenz zur Vollendung des Binnenmarktes.

Fig. 20: Februar 1987: Tempo (Karl-Heinz Schoenfeld)
Wird der dynamische Europastier zu einer langsamen Europaschildkröte?

Fig. 21: April 1989: Europawahlen
Trotz lauten Appellen bleiben die EG-Bürger und -Bürgerinnen im Schlafmodus.

2. Das vermeintliche Demokratiedefizit

Das Projekt der Vereinigten Staaten von Europa war von vielen Europäern und Europäerinnen anfänglich demokratischer gedacht, als es dann tatsächlich realisiert wurde – und als es von den massgebenden Kräften intendiert worden war. «Demokratisch» meinte allerdings in diesem Zusammenhang: wie üblich in den Regeln der repräsentativen Demokratie. Wäre man von Anfang an einen demokratischeren Weg gegangen, das heisst: mit der Fundierung einer Europäischen Gemeinschaft durch eine gemeinsame Verfassung sowie vorgängigen, allgemeinen Wahlen eines Verfassungsrats und nachgängigen, allgemeinen Wahlen für die Bestellung eines Europäischen Parlaments, dann wäre das Integrationsprojekt vielleicht wegen Konflikten und gegenseitigen Blockaden nicht «so weit» gekommen, wie es – auch im guten Sinn – inzwischen doch gediehen ist.

Die in den Nachkriegsjahren 1945–1948 um den Aufbau eines gemeinsamen europäischen Hauses geführte Debatte ist mehr als eine nebensächliche Vorgeschichte zu einem dann auf eine andere Weise beschrittenen Weg. Sie verdeutlicht, was man heute zu vermissen und darum verpasst zu haben glaubt. Es waren links der politischen Mitte und links angesiedelte Kräfte, die nach 1945 ein Europa «von unten» bauen wollten.[209] Und es waren rechts der Mitte und rechts stehende Kräfte, die dies nicht zulassen wollten.

Ob die Rechte damit auch gleich verantwortlich dafür ist, dass es nicht von Anfang an ein demokratischeres Europa gab, muss offenbleiben, ist es doch keineswegs ausgemacht, dass das damals in zahlreichen Varianten «von unten» agierende Europa es ohne den Widerstand von rechts geschafft hätte, sich zu vereinigen und zu einem gemeinsamen Ziel zu gelangen. Die frühen Befürworter eines supranationalen Europa konnten unmittelbar nach dem Krieg ohnehin weit weniger, als man gemeinhin annimmt, von einer allgemeinen Aufbruchstimmung und einer Tabula-

209 Walter Lipgens, Die Anfänge der europäischen Einigungspolitik. Stuttgart 1977. Als Band 1 publiziert, ein zweiter Band folgte jedoch nie.

rasa-Mentalität profitieren. 1945 gab es eine starke restaurative Neigung, welche vor allem die durch den Krieg zerstörten Nationalstaaten wiederherstellen wollte. Das «Volk» (auch im Plural) blieb ziemlich abwesend und regte sich nicht, als Ende der 1940er Jahre politische Kaderkräfte «von oben» internationale, dann mehr und mehr auch supranationale Kooperation ausbauten.

2.1 Was ist mit «Demokratiedefizit» gemeint?

Irgendwann einmal wurde das Wort vom «Demokratiedefizit» zum Schlagwort. Die Geschichte zur Konjunktur dieses Befundes ist jedoch noch nicht geschrieben, das heisst: noch nicht im Detail abgeklärt.[210] Die bisherige Hauptaufmerksamkeit galt, unabhängig von der Wahrnehmungskonjunktur, vielmehr der allgemeinen Frage, was gegeben sein muss, damit man von einem Demokratiedefizit sprechen kann.

Das Demokratiedefizit als Sache und nicht als Wort war eine Erscheinung, die lange, bevor sie im Bereich der Europapolitik wichtig wurde, wegen Mangelfeststellungen in nationalstaatlichen Verhältnissen zu staatsbürgerlicher Besorgnis Anlass gab. Gemeint war damit jedoch: schwache und schlechte Ausschöpfung bestehender Partizipationsmöglichkeiten (Wahlabstinenz, Parteienregime, Berufspolitikertum u.a.m.).

Das führte zu der bereits Mitte der 1980er Jahre formulierten Klage über die «Zuschauerdemokratie», wobei man mit dem Vorwurf des Ausschlusses schneller zur Hand war als mit dem ebenfalls berechtigten Vorwurf des Desinteresses und der Bürgerträgheit. Die kritisierte Bürgerferne meinte damals aber überhaupt nicht die Politik auf der überstaatlichen Ebene: Dies hätte auch nicht dem damaligen Problembewusstsein entsprochen. Sie galt auch weniger der Regierung als den traditionellen Parteien sowie deren Funktionseliten. Diese würden eine politische Klasse bilden, die sich als Oligarchie von den Sorgen und Nöten der Bürger abkapseln und diese eben zu Zuschauern degradieren würde. Das herrschende Partizipationsdefizit müsse abgebaut, aus der Zuschauerdemokratie müsse (wieder) eine Teilnehmerdemokratie gemacht werden.[211] Verantwortlich für das Defizit waren nach dieser

210 Das äusserst nützliche Handbuch von Nohlen/Stöver registriert zwar auch Referenden (z.B. für Irland, S. 1005–1008, und für Dänemark, S. 532–534), es konzentriert sich aber auf die nationalen Wahlen, vgl. Dieter Nohlen/Philip Stöver, A Data Handbook. Baden-Baden 2010.

211 Rudolf Wassermann, Die Zuschauerdemokratie. Düsseldorf 1986. Wassermann war im Moment der Publikation Präsident des Oberlandesgerichts Braunschweig.

Einschätzung ausschliesslich die «Oberen» und nicht auch die «Unteren», die das zugelassen hatten.

Die staatspolitische Kluft zwischen professioneller Politik und Basisbetroffenheit war aber ein älteres, vor die 1980er Jahre zurückgehendes Phänomen und wurde schon in den 1960er Jahren als Problem empfunden.[212] Die in den 1970er Jahren aufkommenden «Neuen Sozialen Bewegungen» füllten mit ihrem Engagement einen Teil des staatspolitischen Vakuums. Sie nährten zugleich aber die Vorwürfe an die Adresse der offiziellen Politik, die sogenannte Politikerkaste mit ihrem traditionellen Politbetrieb. Dies sei hier darum in Erinnerung gerufen, weil diese Art des «Aufstands von unten», der sich einerseits national einbrachte, andererseits aber durchaus auch transnationale Züge aufwies, als Vorläuferin einer Reaktion verstanden werden kann, wie sie 1992 gegen den Apparat des europäischen Integrationsprojekts aufkam.[213]

Wenig erstaunlich erscheint, dass die antiautoritäre und auf Emanzipation drängende 68er-Bewegung im Zuge ihrer allgemeinen und vor allem dem Nationalstaat geltenden Demokratiekritik auch bei der EG ein erhebliches «Demokratiedefizit» ortete. Die von dieser Bewegung inspirierte Schrift des jungen Politologen Karl-Heinz Nassmacher diagnostizierte ein «demokratisches Defizit». Nassmacher ging aber nicht davon aus, dass dieses von breiten Bürgerkreisen als Missstand empfunden wurde. Es herrsche ein allgemeines Desinteresse an politischen Partizipationsmöglichkeiten, man begnüge sich mit der periodischen Bestellung von Parlamenten. Nassmacher kritisierte in seiner Schrift die nur auf Wirtschaftszahlen abstellende Output-Legitimation. Das spezielle Teilinteresse der Produzentenwelt werde damit zum europäischen Gesamtinteresse schlechthin erhoben. Es sei aber unabdingbar, die Legitimität auf anderen Werten aufzubauen «als auf der Gewährleistung materieller Befriedigung». Parlamentarismus und Wahlen seien zwar wichtig, Nassmacher würdigte aber auch die demokratischen Beiträge der Ausserparlamen-

212 So wurde 1963 die «Stiftung Mitarbeit» in Berlin mit dem Ziel gegründet, «die Demokratie von unten zu stärken» und eine «lebendige Bürgergesellschaft zu fördern». Vgl. Vorwort einer 1994 zum Thema «Wieviel Demokratie verträgt Europa?» erschienenen Schrift dieser Stiftung. – Nicht zufällig erschien etwa zur gleichen Zeit (1964) eine ebenfalls die Demokratieschwächen thematisierende Schrift des schweizerischen Staatsrechtlers Max Imboden, vgl. Georg Kreis, Das «Helvetische Malaise». Max Imbodens historischer Zuruf und seine überzeitliche Bedeutung. Zürich 2011.

213 Joachim Raschke (Hg.), Soziale Bewegungen. Ein historisch-systematischer Grundriss. Frankfurt a. M./New York 1985. – Für die Schweiz vgl. die Arbeiten von Hanspeter Kriesi und René Levy.

tarischen Opposition (APO) und neben allfälligen Mitwirkungen an konkreten Entscheidungen auch die blosse Artikulation von Wertvorstellungen.[214]

Mit dem Fortschreiten der europäischen Integration wurde auch das System der EG vermehrt der Demokratiekritik unterzogen. Anfänglich hatte der Begriff des Demokratiedefizits, soweit es ihn überhaupt gab, vor allem oder gar einzig die Funktion, für das Europäische Parlament (also die repräsentative Demokratie auf europäischer Ebene) mehr Kompetenzen zu fordern. In einer zurückhaltenden Kritik am Tindemans-Bericht von 1975, der sich in seiner «umfassenden» Auslegeordnung über Bürgerrechte ausschwieg, beanstandete der Staatsrechtler Eberhard Grabitz (Freie Universität Berlin), dass die Marktbürger der EG wegen der fehlenden Direktwahlen des Europäischen Parlaments von der «Teilnahme an der Legitimierung und Ausübung öffentlicher Gewalt» (also vom aktiven und passiven nationalen Wahlrecht für eine supranationale Institution) ausgeschlossen seien. Der Begriff «Demokratiedefizit» und dessen heutige Bedeutung wären ihm dafür nicht in den Sinn gekommen.[215]

Im Tindemans-Bericht selbst wurde zwar betont, dass die EG «bürgernah» sein müsse, gemeint war damit aber einzig «im täglichen Leben fühlbar». Sie müsse in Bildung und Kultur, Information und Nachrichtenwesen, Jugendbetreuung und Freizeitgestaltung ihren Ausdruck finden. Zu diesem Zweck schlug Tindemans die Gründung einer Stiftung auf europäischer Ebene vor. Bürgernähe im Sinne von Bereitstellen von Artikulations- und Partizipationsmöglichkeiten lag 1975 noch ausserhalb des Zeitgeists.

Mit dem Defizit ist in der Regel gemeint, dass die Zuständigkeit der Entscheide von der nationalen auf die internationale oder die supranationale Ebene gehoben würde, ohne dass im Sinne von Robert Dahls «dritter demokratischer Transformation» auch die demokratische Kontrolle oder gar Mitbestimmung mitgenommen würden. Dabei geht es um eine demokratische Partizipation, von der mit grosser

214 Karl-Heinz Nassmacher, Demokratisierung der Europäischen Gemeinschaften. Bonn 1972. S. 10. Schrift der Europa-Union und ihres Bildungswerks Europäische Politik. Karl-Heinz Nassmacher (geb. 1941) wurde nach einem Auslandsemester an der Pennsylvania State University und der Promotion in Köln 1967 Dozent an der Heimvolkshochschule Bergneustadt der Friedrich-Ebert-Stiftung und 1975 Professor für Politikwissenschaft an der Universität Oldenburg.

215 Eberhard Grabitz, Die Grundrechte der Europäischen Union. Das Europa der Bürger? In: Schneider/Wessels, 1977, S. 187. Dazu auch: Ders., Europäisches Bürgerrecht zwischen Marktbürgerschaft und Staatsbürgerschaft. 1970 (ohne Ort).

Selbstverständlichkeit angenommen wird, dass sie auf der nationalen Ebene bestehe.[216] Die Klage über das Demokratiedefizit geht mittlerweile so weit, dass man, sofern es sich um Institutionen der supranationalen und nicht der nationalen Ebene handelt, exekutive Kompetenzen im Bankbereich oder judikative Entscheide von Gerichten per se als undemokratisch beurteilt, weil über sie nicht-öffentlich abgestimmt wird.[217]

Für den Staatsrechtler Dieter Grimm ist nicht die anfänglich schwache Ausstattung des Europäischen Parlaments, wie er 2015/16 darlegte, Grund für das Demokratiedefizit. Ursachen dafür sieht er vielmehr im seit 1986 (mit der Einheitlichen Europäischen Akte EEA) eingeführten Übergang vom Einstimmigkeitsprinzip zum Mehrheitsprinzip, weil damit demokratisch legitimierte Nationalregierungen überstimmt werden können, und in noch stärkerem Mass im Wirken der EU-Kommission und in der Rechtsprechung des Gerichtshofs (EuGH).[218] Letzterer dürfe seit 1963/64 Urteile nicht nach dem Willen der nationalen Vertragsmitglieder, sondern nach einem objektiven Zweckverständnis fällen – und würde dies seither mit «missionarischem Eifer» und mit «extensiver Interpretation» des Europarechts auch tun.[219] Diese Kritik bezieht sich auf die Praxis des EuGH, sich in seinen Entscheiden gemäss dem «effet utile» auf die finalen Ziele der EU auszurichten.

Mit den Worten des 2004 von Beate Kohler-Koch und anderen herausgegebenen Lehrbuchs geht es beim Thema Demokratiedefizit um die Frage, ob das, was auf europäischer Ebene geschieht, durch die Zustimmung der Bürgerinnen und Bürger beziehungsweise ihrer Repräsentanten in Parlament und Regierungen gedeckt und ob gewährleistet sei, dass die Aktivitäten der Gemeinschaftsorgane die gegebenen Spielräume nicht überschreiten.[220] Die Antwort: Es gebe Anlass zur Sorge im Hinblick auf den demokratischen Gehalt des Regierens in der EU, weshalb die Suche

---

216 Robert A. Dahl, Democracy and its Critics. New Haven 1989.

217 Man muss sich fragen, wie zum Beispiel die Verhandlungen zwischen den Finanzministern der Eurogruppe und dem IMF zur Schuldenbewältigung zusätzlich demokratisch legitimiert werden können.

218 Grimm, 2016, S. 123ff. – In der Aufzählung der von der Demokratie nicht erreichbaren Institutionen figuriert zuweilen auch die Europäische Zentralbank (EZB), obwohl die sachlich gerechtfertigte bzw. notwendige Unabhängigkeit von nationalen Zentralbanken nie infrage gestellt wird, vgl. z. B. Guérot, 2014, S. 29, sowie Brunkhorst, 2014.

219 Grimm, 2016, S. 125, der seine Ausführungen nicht auf das Demokratiedefizit, sondern auf das Legitimationsdefizit ausrichtet.

220 Kohler-Koch u. a., 2004, S. 195ff.

nach einer Verbesserung der demokratischen Qualität europäischen Regierens eine drängende Aufgabe sei.[221]

Dass die Verhältnisse demokratisch auch auf der EU-Ebene sein sollten, ergibt sich bereits aus der Aufnahmebedingung für die einzelnen Mitgliedstaaten, wonach sie Demokratien sein müssen (Präambel Abs. 3,5 und Art. F, Abs. 1).[222] Wer das angebliche Demokratiedefizit der EU anprangern will, freut sich über den gängigen, die Sache aber nicht treffenden Ausspruch, dass die EU wegen dieses Defizits keine Chancen hätte, bei sich selber aufgenommen zu werden.

Wer möglichst viel «Demokratiedefizit» ausmachen will, kreidet der EU beziehungsweise dem Europäischen Parlament an, dass es höchst ungleiche Vertretungsschlüssel für die Sitzverteilung habe: für Malta einen Sitz auf 67 000 Einwohner (was zu 6 Sitzen führt) und für Deutschland einen Sitz auf 811 000 Einwohner (was zu 96 Sitzen führt), also eine zwölf Mal schlechtere Vertretung.[223] Umgekehrt wird das im Vertrag von Nizza eingeführte und im Vertrag von Lissabon verbesserte Prinzip der doppelten Mehrheit nicht kritisiert: Hierfür müssen im Ministerrat für eine qualifizierte Mehrheit mindestens 55 Prozent der Mitgliedstaaten und mindestens 65 Prozent der EU-Bevölkerung repräsentiert sein.[224]

Francis Cheneval betont in seiner kleinen Schrift aus dem Jahr 2004, dass das angebliche Demokratiedefizit nicht EU-spezifisch sei, zum Teil auch bei Nationalstaaten festgestellt werden könne und von der EU nicht erwartet werden soll, ein Kompensationsmittel für nationale Demokratieschwächen zu sein. Er räumt indessen ein, dass die legitimatorische «Luft» in der EU wegen langer Legitimationsketten (von unten nach oben) bei einzelnen Entscheiden «dünn» sei. Zugleich hebt er auch hervor, dass auf der Ebene der kommunalen Bürgerrechte die EU mehr Demokratie biete und die EU im Vergleich zu internationalen Organisationen wie UNO und WTO

221 Ebenda, S. 200.

222 Roland Bieber erörtert aus rechtlicher Perspektive, inwiefern die Vertragsverhältnisse nach «Amsterdam» demokratische Mitwirkungsrechte gewährleisten: Demokratie und Entscheidungsfähigkeit in der künftigen Europäischen Union. In: Astrid Epiney/Karine Siegwart (Hg.), Direkte Demokratie und Europäische Union. Freiburg 1997. S. 77–91.

223 Kritik dazu z. B. bei Guérot, 2016, S. 33. (In der schweizerischen Ständekammer ist, an der tatsächlichen Bevölkerungszahl gemessen, die Stimmkraft der Urner 35 Mal stärker als diejenige der Zürcher, was aber fast niemanden stört.)

224 Vgl. dazu die politologische Untersuchung von Andreas Maurer, Innsbruck 2013: https://www.icer.at/dossiers/die-reformen-des-vertrages-von-lissabon/die-ausdehnung-der-verfahren-mit-qualifizierter-mehrheit-im-rat/ (letzter Zugriff Juli 2017).

sogar einen Demokratievorsprung habe und zu einer «kontinuierlichen Demokratisierung» zwischenstaatlicher Beziehungen im Kontext der Globalisierung führe.[225]

Für eine weitere Erörterung der Demokratiefrage ist zunächst die Unterscheidung von repräsentativer und direkter Demokratie wichtig. Mit Blick auf die repräsentative Demokratie geht es um die Frage, warum die EG anfänglich nur einen sehr beschränkten Parlamentarismus entwickelt hat und wodurch und inwiefern dieses ursprüngliche Defizit abgebaut worden ist.

2.2 Aufbau und Funktionieren der repräsentativen Demokratie

Europa wurde in dem seit 1948 in Gang gekommenen Integrationsprozess nicht «von unten», sondern «von oben» gebaut. Aufschlussreich sind die Debatten, die am Haager Kongress vom Mai 1948 zu dieser Frage geführt wurden. Die Föderalisten, die als linke Kraft ein Europa «von unten» schaffen wollten, unterlagen in der Beratungen den Unionisten, die sich mit einem Europa «von oben» begnügen wollten. Der föderalistisch eingestellte Paul Reynaud, ein ehemaliger französischer Ministerpräsident, forderte vergeblich einen Termin für direkte Wahlen, die innerhalb eines halben Jahres zur Bildung eines Verfassungsrats mit einem Abgeordneten je einer Million Einwohner durchzuführen seien, um so einen Transfer nationaler Souveränität zu erreichen. Er stiess insbesondere bei den Briten auf entschiedene Ablehnung. Vom britischen Aussenminster Ernest Bevin (Labour) ist überliefert, dass er der Meinung war: «It would be wrong to try to construct the roof without first having built the house.»[226] Damit meinte er, man müsse vor der politischen die ökonomische und militärische Zusammenführung verwirklichen. Zudem sei es technisch nicht möglich, in derart kurzer Zeit europaweite Wahlen durchzuführen; es sei aber auch ein Schlag ins Gesicht der nationalen Regierungen. Der Bericht der zuständigen politischen Kommission des Haager Kongresses bekräftigte den Status der Regierungen als die «tragenden Glieder» und einzigen Inhaberinnen der Autorität. Ein Verfassungsrat «in der Anfangszeit» wurde als unzweckmässig eingestuft, zugleich wurde aber nicht ausgeschlossen, dass ein solches Gremium «in der Zukunft» wünschenswert werden könnte.[227]

Dem schloss sich sogar der prominente Föderalist und Basisdemokrat Henri Brugmans an, weil er befürchtete, dass mit der sofortigen Bildung eines Verfassungs-

225 Francis Cheneval, Die Europäische Union und das Problem der demokratischen Repräsentation. Basel 2004. S. 15ff. (= Basler Schriften zur europäischen Integration Nr. 67).

226 Vgl. die Memoiren von Paul-Henri Spaak, The Continuing Battle. London 1971. S. 204.

227 Stefan Grüner, Paul Reynaud (1878–1966). München 2001. S. 370ff.

rats ein «Superstaat» ohne Rücksicht auf die regionalen, nationalen und funktionellen Gemeinschaften entstehen könnte.[228] Die meisten Föderalisten waren wegen der Ablehnung des Verfassungsprojekts aber derart empört, dass sie einen Moment lang daran dachten, die Haager Tagung zu verlassen. Frank Niess, ein guter Kenner dieser Vorgänge, stellte 2001 fest: «Der Haager Kongress hat die inzwischen wieder etablierten und stabilisierten Regierungen als Protagonisten der europäischen Einigung ausersehen und nicht die europäische Bevölkerung. Genau dies hatten die Widerstandskämpfer [der Jahre 1943–1945, d. Vf.] vermeiden wollen: das zähe Ringen der Regierungen um jedes Stückchen nationalstaatlicher Souveränität.»[229]

Aus der Sicht der technokratisch eingestellten Architekten der europäischen Einigung wurde es bereits als grosszügig eingestuft, dass die einzelnen Integrationsbereiche mit schwachen repräsentativdemokratischen Gebilden ausgestattet wurden. Das Maximum an Mitsprache bestand in der Schaffung von sogenannten Gemeinsamen oder Parlamentarischen Versammlungen, deren Mitglieder von den Parlamenten der Mitgliedstaaten indirekt gewählt wurden. Diese bildeten nach dem in jener Zeit vorherrschenden Selbstverständnis eine durchaus ausreichende «demokratische Grundlage». Die zunächst bewusst nicht Parlamente, sondern eben «Parlamentarische Versammlungen» genannten Gremien, die aus 60–80 Mitgliedern zusammengesetzt waren, stellten wenig verbindliche Echoräume (*sounding boards*) dar: zunächst im militärischen Brüsseler Pakt von 1948 mit dem noch auf der exekutiven Seite angesiedelten *Konsultativrat*,[230] dann im wenig politischen Europarat von 1949 mit der aus Mitgliedern der nationalen Legislativen zusammengesetzten *Versammlung* und schliesslich für die auf wirtschaftliche Interessen ausgerichtete EGKS von 1951 mit einem analogen Gremium.[231]

228 Henri/Hendrik Brugmans, Mitbegründer der Union Europäischer Föderalisten, war damals Professor für französische Literatur an der Universität Utrecht, 1950 gründete er in Bruges/Brügge das Collège d'Europe/Europakolleg, dem er bis 1972 als Rektor vorstand. 1958 veröffentlichte er in Liège die Schrift «Les origines de la civilisation européenne».

229 Frank Niess, Die europäische Idee – Aus dem Geist des Widerstands. Frankfurt a. M. 2001. S. 210. Niess nennt die ersten parlamentarischen Versammlungen «Attrappen» und «Informationsbörsen».

230 Der Konsultativrat hätte die Keimzelle des föderativen Europa sein sollen, eine Fortsetzung erlebte er nur in der Parlamentarischen Versammlung des Europarats. Vgl. beispielsweise Gerhard Brunn, Die Europäische Einigung von 1945 bis heute. Stuttgart 2002. S. 62.

231 Der wenig bekannte Brüsseler Pakt wurde am 17. März 1948 als eine Antwort auf den Putsch in der Tschechoslowakei vom Februar 1948 zwischen Frankreich, Grossbritannien und den Benelux-Staaten unterzeichnet. – Zur EGKS: Raymond Poidevin (Hg.), Histoire des débuts

Um diese Kleinstparlamente musste, wie 2001 ein Aufsatz von Guido Thiemeyer eindrücklich aufzeigte, hart gekämpft werden.[232] Und es gab (was wenig bekannt und von Birte Wassenberg aufgearbeitet worden ist) im «Parlament» des schwachen Europarats 1956 beträchtlichen Widerstand gegen die Schaffung eines «Parlaments» für die stärkeren Europäischen Wirtschafts- und Atomgemeinschaften (EWG/EAG).[233] Aus der Sicht der Integrationsarchitekten war hingegen positiv zu beurteilen, dass die Deputierten ihre Plätze nicht nach Ländern, sondern nach parteipolitischen Ausrichtungen erhielten und transnationale Fraktionen gebildet wurden.

Europarat

Mit der Schaffung des Europarats hätte – theoretisch – auch ein echtes, mit den klassischen Kompetenzen ausgestattetes Parlament entstehen können. Das wäre aber nur möglich gewesen, wenn man der Institution einen supranationalen Status hätte geben wollen. Aus Rücksicht auf die Briten, die man im Boot behalten wollte, konnte der Europarat jedoch nur mit schwacher Zuständigkeit ausgestattet werden.[234] Der Historiker Herbert Lüthy bezeichnete den Europarat 1960 leicht ab-

de la construction européenne (mars 1948–mai 1950). Brüssel 1986. – Dirk Spierenburg/Raymond Poidevin, Histoire de la Haute Autorité de la Communauté européenne du charbon et de l'acier. Une expérience supranationale. Brüssel 1993.

232 Thiemeyer, 2001.

233 Wassenberg, 2013, S. 118ff. Von britischer Seite gab es bereits 1952, angeführt von Aussenminister Anthony Eden, Widerstand gegen neue Strukturen ausserhalb des Europarats. Ebenda, S. 105 und https://de.wikipedia.org/wiki/Eden-Pläne (letzter Zugriff Juli 2017).

234 Marie-Thérèse Bitsch, Le rôle de la France dans la naissance du Conseil de l'Europe. In: Poidevin, 1986, S. 165ff. – Birte Wassenberg: Histoire du Conseil de l'Europe (1949–2009). Brüssel 2012. Engl. Ausg. 2013. – Es wird oft übersehen, dass der Europarat nicht ganz aus eigenem Impetus, sondern unter erheblicher Mitwirkung der USA entstanden ist, die ihren westeuropäischen Brückenkopf haben wollten. Das *American Committee for a United Europe* (ACUE) ist das Resultat eines Treffens vom 23. April 1948 an der New York University. Es hatte zum Ziel, die Schaffung eines «freien und vereinigten Europas» zu unterstützen. Präsident war Senator James William Fulbright, Vizepräsident war William C. Bullitt, der ehemalige US-Botschafter in der Sowjetunion der Jahre 1933–1936. Vermittelnd wirkte dabei der bereits in der Zwischenkriegszeit ebenfalls aus antisowjetischer Motivation aktive Pan-Europa-Chef Graf von Coudenhove-Kalergi (vgl. Aktenbestand dazu im Historischen Archiv der EU in Florenz). Allen Dulles war ebenfalls Vorstand im ACUE und versorgte die Bewegung mit Geheimdienstgeldern. Sein Bruder Foster Dulles prägte im November 1948 im American Club von Paris das Wort, dass die Amerikaner europäischer seien als die Europäer (Pierre Melandri, Le rôle de l'unifiction européenne dans la

schätzig, aber zutreffend als «Strassburger Konsultative», sie stehe unter dem gleichen «Gesetz der Unverbindlichkeit und des Leerlaufs» wie die OEEC. Die britische Mitwirkung im Europarat sei unter der Bedingung der Ohnmacht erkauft worden.[235]

Der Europarat wurde also zu einem intergouvernementalen Gremium, das wenig tiefgreifende Entscheidungen fällen durfte.[236] In der Wahrnehmung der breiten Bevölkerung war und ist der Europarat aber doch ein internationales Parlament. Die «Beratende Versammlung» (in der Presse auch als «Gemeinsame Versammlung» bezeichnet) ist in Wirklichkeit jedoch nur ein untergeordnetes Nebengebilde zu dem in der Öffentlichkeit wenig sichtbaren, aber mit substantielleren Kompetenzen ausgestatteten und aus den nationalen Aussenministern gebildeten Europäischen Rat. Aus der Sicht der Befürworter einer starken EU war die Gründung des schwachen Europarats eine verpasste Chance. Paul Reynaud, der sich 1948 für ein echtes Europäisches Parlament stark gemacht hatte, bezeichnete die Unterordnung der Ratsversammlung unter den Ministerrat als «lächerlich» und «autoritär».[237] Hier hätte nach den Regeln der Staatsarchitektur ein politisches Gremium geschaffen werden können, das einen soliden Rahmen für die näherliegende Wirtschaftsintegration hätte bilden können. Stattdessen wurde die Wirtschaftsintegration auf einem eigenen Weg unabhängig vom Europarat und ohne entsprechende politische Integration vorangetrieben.

Stärken und Schwächen des Europarats wurden in einer zum fünften Jahrestag 1954 herausgegebenen Schrift sichtbar. Über die damals 132 Delegierte umfassende Versammlung konnte man hier lesen, dass «erstmals in der Geschichte» auf Tagungen internationaler Organisationen unabhängig von Regierungspositionen freie und öffentliche Meinungsäusserung möglich sei. «Dies ist sowohl ein Beweis für die echt demokratische Gesinnung der europäischen Länder, die einen Teil des Euro-

politique extérieure des Etats-Unis 1948–1950. In: Poidevin, 1986, S. 25–45. Zu Coudenhove-Kalergi: Anita Ziegerhofer-Prettenthaler, Botschafter Europas. Richard Nikolaus Coudenhove-Kalergi und die Paneuropa-Bewegung in den zwanziger und dreissiger Jahren. Wien 2004.

235 Herbert Lüthy, Europa als Zollverein? Eine karolingische Meditation im Jahre 1960. In: ders., Werke III, Essays I, 1940–1963. Zürich 2003. S. 369–392. – Die Organisation für Wirtschaftliche Zusammenarbeit in Europa (OEEC) war ein intergouvernementales Gremium für die Umsetzung der Marshallplan-Hilfe. Man kann sie als Ausgangspunkt des europäischen Integrationsprozesses auch positiver würdigen.

236 Mit dem Wegfall des Eisernen Vorhangs wollte Frankreich 1990 den Europarat formell aufwerten und aus ihm einen «Schmelztiegel» einer gesamteuropäischen Konföderation machen. Diese Idee gelangte aber nicht über unverbindliche Erörterungen hinaus.

237 Grüner, 2001, S. 373.

parats bilden, wie für die tiefe Überzeugung der Begründung des Europarats, dass die freie Meinungsäusserung aller Schichten der Bevölkerung unerlässlich für die tatsächliche Verwirklichung der Vereinigung Europas ist.» Von diesen Debatten hiess es, dass sie «ohne Zweifel eine Hauptrolle bei der Bildung der europäischen öffentlichen Meinung» spielen würden. Alle Beteiligten hätten die Absicht, «den Europarat als den allgemeinen Rahmen der europäischen Politik anzusehen».[238]

Die Autoren dieser Schrift sahen sich aber auch veranlasst, sich zum Vorwurf zu äussern, dass sie die «erste Sonder-Behörde» (die EGKS) nicht selber ins Leben gerufen und auch keine «Vereinigten Staaten von Europa» geschaffen hätten. Bezüglich der EGKS nahmen sie für sich in Anspruch, auf diese Möglichkeit immerhin hingewiesen und sie «ermöglicht» zu haben. Und bezüglich der «Vereinigten Staaten von Europa» wiesen sie darauf hin, dass der Europarat «wenigstens» untersucht habe, in welchem Ausmass die öffentliche Meinung eine solche Entwicklung begünstigt habe. Damit habe er zu einer Annäherung der Europäer beigetragen und zahllose Möglichkeiten für eine «immer engere Zusammenarbeit in Europa» eröffnet.[239] Die «immer engere Zusammenarbeit» («ever closer union») ist die schon damals auch im Prozess der Wirtschaftsintegration übernommene und bis nach «Maastricht» (1991/92) gängige Formel für die europäische Einigung, die heute eine gewisse Infragestellung erfährt.

Europäische Gemeinschaft für Kohle und Stahl (EGKS)

Aus den 1950 geführten Vorverhandlungen zum Vertrag der EGKS geht hervor, dass nach Jean Monnets Ausgangsvorstellungen dessen Lenkungsorgan, die Hohe Behörde («Haute Autorité»), möglichst uneingeschränkt und entsprechend unkontrolliert hätte schalten und walten können sollen. Jean Monnet wollte keine «Basiskontrolle» und kein Parlament, er wollte aber auch keine Kontrolle durch einen Ministerrat und kein erneutes Eindringen des Nationalitätsprinzips durch die Hintertür in die supranationale Montanunion.

Dieser Vision standen zwei Vorstellungen einer kontrollierenden Gegenmacht entgegen: die Schaffung entweder eines parlamentarischen Organs indirekt oder direkt gewählter Mitglieder oder aber eines intergouvernementalen Organs der Regierungsvertretungen. Letzten Endes sollte eine Mischform von beidem geschaffen

238 Europarat, Presse- und Informationsabteilung. Muster eines Unterrichtstextes für Schulen. Strassburg 1954. S. 6 und 9ff.

239 Ebenda, S. 11.

werden. Überliefert ist, dass die Benelux-Vertreter für eine Ministervariante und gegen eine Parlamentsvariante waren, die Deutschen dagegen, die selber noch nicht über einen wiederhergestellten Nationalstaat verfügten, für eine Parlamentsvariante und für die Schaffung eines Bundesstaats. Aus Frankreich meldeten sich nicht nur Befürworter der Monnet-Linie, in den Verhandlungen meldeten sich anfänglich auch Befürworter der parlamentarischen Variante zu Wort (wie der überzeugte Föderalist André Philip). Bezeichnenderweise findet sich in der berühmten Schuman-Rede vom Mai 1950 kein Wort zu einem allfälligen Parlament. Festgehalten wird, dass die Mitglieder der Hohen Behörde von den nationalen Regierungen bestimmt würden, dass der Vertrag von den nationalen Parlamenten ratifiziert werden müsse und dass es zu den Entscheiden der Hohen Behörde Rekursmöglichkeiten und einen Schiedsrichter geben solle (was mit dem Vertrag von 1952 zur Bildung eines Gerichtshofs und in der Folge zum sog. EuGH führen sollte).

Mit der Lancierung der EGKS war ebenfalls nicht die Absicht verbunden, von Anfang an eine starke repräsentative Vertretung zu schaffen. Der Mann hinter der Schuman-Erklärung vom 9. Mai 1950, mit der die EGKS ins Leben gerufen wurde, war der Technokrat Jean Monnet, und für ihn war die Mitsprache durch ein repräsentatives Gremium anfänglich unwichtig. Aber er akzeptierte, dass überhaupt etwas entstand, das sich weiterentwickeln konnte. Die Gemeinsame Versammlung der EGKS konnte immerhin eine Kontrollfunktion wahrnehmen und hatte den jährlichen Rechenschaftsbericht der Hohen Behörde zu genehmigen. Mit einem von zwei Dritteln der Deputierten ausgesprochenen Misstrauensvotum konnte diese sogar die Hohe Behörde zum Rücktritt zwingen.

Vor der Gründung der EGKS war Jean Monnet in den Jahren 1940–1943 in britischem Auftrag in den USA, wo er für das «Victory Program» zur Umstellung von der Friedens- auf die Kriegsproduktion arbeitete. In den Jahren 1946–1950 war er Leiter des für die Modernisierung der französischen Wirtschaft eingerichteten «Commissariat général du Plan».[240] Als «homme du plan» agierte er stets aus der zweiten Linie. Die ihm 1952 anvertraute Position als erster Präsident der von ihm geplanten «Haute Autorité» war das Maximum an offiziellem und öffentlichem Wirken. Eine der wichtigsten politischen Funktionen der sogenannten «Montan-Union» bestand bekanntermaßen im Zusammenführen der vormaligen Gegner

240 Francois Duchêne, Jean Monnet. The First Statesman of Interdependence. New York 1994. – Vgl. auch Klaus Schwabe: Jean Monnet. Frankreich, die Deutschen und die Einigung Europas. Baden-Baden 2016. (=Veröffentlichungen der Historiker-Verbindungsgruppe bei der Kommission der EG).

Frankreich und Deutschland. Aber es gab auch noch eine weniger wahrgenommene und weniger gefeierte Funktion: den über die Vergemeinschaftung herbeigeführten Druck, unter dem die französische Stahlindustrie gezwungen war, sich zu modernisieren. Modernisierungsdruck – dies ist noch heute eine Funktion der EU.

Monnet wurde zum eigentlichen Gründungsvater der Gemeinschaft erhoben und mit Ehrungen überhäuft. Auf Veranlassung von Staatspräsident François Mitterrand wurde er nach seinem Tod im November 1988 ins Panthéon, die Grabstätte der «Unsterblichen», überführt.[241] Heute erscheint Monnet in Hans Magnus Enzensbergers Klageschrift von 2011 nicht unzutreffend, aber in negativer Konnotation als «ebenso diskreter wie einflussreicher Drahtzieher und Ohrenbläser der Mächtigen seiner Zeit», der von Volksbefragungen und Referenden nichts hielt. Kaum deklariertes Ziel sei es gewesen, «den politischen Souveränitätskern der Nationalstaaten allmählich zugunsten transnationaler Instanzen auszuhöhlen». Es sei erst viel später klar geworden, worauf Monnets Plan hinauslaufen sollte.[242]

Es muss offenbleiben, wie sehr Monnet mit seinem transnationalen Netzwerk den nationalstaatlichen Einfluss beseitigen wollte. Er wollte dies weniger, wenn er die im Namen der Nationen handelnden Regierungen beeinflussen konnte; und er wollte es doch, wenn mit «Nationen» nationale Referenden gemeint waren. Nationale Parlamente und nationale Gewerkschaften nahm er als Partner ernst, die er für sein Projekt gewinnen wollte. Jean Monnet wollte die EGKS schliesslich doch in Parlamentsentscheiden verankert haben, weil er der Meinung war, dass dies die Hohe Behörde weniger abhängig von den Regierungen mache, als wenn sie nur ein Regierungsprodukt wäre. Für ein «Parlament» war aber die auf Kohle und Stahl beschränkte Institution etwas gar limitiert.

Neben Jean Monnet war es der niederländische Wirtschaftsminister Sicco Mansholt, der 1953 kein starkes Parlament haben wollte, weil er darin eine Institution der Partikularinteressen und auf kurzfristige Erfolge ausgerichteten Kräfte sah, die sich nicht, wie er es von den Fachleuten der Hohen Behörde beziehungsweise

---

241 Vgl. für die Rede Mitterrands: https://fr.wikisource.org/wiki/Discours_du_transfert_des_cendres_de_Jean_Monnet_au_Panthéon (letzter Zugriff Juli 2017). – Eine eher akademische Ehrung stellt auch die Einrichtung von Jean-Monnet-Lehrstühlen dar, denen als Ergänzung zur normalen universitären Ausstattung Zusatzfinanzierungen für Lehre und Forschung zur Verfügung gestellt werden. Inhaber/innen solcher Lehrstühle sind in Deutschland etwa Gabriele Clemens (Hamburg), Michael Gehler (Hildesheim) oder Wolfgang Wessels (Köln), deren Forschungen in der Bibliografie zu dieser Studie aufgeführt sind.

242 Hans Magnus Enzensberger, Sanftes Monster Brüssel oder die Entmündigung Europas. Berlin 2011. S. 38ff.

der Kommission erwartete, am Gemeinwohl orientierten, das oft nur über langfristige Bemühungen gefördert werden könne.[243]

Die Gründungsväter des europäischen Einigungsprozesses (neben Jean Monnet vor allem Konrad Adenauer, Alcide de Gasperi und Paul-Henri Spaak) waren weit weniger bestrebt, den nationalstaatlichen Einfluss zu beseitigen, als man heute annehmen könnte, wenn argumentiert wird, dass man sich auf den «guten Ursprung» zurückbesinnen müsse.[244] Die Vertreter der Mitgliedernationen behielten über ihre Regierungen und Parlamente im System der EWG/EG/EU ihren Einfluss. Der britische Wirtschaftshistoriker Alan S. Milward stellte in seiner empirisch gestützten Analyse sogar die These auf, dass die an der Vergemeinschaftung beteiligten Staaten ihr nationales Potenzial noch stärken konnten.[245] Im Falle der kleineren Mitglieder, zum Beispiel Luxemburgs und Irlands, ist das offensichtlich, es gilt aber auch für das grosse Frankreich, das dank seiner EG/EU-Mitgliedschaft einen Einfluss haben und Rücksichtnahmen beanspruchen kann, die ihm als einzelner Nationalstaat nicht zur Verfügung stünden. Im Falle von Irland hat dies Staatspräsidentin Mary Robinson deutlich ausgesprochen: 1973 sei Irland lediglich im Gefolge der Briten EG-Mitglied geworden, inzwischen habe es sich vom «grossen Bruder von nebenan» emanzipieren und in der EU ein multilaterales Beziehungsgeflecht aufbauen können. Für Mary Robinson stellt die Zugehörigkeit zur EG nicht nur keine Unterminierung, sondern geradezu die Garantie der Identität Irlands dar.[246]

243 Thiemeyer, 2016, S. 95ff.

244 Etwa bei Menasse, 2012, S. 50, 95, 101.

245 Alan S. Milward, The European Rescue of the Nation State. Los Angeles 1992. Zuvor schon ders.: The Reconstruction of Western Europe 1945–1951. London 1984. Beiträge von und über Milward in: Journal of European Integration History 20, 1, 2014. Vgl. auch Wolfram Kaiser, Die Geschichte der Europäischen Union und die Gesellschaftsgeschichte Europas. In: Arnd Bauerkämper/Hartmut Kaelble (Hg.), Gesellschaft in der europäischen Integration seit den 1950er Jahren. Stuttgart 2012. S. 43–62. – Morten Rasmussen bewertet Milwards Forschungen, für die dieser mit Material aus öffentlichen Archiven gearbeitet hat, als zu staatszentristisch und plädiert dafür, die Mitgliedstaaten weit weniger als homogene und konsistent handelnde Grössen zu verstehen, vgl. ders., European Rescue of the Nation-State? Tracing the Role of Economics and Business. In: Wolfram Kaiser/Antonio Varsori (Hg.), European Union History. Themes and Debates. London 2010. S. 128–149.

246 Ausführlicher Bericht in der NZZ Nr. 274 vom 24. November 1992.

Europäische Wirtschaftsgemeinschaft (EWG)

1955 trat Jean Monnet von der Präsidentschaft der EGKS vorzeitig zurück, um freiere Hand für sein europapolitisches Engagement zur Schaffung der EWG zu haben und weil er als Konservativer nicht damit rechnen konnte, von Frankreich beziehungsweise der sozialistischen Regierung Mendès France nochmals aufgestellt zu werden. Monnet gründete im Sommer 1955 als «simple citoyen» die Gruppe *Comité d'action pour les Etats-Unis d'Europe*. Diesem gehörten rund 30 Mitglieder an, die Chefs der wichtigsten Parteien und Gewerkschaften. Damit seien sieben Zehntel der Stimmberechtigten von sechs Ländern erfasst worden und 14 Mio. Gewerkschaftsmitglieder. Mindestens so wichtig wie die Regierungskontakte waren Monnet die Beziehungen zu den grossen Oppositionsparteien, insbesondere zur SPD, die schliesslich unter Monnets Einfluss mit der CDU für die Integration stimmen sollte.[247] Was über den Moment der Vertragsratifikationen für die EWG von 1957 hinaus wichtig werden sollte: Die in den Jahren 1955/56 geschaffenen persönlichen Beziehungen legten ein solides Fundament für die beiden folgenden Jahrzehnte der Europapolitik.

Jean Monnet war eine bemerkenswerte Mischung zwischen «Einzeltäter» und «Verschwörungstäter». Zu seinem Einzeltätertum gehörte, dass er davon ausging, selber für die Verwirklichung dringender Schritte verantwortlich zu sein. Das kommt auch darin zum Ausdruck, dass er ein Bild der Kon-tiki auf seinem Schreibtisch hatte – jenes archaischen Boots, mit dem der 33jährige Norweger Thor Heyerdahl und seine Reisegefährten 1947 von Lima aus über den Pazifik segelten, um zu beweisen, dass die polynesische Kultur ihre Wurzeln in Peru habe. Monnet erklärte seinen erstaunten Besuchern die Bedeutung seiner Schreibtischikone: Diese jungen Leute hätten ihre Richtung gewählt, seien dann losgezogen, wohl wissend, dass sie nicht auf halbem Weg umkehren konnten. Welches auch immer ihre Schwierigkeiten waren, sie hatten nur eine Möglichkeit: weiter und vorwärts zu machen. Auch er und seine Gleichgesinnten würden auf ein Ziel zustreben, die Vereinigten Staaten Europas – «dans une course sans retour».[248]

---

247 Zu den verschiedenen Faktoren, die zum Wandel der SPD führten, vgl. Bredebach, 2013.

248 Jean Monnet ging von einer Irreversibiltät dieses Prozesses aus. In seinen Memoiren schrieb er: «Ces jeunes hommes ont choisi leur direction, puis ils sont partis en sachant qu'ils ne pourraient plus faire demi-tour. Quelles que soient les difficultés, ils n'avaient plus qu'une ressource: continuer d'avancer. Nous aussi, nous allons vers notre but, les Etats-Unis d'Europe, dans une course sans retour.» (Ders., Mémoires. Paris 1976, S. 616).

«Verschwörungstäter» war Monnet, weil er abseits der grossen Öffentlichkeit, am Rande der Politik und unbelastet von demokratischer Mitbestimmung in zahlreichen Einzelgesprächen und Gruppenbeziehungen seine Weggefährten für seinen Plan gewinnen wollte und zu gewinnen verstand. Konkret konnte er auf diese Weise eine Mehrheit für die Römischen Verträge von 1957 aufbauen – und insbesondere die deutschen Sozialdemokraten, die zuvor stets gegen das als konservativ-ständisch eingestufte Europaprojekt waren, auf seine Seite ziehen. Diese Art der Projektverwirklichung in Verbindung mit dem Vorgehen in kleinen Schritten ging als «méthode Monnet» in die Geschichte ein und wurde als solche gewürdigt.[249]

An dieser Stelle muss die These vom «permissiven» und bis etwa 1990 anhaltenden Konsens (vgl. oben, S. 30) erinnert, diese aber leicht relativiert werden: Es trifft nicht zu, dass es in den ersten Jahren des europäischen Integrationsprojekts überhaupt keine Opposition gegeben habe. Das Projekt wurde zu Beginn von der Linken und da vehement von den Kommunisten sowie von protestantischen Nordeuropäern als konservatives «C»-Projekt (für «christlich») angesehen und entsprechend abgelehnt. Es kursierte die bereits angesprochene Wendung von den vier gefährlichen «K» (für Kapitalismus, Konservatismus, Klerikalismus und Kartellpolitik).[250] Wir wissen wenig über die Reaktionen in der Öffentlichkeit auf die Realisierungen der ersten «Meilensteine», und wir wissen auch nicht viel über die Haltungen, die das Europäische Parlament in der Frühphase eingenommen hatte. Immerhin gibt es dazu die Untersuchung von Achim Trunk, die zeigt, dass es den Angehörigen dieser Institution vor allem darum ging, Varianten des vorherrschenden europäischen Selbstverständnisses zu formulieren.[251] Westeuropäischer Gemeinschaftsglaube wurde beschworen, Vorhandensein einer abendländischen Zivilisation betont, Solidaritätsbereitschaft unterstrichen, allem Anschein nach jedoch keine Kompetenzfragen diskutiert und schon gar nicht Demokratiedefizite angemahnt.[252]

249 Wolfgang Wessels, Jean Monnet – Mensch und Methode: überschätzt und überholt? Wien 2001.

250 Kurzer Hinweis auch bei Strath, 2012, S. 26.

251 Achim Trunk, Eine europäische Identität zu Beginn der 1950er Jahre? Die Debatten in den europäischen Versammlungen 1949 bis 1954. In: Wilfried Loth (Hg.), Das europäische Projekt zu Beginn des 21. Jahrhunderts. Opladen 2001. S. 49–80. – Ders., Europa, ein Ausweg. Politische Eliten und europäische Identität in den 1950er Jahren. München 2007.

252 Ein kleiner Einwand erscheint angebracht: Trunk könnte sich ganz auf diese Äusserungen konzentriert und dabei Voten zur Kompetenzfrage übersehen haben, weil diese nur Randerscheinungen waren. Die starke Betonung der zivilisatorischen Mission Europas findet sich auch in Hendrik Brugmans Publikation von 1958 (vgl. Anm. 228).

Die Architekten der Gemeinschaft konnten nach der Unterzeichnung der Römischen Verträge vom März 1957 nicht einfach damit rechnen, dass die nationalen Parlamente mit einem desinteressierten Laisser-faire oder gar mit euphorischer Zustimmung auf das Projekt reagieren würden.[253] Noch war die brüske Ablehnung der von langer Hand vorbereiteten Europäischen Verteidigungsgemeinschaft (EVG) drei Jahre zuvor (1954) durch die französische Nationalversammlung in lebendiger Erinnerung. Darum drehte sich 1957 ein Teil der Überlegungen um die Frage, in welcher Reihenfolge die Parlamente der sechs Vertragsländer die keineswegs selbstverständliche Ratifikation vornehmen sollten. Auf deutscher Seite gab es die Meinung, dass Frankreich den Anfang machen solle, damit die anderen die Sicherheit hätten, nicht wie im Fall der EVG einen Vertrag zu ratifizieren, zu dem Frankreich dann seine Zustimmung verweigerte. Jean Monnet befürwortete den umgekehrten Weg, weil er der Meinung war, dass die wenig enthusiastische *Assemblée Nationale* eher zustimmen würde, wenn die anderen fünf Parlamente den Vertrag bereits ratifiziert hätten. Schliesslich einigte man sich auf einen eng verzahnten und fast gleichzeitigen Ratifikationsprozess in der Bundesrepublik und in Frankreich.[254]

In Frankreich waren wiederum ausser den Kommunisten auch die Poujadisten, eine auch gegen den eigenen Staat opponierende Kleinunternehmerbewegung, deklarierte Gegner der Römischen Verträge.[255] Als erstes Parlament der sechs Unterzeichnerstaaten stimmt der Deutsche Bundestag nach der koordinierten Planung am 5. Juli 1957 mit grossem Mehr für die Römischen Verträge. Einzelkritik galt den dirigistischen Elementen, den geringen Befugnissen des Parlaments, dem Fernbleiben Grossbritanniens, der Assoziierung der Überseegebiete sowie der Vernachlässigung des Wiedervereinigungsziels.[256] Kurz darauf, am 10. Juli 1957, kam die Zustimmung der französischen Nationalversammlung zustande. Das Stimmenverhältnis von

253 In der *Assemblée Nationale* soll dann doch eine «Atmosphäre allgemeinen Desinteresses» und bei den potentiellen Gegnern eine «gewisse Resignation» geherrscht haben (Küsters, 1982, S. 474; Angaben zum Stimmverhalten der einzelnen Gruppierungen ebenda, S. 475, und im Folgenden zu den Ergebnissen der Parlamente in den übrigen vier Ländern).

254 Hanns Jürgen Küsters, Die Gründung der Europäischen Wirtschaftsgemeinschaft. Baden-Baden 1982. S. 472ff. Der FDP-Abgeordnete Margulis warf die Frage der Legitimität auf (vgl. Archiv der Gegenwart 1957, S. 6551).

255 Nach Pierre Poujade benannte Bewegung, der auch der junge Jean-Marie Le Pen angehörte; 1956 erreichte sie 11,6 % der Stimmen und 52 Abgeordnetenmandate in der Nationalversammlung.

256 Ohne Namensaufruf per Handzeichen waren dafür: die Regierungskoalition aus CDU und CSU sowie die oppositionelle SPD. Vgl. Franz Knipping, Rom, 25. März 1957. Die Einigung Europas. München 2004. S. 104.

342 : 239 offenbarte kein begeistertes Votum für das Integrationsprojekt. Dagegen hatten die Kommunisten, Gaullisten und aus innenpolitischen Motiven die Radikalen gestimmt.

Der EWG-Vertrag bestimmt in Art. 138, dass die Mitglieder der Parlamentarischen Versammlung von den nationalen Parlamenten nach den in den Nationalstaaten geltenden Regeln bestimmt würden. Derselbe Artikel sah in Absatz 3 aber auch vor, dass die so zusammengestellte Versammlung für den Ministerrat «Entwürfe» für allgemeine unmittelbare Wahlen nach einem einheitlichen Verfahren in allen Mitgliedstaaten ausarbeiten sollte und eine entsprechende Lösung von den nationalen Parlamenten gutgeheissen werden sollte – was bis heute noch nicht vollständig umgesetzt ist.

Europäisches Parlament

Nachdem mit den Römischen Verträgen vom 25. März 1957 die Europäische Wirtschaftsgemeinschaft (EWG) und die Europäische Atomgemeinschaft (EAG/Euratom)[257] geschaffen worden waren, gab es zusammen mit der Europäischen Gemeinschaft für Kohle und Stahl (EGKS) theoretisch drei parlamentarische Versammlungen. Diese wurden aber von Anfang an zu einem 142 Mitglieder umfassenden Gremium zusammengelegt.[258] In der konstituierenden Sitzung in Strassburg vom 19. März 1958 gab sich diese Versammlung kühn den Namen «Europäisches Parlament».[259] Das Parlament war im Vergleich zum Ministerrat, zur Kommission und zum Gerichtshof eine Spätgeburt. Die Namensgebung galt einer Institution, die in doppelter Weise nicht dem Ideal eines modernen Parlaments entsprach: Erstens setzte es sich nicht aus direkt gewählten Deputierten zusammen, und zweitens wurden die indirekt von den nationalen Parlamenten entsandten Abgeordneten nicht als Volksvertreter, sondern als Völkervertreter verstanden.

Die hochgegriffene Selbstbezeichnung des Europäischen Parlaments wurde von seiner institutionellen «Gegenseite», das heisst von der Kommission, nicht

257 Peter Weilemann, Die Anfänge der Europäischen Atomgemeinschaft. Zur Gründungsgeschichte von Euratom 1955–1957. Baden-Baden 1982.

258 Je 36 Abgeordnete für Frankreich, Deutschland und Italien, je 14 Abgeordnete für Belgien und die Niederlande und 6 für Luxemburg.

259 Ein interessanter, aber doch dürftiger Versuch einer elektronischen Chronologie «EP Timeline from Past to Present»: http://www.europarl.europa.eu/external/html/ephistory/default_en.htm (letzter Zugriff Juli 2017).

etwa zurückgewiesen, sondern vielmehr gewünscht. Kommissionspräsident Walter Hallstein redete dem Gremium zu, sich als *das* «demokratische Element unserer Gemeinschaft» zu verstehen, es sei sogar die «einzige Legitimation» dieses Unternehmens. Der Kommissionspräsident sprach die Erwartung aus, dass die Versammlung, wie in den Römischen Verträgen vorgesehen, in einem nächsten Schritt über direkte Wahlen eine zusätzliche Legitimation erhalten solle und meinte: «Noch warten wir mit Ungeduld auf den Tag, da ihre Mitglieder von den europäischen Bürgern selbst gewählt werden.»[260] Jahre später nahm Kommissionspräsident Jacques Delors die gleiche Haltung ein: 1990 erklärte er zu Beginn seiner zweiten Amtszeit vor dem Europäischen Parlament, die Gemeinschaft könne ihre Attraktivität nur behalten, wenn sie die Integration beschleunige, und dies erfordere mehr Kompetenzen sowohl für die Kommission wie auch für das Parlament.[261]

Hallsteins Appell enthielt eine weitere, sehr aufschlussreiche Bemerkung: «Die Menschen müssen lernen, ihre öffentlichen Angelegenheiten als Angelegenheiten einer gemeinsamen europäischen Verantwortung zu begreifen.» Hallstein ging dabei, im Prinzip sehr zutreffend, von der Erwartung aus, dass es die Institutionen sind, die als primäre Impulsgeber sekundär das Verhalten bestimmen oder mindestens ermöglichen. «Wenn sie [die Institutionen] richtig konstruiert sind, erzwingen sie eben dieses Verhalten.» Das Wort «erzwingen» war allerdings etwas zu stark, an anderer Stelle sprach er von «nötigen» oder begnügte sich treffender mit «verhelfen». Wichtig ist jedenfalls die Reihenfolge: Zuerst entsteht das Gehäuse, dann füllt es sich mit Inhalt. «Sie [die Institutionen] führen nicht nur die Menschen zueinander, machen sie miteinander bekannt, wecken gegenseitiges Verständnis, sondern sie nötigen auch zu einer unablässigen Auseinandersetzung darüber, was dem allgemeinen, d.h. dem europäischen Besten dient.»[262] Demnach erwartete Hallstein eine bestimmte Art des gemeinsamen Handelns; er ging aber auch davon aus, dass bereits durch die Schaffung der Institution überhaupt Partizipationswille aufkommen werde. Denn dieser war noch nicht wirklich vorhanden, und er sollte wegen

260 Rede Hallsteins in: Lipgens, 1986, S. 406ff. – Art. 138, Abs. 3 des EWG-Vertrags bestimmte: «Die Versammlung arbeitet Entwürfe für allgemeine unmittelbare Wahlen nach einem einheitlichen Verfahren in allen Mitgliedstaaten aus.» Analoge Bestimmung in Art. 108 des EAG-Vertrags. Zu Hallstein: Wilfried Loth, Walter Hallstein – der vergessene Europäer? Bonn 1995. – Ingrid Piela, Walter Hallstein – Jurist und gestaltender Europapolitiker der ersten Stunde. Berlin 2012.

261 Europa-Archiv, 45, 1990, S. D 269–282; zit. nach Loth, 2013, S. 73.

262 Vgl. Anm. 260, S. 407.

des «permissiven Konsenses» (vgl. oben, Anm. 40) – leider – noch längere Zeit in nur höchst beschränktem Masse eintreten.

Zwei Jahre später, im Mai 1960, schob das Europäische Parlament einen Entwurf für ein Abkommen nach, in dem es neben Legislativkompetenzen und einem echten Haushalt-Kontrollrecht erneut eine unmittelbare Wahl sowie seine Vergrösserung forderte. Mit einer Verdreifachung der Zahl der Abgeordneten auf 426 Sitze wollte man zudem herbeiführen, dass alle politischen Kräfte der sechs Länder besser vertreten wären.[263]

Ein nicht unwichtiger und in Anbetracht des anhaltenden Widerstands Frankreichs zur Zeit von de Gaulles Präsidentschaft war der Fusionsvertrag vom April 1965 (in Kraft getreten Mitte 1967), mit dem die Parlamentarischen Versammlungen von EGKS, EWG und EAG sowie die Kommissionen der drei Gemeinschaften zu einer einzigen zusammengelegt wurden.

Der EG-Gipfel von Den Haag von 1969 kam einen Schritt weiter: Hier wurde wenigstens das Prinzip anerkannt, dass das Europäische Parlament über Direktwahlen eine kleine, aber nicht unwesentliche Aufwertung erfahren solle. In den vorangegangenen Jahren war dieser Schritt am kategorischen Widerstand des französischen Staatspräsidenten Charles de Gaulle gescheitert. Als entschiedener Verfechter einer ausschliesslich intergouvernementalen Gemeinschaft – eines «Europa der Vaterländer» – wollte er keine Reform, die dem System mehr Supranationalität verliehen hätte. Sein zirkelschlüssiges Argument lautete: Da das Parlament nichts zu sagen habe, solle es keine Direktwahlen erhalten, und da es keine Direktwahlen habe, solle es auch nichts zu sagen haben.[264] De Gaulles Nachfolger Georges Pompidou war wiederum auf den europafreundlichen Zentristen Valéry Giscard d'Estaing angewiesen, um eine Regierungsmehrheit bilden zu können. Und so wurde 1969 in

263 Während einer Übergangszeit sollte gemäss dieser Entschliessung vom 17. Mai 1960 noch ein Drittel durch die nationalen Parlamente delegiert werden können (Lipgens, 1986, S. 417ff.).

264 De Gaulle bemerkte im «Mémoire d'Espoir» vom April 1970 (Tome I), die Mythenfabrikanten («créateurs de mythes») hätten in der «Assemblée réunissant à Strasbourg des députés et des sénateurs délégués par les Chambres des pays membre» ein Europäischen Parlament sehen wollen – «lequel n'a, sans doute, aucun pouvoir effectif mais donne à l'‹exécutif› de Bruxelles une apparence de responsabilité démocratique» (http://www.charles-de-gaulle.org/pages/l-homme/dossiers-thematiques/de-gaulle-et-le-monde/de-gaulle-et-lrsquoeurope/documents/citations-du-general-de-gaulle-sur-l-europe-ii.php; Zugriff September 2016). Zur weiteren Haltung de Gaulles gegenüber dem europäischen Integrationsprojekt vgl. Maurice Vaisse, La grandeur. Politique étrangère du général de Gaulle 1958–1967. Paris 1998, insbesondere S. 162ff. und 543ff.

Den Haag eine Einigung möglich, die eine Aufwertung des Parlaments zumindest in Aussicht stellte. Ihre Umsetzung sollte allerdings noch zehn Jahre dauern.

Im Juli 1972 forderte das Europäische Parlament unter Verweis auf seine Forderung von 1960 erneut eine unverzügliche und entschlossene Einführung der Direktwahl.[265] Tendenziell dürften vor allem Mitglieder des Europäischen Parlaments (obschon sicher nicht alle) die Direktwahl begrüsst haben. Von weiter unten, von der Basis der Bürger und Bürgerinnen, kam aber kein Druck, der Ähnliches gefordert hätte. So hing ein Eingehen auf diese Forderung vom Belieben der Staats- und Regierungschefs der Gemeinschaft ab und wegen der Einstimmigkeitsregel – das heisst der Veto-Möglichkeit – von jedem einzelnen Gemeinschaftsmitglied. Frankreich blockierte die Entscheidung während vieler Jahre. Der im Mai 1974 zum französischen Staatschef gewählte Giscard d'Estaing machte es schliesslich möglich, dass der Pariser Gipfel vom Dezember 1974 eine baldmögliche Einführung der Direktwahlen ins Auge fasste und für 1976 einen entsprechenden Beschluss vorsah. Nachdem die intergouvernementale Seite des EG-Systems 1974 mit der Schaffung eines neuen, in den Römischen Verträgen gar nicht vorgesehenen Gremiums, des Europäischen Rats,[266] mehr Kompetenzen erhalten hatte, stimmte Giscard der leichten Aufwertung auch der anderen, der parlamentarischen Seite zu.

Kurz darauf legte das Europäische Parlament am 14. Januar 1975 erneut eine leichte Überarbeitung seines Entschlusses von 1960 vor. Nun ging es etwas schneller voran: Der Europäische Rat beschloss am 2. Dezember 1975 die Durchführung von Direktwahlen zu einem einheitlichen Zeitpunkt in allen Mitgliedstaaten im

---

265 Entschliessung vom 5. Juli 1972 im Hinblick auf den nächsten Gipfel, Lipgens, 1986, S. 572.

266 Der Europäische Rat oder «Gipfel», bestehend aus den Staats- und Regierungschefs, den Aussenministern plus nachträglich auch dem Kommissionspräsidium, ist aus einer Reihe von Gipfeltreffen (1961, 1969, 1972 und 1973) hervorgegangen. Diese Institution entsprach ganz dem französischen Intergouvernementalismus. Der Einbezug der Kommission, die den Supranationalismus vertrat, musste erkämpft werden (vgl. Meyer, 2016, S. 165ff.). Das höhere Engagement der Staats- und Regierungschefs erklärt sich aus der gewachsenen Bedeutung der Integrationspolitik für die Innenpolitik und dem Willen, der Integrationspolitik vermehrt eine strategische Perspektive zu geben. Der Europäische Rat, mitunter als provisorische Regierung der EG bezeichnet (Strath, 2012, S. 30), hatte keine Rechtsetzungskompetenz, sondern legte die allgemeine politische Ausrichtung fest. Erstmals wurde er im Dezember 1969 in Paris einberufen und im September/Dezember 1974 mit einem «nebenvertraglichen» Status versehen; mit «Maastricht» 1992 erhielt er einen offiziellen Status, mit «Lissabon» 2007/09 wurde er ein offizielles Organ. Wolfgang Wessels, Der Europäische Rat. Stabilisierung statt Integration? Bonn 1980. – Ders., The European Council. London 2016.

Mai bis Juni 1978, und am 20. September 1976 unterzeichnete der Rat den entsprechenden Akt. Dieser wurde in der Folge den nationalen Parlamenten zugestellt und überall mit grosser Mehrheit ratifiziert. Da aber auf nationaler Ebene noch entsprechende Wahlgesetze geschaffen werden mussten, wurde es Juni 1979, bis die ersten direkten Repräsentationswahlen auch tatsächlich abgehalten werden konnten.[267]

In leichter Abwandlung von Walter Lipgens' Urteil muss zur Direktwahl des Parlaments festgehalten werden, dass der Rat rund zwanzig Jahre brauchte, um seiner in den Römischen Verträgen von 1957 mit Art. 138 eingegangene Verpflichtung nachzukommen, allgemeine unmittelbare Wahlen vorzubereiten. 1979 kam die Direktwahl des Europäischen Parlaments vor allem als etwas Gewährtes und weniger als etwas heftig Erkämpftes zustande.[268]

Die Kompetenzen des EG/EU-Parlaments wurden seit den 1980er Jahren laufend ausgebaut: mit der Einheitlichen Europäischen Akte (1986), mit «Maastricht» (1992), mit «Amsterdam» (1997) und geringfügig auch mit «Lissabon» (2007). Ein grösserer Schritt war 1992 mit der Schaffung des Mitentscheidungsverfahrens erreicht, das zwar kompliziert war, aber das Parlament in einigen Bereichen auf die gleiche Stufe wie den Ministerrat stellte. Im Ordentlichen Gesetzgebungsverfahren wie im Haushaltsverfahren ist dieses heute dem EU-Rat gleichgestellt, es kann die EU-Kommission auffordern, dem EU-Rat Legislativvorschläge zu unterbreiten, zudem müssen sich die Kommissionsmitglieder vor ihrer Ernennung einem harten Hearing (dem «Gegrillt-Werden») durch das Parlament unterziehen, es kann der Kommission auch während der Legislaturperiode das Vertrauen entziehen, aber nicht selbständig eine neue einsetzen. 1999 drohte das Parlament in der Korruptionsaffäre der Kommissarin Edith Cresson, von seiner Amtsenthebungsmöglichkeit Gebrauch zu machen, worauf die Kommission Santer im März 1999 geschlossen zurücktrat.[269] Trotz dieser laufend ausgebauten Zuständigkeiten haftet dem Europäischen Parlament noch immer der Ruf eines zu schwachen Gebildes an.

---

267 Jetzt galt der folgende Verteilschlüssel: Frankreich, Deutschland, Italien, Grossbritannien je 81, Niederlande 25, Belgien 25, Dänemark 16, Irland 15. Die 410 Abgeordneten wurden auf fünf Jahre gewählt (Lipgens, 1986, S. 622ff.).

268 Willy Brandt, bereits Alt-Bundeskanzler, erklärte in seiner Eröffnungsrede am Kongress der Europäischen Bewegung vom 6. Februar 1976, die europäische Einheit würde nicht von den Regierungen auf silbernem Tablett serviert, Europa müsse erkämpft werden (Lipgens, 1986, S. 621). Brandt äusserte damit indirekt Kritik am tatsächlichen Geschehen.

269 Frank Decker dagegen streicht die Begrenzungen des Parlaments bezüglich der Bestellung und Abberufung der Kommission heraus (vgl. ders., Konsens, mehr Wettbewerb: Ansatzpunkte einer institutionellen Reform. In: Rüttgers/Decker, 2017, S. 163–179, S. 170).

Nach der Einführung der Direktwahl trat der von Hallstein erwartete Belebungseffekt jedoch nicht ein. Das zeigt das keineswegs wachsende Interesse an der alle fünf Jahre fälligen Neubestellung des Europäischen Parlaments mit seinen heute 751 Sitzen. Die durchschnittliche Wahlbeteiligung ging in den vergangenen 40 Jahren laufend zurück.

1979	62,0 %
1984	61,0 %
1989	58,5 %
1994	56,8 %
1999	49,9 %
2004	45,5 %
2009	43,0 %
2014	42,6 %

Bei dieser Aufstellung handelt es sich um die übernationalen Durchschnittswerte für die Gesamtheit der Stimmberechtigten. Die nationalen Werte variieren erheblich. Die niedrigsten Beteiligungen waren in der Slowakei mit 17–19,6 Prozent zu verzeichnen sowie in Polen mit 20,9–24,6 Prozent. Ebenfalls stets schwach ist die Beteiligung in Grossbritannien mit Werten von 32,6–36,4 Prozent. Die höchsten Beteiligungen gab es in Belgien mit 90,7–92,2 Prozent und in Luxemburg mit 85,8–90,8 Prozent, wohl wegen des Stimmzwangs. Eine andere Tabelle zeigt, dass die Stimmbeteiligung bei den zwar ebenfalls rückläufigen nationalen Wahlen stets höher liegt, bei den niedrigen Werten der Europawahlen oft sogar um das Doppelte.[270]

Der weitere Rückgang der Stimmbeteiligung ist auch insofern bedenklich, als im Jahr vor den letzten Wahlen, 2013, anlässlich des 20-Jahr-Jubiläums der europäischen Unionsbürgerschaft, die 1993 mit «Maastricht» eingeführt worden war, in einer grossen Kampagne (EYC2013) auf die Bürgerechte aufmerksam gemacht wurde.[271] Sie hatte zum Ziel, dass die bestehenden Rechte, das Petitionsrecht und

270 Guido Tiemann/Oliver Treib/Andreas Wimmel, Die EU und ihre Bürger. Wien 2011. S. 95.

271 «The European Year of Citizens 2013 will focus on rights that every EU citizen has. All 500 million Europeans benefit daily from these rights – as does the European economy.» (http://europa.eu/citizens-2013/en/about/context; letzter Zugriff Juli 2017).

die Anrufung des Bürgerbeauftragten (Ombudsmann), mehr genutzt werden sollten, nicht aber eine Erweiterung der demokratischen Mitsprache.[272]

Die niedrige Wahlbeteiligung kann man mit verschiedenen Faktoren erklären. Zu nennen sind in zufälliger Reihenfolge:

1. Die scheinbare Bedeutungslosigkeit des Parlaments, die inzwischen zu einem grossen Teil beseitigt worden, aber als Bild aus der Frühzeit des europäischen Parlamentarismus erhalten geblieben ist. Als Rechtfertigung für Desinteresse kann man weiterhin aufführen, dass das Europäische Parlament anders als nationale Parlamente nicht die alleinige Kompetenz der Regierungsbildung (in diesem Fall der Kommissionsbildung) und der Haushaltsverabschiedung innehat, sondern beides im Prinzip mit dem Ministerrat teilen muss.
2. Die geografische und kulturelle Distanz zwischen Basis und fernem Zentrum. Die Supranationalität erschwert die Herstellung von Interaktion zwischen unten und oben oder macht sie gar grundsätzlich unmöglich. Jürgen Habermas zum Beispiel vertritt die Meinung, dass internationale Organisationen an sich in keiner Weise über die wesentlichen Voraussetzungen von Transparenz, Zugänglichkeit und Responsivität verfügen würden.[273]
3. Die Abgehobenheit gewisser EU-Deputierter, die in einer eigenen Welt leben und die zu ihren Aufgaben gehörende Vermittlungsfunktion ungenügend wahrnehmen, das heisst an der Basis den nötigen Kontakt und das erwünschte Verständnis nicht herstellten, so dass es, wie es in der Fachliteratur heisst, nicht zu der nötigen elektoralen Verknüpfung kommt.
4. Die im Stil einer Grossen Koalition unter den grossen Fraktionen (der Konservativen Volkspartei, den Sozialdemokraten und Liberalen) betriebene Konsenspolitik, die unter parteipolitischen Gesichtspunkten zu einer Depolitisierung, das heisst zu einem Ausbleiben von richtungsweisenden Auseinandersetzungen um Alternativen geführt hat. Das parteipolitische Defizit an klaren

272 Die Impulse gingen zunehmend dahin, die Binnenfreizügigkeit zu nutzen, um andere Europäer kennenzulernen. Die ungarische Schachmeisterin Judit Polgár verkündete als Botschafterin von EYC2013: «I would like to help more people realise that cooperation should not be achieved only at Member-State level. All people in the European Union should realise that they have the opportunity to get to know people in other countries, and share their views and opinions on questions that concern them.»

273 Zit. nach Schulz-Forberg, 2010, S. 86. Der von Beate Kohler-Koch herausgegebene Band «Regime in den internationalen Beziehungen» (Baden-Baden 1989) geht – man könnte sagen, der Zeitproblematik entsprechend – noch nicht auf die Mitwirkung von nationalen Parlamenten oder gar Mitsprache in Referenden ein.

Optionen scheint ein bedauerlicher Preis der Europäisierung zu sein.[274] Der Bruch der Grossen Koalition im Gerangel um die Nachfolge des Ratspräsidenten Martin Schulz Anfang 2017 führte zu gegensätzlichen Beurteilungen: Die einen feierten den Zerfall des Blocks als Belebung der parlamentarischen Demokratie, andere erwarten nun eine Zunahme der Unübersichtlichkeit und das parteipolitischen Kleinkriegs.[275]

5. Nationale Parteien und Fraktionen des Europäischen Parlaments sind nicht identisch. Lange Zeit fehlten gemeinsame Wahlparteiprogramme mit europaweiter Dimension. 2004 gingen die Grünen voran, 2009 folgten fast alle anderen Parteien. Allerdings waren die Parteien schon in «Maastricht» vertraglich anerkannt worden; dies ermöglichte bereits seit 1992 eine Finanzierung der europaweiten Parteibündnisse aus EU-Mitteln. Aber die 1979 ausgesprochene Hoffnung, dass diese Wahlen das Zusammengehörigkeitsgefühl der Völker stärkten, erfüllte sich bisher nicht.[276]
6. Zudem gibt es noch immer keine länderübergreifenden Parteilisten. 2011 brachte der Ausschuss für konstitutionelle Fragen den Vorschlag ein, jeder Fraktion die Möglichkeit zu geben, länderübergreifende Wahllisten für 25 zusätzliche Abgeordnete (zu den 751) auszuschreiben. Eine solche Reform würde aber eine Vertragsänderung mit anschliessender Genehmigung durch alle Mitgliedstaaten erfordern.
7. Die anhaltende Dominanz des Nationalen in den «europäischen» Wahlen, die bloss innenpolitische Testwahlen sind und für die oft nur Politiker/innen zweiter Garde eingesetzt werden: «Strassburg» beziehungsweise «Brüssel» werden häufig als Abfindungen für im Inland nicht weiter einsetzbare Politiker gehandelt.[277] Der Wert der Vertretungen im Ministerrat und selbst in der Kommission wird in erster Linie am nationalen Nutzen gemessen. Nur die anti-europäischen Kräfte funktionieren anders: Sie sprechen ihre Gefolgschaft mit ihrer gegen «Europa» gerichteten Haltung direkter an und haben eine

274 Peter Mair, Political Opposition and the European Union. In: Government and Opposition 42, 1, 2007, S. 1–17, bes. S. 12ff.

275 Tagespresse vom 18. Januar 2017.

276 Zr., Europa der Völker oder Europa der Regierungen? In: NZZ Nr. 134 vom 13. Juni 1979.

277 Mit Blick hierauf kursiert seit Jahren der Spruch: «Hast Du einen Opa, schick' ihn nach Europa.»

entsprechend grössere Resonanz als die Parteien, für die Europawahlen nur nationale Nebenwahlen sind.[278]

8. Eine weitere, durch nichts abzuschwächende Mängelrüge muss an die vielen Bürger und Bürgerinnen gehen, die ihre mit dem Stimmrecht verbundene Stimmpflicht (und die vorgängige Auseinandersetzung mit den Wahlmöglichkeiten) in unverantwortlicher Weise schlicht nicht wahrnehmen; dies mit der bequemen Ausrede, dass die Politik zu fern und zu kompliziert und intransparent sei und «die da oben» ohnehin machten, was ihnen beliebe. Darunter dürften sich nicht wenige befinden, die zugleich über die EU schimpfen und meinen, ihre negative Haltung würde ihr Nichtengagement legitimieren. Wahlbeteiligung setzt voraus, dass man die Wahlen überhaupt zur Kenntnis nimmt. Auch diesbezüglich sind die Voraussetzungen schlecht. 1999 zum Beispiel erklärten 61 Prozent der befragten deutschen Bürger und Bürgerinnen «rundheraus», sie wüssten es nicht.[279] Das Demokratiedefizit ist in einem hohen Mass auch ein selbst zu verantwortendes Defizit im Bürger- und Bürgerinnenverhalten.

Es fragt sich, ob in dieser Hinsicht wirklich, wie oft angenommen, ein grundsätzlicher Unterschied im Vergleich zu nationalen Verhältnissen besteht oder ob der Unterschied nur gradueller Art ist. Besonders ausgeprägt zeigt sich diese Frage, wenn darauf hingewiesen wird, dass es keinen gesamteuropäischen *Demos*, kein Staatsvolk, gebe und mit grösster Selbstverständlichkeit angenommen wird, dass das mit *Demos* gemeinte, das durch unangenehme Entscheide «belastbare» Wir-Gefühl im nationalen Rahmen tatsächlich gegeben sei.[280]

Dieter Grimm, 1987–1999 Richter am deutschen Bundesverfassungsgericht, zeigt präzise auf, worin aus rechtlicher Sicht die strukturelle Schwäche des Europäischen Parlaments besteht. Seine Ausführungen sind aber auch ein weiterer Beleg dafür, dass die Ansprüche gegenüber dem Staatenverband EU höher sind als gegenüber föderalistisch organisierten Bundesstaaten. Seiner Meinung nach ist das Europäische Parlament nicht europäisch genug, weil drei Voraussetzungen nicht gegeben sind: Es gebe kein einheitliches europäisches Wahlgesetz, keine europäischen

278 Tiemann/Treib/Wimmel, 2011, S. 103ff. Eingehende Wahlanalysen zu 2014 in Moreau/Wassenberg, 2016, 2 Bde.

279 Jahrbuch der Europäischen Integration, 1998/99, S. 311.

280 Tiemann/Treib/Wimmel, 2011, S. 145.

Parteien und keine europäischen Medien.[281] Grimms gewichtigster Einwand besteht darin, dass die Parteiformationen auf europäischer Ebene nicht identisch sind mit den nationalen Parteien, die den Wahlkampf in ihren Ländern führen.[282] Sein Vorbehalt gilt aber vor allem einem anderen Umstand: Seines Erachtens würde auch eine alle Anforderungen erfüllende Vollparlamentarisierung des EP nicht zu einer Volllegitimation der EU führen, weil diese nur über die Fremdlegitimation durch die nationalen Mitglieder (den Europäischen Rat und den unter Einstimmigkeitsregeln entscheidenden Ministerrat) gesichert sei. Aus seiner Sicht entspricht die schwache Fremdlegitimation der EU durch ihre nationalen Mitglieder entschieden stärker dem Grundcharakter der EU als blossem Zweckverband (für Aufgaben, welche die Nationen nicht mehr effektiv lösen können) als eine verstärkte Eigenlegitimation durch das Europäische Parlament.[283]

Frank Decker, Politikwissenschaftler der Universität Bonn, sieht ebenfalls Defizite im europäischen Parlamentarismus. Er geht aber davon aus, dass diese in wesentlicher Hinsicht abgeschwächt oder gar behoben werden können. Das Wahlrecht müsse vereinheitlicht werden, eine Klausel, wonach gesamteuropäische Wahllisten nur zum Zug kämen, wenn sie europaweit drei Prozent der Stimmen bekämen, würde zu Bildung von gesamteuropäischen Parteien und entsprechenden Fraktionen führen, und die Sitzkontingente der Länder würden von der Wahlbeteiligung in den Ländern abhängen, das heisst überdurchschnittliche Beteiligung würde mehr Sitze bringen, unterdurchschnittliche weniger. Mit Selbstermächtigung innerhalb des gegebenen Verfassungsrahmens solle das Parlament den bisherigen Machtzuwachs weiter vorantreiben und auf eine Parlamentarisierung des EU-Regierungssystems hinarbeiten, die über die errungene Bestellung des Kommissionspräsidenten hinausgeht.[284]

1992 hob Otto Schmuck, Politikwissenschaftler und guter Kenner der parlamentarischen Problematik auf europäischer Ebene, die Anstrengungen hervor, mit denen bei begrenztem Erfolg mit populären Themen vor allem in den Bereichen Umwelt,

281 Im Falle zum Beispiel der Schweiz würde niemand die Legitimation der beiden Kammern anzweifeln, weil es kantonal unterschiedliche Wahlgesetze, unterschiedliche Parteien und unterschiedliche Repräsentationszahlen gibt.

282 Dieter Grimm, Die Notwendigkeit europäisierter Wahlen und Parteien. In: Ders., Europa ja – aber welches? Zur Verfassung der europäischen Demokratie. München 2016. S. 133–146.

283 Dieter Grimm, Die Ursachen des europäischen Demokratiedefizits werden an der falschen Stelle gesucht. In: ebenda, S. 121–131. Dazu passt die ebenfalls vertretene Meinung, dass nationale Souveränität nicht aufgegeben werden kann und nur einzelne Hoheitsrechte abgetreten werden können (Ebenda, S. 49ff. und 186ff).

284 Decker, Weniger Konsens, 2017, S. 169ff.

Verbraucherschutz und Dritte Welt ein verbesserter Zugang zu den Wählern gesucht worden sei. Auch die Schaffung immer neuer Preise (nach dem Sacharow-Preis der Frauen-Preis oder der NIKE-Preis) habe wenig geholfen, den Bekanntheitsgrad des Parlaments wesentlich zu erhöhen, und nur für kurze Zeit zu einer gewissen Publizität geführt. Seine Verbesserungsvorschläge beschränkten sich jedoch auf die sehr konventionelle Idee einer Verstärkung durch «gute Presse- und Informationsarbeit».[285]

2.3 Schwache politische Öffentlichkeit

Die repräsentative Dimension kann sich nicht auf das Parlament beschränken. Demokratie, auch «nur» in repräsentativer Form, setzt die Existenz einer politischen Öffentlichkeit voraus, das heisst eine mit dem politischen System verknüpfte Austragungsarena für das Anmelden von Interessen und das Verhandeln sozialer Spannungen und unterschiedlicher politischer Positionen.[286] Während dies im nationalen Rahmen eine Selbstverständlichkeit ist, fehlt es im europäischen Rahmen weitgehend.

Wenig beachtet, doch als Gremien der Zivilgesellschaft bedeutend, wirken der Wirtschafts- und Sozialausschuss (seit 1957) und der Ausschuss der Regionen (seit 1992) am Gesetzgebungsprozess mit. Es wird völlig zu Recht darauf hingewiesen, dass Parlamentarismus (inkl. Wahlen) nur eine Dimension der Demokratie sei und man von einer breiteren Realität ausgehen müsse. Diese umschliesst ein Geflecht intermediärer Vermittlungen, in denen sich demokratische Gesellschaften erst bilden. Es geht um die alltägliche Teilhabe, wie es Tilman Evers 1994 unter dem Titel «Bürgergesellschaft» (der späteren Zivilgesellschaft) formuliert hat, eines «Multiversums» von Verbänden, Ausschüssen, Beiräten, ständigen Vertretungen und Koordinierungsgremien.[287]

Unter Demokratiedefizit wird vor allem der fehlende Einbezug der Bürger und Bürgerinnen in die sie betreffenden Entscheidungsprozesse verstanden. Nachdem mit der Schaffung des Konvents zur Ausarbeitung des Verfassungsvertrags ein Teil dieses Problems beseitigt worden war, stellten zwei Politologen 2005 fest, «die lang-

285 Jahrbuch, 1992, S. 83ff., anlässlich der Aufwertung des Parlaments durch «Maastricht».

286 Eingehende Auseinandersetzung mit der europäischen Öffentlichkeit: Hartmut Kaelble, The Historical Rise of a European Public Sphere? In: Journal of European Integration History 8, 2, 2002, S. 9–22. – Ders., The European Public Sphere. Florenz 2007. Dazu ein wesentlich früherer, durch das «Maastricht»-Malaise motivierter Artikel von Jürgen Gerhards von 1993 (vgl. oben, S. 46).

287 Stiftung Mitarbeit, Opladen 1994, S. 22ff. Vgl. ferner Volker Heins, Das Andere der Zivilgesellschaft. Zur Archäologie eines Begriffs. Bielefeld 2002.

jährige Arkanpolitik im Rat» könnte dafür verantwortlich sein, dass die Unionsbürger europäische Themen eher ausgeblendet hätten.[288] Diese Annahme dürfte zutreffen.

Dennoch darf aber auch festgehalten werden, dass es ein Interessensdefizit gibt, für das die Bürgerinnen und Bürger selber verantwortlich sind und das auch zu einem Informiertheitsdefizit und damit zu weiterem Desinteresse und/oder zu negativer Voreingenommenheit führt.

Kontroverse Erörterungen von Fragen der europäischen Politik könnten sehr wohl in den Debatten des Europäischen Parlaments verfolgt werden, sie werden aber wenig beachtet. Die Beratungen der Kommission, des Rats und des Europäischen Rats[289] finden unter Ausschluss der Öffentlichkeit statt (wie dies auch bei analogen nationalen Organen der Fall ist), ihre Beschlüsse werden im Anschluss in Communiqués und an Pressekonferenzen bekannt gegeben. Mit Blick auf die Haushaltskontrolle des Europäischen Parlaments meinte Günter Verheugen, der ehemalige Vizepräsident der EU-Kommission, dass diese weit strenger sei als die der nationalen Parlamente.[290]

Der in Aarhus lehrende Historiker Hagen Schulz-Forberg unterscheidet einleuchtend zwischen einer als allgemeine Europäisierung bezeichneten weichen Öffentlichkeit und einer für das politische System relevanten harten Öffentlichkeit. Erstere sei am Wachsen, letztere dagegen entwickle sich nicht in gleichem Mass. Der Europarechtler Luuk van Middelaar von der Universität Leiden meint nur die erstere Öffentlichkeit, wenn er von ihr sagt, dass sie am Wachsen sei und dies zu einer Europäisierung der nationalen Politik und nicht zu einer Nationalisierung der europäischen Politik führe.[291] Ein Automatismus der kontinuierlichen Integration (oder Europäisierung) könne auf der Ebene der politischen Kommunikation nicht festgestellt werden.[292] Mit anderen Worten: Die «Versäulung» der nationalen Publizistik (nationale Berichterstatter bedienen in nationalen Medien das nationale Publikum) und die Dominanz der nationalen Interessensperspektiven bleiben bestehen.

288 Becker/Leisse, 2005, S. 31.

289 Der mindestens dreimal jährlich tagende Europäische Rat der Staats- und Regierungschefs betreibt bewusst eine diskrete, das heisst von der Öffentlichkeit weitgehend abgeschirmte Politik. Wolfgang Wessels hat bemerkt, dass der Europäische Rat in seiner Arbeit «sinnlose und sogar störende Konfrontation» zu vermeiden suche und darum auch die wissenschaftliche Beachtung dieser Beratungen gering geblieben sei (1980. S. 18 und 20).

290 Verheugen, 2005, S. 11.

291 Middelaar, Berlin 2016.

292 Hagen Schulz-Forberg, Europa entzaubert? Öffentlichkeit und Integration Europas. In: Johannes Wienand/Christiane Wienand (Hg.), Die kulturelle Integration Europas. Wiesbaden 2010. S. 51–96, hier S. 90.

Inzwischen haben sich die Verhältnisse leicht verbessert. 2014/15 haben sich sieben europäische Qualitätszeitungen unter dem Label «LENA» (Leading European Newspaper Alliance) mit dem Ziel zusammengetan, die positiv-kritische Auseinandersetzung mit dem europäischen Gemeinschaftsprojekt zu fördern und dafür gegenseitig entsprechende Beiträge auszutauschen.[293]

Berichterstatter aus Brüssel begegnen einer tendenziell geringen Abnehmermotivation sowohl bei den nationalen Redaktionen als auch der nationalen Leserschaft. Oder die Motivation kommt nur dann auf, wenn es etwas Negatives zu berichten gibt. Kommt hinzu, dass der Stoff, insbesondere die harmonisierenden Regelungen der EG/EU, wie etwa die Gaspedalstellung von Gabelstaplern, schwer vermittelbar ist, sich aber vorzüglich für den Texttypus der «Glosse» eignet, und es so zu Vermittlungen kommt, die zwar die Aufmerksamkeit des Publikums sichern, aber ein Bild liefern, «das von der Sache her nicht gerechtfertigt ist und zur unberechtigten These der Eurokratie beiträgt».[294]

Daraus könnte man schliessen, dass dies die Folge fehlender Kommunikationsmittel sei. Wichtiger wäre aber, dass es zu verhandelnde Inhalte überhaupt gäbe. Diese würden, wenn vorhanden, nachfolgend die nötigen medialen Foren entstehen lassen. Die politische Kommunikation kommt aber nur wirklich in Gang, wenn sie, wie gesagt, mit politischen Institutionen verknüpft ist und in Regierung und Parlament eine zugängliche «Adresse» hat. Schulz-Forberg ist der Meinung, dass Europa bezüglich der politischen Öffentlichkeit eher mit einer Teflonschicht versehen ist und mehr Klebrigkeit brauche.[295]

Einen Kontrast zu dieser treffenden Qualifizierung der Normalität bildete der politische Ausnahmezustand, in dem sich die Mehrheit der europäischen Gesellschaften im Frühjahr 2003 für ein paar Wochen befand, als es in zahlreichen Städten Europas zu Massenprotesten gegen den Irakkrieg kam und Jürgen Habermas und Jacques Derrida in ihrem Manifest davon sprachen, dass dieser Moment nun

293 LENA: Die Welt (Deutschland), El País (Spanien), La Repubblica (Italien), Le Figaro (Frankreich), Le Soir (Belgien) sowie aus der Schweiz: Tages-Anzeiger/Tribune de Genève. Es fragt sich, warum für Deutschland nicht die «Süddeutsche» und für Frankreich «Le Monde» sowie der «Standard» (Österreich) dabei sind.

294 Jürgen Gerhards, Westeuropäische Integration und die Schwierigkeiten der Entstehung einer europäischen Öffentlichkeit. In: Zeitschrift für Soziologie 22, April 1993, S. 96–110. Zit. 103.

295 Ebenda, S. 88.

als «Geburt der europäischen Öffentlichkeit» oder sogar als «Wiedergeburt Europas» in die Geschichtsbücher eingehen könnte.[296]

Verständlicherweise wird die Öffentlichkeit vor allem, wenn nicht ausschliesslich, unter dem Aspekt der Einflussnahme der herrschenden Basismeinungen auf die hohen EG/EU-Institutionen betrachtet und dabei die Frage ausser Acht gelassen, inwiefern diese für die Institutionen wichtig und teilweise handlungsbestimmend war. Vor allem die obersten, in Gipfeltreffen zusammenkommenden Gremien standen und stehen unter einem publizitären Erfolgszwang. Die Öffentlichkeit war insofern ihrerseits eine wichtige «Adresse», als die Konferenzverantwortlichen glaubten, der Öffentlichkeit mitteilen zu müssen, dass die Beratungen einigermassen erfolgreich verlaufen und Ergebnisse vorzuzeigen seien. Inzwischen hat sich ein Weiterreichen von fast immer gleichen und letztlich nichtssagenden Gruppenbildern eingebürgert. Davon geht insofern sogar eine negative Wirkung aus, als solche Bilder visuelle Anknüpfungspunkte für den Vorwurf bilden, dass hier Leerlauf produziert werde.

Die stets neuen Absichtserklärungen waren und sind halbwegs selbstbindende Terminangaben und konnten und können positive Erwartungen nähren. Sie hinterlassen zugleich aber in zunehmendem Mass den Eindruck beschränkter Glaubwürdigkeit. Ein eindrückliches Beispiel eines die Öffentlichkeit bedienenden Communiqués ist die nach dem Pariser Gipfeltreffen vom Oktober 1972 abgegebene «feierliche Erklärung», man habe die Absicht, «vor Ende dieses Jahrzehnts in absoluter Einhaltung der bereits beschlossenen Verträge die Gesamtheit der Beziehungen der Mitgliedstaaten in eine Europäische Union umzuwandeln». Die in solchen Formulierungen angelegte Offenheit und Vagheit war zum Teil die Folge innerer Meinungsdifferenzen, sie hätte aber auch, wie in der Literatur vermutet wird, darin begründet sein können, dass man nur halbe Wahrheiten vermitteln wollte, weil der Öffentlichkeit zumindest in manchen Mitgliedsländern eine klare Darlegung der verfassungspolitischen Konsequenzen noch nicht zugemutet werden konnte und man darum bei der «Umschreibung des Zielbildes» bewusst zurückhaltend geblieben sei.[297]

Um für einen Moment an den Ausgangspunkt dieser Ausführungen zurückzukehren, sei hier kurz die Frage angesprochen, inwiefern die öffentliche Meinung für Stimmungen verantwortlich ist und diese wiederum die öffentliche Meinung bestim-

296 Vgl. http://www.faz.net/aktuell/feuilleton/habermas-und-derrida-nach-dem-krieg-die-wiedergeburt-europas-1103893/juergen-habermas-1110655.html (letzter Zugriff Juli 2017).

297 Erwägungen dazu, was mit dieser mehrdeutigen Erklärung gemeint sein könnte: Heinrich Schneider/Wolfgang Wessels, Auf dem Weg zur Europäischen Union. Diskussionsbeiträge zum Tindemans-Bericht. Bonn 1977. S. 13ff. und 19ff.

men. Für das Andauern von Stimmung und für ihre milieuübergreifende Massendimension ist die öffentliche und halböffentliche Kommunikation – öffentlich über die traditionellen Medien und halböffentlich über das Internet – zweifellos von hoher Bedeutung. Was von der Internetkommunikation gesagt wird, trifft auf die Anti-EU-Mentalität deutlich zu:

> «Der eine Souveränität anderer Art [unabhängig von traditionellen Medien, Anm. d. Vf.] beanspruchende Netzbürger konstituiert eine Publikumsdemokratie, die sich gegen die vermittelnden Instanzen der Repräsentation eines allgemeinen Interesses wendet: gegen die ‹Medienkaste› genauso wie gegen die ‹Politikerkaste›, die sich anmassen, in einem System der Gewaltenteilung in der Gestalt der Presse und des Parlaments für das Volk zu sprechen, anstatt das Volk selbst sprechen zu lassen.»
> Es sei darum folgerichtig, wenn das sich mächtig fühlende Volk in Blogs und sozialen Netzwerken «kommunikative Katakomben einer rebellischen Grundstimmung» aufbaue.[298]

Damit wird, ohne dass der Begriff fällt, eine wichtige Seite des Rechtspopulismus beschrieben. Dessen Stossrichtung richtet sich bekanntlich sowohl gegen die supranationalen Institutionen als auch gegen die eigenen Regierungen, denen vorgeworfen wird, im Verteidigen nationaler Interessen zu versagen und gar Verrat zu üben. Im Übrigen tragen die leichten Artikulationsmöglichkeiten im Internet dazu bei, dass neuerdings Stimmungen eher wahrgenommen werden und von deren Wahrnehmung eine weitere Verstärkung ausgeht. Was man schon bei traditionellen Leserzuschriften bemerken kann, gilt in noch höherem Mass für die elektronisch abgesonderten Meinungen: Sie sind vorwiegend kritisch und negativ. Nicht zufällig gibt es den Begriff des *shit storms* – jedoch keinen Begriff für «Zustimmungswelle».[299]

2.4 Punktuelle direktdemokratische Mitbestimmung

Bei den ersten grösseren Schritten der Teilintegrationen, den sogenannten Meilensteinen, wurde in keinem Moment ernsthaft eine direktdemokratische Partizipation gefordert. Bezogen auf die EGKS und die EWG/EAG erklärte dies Stephan Körkemeyer in seiner Dissertation damit, dass die Verträge nicht «besonders» um-

298 Ebenda, S. 53. – Vgl. auch: http://de.ejo-online.eu/qualitaet-ethik/wer-misstraut-den-medien (letzter Zugriff Juli 2017).

299 So haben bisher Proteste gegen die EU dominiert und sind erst sekundär Kräfte wach geworden, die «die Strasse nicht denen überlassen wollen, die laut gegen Europa schreien» (http://www.pro-europa.org; letzter Zugriff März 2017; vgl. auch http://pulseofeurope.eu; letzter Zugriff Juli 2017).

stritten gewesen und alle massgeblichen politischen Kräfte für eine stärkere europäische Integration eingetreten seien.[300] Zudem dürfte die Meinung vorgeherrscht haben, dass Genehmigungen durch das Parlament genügten. Die 1953/54 beratene Vorlage zur Gemeinsamen Verteidigung (EVG) dürfte ziemlich umstritten gewesen sein, trotzdem dachte man nicht an Volksabstimmungen. Das Projekt scheiterte einzig am Nein der französischen Abgeordnetenkammer, nachdem die Parlamente der fünf Partner zugestimmt hatten. Konsultation in Sachfragen wurde von Seiten der Bürger auch nicht erwartet, auch wenn sie die Souveränität des Nationalstaates berührten. Ausserdem gab es ja auch keine Volksabstimmungen in ureigener, nationaler Sache.

Es herrscht stellenweise die Meinung, dass «wirkliche» oder «echte» Demokratie nur die direkte Mitbestimmung in sogenannten Referenden oder Plebisziten wenigstens in wesentlichen Fragen sei und die repräsentative, parlamentarische Demokratie bloss über eine beschränkte Legitimität verfüge. Im Falle des europäischen Integrationsprozesses gewann diese Meinung, bezogen auf die grossen Geschäfte (Kompetenzordnung mit Verfassungscharakter, Aufnahme von Neumitgliedern, Aussenhandelsverträge) erst im Laufe der 1990er Jahre an Boden.

Die Demokratiefrage konzentriert (oder beschränkt) sich auf die Frage der Abstimmungsberechtigung. Das Postulat der demokratischen Mitwirkung sollte sich aber nicht auf das Recht der Zustimmung oder Ablehnung am Schluss eines Gestaltungsprozesses beschränken, Teilhabe müsste eigentlich, wie im Abschnitt zur Öffentlichkeit dargelegt, bereits zu Beginn und während eines Geschäftsverlaufs möglich sein.

Gemäss der – wie üblich – wesentlich höheren Kritikbereitschaft gegenüber der EU als gegenüber dem eigenen Nationalstaat wird das Ausbleiben von Plebisziten vor allem in EU-Fragen und nicht in nationalen Angelegenheiten kritisiert. Und im Falle Frankreichs wird weit weniger das willkürliche Abhalten von Referenden thematisiert und werden die knappen Resultate als Bestätigung der Fragwürdigkeit des Integrationsprojekts gesehen – so in der Abstimmung von 1992 und in der Ablehnung von 2005.[301]

---

300 Körkemeyer, 1995, S. 40, unter Berufung auf einen bemerkenswert früh erschienenen Aufsatz zum Thema: Anthony King, Referendums and the European Community. In: Austin Ranney (Hg.), The Referendum Device. Washington D.C. 1981. S. 115.

301 Georg Kreis, Die direktdemokratische Dimension der Europäischen Gemeinschaft. In: Jahrbuch für Europäische Geschichte 7. München 2006. S. 157–177. – Ders., Wie viel Demokratie für Europa? In: Ders., Vorgeschichten zur Gegenwart. Ausgewählte Aufsätze. Bd. 3. Basel 2005. S. 375–390.

Nach übereinstimmenden Feststellungen setzte die Kritik wegen fehlender Mitwirkung der Bürger und Bürgerinnen erst um 1992 mit «Maastricht» ein. Von Demokratiedefizit war zwar schon früher die Rede, dies bezog sich aber – wie oben dargelegt – auf die anfänglich schwache Kompetenzausstattung des Europäischen Parlaments. Wenn dennoch Demokratiedefizit beklagt wurde, war der fehlende Direkteinbezug der «Völker» gemeint, das heisst der Bürgergesamtheit einzelner Staaten, die bei Vertiefungsschritten der EG/EU konsultiert oder eben übergangen wurden. Diese Kritik wollte und will aber keine Demokratie im gesamteuropäischen Rahmen. Und sie beanstandet vor allem, dass nationale Volksabstimmungen, wo sie bisher doch stattfanden und negativ ausgingen, nicht ernst genommen worden seien (Dänemark 1992, Irland 2001 und 2008). Diese Kritik kam auch aus EU-Mitgliedsländern, die von dieser «Missachtung» gar nicht direkt betroffen waren. Erst in jüngster Zeit meldet sich auch Kritik an der Durchführung solcher einzelner Plebiszite, weil sie für die Gesamtheit der Gemeinschaft Konsequenzen haben.

Eine Betrachtung der Referendumspraxis muss zwischen zwei Kategorien von Abstimmungen unterscheiden: erstens den Beitritts- und Aufnahmeabstimmungen und zweitens den Vertrags- und weiteren Sachabstimmungen.

2.5 Die EU-Beitritts- und Erweiterungsabstimmungen

Zum Vorwurf der defizitären Demokratie der EU ist zu sagen, dass die Mitgliedschaft in allen Fällen demokratisch entstanden ist, auf der Seite der Beitretenden durch zumeist direktdemokratische Plebiszite und auf der Seite der Aufnehmenden durch parlamentarische Ratifikationen. Dass Beitritte über Volksabstimmungen eingeleitet wurden, ist einleuchtend und entspricht der Tragweite des Grundsatzentscheids, zu einem wichtigen Teil auf unilaterale Souveränitätsausübung zu verzichten. Der Beitritt erfordert zudem stets die vollumfängliche Übernahme der von der Gemeinschaft bisher gemeinsam gesetzten Bestimmungen (des *acquis communautaire*). Aushandelbar waren und sind bei Beitritten nur die Übergangsfristen.

In den Zählungen der EU-Volksabstimmungen werden die Beitrittsabstimmungen meistens mitgezählt. Streng genommen ist das jedoch nicht korrekt, weil die Staaten zum Zeitpunkt der Abstimmungen noch gar nicht EG/EU-Mitglieder waren. Anders verhält es sich bei den beiden britischen Abstimmungen von 1975 und 2016 über Verbleib in oder Austritt aus der EWG/EU. Vor der «Brexit»-Abstimmung vom Juni 2016 bildete Grönland einen Sonderfall (vgl. unten, S. 135). Eine andere besondere Variante stellen die beiden norwegischen Abstimmungen dar, die beide Male negativ ausgingen: als es um den Beitritt zusammen mit Grossbritannien, Irland und Dänemark gegangen wäre, am 25. September 1972 bei einer Stimmbeteiligung von 75 Prozent mit einer Ablehnung von 53,5 Prozent, und als es um den Beitritt zusammen mit Schweden, Finnland und Österreich gegangen wäre, am 28. November 1994 bei einer Stimmbeteiligung von 88,6 Prozent mit einer Ablehnung von 52,2 Prozent.[302] Ersatzhalber wurde Norwegen ohne Volksabstimmung Mitglied des Europäischen Wirtschaftsraumes (EWR).[303]

Bei den 28 Mitgliedschaften kam es insgesamt zu 15 Beitritts-Volksabstimmungen. Keine solchen Abstimmungen gab es bei den sechs Gründungsmitgliedern, bei den drei Staaten der Süderweiterungen (Griechenland, Spanien und Portugal), die kurz zuvor Diktaturen hinter sich gelassen hatten, sowie bei vier Staaten (Grossbritannien 1973 sowie Zypern 2003, Bulgarien 2005, Rumänien 2006), die sich mit Parlamentsentscheiden begnügten.[304] Anders als bei den Sachabstimmungen, die zu 50:50-Konstellationen tendieren, brachten Beitrittsabstimmungen oft recht hohe Zustimmungswerte: sieben von ihnen zwischen 77,7 und 91,1 Prozent Ja-Stimmen. Schweden allerdings mit nur 52,3 Prozent, Malta mit nur 53,6 Prozent und Finnland mit nur 56,9 Prozent sind die Ausnahmen mit der geringsten Zustimmung. Dazwischen liegen fünf Zustimmungen in der Kategorie der 60 Prozent.[305]

So – beinahe – selbstverständlich es war, dass beitretende Staaten ihre Mitgliedschaft über Volksabstimmungen absegneten, so sehr war es die Regel, dass auf der aufnehmenden Seite einzig das Europäische Parlament und die nationalen Parlamente zustimmten, letztere sogar einstimmig. Eine Ausnahme war das in Frankreich am 23. April 1972 auf willkürliche Präsidentenanordnung durchgeführte und mit 68,3 Prozent Zustimmung positiv ausgegangene Referendum zur ersten Erweiterung (um Grossbritannien, Irland und Dänemark). Die Begründung, wonach die französische Verfassung berührt werde und darum gemäss Art. 11 eine Volksabstimmung durchgeführt werden müsse, ist in der Literatur als eher fragwürdig («rather doubtful») bezeichnet worden.[306] Die Gegnerschaft im französischen Votum von rund 30 Prozent kam grösstenteils von links und erklärt sich einerseits mit einer

302 Wolfram Kaiser, Die EU-Volksabstimmungen in Österreich, Finnland, Schweden und Norwegen. Wien: Institut für Höhere Studien, 1995.

303 Andreas Salmhofer, Die Europapolitik von Norwegen. Saarbrücken 2008.

304 Portugal schuf im Hinblick auf den EG-Beitritt 1982 eine Verfassungsbestimmung, die eine Abtretung von Komptenzen an «Organe internationaler Organisationen» mit unmittelbarer Rechtszuständigkeit gestattete. Ähnlich in Spanien. Vgl. Körkemeyer zu allen EG-Beitrittsabstimmungen bis 1995, 1995, S. 41–54, speziell S. 47ff.

305 Vgl. Anhang III.

306 Hug, 2002, S. 28.

grundsätzlichen Opposition zur bürgerlichen Regierung und andererseits mit der Befürchtung, dass die neuen Mitglieder das Integrationsprojekt verwässern könnten, also «weniger Europa» die Folge wäre. Das war die allererste Volksabstimmung der Europapolitik.

Im Falle eines in weiter Zukunft liegenden, keineswegs spruchreifen und zur Zeit unmöglich erscheinenden Beitritts der Türkei signalisierten Spitzenpolitiker von mindestens drei EU-Mitgliedsländern, dass für eine solche Aufnahme eine nationale Volksabstimmung anberaumt werden müsste. Dies forderte CSU-Chef Horst Seehofer im Jahr der Bundestagswahlen von 2009, natürlich nicht um Zustimmung für eine solche Erweiterung einzuholen, sondern um der Wählerschaft in Aussicht zu stellen, dass seine Partei das verhindern könne.[307] Die österreichische Regierung stellte ebenfalls recht früh eine solche Volksabstimmung in Aussicht; dieses Versprechen wurde von Bundeskanzler Christian Kern (SPÖ) im Juni 2016 bekräftigt.[308] Bereits im Oktober 2004 hatte der französische Staatspräsident Jacques Chirac versprochen, zu dem damals in frühestens 10 bis 15 Jahren zu erwartenden Türkeibeitritt ein Referendum anzusetzen, zu einem Zeitpunkt also, da er, der als Staatspräsident für das Ausschreiben eines solchen Referendums zuständig wäre, sicher nicht mehr im Amt sein würde. Zu jenem Zeitpunkt, 2004, wünschte die Regierungsmehrheit der Nationalversammlung sogar eine Abstimmung im Parlament zur Frage, ob Aufnahmeverhandlungen in der EU überhaupt beginnen sollten. Ganz in diesem Sinne protestierte der Zentrist François Bayrou: «Was ist das für eine geschwächte, eine kranke Demokratie, in der das Parlament über so kapitale Entscheidungen wie die Türkei-Erweiterung nicht abstimmen darf.» Und der frühere Premierminister Edouard Balladur empfahl Präsident Chirac, beim bevorstehenden EU-Gipfeltreffen das Angebot einer privilegierten Partnerschaft an die Türkei festschreiben zu lassen und die Beitrittsverhandlungen nicht mit dem Versprechen einer Vollmitgliedschaft in der EU zu eröffnen. «Das wäre besser für Europa, für die Türkei und für Frankreich.»

307 Neujahrserklärung von 2009. Kommissionspräsident Barroso erinnerte Seehofer daran, dass es die deutsche Regierung war, welche die Aufnahme von Beitrittsverhandlungen mit der Türkei beantragt habe; vgl. http://www.swr.de/international/bildergalerie/-/id=13845498/did=13831192/gp1=4376922/gp2=4376966/nid=13845498/vv=gallery/x71ok6/index.html (letzter Zugriff Juli 2017).

308 Vgl. http://kurier.at/politik/ausland/kern-am-brexit-gipfel-volksabstimmung-nur-bei-tuerkei-beitritt/207.145.619 (letzter Zugriff Juli 2017).

Der damalige Premierminister Jean-Pierre Raffarin versuchte die Abgeordneten zu beruhigen: «Der Verhandlungsprozess kann jederzeit unterbrochen werden. Es gibt keine Fatalität.» Auch der sozialistische Fraktionschef Jean-Marc Ayrault war für eine restriktive Haltung und kritisierte die völlig unproblematische Erweiterung von 1995: «Frankreich hat schon die jüngste Erweiterung mehr erlitten denn gestaltet.» Die Regierung begehe abermals den Fehler, die Franzosen für unmündig zu erklären. «Unser Land zweifelt deshalb an Europa.»[309] Das war wenige Monate nach der Osterweiterung. Wäre im Vorjahr, 2003, über diese ein Referendum durchgeführt worden wie 1972 über die Westerweiterung, die Franzosen hätten ihr mehrheitlich nicht zugestimmt. Im Januar 2004 gaben in einer Umfrage 70 Prozent der Franzosen an, die Erweiterung sei verfrüht, und 55 Prozent waren ganz gegen die Beitritte, dies bei 35 Nein-Prozent der EU-Wähler insgesamt. Ein französisches Volks-Nein im Jahr 2003 hätte nicht nur jahrelange Verhandlungen desavouiert, sondern auch die Länder brüskiert, die zwischen März und September 2003 Volksabstimmungen zum Beitritt durchgeführt hatten.[310] Diese Abstimmung gab es aber nicht, darum nutzten im folgenden Jahr viele Bürger und Bürgerinnen die Abstimmung vom Mai 2005 über den Verfassungsvertrag, um ihren Missmut zum Ausdruck zu bringen. Die französische Skepsis war allerdings schon älteren Datums, sie machte sich gleich mit der Wende bemerkbar. Ihr versuchte Staatspräsident Mitterrand mit seiner Neujahrsansprache vom 31. Dezember 1989 Rechnung zu tragen.[311]

Anders als bei den EG/EU-Mitgliedschaften wurden die Nato-Mitgliedschaften nicht als derart bedeutsam eingestuft, dass sie mit Volksabstimmungen hätten genehmigt werden müssen.[312] Einen Sonderfall bildet Spanien, das vier Jahre nach seinem Nato-Beitritt ein Referendum über das Verbleiben in der Nato durchführte und 56,9 Prozent Zustimmung erhielt.[313] Nato-Mitgliedschaften ohne Konsultation der Bürger und Bürgerinnen sind umso bemerkenswerter, als die Zugehörigkeit

309 http://www.faz.net/aktuell/politik/europaeische-union/frankreich-widerstand-gegen-tuerkei-beitritt-1196252.html (letzter Zugriff Juli 2017).

310 Judt, 2009, S. 848.

311 Andreas Wirsching, Der Preis der Freiheit. Geschichte Europas in unserer Zeit. München 2012. S. 166.

312 Eine Ausnahme der jüngsten Zeit bildete die nach Russland orientierte Opposition in Montenegro, die eine Volksabstimmung für den Nato-Beitritt gefordert hat (ap-Meldung in: NZZ vom 15. Dezember 2016).

313 https://en.wikipedia.org/wiki/Spanish_NATO_membership_referendum,_1986 (letzter Zugriff Juli 2017).

von höchst vitaler und unter Umständen existentieller Bedeutung war (und ist) und auch für die eigenen Soldaten von weitreichenden Konsequenzen sein kann. Eine Nato-Mitgliedschaft bedeutet trotz der theoretischen Einstimmigkeitsklausel im Nato-Rat, also einer Veto-Möglichkeit, einen erheblichen Souveränitätsverzicht in militärischer Hinsicht.[314] Eine Erweiterung setzte voraus, dass beide Seiten daran interessiert sind. Die meisten neuen EU-Mitgliedsländer suchten zunächst die Nato-Mitgliedschaft und konnten erst danach auch der EU angehören.[315] Gehler zufolge sei ein Nato-Beitrittsprozess weniger zeitaufwendig und kostenintensiv.[316] Die Nato wurde in der Bevölkerung der Nato-Länder nie derart massiv und als «Fehlkonstruktion» kritisiert und angefeindet wie die EG/EU, obwohl es durchaus von Seiten der transnationalen Friedensbewegung stets Opposition gab.[317] Wegen der Neutralität kam für Irland eine Mitgliedschaft grundsätzlich nicht in Frage, für die drei neutralen Mitglieder der 1995-Runde anfänglich ebenfalls nicht. Inzwischen ist aber in Finnland und Schweden (nicht in Österreich) das Interesse an einer Mitgliedschaft gewachsen, wie 2014 durchgeführte Manöver und 2016 entsprechende Erklärungen belegen. Es dürfte auch da keine Volksabstimmungen geben, hingegen wird die öffentliche Meinung sicher eine gewisse Rolle spielen. Albanien, noch längere Zeit kein EU-Land, ist seit April 2009 Nato-Land wie Kroatien, das immerhin 2013 der EU beitreten konnte. Im April 2017 hat das montenegrinische Parlament den wegen der pro-serbisch-russischen Opposition stark umstrittenen Beitritt zur Nato beschlossen.[318]

Auch zur Teilnahme an der Euro-Zone fanden in der Regel keine Volksabstimmungen statt. Ausnahmen bildeten die Plebiszite mit negativem Ausgang in Dänemark (2000) und in Schweden (2003) und die Abstimmung in Griechenland (2015) zu den Sparmassnahmen in der Schuldenkrise. Von den derzeit 19 Mitgliedern der Euro-Zone waren 11 schon vor dem Euro-Beschluss vom Mai 1998 Mitglieder der EU. Griechenland, ebenfalls Altmitglied, kam erst auf den 1. Januar 2001 hinzu, was

314 Die Nato-Mitglieder sind einstimmig für das Einstimmigkeitsprinzip (http://www.mz-web.de/politik/nato-einstimmigkeit-ist-das-wichtigste-prinzip-9853028; letzter Zugriff Juli 2017).

315 Wie der Erweiterungs-Kommissar Günter Verheugen erklärte, wurden die beiden Erweiterungen von Nato und EU völlig unabhängig von einander bearbeitet. Zeitzeugengespräch mit Michael Gehler, ZEI Discussion Paper C221, 2014 des Zentrums für Europäische Integrationsforschung, Bonn. S. 41ff. Nochmals in Gehler, 2017, S. 25.

316 Gehler, 2017, S. 45ff. und 83.

317 Im Griechenland der 1970er und 1980er Jahre protestierte beispielsweise die Linke grundsätzlich gegen die Anwesenheit der Nato auf griechischen Flottenstützpunkten.

318 Vgl. Liste als Anhang III.

aber reichte, um gerade noch zu den Gründungsmitgliedern gezählt zu werden. Von den neuen Mitgliedern der ersten Osterweiterung von 2004 sind inzwischen sieben dem Euro-Club beigetreten beziehungsweise in ihn aufgenommen worden. Für die übrigen sieben Mitglieder (ohne Grossbritannien und Dänemark) besteht die Verpflichtung, den Euro einzuführen, sobald sie die wirtschaftlichen Bedingungen (Konvergenzkriterien) erfüllen; eine Verpflichtung, die im Grunde eine Volksabstimmung ausschliesst.

Das Eingehen einer derart konsequenzenreichen Mitgliedschaft hätte demokratietheoretisch eine Bürgerzustimmung voraussetzen müssen. In Deutschland, wo das Grundrecht eine solche Abstimmung ohnehin nicht zugelassen hätte, wäre schwerlich eine breite Bevölkerungsmehrheit für die Preisgabe der Deutschen Mark zu gewinnen gewesen (vgl. den Abschnitt zu «Maastricht», S. 162). Jahre später gestand Kanzler Helmut Kohl, er habe in diesem Fall «wie ein Diktator» gehandelt.[319]

2.6 Die Austrittsabstimmungen von 1975, 1982 und 2016

Grossbritannien 1975

Befürwortung oder Ablehnung der britischen EG-Mitgliedschaft gab und gibt es in Grossbritannien in beiden grossen Parteien, in der Conservative Party (Tories) wie in der sozialdemokratischen Labour Party. Beide Parteien hatten stets Mühe, mit Blick auf die Europapolitik ihre Deputierten hinter die offiziell eingenommene Haltung zu scharen. Welche Variante zum Zug kam, hing in hohem Masse davon ab, wer an der Macht und wer Opposition war. Wer in der Opposition war, neigte dazu, die Gegenposition zu der von der Regierung eingenommenen Haltung einzunehmen.

Die von der Tory-Regierung ausgehandelte und auf den 1. Januar 1973 in Kraft getretene EU-Mitgliedschaft wurde von der Labour-Opposition kritisiert, obwohl diese ihrerseits 1967 unter dem Labour-Premierminister Harold Wilson ein Beitrittsgesuch zur EWG gestellt hatte.[320] Der Beitrittsvertrag von 1973 musste dem Parlament nicht vorgelegt werden. Das Unterhaus hatte sich aber zu den Gesetzen zu äussern, mit dem gleichsam hausinterne, also nationale Anpassungen an den

---

319 Interview vom März 2002, zit. von Jens Peter Paul, Zwangsumtausch. Wie Kohl und Lafontaine die D-Mark abschafften. Frankfurt a. M. 2010, S. 293.

320 Vgl. Oliver Daddow (Hg.), Harold Wilson and European Integration. Britain's Second Application to Join the EEC, Abingdon/New York 2003. S. hier auch Katharina Böhmer, ‹We Too Mean Business›. Germany and the Second British Application to the EEC, 1966–67. S. 211–226.

Vertrag vorgenommen wurden. Premierminister Edward Heath wollte immerhin zum Prinzip des Beitritts ein Votum und erlangte eine gute Mehrheit mit 356 : 244 Stimmen, wobei 39 Abgeordnete seiner Partei gegen ihn und 69 Abgeordnete der Gegenpartei für ihn beziehungsweise das Prinzip des Beitritts stimmten. Die Labour Party hielt ihre Opposition aufrecht und weigerte sich anfänglich sogar, Vertreter ins Europäische Parlament zu schicken. 1974 war die britische EG-Mitgliedschaft (wie schon 1970) erneut ein Wahlkampfthema. Harold Wilson machte sich für Neuverhandlungen stark, forderte eine Vergünstigung in der Agrarabrechnung, Konzessionen gegenüber dem Commonwealth-Handel und eine Respektierung der britischen Souveränität – und schloss einen britischen Wiederaustritt aus der EG nicht aus. Als Wahlsieger vom Oktober 1974 (mit einer Mehrheit von drei Parlamentssitzen!) musste er zwei Versprechen einlösen: Neuverhandlungen und ein Referendum zu den Verhandlungsergebnissen beziehungsweise über ein Verbleiben in der EG. Es war das erste Mal, dass in Grossbritannien ein nationales Referendum abgehalten wurde. Ihm kam vor allem die Funktion zu, die tiefe Spaltung der Labour Party in dieser Frage zu überwinden. Es liegt auf der Hand, dass das Szenario, das der Konservative David Cameron 2016 herbeiführte, eine Wiederholung der Vorgehensweise des Labour-Premierministers von 1975 war.[321] In den elfmonatigen Verhandlungen holte die Regierung Wilson 1973 wenig heraus und hatte trotz des Sukkurses des sozialdemokratischen Bundeskanzlers Helmut Schmidt grosse Mühe, ihre eigenen Abgeordneten für ein Verbleiben in der EG zu gewinnen. Aber Wilson hatte die Unterstützung sowohl eines Teils der Tories wie auch der europafreundlichen Kleinpartei der Liberalen. Die spätere Regierungschefin Margaret Thatcher, gerade zur Vorsitzenden der konservativen Partei gewählt, setzte sich in ihrem ersten öffentlichen Auftritt für ein «yes» ein, obwohl sie die Abhaltung eines Referendums als eine Verletzung der Vorrechte des Parlaments taxierte.

Im März 1975 stimmte das britische Parlament einer Volksabstimmung zu, und im April 1975 empfahl eine überwältigende Mehrheit des Unterhauses (von 397 : 170 Stimmen) ein «remain». Die Unterhausmehrheit war aber nur mit Tory-Stimmen zustande gekommen, 145 der 282 Labour-Abgeordneten, also die Mehrheit der

321 Zum von Cameron im Juni 2016 einberufenen Referendum stellte eine Unterhauskommission in einem 80-seitigen Bericht nachträglich fest, dass das Instrument der Volksabstimmung der parlamentarischen Souveränität zuwiderlaufe und nur unter bestimmten Bedingungen durchgeführt werden solle. Cameron habe das Plebiszit missbraucht, um den Dauerstreit innerhalb der Tory-Partei über die EU zu beenden (NZZ vom 13. April 2017).

Regierungspartei, hatten sich gegen ein Verbleiben ausgesprochen. Und selbst Regierungsmitglieder durften im anschliessenden Abstimmungskampf die «antieuropäische» Position vertreten. Am 5. Juni 1975 sprachen sich bei einer Stimmbeteiligung von 60,4 Prozent immerhin 67,2 Prozent der Abstimmenden (17,4 Millionen Bürgerinnen und Bürger) für ein Verbleiben aus. In Schottland war die Zustimmung wegen befürchteter Schäden im Fischereiwesen und den Kleinbauernbetrieben mit nur 58,4 Prozent «yes-votes» deutlich tiefer.[322] Wilson zeigte sich zufrieden und erklärte, dass man nun 14 Jahre nationaler Kontroversen hinter sich lassen könne. Die Grundeinstellung zum europäischen Projekt hatte aber mit dem Abstimmungssieg keine positive Bekräftigung erlebt. Die Befürworterkampagne hatte sich auf «bread and butter issues» beschränkt, die eigentlichen Integrationsfragen blieben unberührt – oder «were carefully overlooked». Das Referendum wurde aber zu einem Präzedenzfall für weitere Volksabstimmungen zu schottischen und walisischen Autonomiebegehren 1979 und 1997 – und für die Abstimmung von 2016.[323]

Grönland 1982

Im Zusammenhang mit dem «Brexit» wurde hin und wieder in Erinnerung gerufen, dass es bisher erst einen «Austritt» gegeben habe: den Ausstieg des 1979 autonom gewordenen Grönland aus der EG im Jahr 1985. Schon in der zusammen mit Dänemark durchgeführten Beitrittsabstimmung von 1972 hatte sich gezeigt, dass die Grönländer gegen eine EG-Mitgliedschaft waren.[324] Nur 3 905 hatten dafür, aber 9 386 dagegen gestimmt. Das Hauptmotiv für dieses Votum war, dass die Grönländer ihre Fischgründe vor der starken Ausbeutung durch europäische Fangflotten schützen wollten. Nach 1979 kamen allerdings Stimmen auf, die eine Zugehörigkeit befürworteten, weil man sich davon in Kombination mit EG-Investitionen eine Diversifizierung der Wirtschaft versprach. Eine Volksbewegung bewirkte eine Abstimmung über den Verbleib oder den «Austritt», und diese ergab am 23. Februar 1982

322 Julie Smith, The 1975 Referendum. In: Journal of European Integration History JEIH 5, 1, 1999, S. 41–56. Aktueller Anlass für diesen Beitrag war eine Diskussion um ein Referendum zu einer allfälligen Euro-Beteiligung Grossbritanniens. Zur weiteren Einordnung: Georg Kreis, Das Hüst und Hott der Briten in der Europafrage. In: Tageswoche vom 25. April 2013 (http://www.tageswoche.ch/de/2013_17/international/535442/; letzter Zugriff Juli 2017).

323 Eine gute Darstellung der Ereignisse findet sich bei Geppert, 2017.

324 Nicht berücksichtigt ist die Situation der Färöer-Inseln, die zwar zum dänischen Königreich, aber nicht zur EU gehören.

eine leichte Mehrheit von 53,2 Prozent oder 12 615 für den «Gröxit» und 11 180 für den Verbleib in der EG. Gerne wird in diesem Zusammenhang das eindrückliche Faktum hervorgehoben, dass die EG damit am 1. Januar 1985 etwa die Hälfte ihres Territoriums verlor.[325]

Grossbritannien 2016

Die Befürworter eines britischen Austritts aus der EU erlangten am 23. Juni 2016 mit 51,9 Prozent eine knappe Mehrheit. In der «Leave»-Argumentation spielte die Demokratiefrage insofern eine Rolle, als das Vereinigte Königreich als übermässig und vor allem in falscher Weise fremdbestimmt empfunden wurde, wobei keineswegs gesichert erscheinen konnte, dass nach einem «Leave» das eigene, nationale Parlament (Unterhaus) den Erwartungen der Basis eher entsprechen würde. Volksabstimmungen sind in Grossbritannien wie in Frankreich kein festgeschriebenes Volksrecht, ihre Anberaumung ist allein vom Gutdünken des Regierungschefs abhängig.

Unter dem Aspekt der Demokratieverwirklichung und des Selbstbestimmungsrechts ist beachtenswert, dass Teile des Vereinigten Königreiches, Schottland (mit 62 Prozent) und Nordirland (mit 55,7 Prozent) gegen einen Austritt waren und in Schottland wegen des EU-Austritts nun eine zweite Abstimmung für einen UK-Austritt angestrebt wird.[326] Der zwar knappe, formal aber eindeutige Ja-Nein-Entscheid ist nach beiden Richtungen unklar: einerseits bezüglich der Motive und Hoffnungen, die zum Austrittsvotum geführt haben, und andererseits bezüglich der wirtschaftlichen und politischen Konsequenzen, die der Austritt haben wird. «Am Ende des Tages» wird man sehen, was das Nein bedeutet. Dann wäre eine zweite Abstimmung angemessen, weil man wüsste, worüber man entscheidet. Eine solche Abstimmung ist nicht vorgesehen und dürfte es wohl auch kaum geben.

Unbestimmt sind auch die Fristen. Die Abstimmungsvorlage bestimmte nicht, bis wann im Falle einer Annahme der «Leave»-Option der Austritt eingereicht

325 Christa Tobler weist darauf hin, dass Grönland als Teil des EG-Mitglieds Dänemark gar nicht austreten, sondern lediglich den Status zu einem überseeischen Gebiet wechseln konnte. Vgl. Christa Tobler, Und wenn das Abkommen wegfällt? Erworbene Rechte nach Art. 23 FZA. In: Jahrbuch für Migrationsrecht 2015/2016, S. 43–57, insbes. S. 54. https://www.welt.de/wirtschaft/article156664463/Der-Fall-Groenland-ist-eine-Warnung-fuer-Europa.html (letzter Zugriff Juli 2017).

326 In Wales waren «bloss» 47,4 Prozent für einen Verbleib in der EU; vgl. http://www.zeit.de/politik/ausland/2016-06/wahlergebnisse-grossbritannien-eu-referendum (letzter Zugriff Juli 2017).

werden soll. Klarer sind die Verfahren auf der Seite der EU geregelt. Gemäss Art. 50 des EU-Vertrags wird, sofern keine Verlängerung beschlossen wird, zwei Jahre nach der offiziellen Einreichung des Austrittsbegehrens durch die britische Regierung die bisherige Rechtslage im Prinzip hinfällig, wobei Kenner meinen, dass es realistischer sei, mit etwa sieben bis zehn Jahren Verhandlungszeit zu rechnen. Das ausgehandelte Resultat muss zunächst vom Europäischen Parlament und anschliessend vom Europäischen Rat mit qualifiziertem Mehr und von allen 27 nationalen Parlamenten der EU gutgeheissen werden. Kommt keine Übereinstimmung zustande, ist ein «ungeregelter Austritt» vorgesehen. Ein Wiedereintritt nach den allgemeinen Modalitäten von Art. 49 des EU-Vertrags wäre möglich.

Völlig offen liess der Abstimmungsentscheid, wie das Verhältnis zur EU nach dem «Brexit» sein soll oder sein darf, das heisst, in welchem Mass Binnenmarktverhältnisse (ohne vollständige Personenfreizügigkeit) einerseits angestrebt, andererseits gewährt werden sollen, und ob überhaupt EU-Recht gelten soll. Nach herrschender Lehre hatte das Referendum bloss konsultativen Charakter – daher müsste eine Kündigung der EU-Mitgliedschaft eigentlich vom Parlament vorgenommen werden. Theresa May, die gegenwärtige Regierungschefin, wollte den Moment der Austrittsanmeldung selber bestimmen und gab sich als radikale Umsetzerin des sogenannten Volkswillens. Bei allem dürften innenpolitische oder vielmehr parteitaktische Überlegungen eine entscheidende Rolle spielen, wobei mit Parteitaktik nicht einmal ein irgendwie verstandenes Gesamtinteresse der Partei, sondern das ganz persönliche Machtinteresse einzelner Parteipolitiker gemeint sein kann.[327]

2.7 Volksabstimmungen zu Vertrags- und weiteren Sachvorlagen

Die bisher – aus Sicht der EU-Befürworter – negativ ausgegangenen Abstimmungen werden von den EU-Gegnern als Indiz dafür genommen, dass sich die Basis gegen ein übermässig integriertes Europa wehrt oder sich noch mehr wehren würde, wenn man ihr dazu Gelegenheit gäbe. Hans Magnus Enzensberger zum Beispiel wies 2011, also noch vor dem «Brexit», mit stiller Genugtuung darauf hin, dass neun (!) Volksbefragungen gescheitert seien und dass dies die Eurokraten in Panik

327 Stimmen aus der im Votum von Juni 2016 unterlegenen «Remain»-Hälfte der Tories erklären, dass die in der Europafrage eingenommenen Haltungen nicht nur Boris Johnsons, sondern auch der schliesslich erfolgreichen Cameron-Nachfolgerin Theresa May von persönlichem Karrierekalkül bestimmt waren. Zur Fortsetzung dieses Prozesses vgl. unten, S. 209ff.

und Schrecken habe verfallen lassen.[328] Die tatsächlichen Verhältnisse zeigen jedoch, was die Bilanz der Referenden betrifft, ein weniger ungünstiges Bild als die Fokussierung einzig auf die negativ ausgegangenen Abstimmungen.

Sieht man von den beiden Austrittsabstimmungen in Grönland und Grossbritannien ab (vgl. oben, S. 135ff.), so gab es bisher insgesamt 22 Volksabstimmungen zu Vertrags- und Sachvorlagen. Davon galten 17 den EU-Verträgen, zwei der Euro-Übernahme, eine der Schuldensanierung,[329] eine den Kompetenzen der eigenen Europaabgeordneten[330] und eine dem Assoziierungsabkommen mit der Ukraine. Die zwei Euro-Voten (in Dänemark und Schweden) gingen negativ aus, sie waren aber keine grundsätzlichen Voten gegen die EU-Mitgliedschaft.[331] Zur eindrücklichen Abstimmung in Griechenland vom Juli 2015 ist festzuhalten: Sie wurde von der Regierung lediglich als Druckmittel gegen die sie bedrängende Troika (Europäische Zentralbank, Internationaler Währungsfonds und Europäische Kommission) angesetzt. Das Resultat wurde dann aber, weil sich die Euro-Gruppe nicht zu einem Nachgeben drängen liess, von der griechischen Regierung ebenfalls als nicht verbindlich eingestuft.

Von den verbleibenden 19 Volksabstimmungen gingen 13 positiv und sechs negativ aus. Die Abstimmungen mit positivem Ausgang galten 1972 der ersten EG-Erweiterung, 1985/86/87 der Einheitlichen Europäischen Akte, 1989 der Verfassungsermächtigung in Italien, 1992/93 dem Vertrag von Maastricht, 1997/99 dem Vertrag von Amsterdam, 2001/03 dem Vertrag von Nizza, 2004/05 dem Verfassungsvertrag von Rom, 2007/09 dem Reformvertrag von Lissabon.

Von den bei dieser Rechnung verbleibenden sechs Abstimmungen mit negativem Ausgang entfallen drei, weil sie in Wiederholungen zu positiven umgewandelt wurden. Und so bleiben letztlich nur drei negative Ausgänge: zwei von 2005 in Frankreich und den Niederlanden zum Verfassungsvertrag, die später aber über die parlamentarische Zustimmung zum Reformvertrag aufgefangen wurden; sowie die Abstimmung in Dänemark von 2016 zum EU-Assoziierungsabkommen mit der Ukraine, die aber mit einer Zusatzerklärung durch das Parlament ebenfalls aufge-

328 Enzensberger, 2011, S. 56.

329 Das griechische Referendum vom Juli 2015 galt formal den Bedingungen der Kreditgeber, wird aber als Euro-Abstimmung gezählt.

330 1989 wurden in Italien mit 88,1 Prozent die italienischen Europaabgeordneten ermächtigt, sich an der Erarbeitung einer Europäischen Verfassung zu beteiligen.

331 In Dänemark mit 53,2 Prozent, in Schweden mit 55,9 Prozent und in Griechenland mit 61,3 Prozent Nein-Stimmen.

fangen wurde (vgl. unten, S. 200ff.). Liest man auf diese Weise die Resultate der 22 Abstimmungen, ist die Bilanz weit weniger ungünstig, als es die Fama von den vielen negativen Ablehnungen haben will.

Es sei nochmals wiederholt, dass die Genehmigung der ersten Verträge (EGKS von 1951, EWG/EAD von 1957) «nur» über die nationalen Parlamente den Usancen der Zeit entsprach und es auch keine Stimmen gab, die eine Legitimierung durch Volksabstimmungen forderten.[332] Weil die «öffentliche Meinung» offenbar von sekundärer Bedeutung war und damals eben so etwas wie ein «permissiver Konsens» herrschte, hat sich auch die Forschung für die Frage nach der Haltung der Bevölkerung in diesen Fragen nicht wirklich interessiert.

Zur allgemeinen Stimmungslage in der Bevölkerung erfahren wir in der zentralen Studie zu den Römischen Verträgen lediglich, dass diese in einer Zeit vorgelegt worden seien, in der die «Einigungseuphorie» bereits verebbt sei; hingegen sei bei einem grossen Teil der politischen Verantwortlichen nach wie vor der Wille vorhanden gewesen, Europa zu schaffen.[333] Aus heutiger Sicht kann man beifügen, dass dieser Wille zwar nicht die Umsetzung eines vorhandenen Basismandats war, aber auch nicht gegen den Willen der Bevölkerungen agierte. Andererseits wäre es keineswegs sicher gewesen, dass Volksbefragungen zustimmende Resultate ergeben hätten.

Auch zu den beiden grösseren Integrationsschritten der folgenden Jahre, zur Einheitlichen Europäischen Akte (EEA) und zum Vertrag von Maastricht, gab es vorgängig über die in zwei Ländern formell bestehenden Abstimmungsvorschriften hinausgehend keine Referendumsforderungen. Die beiden zur EEA dennoch durchgeführten Volksabstimmungen von 1986/87 sind, weil mit völlig problemlosem Ausgang, in der Geschichte entsprechend unbeachtet geblieben. Ein etwas eingehenderer Blick auf diese beiden Plebiszite ist darum aufschlussreich, weil er zeigt, dass zu jenem Zeitpunkt die Zustimmung zu einem weiteren Integrationsschritt beinahe selbstverständlich und weil man damals weit davon entfernt war, diesen Schritt mit der Problematik des Demokratiedefizits in Verbindung zu bringen.

Die systematische Durchsicht der «Neuen Zürcher Zeitung» (NZZ) zu den europapolitischen Referenden zeigt, dass das bürgerliche Hauptblatt der Schweiz, das gegenüber dem europäischen Projekt eine eher zurückhaltende Haltung einnahm, noch kein Überborden der Integrationspolitik diagnostizierte und eher in den Chor derje-

332 Maximilian Müller-Härlin, Nation und Europa in Parlamentsdebatten zur Europäischen Integration. Identifikationsmuster in Deutschland, Frankreich und Grossbritannien nach 1950. Baden-Baden 2008.

333 Küsters, 1992, S. 482.

nigen einstimmte, die jenseits der Absichtserklärungen zu wenig substantielle Integrationsfortschritte feststellten. Als der Stuttgarter Gipfel im Juni 1983 einen «qualitativen Sprung nach vorne» in Aussicht stellte, kritisierte NZZ-Wirtschaftsredaktor Willy Zeller (Zr.) nicht diese Absicht, sondern stellte die Erklärung in eine Reihe früherer Deklarationen ähnlicher Art und zweifelte nur an deren Ernsthaftigkeit.[334]

2.8 Reaktionen auf die Einheitliche Europäische Akte (EEA)

In einem Exkurs soll nun, gestützt auf die Publizistik der «Neuen Zürcher Zeitung», der schweizerischen Zeitung mit der grössten internationalen Ausstrahlung, der Frage nachgegangen werden, wie die im Dezember 1985 beschlossene, im Februar 1986 unterzeichnete und im Juli 1987 in Kraft getretene Einheitliche Europäische Akte (EEA) aufgenommen wurde und ob sich schon damals die später bekannten Vorbehalte gegen das Integrationsprojekt zeigten. Wenn der Integrationsausbau der EG der ausschlaggebende Grund für aufkommende Verdrossenheit gewesen wäre, dann müsste dies in den Abstimmungen von 1986/87 in den notorisch EG-kritischen Ländern Dänemark und Irland zum Ausdruck gekommen sein. Die Volksabstimmungen galten der EEA, die das Fundament für «Maastricht» legte und den grössten Reformschritt zwischen «Rom» 1957 und «Maastricht» 1992 bildete.[335] Hätte der vom Politologen Gabel für die Zeit vor 1992 angenommene Unmut bereits zu diesem Zeitpunkt in der «Flasche Europa» gebrodelt, hätte dieser schon damals Gelegenheit gehabt, sich in einem ablehnenden Votum zu äussern.

Die EEA war der erste Reformvertrag in der Reihe «Maastricht» – «Amsterdam» – «Nizza» – «Lissabon» und bildete den Ausgangspunkt für die Schaffung eines Binnenmarktes mit einem Zusatzvertrag zu den bestehenden Gemeinschaftsverträgen (EGKS, EWG und EAG) sowie einer vertraglichen Grundlage für die Europäische Politische Zusammenarbeit (EPZ), die schliesslich zu zwei zusätzlichen «Pfeilern» führte. Die EEA wurde 1986/87 in Dänemark und Irland mit 56,2 und 69,9 Prozent bemerkenswert gut aufgenommen. Die Resultate entsprachen der

334 Zr., Der EG-Scheinerfolg von Stuttgart. In: NZZ Nr. 142 vom 21. Juni 1983.

335 Die Verabschiedung einer EEA war schon 1981 im Zusammenhang mit dem «Genscher-Plan» eine Zielsetzung. Christopher Kopper hält zutreffend fest, dass die «relative Vernachlässigung» der EEA in der allgemeinen Einschätzung auch der Historiographie in einem «Missverhältnis» zu ihren «weitreichenden Auswirkungen» auf die Wirtschaftspolitik stehe (2016, S. 231).

noch positiven Grundstimmung und stehen im deutlichen Gegensatz zu der später gerade in diesen Ländern manifestierten Ablehnung.[336]

Dänemark

Die Abstimmung in Dänemark vom 27. Februar 1986 war für die NZZ kein eigenes Thema: Es gab lediglich kurze Hinweise auf eine Fernsehreportage[337] und auf die nach dem positiven Ausgang möglich gewordene Unterzeichnung. Im Februar 1986 hatten Italien und Griechenland, die für die Ratifizierung keine Volksabstimmung brauchten, mit der Unterzeichnung der EEA zugewartet, bis das dänische Volk seine Zustimmung geben würde.[338]

Die NZZ veröffentlichte zwei Wochen nach dem dänischen Ja im März 1986 eine ausführliche zweiteilige Charakterisierung der EEA durch den ehemaligen Richter am Gerichtshof der Europäischen Gemeinschaft, Prof. Pierre Pescatore. Seine Beurteilung war vor allem technischer Art. Er betonte die «höchste Kompliziertheit» der Akte, sie habe leider nicht zur Übersichtlichkeit der Materie beigetragen und sie sei ein unverbindliches Programm ohne feste zeitliche Begrenzung. Er bedauerte die «mageren Ergebnisse», die «nichtssagenden Formulierungen», die «unausgereiften Kompromisse». Die 1966 eingeführte Veto-Möglichkeit des Luxemburger Kompromisses sei nicht beseitigt worden. Eine ungünstige Ausgangslage habe es den Gegnern jeglichen Fortschritts ermöglicht, «als Preis für ihre Zustimmung zu realen und vermeintlichen Verbesserungen fühlbare Abstriche von den ursprünglichen Gemeinschaftsverträgen (zu) erzielen».[339]

Ob und inwieweit diese Kritik berechtigt war, muss hier nicht diskutiert werden, wichtiger ist die Feststellung, dass einmal mehr der Wunsch nach einem «besseren» und einem «stärkeren» Europa die Grundlage für die Beurteilung lieferte. Die EEA wurde im Vergleich zu den Römischen Verträgen von 1957 sogar als poten-

336 Insbesondere auch zu den rechtlichen Voraussetzungen und zum Zeitraum 1972–2000 vgl. Simon Hug, Voices of Europe: Citizens, Referendums, and European Integration. Lanham 2003.

337 Hinweis auf eine Fernsehreportage: «Am kommenden Wochenende wird in Dänemark darüber abgestimmt, ob das Land dem Reformpaket der Europäischen Gemeinschaft zustimmen soll oder nicht. Bei der Abstimmung geht es indessen nicht nur um Reformen. In Dänemark wird zurzeit über Grundsätzliches der EG-Mitgliedschaft gestritten.» (NZZ Nr. 46 vom 25. Februar 1986).

338 NZZ Nr. 50 vom 1./2. März 1986.

339 Die nach der Phase der vom französischen Staatspräsidenten Charles de Gaulle betriebenen Politik des «leeren Stuhls» eingeräumte Möglichkeit, nationale Interessen existentieller Natur gegen einen Gemeinschaftsbeschluss geltend zu machen.

zieller Rückschritt gewertet: «Im Gegensatz zur klaren Linienführung der ursprünglichen Gemeinschaftsverträge ist die Akte von juristisch unfassbaren Schlagwörtern durchsetzt.»[340] Pescatore wünschte, dass sich die nationalen Parlamente in den verbleibenden Ratifikationsdebatten mit der EEA ernsthaft auseinandersetzten. Dabei dürften sie zum Schluss kommen, dass es für die Zukunft Europas das kleinere Übel wäre, «dieses unausgeglichene Vertragswerk einstweilen zurückzustellen oder zu Fall zu bringen. Dann bliebe wenigstens das unersetzliche Einigungswerk, das die Römer Verträge geschaffen haben, in seiner Integrität unangetastet». Die bescheidenen Fortschritte der Europa-Akte könnten auch auf anderem Weg, ohne den Aufwand einer Vertragsrevision, in die Wirklichkeit umgesetzt werden.[341]

Irland

Der analogen Abstimmung in Irland wurden in der NZZ dagegen vier Beiträge gewidmet: Ein erster Beitrag berichtete, dass eine Abstimmung nur nötig wurde, weil ein «einzelgängerischer Volkswirtschaftler und Bauer» (Raymond Crotty) beim Obersten Gericht wegen der Preisgabe der Souveränität geklagt und Recht bekommen hatte. Ohne diese Klage hätte das Parlament mit 127 Stimmen und gegen 17 Labour-Stimmen abschliessend dieser Vorlage zugestimmt.[342] Es werde aber allgemein mit einer Zustimmung gerechnet, auch wenn sie nicht mehr die 84 Prozent des Beitrittsvotums von 1972 ergeben werde.[343]

Einem zweiten Bericht war zu entnehmen, dass das irische Oberste Gericht mit 3 : 2 Stimmen eine Verfassungsänderung für erforderlich hielt und das Parlament mit 123 : 17 Stimmen die dem Volk zu unterbreitende Änderung guthiess. Die Gegner machten vor allem geltend, dass die immer engere Zusammenarbeit wirtschaftlicher und politischer Natur auch militärische Aspekte einschliesse und dies die irische Neutralität tangiere. Der in der Volksabstimmung vorgelegte Verfassungszusatz bestand aus einem einzigen kurzen Satz, der die Regierung ermächtigte, die EEA zu unterzeichnen. Ein Vorschlag wollte diese Ermächtigung allgemeiner fassen, damit der Staat künftig nicht erneut in die gleiche Lage käme. Dass Irland unter einem gewissen Erwartungsdruck stand, zeigte die ebenfalls zitierte Meinung, jetzt

340 Pescatore in: NZZ Nr. 62 und 64 vom 15./16. März und vom 18. März 1986.

341 Ebenda, 18. März 1986.

342 Zur rechtlichen Frage vgl. Hug, 2002, S. 29ff.

343 R.B. (Roger Bernheim), NZZ Nr. 86 vom 13. April 1987.

gehe es ausschliesslich um eine baldmöglichste Ratifizierung, «damit die Partner nicht länger auf die Geduldprobe gestellt würden».[344]

Der dritte Bericht vermittelte mehr Angaben zu den befürwortenden und ablehnenden Kräften: Befürwortend waren «alle wichtigen Parteien» (Regierung und Opposition); Aussenminister Brian Lenihan habe eine Ablehnung als «Akt des nationalen Wahnsinns» bezeichnet und der frühere Regierungschef Garret FitzGerald ein Nein als «kollektiven Selbstmord». Die Gegner wurden so umschrieben: extreme Nationalisten der IRA, die Linksextremisten der Arbeiterpartei, die Kernwaffengegner, einige Gewerkschaftler und einige Kirchenführer, die befürchten, dass die EEA schliesslich die Scheidung und den Schwangerschaftsabbruch erlauben würde.[345]

Der vierte Bericht hielt dann das Ergebnis vom 26. Mai 1987 fest: die Zustimmung mit 69,9 Prozent im Verhältnis von 70 : 30 bei einer Beteiligung von 45 Prozent, was als aussergewöhnlich niedrig bezeichnet wurde. Zitiert wurde auch der Premierminister Charles J. Haughey: Das Ergebnis sei eine «eindrückliche Demonstration dafür, dass das irische Volk entschlossen zur EG-Mitgliedschaft stehe und sich uneingeschränkt an der weiteren Entwicklung der Gemeinschaft beteiligen wolle».[346]

Die am 1. Juli 1987 nach einigen Verzögerungen in Kraft getretene Einheitliche Europäische Akte (EEA), die zum Ziel hatte, die Gesamtheit der Beziehungen zwischen den Staaten in eine EU umzuwandeln, erfuhr in der NZZ eine leicht skeptische, aber die Richtung und Zielsetzung nicht in Frage stellende Beurteilung. Der Brüsseler Korrespondent Walter Meier warnte vor allem vor zu hohen (positiven!) Erwartungen: «Eine Chance – mehr nicht» – «bescheidene Schubkraft» – «begrenzte Tragweite» – «kaum neue Impulse» – «sorgfältige Ausklammerung» – «Kompromisscharakter» – «Unklarheit», so die Schlagworte. Am institutionellen Gleichgewicht sei kaum gerüttelt worden, die Stellung von Kommission und Parlament sei «nur marginal» gestärkt worden, der Ministerrat behalte das Übergewicht. Kein Wort von einem Demokratiedefizit und fehlender Bürgernähe. Alles in allem bewegte sich das Urteil in der seit Jahren bestehenden Grundkritik, dass der Integrationsprozess «zu wenig» und nicht «zu viel» Europa zustande bekomme.[347]

Im März 1988 vermittelte Willy Zeller, jetzt zum Leiter der NZZ-Wirtschaftsredaktion avanciert, seiner Leserschaft eine ausgesprochen positive Beurteilung der

344 Ders., NZZ Nr. 96 vom 27. April 1987.

345 Ders., NZZ Nr. 118 vom 23./24. Mai 1987.

346 Ders., NZZ Nr. 122 vom 29. Mai 1987.

347 wm, NZZ Nr. 150 vom 2. Juli 1987. Wie die systematische Durchsicht der NZZ zeigt, war diese damals wesentlich europafreundlicher eingestellt, als sie es heute ist.

Mitte 1987 in Kraft getretenen EEA. In Anbetracht des «nahezu abrupt anschwellenden Interesses» des schweizerischen Publikums hielt er es für angebracht, eine grössere Serie «Blickpunkt Integrationspolitik» zu initiieren und mit einem eigenen Eröffnungsbeitrag das Wesen des europäischen Binnenmarktes zu beschreiben. Die Präsentation war in anerkennendem Geist verfasst: Die integrationspolitische Stagnation stehe im Begriff überwunden zu werden, und die mit der Erweiterung von sechs auf zwölf EG-Mitglieder grösser gewordene ökonomische und politische Heterogenität werde gemildert. Seine Schlussfolgerung:

> «Überblickt man die Gesamtheit der mit der Einheitlichen Akte in Gang gesetzten Entwicklung, so drängt sich die Feststellung auf, man habe es mit einem kontinuierlichen Prozess zu tun, von dem heute niemand zu sagen vermöge, welchen Reifegrad er bis zum Stichdatum von Ende 1992 erreicht haben werde.»

Es gebe zwar einen Rückstand gegenüber den im Weissbuch von 1985 formulierten Absichten, aber: «Gewiss ist der Vorgang der Rechtsangleichung in den letzten zwei Jahren überzeugender als früher in Bewegung gekommen.» Der angestrebte Binnenmarkt würde die bisherigen Schwerfälligkeiten von Einzelharmonisierungen beseitigen, Forschung und Entwicklung würden die Konkurrenzfähigkeit Europas verbessern, das Prinzip der qualifizierten Mehrheitsentscheide würde ausgebaut und damit die 1966 mit dem Luxemburger Kompromiss «vertragswidrig» eingeführte Einstimmigkeitspraxis wieder eingeschränkt u. a. m. Warnende Vorbehalte oder gar fundamentale Ablehnung des Integrationsprozesses hätten anders gelautet.[348]

Die vorsichtige Einschätzung vom März 1988 machte in den folgenden Monaten einer bemerkenswerten Anerkennungsbereitschaft Platz. So im August 1988: «Die europäische Integrationspolitik hat in der zweiten Hälfte dieses Jahrzehnts eine Festigung erlangt, die man zuvor während einer bemühend langen Zeit vermisst hatte.»[349] Im November 1988 störte sich Willy Zeller überhaupt nicht daran, dass in der Präambel und im ersten Artikel der EEA eine «Europäische Union» aufgeführt war, selbst wenn damit «gar» eine «Politische Union» gemeint sein könnte. Solche Fragen wür-

348 Willy Zeller (Zr.), EG-Programm im Zeichen der Einheitlichen Akte. In: NZZ Nr. 74 vom 29. März 1988. Zeller hatte bereits zu Jahresbeginn unter dem Titel «Programmatische EG-Rhetorik» kritiklos Delors' Aussagen vor dem Europäischen Parlament wiedergegeben, wonach die monetäre Vereinheitlichung die makroökonomische Konvergenz begünstigen werde und nicht die wirtschaftliche Harmonisierung der Währungsintegration vorangehen müsse (NZZ Nr. 16 vom 21. Januar 1988).

349 Zr., Rationale Kennzeichen der europäischen Einigung. In: NZZ Nr. 179 vom 4. August 1988.

den sich trefflich für rhetorische Übungen eignen. Ob die EG einmal ein Staatenbund oder Bundesstaat werde, sei ein Streit um des Kaisers Bart. Mit Rückgriff auf die Schweiz erklärte Zeller beruhigend: «Selbst die Vision einer ‹Politischen Union› braucht [...] deren föderalistischen Charakter nicht aufzuheben.»[350]

Am 20. September 1988 hatte die britische Regierungschefin Margaret Thatcher in ihrer berühmt-berüchtigten «Brügge-Rede» einer weitergehenden Integration eine dezidierte Absage erteilt. Einige Wochen später nahm der Brüsseler Korrespondent der NZZ «wm.» nochmals eine Einordnung dieses Auftritts vor. Thatcher kam dabei nicht gut weg: Zum einen bemerkte der Berichterstatter, dass die Aussagen überhaupt nicht neu und seit 1985 bekannt seien. Und zum anderen urteilte er:

> «Die Aussagen Frau Thatchers bestachen eher durch ihre Schärfe als durch ihre intellektuell überzeugende Untermauerung ihrer Positionen. Zum Teil zog sie gegen Dinge ins Feld, die ernsthaft niemand will oder zumindest nicht so, wie die Premierministerin insinuierte.»

Zweimal hielt «wm.» fest, dass man gegenwärtig eine gute Integrationskonjunktur erlebe und darum eine Debatte über die Finalität der EG durchaus angebracht sei.[351]

Im Mai 1990 war Zellers Beurteilung der EEA wieder ausgesprochen positiv. Sie erfolgte im Rahmen einer ebenfalls sehr wohlwollend gehaltenen ganzseitigen Würdigung des gesamten Integrationsprozesses anlässlich des 40. Jahrestags des Schuman-Plans. Es wurde an Jean Monnets Credo erinnert, dass die Übertragung nationaler auf europäische Hoheit «per saldo nicht zu Verlusten, sondern zu Gewinnen an echter Souveränität» führe. Der Weg zur europäischen Einheit sei aber nicht gradlinig gewesen, zahlreiche wohlklingende Erneuerungspläne und Unionsentwürfe hätten sich als mehr oder minder wirkungslos erwiesen. Aber:

> «Ein solides Fundament zum Ausbau des Einigungsvorhabens legte erst die Einheitliche Europäische Akte (EEA) von 1986, mit der die nunmehr zwölf Mitgliedstaaten die Gründungsverträge zielbewusst revidierten, die Entscheidungskraft der Organe erhöhten und das Unionsziel formulierten. Die EEA war nicht in einem luftleeren Raum entstanden, sondern im Zuge des umfassenden Binnenmarktprogramms von 1985 und zu seiner rechtlichen Untermauerung.»

Man solle sich zwar keine Illusionen machen, die Entschlossenheit der EG sei jedoch manifest, ihre ökonomischen, rechtlichen und politischen Fundamente zu zwölft zu festigen. Ganz ohne kritische Bemerkungen blieb die Würdigung aber

350 Zr., Die Zwölfergemeinschaft als politische Union. In: NZZ Nr. 259 vom 5./6. November 1988.

351 wm., Debatte über die politischen Ziele der EG. In: NZZ Nr. 255 vom 1. November 1988.

nicht. Die ausdrückliche Aufnahme des Unionsbegriffs in die EEA wurde mit dem biblischen Bild des «alten Weins in neuen Schläuchen» bedacht![352]

2.9 Europapolitische Einschätzungen 1987/88

Wie die Unterzeichnung der Römischen Verträge 1957 keine weltbewegende Angelegenheit war, hielten sich 1987 die Feierlichkeiten zum 30. Geburtstag dieser Verträge in engen Grenzen. Es war, wenn man vom Gastgeber absieht, kein Staatschef oder Aussenminister der anderen elf EG-Mitgliedstaaten zugegen. Anwesend waren die EG-Spitzen: Ratspräsident Leo Tindemans (Belgien), Kommissionspräsident Jacques Delors (Frankreich) und Parlamentspräsident Sir Henry Plumb (Grossbritannien). In den Erklärungen gab es offenbar auch selbstkritische Töne, es war vom «gelegentlichen Krämergeist des Ministerrats» die Rede, vom «bürokratischen Wasserkopf der Brüsseler Kommission», von Schwierigkeiten und Rückschlägen, und dass sich das Europa der Regierungen zu einem Europa der Bürger entwickelt müsse.[353] Die Anteilnahme der Bürger war bescheiden. Der NZZ-Korrespondent berichtete:

> «Die Zahl der Schaulustigen beschränkte sich auf einige wenige ‹Europa-Enthusiasten›, die mit mehr oder weniger gelungenen Spruchbändern die sofortige Verwirklichung der Europäischen Union forderten beziehungsweise die bisherige Entwicklung der Gemeinschaft als Fehlschlag kritisierten.»[354]

1987 war, wie eine Einschätzung des Integrationsexperten Werner Weidenfeld anlässlich des 30-Jahr-Jubiläums der Römischen Verträge zeigt, das eventuell unbefriedigende Verhältnis von Regierenden und Regierten noch kein Thema. Weidenfeld benannte andere Gegenüberstellungen, indem er erklärte, dass Europa zu keiner Zeit als Einheit bestanden und dass es «von den Anfängen bis heute» einen dialektischen Konflikt zwischen zwei Grundtendenzen gegeben habe: «zwischen dem Gegeneinander der Nationen, Kulturen und Weltanschauungen und ihrem europäischen

352 Zr, Der politische Gehalt der europäischen Einigung. Recht statt Macht als Integrationsinstrument», in: NZZ Nr. 106 vom 9. Mai 1990.

353 Der eben zurückgetretene sozialistische Ministerpräsident Bettino Craxi.

354 «Massvolle Feierlichkeiten in Rom», NZZ Nr. 71 vom 26. März 1987. Zur geringen Beachtung der Vertragsabschlüsse von 1957 in der Öffentlichkeit vgl. Georg Kreis, Auf dem Erinnerungspfad der europäischen Einigung. Zur Rekapitulation der Römischen Verträge von 1957. In: Jahrbuch für Europäische Geschichte 9, 2008, S. 205–215. Erneut in: Ders., Vorgeschichten zur Gegenwart, Ausgewählte Aufsätze. Bd. 4, Basel 2008, S. 131–141. Zum 20-Jahr-Gedenken der Römischen Verträge vgl. oben, S. 59.

Zusammenhang, zwischen den Differenzierung und der Vereinheitlichung».[355] Wenn damals Unzufriedenheit bestand, dann eindeutig wegen noch «zu wenig» Europa.

Weidenfeld gab eine durchzogene Einschätzung zwischen Gedeihen und Zugewinn einerseits und Schwund und Verlust andererseits ab. Leise meldete sich mit dem Hinweis auf atmosphärischen Wandel die Ankündigung künftiger Infragestellung. Das Jubiläum habe bewusst werden lassen, dass man einiges erreicht habe, die Erfolgsgeschichte aber höchst unvollendet und Europa ein Torso geblieben sei.

> «Wer die Szenarien des Jahres 1957 mit denen des Jahres 1987 vergleicht, der bemerkt unmittelbar die gravierenden Differenzen: Die politische Atmosphäre in Sachen Europa hat sich gewandelt. Eine Idee ist zum politischen Alltag geworden. Und dennoch hat dieser Versuch der europäischen Gemeinschaftsbildung unübersehbare Sogwirkung entfaltet: Aus ursprünglich sechs sind zwischenzeitlich zwölf Mitgliedstaaten geworden. Kaum ein Staat, gleichgültig auf welchem Kontinent, ist noch ausfindig zu machen, der nicht nach privilegierten Beziehungen zur Europäischen Gemeinschaft strebte. Unübersehbar ist zugleich die Heterogenität der Gemeinschaft gewachsen. Nationale Egoismen haben an Gewicht gewonnen. Die Entscheidungsfindung ist noch schwerfälliger geworden. Gleichzeitig wurden die Materien, denen sich die EG-Mitgliedstaaten gemeinschaftsorientiert zuwandten, wesentlich erweitert.»[356]

Im gleichen Jahr, 1987, entstand ein sonderbarer Meinungsbericht, der sich mit der Frage befasste, welches Bild der «Durchschnittsbürger» von den Führungsgremien der EG habe, ob er diese als europäische Regierung mit Macht oder als internationale Organisation ohne Macht wahrnehme, wobei bemerkenswerterweise «mit Macht» explizit als freundlicheres Urteil eingestuft wurde als «ohne Macht».[357] Zur Frage selbst wurde die Meinung geäussert, dass sie «in ihrer scheinbaren Unbedarftheit» den Europaexperten seltsam berühren könne, aber es erscheine vielen unklar, was «in Europa» geschehe, wer wofür zuständig sei, wie man «diese EG» eigentlich zu verstehen habe. Je 39 Prozent sprachen sich für die eine oder die andere Antwort aus. Wie auch immer die Dinge lagen, interessant ist der Kommentar, der zeittypisch kein Wort zum Thema des Demokratiedefizits verlor: «Aber wenn

355 Werner Weidenfeld, 30 Jahre EG. Bilanz der europäischen Integration. Bonn 1987. S. 18. Zit. nach Kirt, 2001, S.34.

356 Weidenfeld, Jahrbuch, 1986/87, S. 14. «Diese Fragen lenken den Blick auf die grossen Entwicklungslinien, die sonst im amorphen Alltag vielschichtiger Detailereignisse im Hintergrund verschwinden. Die Schlagzeilen gehören ganz den Punktstrahlen kurzlebiger Tagesaufmerksamkeit.»

357 Jahrbuch der Europäischen Integration, 1986/87, S. 313ff. Die Frage lautete: «Ist die EG eine Art europäische Regierung, die für die Mitglieder verbindliche Entscheidungen treffen kann, oder ist sie nur eine internationale Organisation wie viele andere auch ohne eigentliche Macht?»

die Befürworter eines mächtigen, einflussreichen Europa aus diesen Ansichten der Bürger Schlussfolgerungen ziehen wollen, dann wohl nur die, dass bis zur Durchsetzung der Europaidee noch viel getan werden muss.»[358]

Im folgenden Jahr, 1988, war dann nebenbei von einer «allgemeinen Tendenz negativer Erwartungen» und von «negativen Urteilen» die Rede, denen man sich nicht entziehen könne. Die politisch Interessierten seien aber in der Summe doch spürbar aufgeschlossener als die politisch Uninteressierten. Noch deutlicher werde, dass das Fehlen von Interesse und Informationen tendenziell zu negativen Urteilen führe, wenn man die Aussagen über den EG-Binnenmarkt der gut Informierten mit denen der schlecht Informierten vergleiche. «Skepsis lassen auch die gut Informierten erkennen, vor allem, wenn man die Frage von 1987 zu den Auswirkungen des Binnenmarktes auf die deutsche Wirtschaft betrachtet.»[359]

2.10 Reaktionen auf den Vertrag von Maastricht von 1992

Sonderbarerweise liegen keine näheren Abklärungen über das Aufkommen vermehrter demokratischer Partizipationserwartungen im Zusammenhang mit «Maastricht» vor.[360] Es gibt Umfragen über den Grad der Zustimmung, die zeigen, dass die Werte in der Phase der Unterzeichnung – allerdings auf einem hohem Sockel von durchschnittlich 60–80 Prozent Zustimmung – markante Einbrüche erlebten, am deutlichsten in Deutschland, wo die Ablehnung der geplanten WWU gross war.[361] Es liegt

358 Ebenda.

359 Elisabeth Noelle-Neumann/Gerhard Herdegen in: Jahrbuch, 1987/88, S. 323.

360 Die hier vorgestellte Erfassung der Debatte um «Maastricht» sieht davon ab, die Diskussion um die materiell bedeutsame Frage der Währungsunion zu erfassen. Die kritischen Einwände gegen dieses Projekt, wie sie zum Beispiel von 60 deutschen Wirtschaftswissenschaftlern im Juni 1992 erhoben wurden, haben mit grösster Wahrscheinlichkeit die Vorbehalte gegen «Maastricht» erhöht, aber ihrerseits nicht der Frage des Demokratiedefizits gegolten. Text der Ökonomieprofessoren mit Gegendarstellungen in: Rudolf Hrbek, Kontroversen und Manifeste zum Vertrag von Maastricht. In: Integration 15, 4, 1992, S. 225–245, hier S. 229–235.

361 Otto Schmuck, Heterogene Diskussionslandschaft zu Maastricht: Die Ratifizierungsdebatten zum Vertrag über die Europäische Union. In: Integration 15, 4, 1992, S. 212ff. Wichtig für das Verständnis des Zusammenhangs von «Maastricht»-Ablehnung und der Zufriedenheit mit den nationalen Regierungen insbesondere in Dänemark und Frankreich ist die weiter oben bereits zitierte Studie von Franklin/Van der Eijk/Marsh von 1995.

aber bisher keine Monografie vor, in der die öffentlichen Reaktionen auf «Maastricht» zusammengestellt und analysiert worden sind.[362]

Darum sind folgende Fragen noch nicht hinreichend untersucht und können hier nur vorläufig beantwortet werden: Machte sich Unmut über die Vertragsrevision bereits vor der Zustimmung durch den Europäischen Rat im Dezember 1991 und der Unterzeichnung durch die Aussen- und Finanzminister im Februar 1992 bemerkbar? Setzten vermehrte Unmutsbekundungen erst mit dem dänischen Nein vom Juni 1992 ein? Wie wirkte sich das Votum der Dänen auf die beiden anderen, analogen Abstimmungen in Irland und Frankreich aus, und wie wirkten sich diese drei Plebiszite sich wiederum auf die übrigen EG/EU-Mitglieder aus? Und welche Auswirkungen hatte der mühsame Ratifikationsprozess in den nationalen Parlamenten während der zweiten Hälfte des Jahres 1992 auf die generelle Einstellung zum europäischen Integrationsprojekt?

Anknüpfend an die letzte Frage muss davon ausgegangen werden, dass komplexe, sich gegenseitig bestärkende Wechselwirkungen bestanden: Der mühselige Ratifikationsprozess beeinflusste das politische Meinungsklima, wie auch das Klima wiederum den Ratifikationsprozess beeinflusste. In diesem Zusammenhang mag man sich an das an anderer Stelle bereits evozierte Bild von der Schleusenöffnung erinnern, wobei das Bild von der wohl unzutreffenden Annahme ausgeht, dass das plötzlich Freigesetzte bereits vorher (aufgestaut hinter dem Schleusentor) sozusagen vollumfänglich und in seiner ganzen Substanz bestanden hätte, derweil doch eher zutreffend ist, dass ein grosser Teil dieser Welle erst im Laufe des Prozesses eigendynamisch und selbstverstärkend entstand.[363] Desmond Dinan bemerkte 1996 in seiner Gesamtdarstellung, dass es zum jüngsten Vertrag in der Öffentlichkeit zunächst nur «little discussion» gegeben habe.[364]

362 Das Journal of European Integration History 19, 1, 2013 widmete dem Maastricht-Vertrag in «Historical Perspective» ein ganzes Heft, ohne aber auf die Aufnahme in der Bevölkerung einzugehen. In Ermangelung einer solchen Monografie wurden drei Artikel der Zeitschrift «Integration» 1992 mit ersten Bestandsaufnahmen von Wessels, Hrbek, Schmuck aus dem Jahr 1992 konsultiert, ausserdem – wie schon im Fall der Abstimmungen zur EEA – die Publikationen der NZZ (rund 400 Artikel aus der Zeit zwischen Juni–Dezember 1992) systematisch durchgegangen.

363 Der Brüsseler Korrespondent der NZZ sprach noch im Monat des dänischen Nein, dass dieses eine «Schockwelle» ausgelöst habe; dies erkläre, warum die «Subsidiarität» plötzlich ein wichtiges Thema geworden sei (Nr. 146 vom 26. Juni 1992).

364 Dinan, 1996, S. 95ff.

«Maastricht» war im Prinzip bloss die Verwirklichung und Vervollständigung der Agenda des Haager Gipfels von 1969. Einiges war auf dem Weg dorthin bereits ohne formelle Vertragsvereinbarung erreicht worden: etwa der Fusionsvertrag vom April 1965 oder der Ministerratsbeschluss zur Finanzierung der EG durch Eigenmittel vom April 1970 und der Brüsseler Vertrag vom Juli 1975 zur Errichtung eines Europäischen Rechnungshofes in Luxemburg.[365] Insofern stellt sich die Frage, ob die Absicht, die bisher auf tieferer Ebene geregelte Entwicklung in einer grundlegend neuen Vertragsregelung zu fassen (was an sich ein löbliches Unternehmen war und auch von der Basis der Bürger und Bürgerinnen hätte entsprechend gewürdigt werden können) kontraproduktiv wirkte: das heisst, Missmut hervorrief oder, nach der anderen Interpretation, bereits bestehenden Missmut freisetzte. Dem steht aber die Beobachtung entgegen, dass in der Frühphase des «Maastrichter» Werkes die Stimmung noch mehrheitlich positiv war, das heisst das Projekt einer «Vollendung» des Binnenmarktes und auch das Projekt einer Währungsunion zunächst positive Erwartungen freisetzte. Karlheinz Reif vermutet, dass das Ausmass und die Endgültigkeit der mit «Maastricht» ins Auge gefassten Neuerungen von den handelnden Politikern «eher überdramatisiert denn realistisch präsentiert» worden seien und die Öffentlichkeit darum aufgeschreckt worden sei.[366]

Der neue Vertrag nahm Änderungen an den EG-Gründungsverträgen vor, die zu einem integralen Bestandteil der nationalen Rechtsordnungen mit Verfassungsrang geworden waren. Darum musste er wie die vorangegangenen Verträge von den Mitgliedern ratifiziert werden. Die Ratifizierung erfolgte (was die weiterhin bestehenden Unterschiede der nationalen Politkulturen deutlich machte) auf höchst unterschiedliche Weise: mit einfachem oder mit qualifiziertem Parlamentsmehr, mit Parlaments- und mit Volksabstimmungen.[367] In neun Mitgliedstaaten genügte – wie schon 1957 für alle Sechs – die Zustimmung der Parlamente. In drei Staaten dagegen sollte sie mit Volksabstimmungen erfolgen. In Dänemark und Irland schrieben die Verfassungen die 1992 durchgeführten Volksbefragungen vor.[368]

365 Piers Ludlow verweist darauf, dass auch das wichtige Gremium des COREPER (Committee of Permanent Representatives) auf diesem Weg eingeführt wurde, vgl. ders., European Integration in the 1980s: On the Way to Maastricht? In: Journal of European Integration History 19, 2013, S. 11–22.

366 Reif, 1993, S. 27.

367 Eine Zusammenstellung zu den beiden Abstimmungsvarianten (einfaches und qualifiziertes Mehr) findet sich bei Hug, 2005, S. 418.

368 Die dänische Verfassung schreibt in Art. 20, Abs. 2, vor, dass zu Gesetzen, welche die Souveränität einschränken und nicht mit 5/6 der Parlamentsstimmen genehmigt werden, ein Referendum abgehalten werden muss. In der irischen Verfassung finden sich die massgebenden Bestimmungen

In Frankreich, das sich 1951 (in der Zustimmung zur EGKS) und 1957 (in der Zustimmung zur EWG und EAG) mit Parlamentsentscheiden begnügt hatte, kam es im September 1992 auf Grund eines willkürlichen Präsidialentscheids ebenfalls zu einer Volksabstimmung. Diese drei plebiszitären Varianten schnitten nur in einem Fall gut, in den beiden anderen Fällen dagegen nicht gut oder sogar schlecht ab: gut in Irland, nicht gut in Frankreich, schlecht in Dänemark.

Der Maastrichter Vertrag als solcher soll hier nicht inhaltlich diskutiert werden, vielmehr sollen hier (wiederum mit einem Blick in die NZZ) die Reaktionen auf ihn erfasst und dabei festgestellt werden, inwiefern in diesem Kontext das Demokratiedefizit zu einem Thema wurde. Im Dezember 1991 wurde der Vertrag von Maastricht in der NZZ positiv bewertet. Auslandredaktor Hansrudolf Kamer würdigte den Vertrag als «Sieg des Realismus in der Integrationspolitik». Anerkennung erhielt der Vertrag aber in erster Linie für das, was gar nicht sein Ziel gewesen war. Die EU sei nicht viel mehr und nicht viel weniger als eine Staatsvereinigung, die bis zur Jahrtausendwende eine Wirtschafts- und Währungsunion eingehen wolle. Beruhigend wurde zur Kenntnis genommen:

> «Der Vertrag über die Europäische Union ist kein Konstruktionsplan für das künftige Europa. Er schafft keine Institutionen, die den politischen Willen ‹Europas› unabhängig von nationalen Gremien erfassen, ausdrücken und verwirklichen können.»

Die Politische Union sei zwar mit der Präambel einer «immer engeren Union» ebenfalls auf den Weg geschickt worden, vielleicht sogar irreversibel, das Ziel bleibe aber «im Nebel der Zukunft» verborgen. Wieder wurde die Diskrepanz zwischen Erklärungen und Erreichbarem thematisiert: In der bedächtigen Kleinstadt Maastricht habe man grossen Europavisionen gehuldigt und bei Lichte besehen nur sehr kleine Schritte hin zur Schaffung einer Europäischen Union unternommen.

> «Die Diskrepanz zwischen Wort und Tat ist in der Geschichte der europäischen Integration allerdings nichts Neues. Solange sich alles vorwärtsbewegt und der Schwung erhalten bleibt, nimmt man in Kauf, dass die Rhetorik der Realität um Jahre vorauseilt. Das Gipfeltreffen von Maastricht fügt sich in diese Tradition ein: Hohe Ziele wurden gesteckt, übertriebene Erwartungen enttäuscht, doch das Ergebnis des Gipfels kann sich dennoch sehen lassen.»[369]

---

in Art. 46 und 47. Zu den Referenden in EG-Mitgliedsländern vgl. Körkemeyer, 1995, S. 85–93, 106–130. In Dänemark war es das 8. Referendum im 20. Jh., in Irland das 7. Referendum, vgl. Nohlen/Stöver, 2010, S. 532–534 und 1005–1008.

369 HK, Triumph des Realismus in Maastricht. In: NZZ Nr. 289 vom 12. Dezember 1991.

Der ebenfalls in der NZZ schon zuvor veröffentlichte Bericht aus Brüssel würdigte unter anderem die Einführung des Subsidiaritätsprinzips, die Schaffung eines Regionalausschusses (mit 189 Mitgliedern) und das allgemeine Bekenntnis zu mehr Bürgernähe im Vertrag von Maastricht. Zu den weiteren Interpretationen des Maastrichter Kompromisses gehöre die Erwartung, dass die EG bürgernah und föderalistischer werden könnte: «Bereits in der Präambel ist anstelle der bundesstaatlichen Zielsetzung festgeschrieben worden, dass die Union zwischen den Völkern Europas ihre Entscheidungen möglichst nahe bei den Bürgern treffen soll.»[370]

In der offiziellen, «Maastricht» begleitenden Broschüre erschien es der Kommission immerhin nötig zu betonen, dass sich «Staaten und Menschen» über die europäische Zusammenarbeit nähergekommen seien und das Vertragswerk das Demokratiedefizit kleiner mache. Der gleiche Prospekt zeigte eine 1990 erhobene und nach Ländern unterteilte Grafik zur Zustimmung zum Einigungsprojekt: 81 Prozent waren da sehr dafür oder etwas dafür, bloss 8 Prozent etwas und 2 Prozent sehr dagegen, und 9 Prozent gaben keine Antwort.[371] Demokratiedefizit war also bereits ein Thema, aber Zustimmung zum Integrationsprojekt gab es noch in hohem Mass.

Zugleich gab es früh erste Hinweise auch auf fehlende Zustimmung. In der Vertragsberatung des Europäischen Parlaments vom 7. April 1992 war von «Europamüdigkeit» die Rede beziehungsweise von deren Zunahme. Kritik (was implizit als Ausdruck der Europamüdigkeit verstanden wurde), wie sie seit der Unterzeichnung von «Maastricht» laut wurde, galt aber eher dem «zu wenig» als dem «zu viel» an Europa, weil neben einer «vollwertigen» Währungsunion lediglich eine «schmalbrüstige» Politische Union vorgesehen sei. Die in Dänemark bereits im April 1992 angelaufene Anti-Kampagne könnte sich auf die Voten einzelner EU-Parlamentarier wie deren Voten auf die dänische Landesdebatte ausgewirkt haben. Aber es muss festgestellt werden: Im Vorfeld der Verhandlungen, die zum Vertrag von Maastricht führten, gab es noch keine Kritik der Bürgerbasis. Kritische Reaktionen grösseren Umfangs kamen erst 1992 im Zuge der dazu abgehaltenen Abstimmungen auf.

In der Literatur ist die Debatte des Europäischen Parlaments zum Vertrag von Maastricht bisher wenig umfassend untersucht worden.[372] Das Parlament hätte im Ratifikationsprozess auch nicht konsultiert werden müssen. Seine Entschliessung

370 rt. (Manfred Rist), Zwiespältiger Abschluss des EG-Gipfels. In: NZZ Nr. 289 vom 12. Dezember 1991. Der Titel bezog sich auf die britische Sonderrolle.

371 EG-Kommission, Auf dem Weg zur Europäischen Union. Redaktionsschluss Februar 1992.

372 Schmuck (1992) befasst sich in seiner Beschreibung der «Diskussionslandschaft zu Maastricht» nicht mit dem Europäischen Parlament.

war rechtlich für das Genehmigungsverfahren irrelevant, hingegen war seine mit grossem Mehr den nationalen Parlamenten abgegebene Empfehlung, den Vertrag ohne Vorbehalte anzunehmen, politisch durchaus bedeutsam. In Italien und Belgien wurde die Zustimmung der nationalen Parlamente gar von der vorgängigen Annahme durch das Europäische Parlament abhängig gemacht.

Das Europäische Parlament beschloss ein pragmatisches Ja, es begrüsste die angestrebten Integrationsfortschritte mit der Wirtschafts- und Währungsunion und der Gemeinsamen Aussenpolitik; es erlaubte sich aber auch einige Kritik. Beklagt wurde die mangelnde Transparenz (der Rat tage auch in Zukunft hinter verschlossenen Türen), viele Bereiche seien immer noch dem Einstimmigkeitsprinzip unterworfen, was kleineren Mitgliedstaaten die Möglichkeit zur Blockade an die Hand gebe. Explizit wurde auch auf das Demokratiedefizit hingewiesen, das darin bestehe, dass die Kontrollrechte der gewählten Volksvertreter noch wenig entwickelt seien. Wesentliche Unzulänglichkeiten sollten in einem weiteren Schritt behoben, der Vertrag sollte nun aber möglichst rasch durch die nationalen Parlamente ratifiziert werden.[373]

Dänemark

Das erste «Maastricht»-Referendum fand am 2. Juni 1992 in Dänemark statt und ergab bei einer Beteiligung von 83,1 Prozent eine knappe Nein-Mehrheit von 50,7 Prozent.[374] Man wusste bereits vor der Volksabstimmung von der generellen EG-Skepsis und der gegenüber dem Vertrag bestehenden ablehnenden Haltung eines Teils der Dänen, man war dann aber doch überrascht, als diese obsiegte.[375]

373 NZZ Nr. 83 und Basler Zeitung Nr. 84 vom 8. April 1992. Vgl. auch Schmuck, Jahrbuch, 1992/93, S. 83ff.

374 Für Dänemark wie für andere Länder vgl. auch die Länderberichte im Jahrbuch der Europäischen Integration 1992/93.

375 Dänemark hatte schon 1979 bei den ersten Direktwahlen ins Europäische Parlament den höchsten Anteil an offenen EG-Gegnern gewählt, nämlich 5 auf 15. 1981 wurde im Fall von Dänemark bei «generell niedrigem Sympathieniveau» eine starke Abnahme in den vorangegangenen Jahren registriert. Vgl. Jahrbuch für Europäische Integration, 1981, S. 379ff. In der 1984 durchgeführten Umfrage, ob das Europäische Parlament zukünftig eine wichtigere Rolle spielen würde, stach Dänemark mit seiner ablehnenden Haltung heraus, das heisst mit bloss 16 Prozent Zustimmung bei einem Zustimmungsdurchschnitt der 10 EG-Mitglieder von 60 Prozent und einem Maximum von 80 Prozent in Italien (Jahrbuch, 1984, S. 301). In den Eurobarometer-Umfragen, ob die EG eine «gute Sache» sei, figurierte Dänemark 1987 mit nur 29 Prozent Zustimmung ganz am Ende und Italien mit 77 Prozent ganz an der Spitze, bei einem EG-Durchschnitt

Nachträglich wurde es in der Literatur als unklug eingestuft, dass die dänische Regierung unter diesen Voraussetzungen ihre Bevölkerung als Erste abstimmen liess und nicht das allerdings sehr spät erfolgende parlamentarische Ja des britischen Unterhauses abwartete.[376] Wie in den meisten Fällen wurde das Nein auch mit dem Versagen der Regierung erklärt, die es nicht fertiggebracht habe, ihre Hausaufgaben «anständig» zu erledigen. In diesem Fall sei Regierungspräsident Schlüters Glaubwürdigkeit schwach gewesen, weil er bereits bei der letzten Volksabstimmung (1984 im Zusammenhang mit Grönlands EG-Austritt) die Politische Union der EG für «mausetot» erklärt habe, obwohl sie jetzt wieder da sei.[377]

Das Nein stand in starkem Kontrast zur dänischen EG-Beitrittsabstimmung vom Oktober 1972, in der bei einer Stimmbeteiligung von 90,1 Prozent 63,3 Prozent Ja-Stimmen zusammengekommen waren.[378] Die Hauptkritik galt der absolut unzutreffenden Befürchtung, dass ein Ja Dänemark in das abgelehnte Militärbündnis der WEU führe. Hinzu kam, wie es in der Presse hiess, dass die Dänen grundsätzlich etwas Distanz zu Brüssel halten würden.[379] Was zum Nein führte, kann man im Weiteren an den Konzessionen ablesen, die gemacht wurden, um Dänemark in einer zweiten Abstimmung zu einem Ja zu bewegen.[380]

Als das knappe Nein unverrückbare Tatsache war, wurde bemerkt, die Dänen seien für ihren Euroskeptizismus bekannt, sie hätten den Politikern, Gewerkschaftlern und Wirtschaftsdachverbänden die Gefolgschaft verweigert. In der Schlussphase des Abstimmungskampfes sei zum «Holzhammer» gegriffen worden, die «sachliche Argumentation» habe das Nachsehen gehabt. Aussenminister Uffe Ellemann-Jensen habe das Ergebnis als «Faustschlag in das Gesicht der Politiker» bezeichnet; zuvor hatte das Parlament (Folketing) nämlich dem vom Volk zurück-

von 57 Prozent, vgl. Jahrbuch für Europäische Integration, 1987/88, S. 323. Und 1990 wiederum mit minimalen 42 Prozent Zustimmung versus maximaler Zustimmung in den Niederlanden mit 83 Prozent bei einem Durchschnitt von 65 Prozent, vgl. Jahrbuch für Europäische Integration, 1989/90, S. 279.

376 Reif, 1993, S. 24. Das Referendum sei «ohne Not» sehr früh anberaumt worden.

377 nz. Aus Kopenhagenn. In: NZZ Nr. 127 vom 3. Juni 1992.

378 In der gesamten Nachkriegszeit gab es zudem fünf Referenden über die Herabsetzung des politischen Mündigkeitsalters.

379 rt., Damoklesschwert über dem Maastricht-Vertrag. In: NZZ Nr. 90 vom 16. April 1992.

380 Allgemeiner zur dänischen EG/EU-Mitgliedschaft: Michael Gehler, At the Heart of Integration: Understanding National European Policy. In: Wolfram Kaiser/Antonio Varsori (Hg.), European Union History. Themes and Debates. London 2010. S. 85–108, S. 100ff.

gewiesenen Vertrag mit 130 : 25 Stimmen zugestimmt.[381] Der gleiche Kommentator sprach am folgenden Tag einerseits von einem «Zufallsergebnis», andererseits von einer «Ohrfeige» für die Parlamentarier. Die Diskrepanz zwischen Volkswille und Meinungslage im Parlament werfe allenthalben die Frage auf, «ob die Europäische Union anderswo ebenso unpopulär ist». Die Unpopularität wurde mit dem «wachsenden Missbehagen» über die Pläne der EG-Kommission «zum sukzessiven Auf- und Ausbau der zentralen Administration» und dem damit einhergehenden Abbau der nationalen Souveränität erklärt.[382]

Erst jetzt setzte massive Kritik an der Geringschätzung der EG gegenüber den Bürgern und den kleineren Staaten ein. In dem von der NZZ-Redaktion beigesteuerten Kommentar von Andreas Doepfner finden sich Sätze, die in der Folge immer wieder zu hören und zu lesen sein sollten: Das dänische Volk habe seinen Repräsentanten klar gemacht, dass man es weder mit Angstkampagnen noch mit falschen Versprechungen hinters Licht führen könne. Offene Information darüber, «was im fernen Brüssel wirklich geschieht», sei gefragt. Ein «Europa der Bürger» mit kritischer Haltung gegenüber dem Integrationsprojekt gebe es auch innerhalb der EG und nicht nur an ihrem heutigen Nordrand.

> «Der dänische Paukenschlag ruft in Erinnerung, dass Mangel an Demokratie in der EG ernsthaft angepackt werden muss. Es besteht ein Nachholbedarf; die Politiker müssten dafür sorgen, dass die Bevölkerung die bestehende Gemeinschaft ebenso wie die geplante Union als eine Gemeinschaft des Rechts empfinden kann.»[383]

Das alles liess bereits an ein Entweichen des Geistes aus der antieuropäischen Flasche denken.

Das dänische Nein vom 2. Juni 1992 wurde allgemein als «Paukenschlag» empfunden und von den Medien als solches charakterisiert. Schon wenige Tage nach dem dänischen Nein ordnete der Chefredaktor der NZZ den speziellen Vorgang in die umfassendere Problematik ein: Das hauchdünne Nein des dänischen Volkes zum Maastrichter Vertragswerk habe – zumindest für viele EG-Politiker – «schockartige Zweifel» in einer Frage ins Zentrum gerückt, deren positive Beantwortung bisher sorglos als selbstverständlich vorausgesetzt worden sei.

---

381 nz. (Werner Enz), NZZ Nr. 127 vom 3. Juni 1992.

382 nz. (Werner Enz), NZZ Nr. 128 vom 4. Juni 1992.

383 Doe. (Andreas Doepfner), Der dänische Paukenschlag, NZZ Nr. 128 vom 4. Juni 1992.

> «Eine erhebliche Kluft hat sich aufgetan zwischen dem, was die classe politique nicht nur Dänemarks zumeist für gut und richtig befindet, und der Einschätzung und Beurteilung der gleichen Sache *durch das Volk* [kursiv im Orig., Anm. d. Vf.]. Eine Entfremdung zwischen Bürgern und Regierungen ist sichtbar geworden. Mit anderen Worten: Die Frage nach der *demokratischen Legitimationsbasis* [kursiv im Orig.] für den weiteren europäischen Einigungsprozess ist durch das dänische Votum mit nachhaltiger Schärfe gestellt.»[384]

In einem weiteren NZZ-Bericht wurde angemerkt, dass die Nein-Mehrheit zwar knapp gewesen sei, es im übrigen Europa aber, wie «zahlreiche Gratulationsadressen» zeigten, Gleichgesinnte gebe.[385] Sie würden in Erinnerung rufen, dass es für den Aufbau des neuen Europa durchaus verschiedene Konzepte gebe und «dass die gegenwärtigen Regierungen das Recht dazu nur vorübergehend gepachtet haben».[386] Als arrogant wurden Äusserungen von EG-Verantwortlichen empfunden, die erklärten, dass wegen des Dänen-Neins der Ratifikationsprozess nicht gestoppt und mit Dänemark auch nicht neu verhandelt werde. Der Gipfel von Edinburgh brachte dann informelle Konzessionen, die das zweite dänische Referendum vom 18. Mai 1993 möglich machten und die benötigte Zustimmung brachten.

Das negative Dänemark-Votum vom Juni 1992 war auch darum ein Schock, weil zuvor in der Phase von 1985–1991 trotz Anzeichen erster Erlahmung eine fast euphorische Stimmung – der «Euro-Optimismus» – geherrscht hatte. Ohne diese beschwingte Hochstimmung und Zuversicht hätte das Nein Dänemarks ein geringeres Echo ausgelöst. Das Abstimmungsergebnis enthielt zwei Fragezeichen, ein kleineres und ein grösseres: Das kleinere fragte, wie es jetzt wohl weitergehe; das grössere befasst sich mit dem bisher nicht vorgesehenen, jetzt jedoch erwogenen Austritt eines Mitgliedstaats (abgesehen vom Spezialfall Grönland). Jetzt konnte man in der Presse lesen: «Ist die EG-Mitgliedschaft kündbar?», und dies in Kombination mit der Bemerkung, dass der EG-Austritt «kein Tabu mehr» sei, dass die Römischen Verträge von 1957 keine Kündigungsklauseln enthielten und der Vertrag von Maastricht zwar viele Detailregelungen enthalte, an diesen Punkt, fast in sträf-

384 Bü. (Hugo Bütler), Europäische Union vor der Vertrauensfrage. In: NZZ Nr. 130 vom 6./7. Juni 1992.

385 Möglicherweise gab es derartige Gratulationen auch aus der Schweiz. Eine NZZ-Leserbrief-Seite nährt die Vermutung, dass sich sogar die schweizerischen EG-Gegner durch den dänischen Entscheid in ihrer Haltung bestärkt fühlten (NZZ Nr. 134 vom 12. Juni 1992).

386 rt. (Manfred Rist), Dänemark als ‹Störfall› für die EG. In: NZZ Nr. 131 vom 9. Juni 1992. Zu Recht wurde auf die alte Differenz zwischen den Föderalisten und den Unionisten hingewiesen; zu Unrecht aber suggeriert, dass die Föderalisten für eine grosse Freihandelszone eingetreten seien.

licher Weise, aber nicht gedacht worden sei.[387] Nach dem dänischen Nein beschlossen die EG-Aussenminister am 4. Juni 1992 am Rande eines Nato-Treffens in Oslo, den Ratifikationsprozess trotzdem weiterzuführen.

Das Debakel der Abstimmung vom Juni 1992 hatte Folgen: Die dänische «Maastricht»-Opposition konnte sich unter dem Namen «Juni-Bewegung» (*JuniBevægelsen)* als Kraft im nationalen Parteiensystem etablieren – und bis 2009 halten.[388] Das dänische Votum wirkte zudem über Dänemarks Grenzen hinaus ermunternd auch auf andernorts bestehende latente Ablehnungshaltungen. Triumphierend erinnerte ein EU-kritisches Forum im September 2000, als in Dänemark eine weitere EU-Abstimmung, jetzt zur Euro-Übernahme anstand, an das vorhergehende Nein vom Juni 1992:

> «Die Schweinwerfer richteten sich plötzlich auf die Menschen – und weg von den Politikern. Es wurde plötzlich nötig, den Menschen zuzuhören, was bisher in der Geschichte der EU nie nötig war. Vorher wurde niemand befragt, oder die Stimmbürgerinnen und Stimmbürger befanden sich in Übereinstimmung mit den Politikern. Nach dem ‹Nein› in Dänemark erwachte ‹Europa›.[389] Es erwies sich als möglich, sich gegen die Politiker und das EU-Projekt durchzusetzen. Eine EU-kritische Organisation nach der anderen entstand in Europa.»[390]

Irland

In Irland lebte die Opposition zur weiteren Integration – abgesehen von den allgemeinen Ängsten, dass das kleine, am Rande des Kontinents liegende Land vom Kontinent überwältigt werden könnte –, auch von den spezifischen Bedenken, dass «Maastricht» zu einer Lockerung des rigiden Abtreibungsverbots führen und den traditionellen Neutralitätsstatus des Landes in Frage stellen könnte. Im Parlament, dem *Dáil Éireann*, das sich generell in aussenpolitischen Fragen von der Regierung zu wenig beachtet fühlte, wurde drei Tage lang über den Vertrag debattiert, von den rund 160 Abgeordneten stimmten nur acht der Linken gegen den Vertrag. Arbeit-

387 rt. aus Brüssel, NZZ Nr. 132 vom 10. Juni 1992.

388 Dieter Nohlen/Philip Stöver, A Data Handbook. Baden-Baden 2010. S. 525. – Robert Harmsen/Menno Spiering (Hg.), Euroscepticism: Party Politics, National Identity and European Integration. Amsterdam 2004. S. 25. – Per Lachmann, The Treaty of Maastricht vs. the Danish Constitutionn. In: Nordic Journal of International Law 67, 3, 1998, S. 365–368.

389 Im Nachgang publizierte der Philosoph Peter Sloterdijk seine Schrift «Falls Europa erwacht» (Frankfurt a. M. 1994).

390 Europa-Magazin, EU-kritisch, ökologisch, sozial (http://www.europa-magazin.ch/.ee74516/cmd.14/audience; letzter Zugriff Juli 2017).

geber und Arbeitnehmer waren dafür, der Landwirtschaftsverband, mit kleinerer Mehrheit, ebenfalls. Das dänische Nein gab den Gegnern Auftrieb, die nun argumentierten, man könne sich die Kosten für das Referendum sparen, weil es wie in Dänemark negativ ausgehen werde und darum nutzlos sei. Ausschlaggebend für das Ja dürfte die Erwartung der finanziellen Unterstützung durch die EG gewesen sein. Am 18. Juni 1992 kam nach einem erbitterten Abstimmungskampf bei einer Stimmbeteiligung von 57,3 Prozent jedoch eine stattliche Zustimmung von 69,1 Prozent zustande. Dies gestattete der Präsidentin Mary Robinson, im November 1992 die Unterschrift auf die irische Ratifikationsurkunde zu setzen.[391]

Frankreich

In Frankreich erhielt das Vertragswerk am 20. September 1992 bei 70 Prozent Stimmbeteiligung nur eine äusserst knappe Zustimmung von 51,05 Prozent Ja-Stimmen, nachdem zuvor Umfragen ein deutliches Mehr von über 60 Prozent registriert hatten. Noch im Juni war mit einer Zweidrittelmehrheit gerechnet worden. Die französische Nationalversammlung und der Senat hatten am 23. Juni 1992 als vereinigtes Gremium mit 592 : 73 Stimmen dem Vertrag zugestimmt. Und Staatspräsident François Mitterrand hatte in cäsaristischer Manier – wie Pompidou 1972 vor ihm[392] und wie Chirac 2005 nach ihm[393] – am 3. Juni, einen Tag nach dem dänischen Nein, ein Referendum angesetzt.[394] Schon früher hatte auch Charles de Gaulle über die Abhaltung von Europareferenden laut nachgedacht.[395] Mitterrand wollte

391 Patrick Keatinge im Jahrbuch, 1993, S. 329ff.

392 Referendumsabstimmung vom 23. April 1972: Erweiterung der Europäischen Wirtschaftsgemeinschaft, Zustimmung 68,32%, bemerkenswert hohe Enthaltung von 39,76%.

393 Referendumsabstimmung vom 29. Mai 2005 zum Verfassungsvertrag, ablehnende Mehrheit 55,7%, Stimmbeteiligung 69,37%.

394 Marine Le Pen, Parteichefin des Front National, machte am 5. Februar 2017 in Lyon aus der Ankündigung, als Staatschefin ein Referendum über die Austritt aus der EU abhalten zu wollen, eine Wahllokomotive. Von einem zuvor in Aussicht gestellten Referendum über die Wiedereinführung der Todesstrafe war jetzt nicht mehr die Rede (Tagespresse vom 6.2.17).

395 De Gaulle, ein Meister der cäsaristischen Politik, sprach sich in der Pressekonferenz vom 5. September 1960 unverbindlich für die Möglichkeit aus, dass man neben der regelmässigen Abhaltung von Regierungskontakten zum frühestmöglichen Zeitpunkt ein feierliches Europareferendum durchführen könnte: «un solennel référendum européen, de manière à donner à ce départ de l'Europe le caractère d'adhésion et de conviction populaires qui lui est indispensable». Eine solche Abstimmung führte er selbst aber nie durch (http://www.charles-de-gaulle.org/pages/

dem kleinen dänischen Nein ein grosses französischen Ja entgegenhalten und mit dem Plebiszit «eine heilsame Debatte» auszulösen, die nicht auf die Eliten beschränkt bleiben solle. Ihm ging es aber auch darum, die bürgerliche Opposition in ihrer Zerstrittenheit vorzuführen.[396]

Ob heilsam oder nicht, die Debatte fand tatsächlich statt. In der Presse konnte man lesen:

> «Frankreich lebt in einem Zustand höchster Erregung. Mit Leidenschaft und ungewohntem Ernst debattieren die Bürger im ganzen Land, ob sie am 20. September ja oder nein zu den Maastrichter Verträgen sagen sollen. Das Thema beherrscht Familienfeste, bestimmt die Diskussionen am Arbeitsplatz, füllt die Säle.»[397]

Der französische EG-Kommissionspräsident Jacques Delors übte auf seine Landsleute Druck aus, indem er im Falle eines Nein mit seiner Demission drohte.[398] Mitterrand setzte in seinem Fernsehauftritt sogar eine Zuschaltung seines «Couple»-Partners Helmut Kohl ein. Der deutsche Bundeskanzler musste in dieser Sendung wegen der Ausschreitungen in Rostock Befürchtungen entkräften, dass in seinem Land der Rechtsnationalismus die Oberhand gewinnen könnte. Ein Preis dieses Referendums bestand darin, dass den Franzosen selbst der liebe Partner Deutschland als potenzielle Gefahr in Erinnerung gerufen wurde, die man bannen

---

l-homme/dossiers-thematiques/de-gaulle-et-le-monde/de-gaulle-et-lrsquoeurope/documents/citations-du-general-de-gaulle-sur-l-europe-ii.php; letzter Zugriff 2017). Gemäss eigener Darstellung soll de Gaulle bereits 1949 vor der Schaffung der EGKS eine Volksabstimmung «aller freien Europäer» gefordert haben (Charles de Gaulle, Mémoires d'espoir. Vol. 1: Le Renouveau, 1958–1962. 1970, S. 309). Simon Hug wertet de Gaulles Vorschlag ernster, als er es verdient (2002, S. 1 und 119).

396 Dinan, 1996, S. 97. – Zum Beispiel Doe. Kommentar NZZ Nr. 128 vom 4. Juni 1992: «In Irland steht das geplante Referendum bevor, und überraschend hat auch der Herrscher im Elysée einen Volksentscheid verordnet.» Die Deutung des Referendums als Gegenaktion zum dänischen Votum setzt allerdings voraus, dass der Entscheid dazu erst nach dem 2. Juni gefällt wurde.

397 http://www.zeit.de/1992/38/europa-in-der-metro. Georges Pompidou suchte 1972 wie François Mitterrand 1992 und Jacques Chirac 2005 mindestens so sehr die Zustimmung zu seiner Person wie die Zustimmung zur unterbreiteten Frage. Zum Referendum vom September 1992 bemerkte die «Zeit» (vgl. oben), dass Mitterrand, wenn es um seine Wiederwahl ginge, er «nicht den Hauch einer Chance» hätte, das «Maastricht»-Votum aber für einen persönlichen Sieg verbuchen könnte. Zu Chirac vgl. unten, S. 189.

398 Delors erklärte, dass im Falle eines Sieges der Gegner unter den Protagonisten des Neins ein Mann ausgewählt werden solle, der wisse, wie man das Haus weiterbauen beziehungsweise seinen Einsturz verhindern soll (NZZ Nr. 203 vom 2. September 1992).

müsse, indem man Ja zu dem Deutschland «einbettenden» Europa, das heisst zu «Maastricht», sagte.[399]

Noch wenige Stunden vor dem Urnengang erklärte «Le Monde» auf der Titelseite, ein Nein wäre die grösste Katastrophe seit Hitlers Machtergreifung von 1933.[400] In der Presse konnte man die sehr zutreffende Feststellung finden: «Vielen Franzosen geht es bei dem Plebiszit nicht um den Ausbau der Gemeinschaft – sie sehen eine Chance, mit ihrem unbeliebten Präsidenten und der Politikerkaste ihres Landes abzurechnen.»[401] Die Rechte versuchte in der Tat, diese Möglichkeit zu nutzen. Umgekehrt verschaffte sich Mitterrand mit dem «Maastricht»-Referendum ein bequemes innenpolitisches Mittel, «um die Opposition zu spalten und seine angeschlagene politische Stellung noch rechtzeitig vor den Wahlen im nächsten Jahr verbessern zu können».[402] Der linke Flügel der Sozialisten verweigerte Präsident Mitterrand die Gefolgschaft und sprach sich für ein «konstruktives Nein» aus, das heisst für eine Rückweisung, die den Weg für ein besseres, demokratischeres und sozialeres Europa freimachen würde. Diese Argumentation sollte sich 2005 in der Abstimmung zum Verfassungsvertrag wiederholen. Ein Ergebnis des Referendums von 1992, konnte man in der Presse lesen, sei in der Aufwertung dieses Instruments selbst zu sehen, weil es verschiedene Parteien bewogen habe, angesichts einer grossen Sache ihre partikularen Interessen zurückzustellen.[403]

Wie man sieht, wurde schon 1992 (wie später dann in der Abstimmung von 2005 über den Verfassungsvertrag erneut) aus Opposition gegen andere EG-Regelungen, die mit dem Abstimmungsgegenstand nichts zu tun hatten, gegen die Vorlage gestimmt. Das taten insbesondere die Bauern wegen ihres Unmuts über die EG-Agrarpolitik. Landwirte und der Süden stimmten mehrheitlich mit Nein, urbane Zentren, Lothringer und Elsässer (also die historischen Grenzregionen!) mehrheitlich dafür. Otto Schmuck, ein versierter Politbeobachter, bemerkte bereits

399 Ebenda: «Wenn aber zur Rettung eines lädierten und gefährdeten Vertragswerks, das eigentlich zum Ziel hätte, die Einigung Europas voranzutreiben, wieder einmal Deutschland als Schreckgespenst herhalten muss, ist das ein Zeichen dafür, dass die Voraussetzungen für einen engeren Zusammenschluss nicht gegeben sind. Nach geschlagener Schlacht möchte man die Geister, die man rief, gerne wieder loswerden.»

400 Le Monde vom 20./21. September 1992.

401 Der Spiegel vom 31. August 1992 (http://www.spiegel.de/spiegel/print/d-13681332.html; letzter Zugriff Juli 2017).

402 H.K., Bonsoir, Helmut! In: NZZ Nr. 206 vom 5./6. September 1992. Der Titel bezieht sich auf die Begrüssung Kohls durch Mitterrand anlässlich der TV-Zuschaltung.

403 Mr., Aus Paris. In: NZZ Nr. 219 vom 21. September 1992.

damals, was sich in der französischen Verfassungsabstimmung von 2005 wiederholen sollte: dass bei derartigen Anlässen «nicht nur über den zugrundeliegenden Sachverhalt» abgestimmt werde, sondern eine Vielzahl von Faktoren von Bedeutung seien, wie die Popularität der jeweiligen Regierung, die allgemeine wirtschaftliche Lage, aktuelle Tagesereignisse und vieles mehr.[404]

Zu «Maastricht» gab es also drei Volksabstimmungen. Irlands deutlicher Gutheissung wird keine positive Auswirkung auf die gesamteuropäische Stimmung zugeschrieben. Dagegen wird die knappe Ablehnung in Dänemark zusammen mit dem «petit oui» des französischen Referendums als Signal, ja als Fanal gedeutet, das dem bisher stillschweigend vorhandenen Einverständnis je nach Lesart entweder ein brüskes Ende bereitete oder der erst später aufkommenden Kritik als zusätzliche Rechtfertigung diente. Damit seien in anderen Ländern die Schleusen für euroskeptische, ja eurofeindliche Protesthaltungen geöffnet worden. Das dänische Nein strahlte offenbar auf Schweden und Norwegen aus, wo zuvor – allerdings nur knappe – Mehrheiten für einen EU-Beitritt bestanden hatten.[405] Und es strahlte auch auf die Niederlande aus, wo die Parlamentarier plötzlich dem «demokratischen Defizit» des anstehenden Schengener Abkommens Rechnung tragen wollten, indem sie von der Regierung verlangten, alle Textentwürfe zu sehen, bevor sie bindende Absprachen mit den EG-Partnern eingehe.[406] Umgekehrt hatte das irische Ja offenbar Auswirkungen auf Grossbritannien, wo sich Erleichterung breitmachte, weil man andernfalls unter noch stärkeren Druck geraten wäre, ein eigenes Referendum durchzuführen. Mit Blick auf Frankreich bemerkte derselbe Kommentator, dass weder die Ablehnung der Dänen noch die Zustimmung der Iren «grösseren Einfluss» auf dieses Land gehabt habe.[407]

404 Otto Schmuck, Heterogene Diskussionslandschaft zu Maastricht: Die Ratifizierungsdebatten zum Vertrag über die Europäische Union. In:Integration 15, 4, 1992, S. 206–215. Zit. S. 206.

405 Bericht NZZ Nr. 277 vom 27. November 1992. In Finnland blieb die befürwortende Mehrheit erhalten. Schon zuvor war berichtet worden, dass der EG-Widerstand infolge des Neins in Dänemark Auftrieb bekommen habe (NZZ Nr. 156 vom 8. Juli 1992).

406 pmr. Brüssel, Mehr parlamentarische Kontrolle für die niederländische Europapolitik. In: NZZ Nr. 141 vom 20./21. Juni 1992.

407 H. K. (Hansrudolf Kamer), Irlands Ja – Auftrieb für Maastricht. In: NZZ Nr. 141 vom 20./ 21. Juni 1992.

Weiterführung des «Maastrichter» Ratifikationsprozesses

Neben den direktdemokratischen Volksvoten gab es eine ganze Reihe von formal gleichwertigen Entscheidungen in repräsentativen Organen. Am 2. Juli 1992 machte das *luxemburgische* Parlament den Anfang und stimmte mit 51 zu 6 Stimmen «Maastricht» zu. Für etwas Zündstoff sorgte wegen des hohen Ausländeranteils in dem kleinen Land das kommunale Wahlrecht für EU-Bürger. Kurz darauf war *Belgien* an der Reihe: Das Repräsentantenhaus gab am 16. Juli mit 146 : 33 Stimmen seine Zustimmung, später folgte der Senat. Der Zeitpunkt der massgeblichen Zustimmung und damit der ausschlaggebenden Annahmen des Vertragswerks lässt sich nicht ohne weiteres klar bestimmen, weil in den meisten Fällen die Termine der Debatten nicht immer rekonstruierbar sind. Am 31. Juli 1992 erlaubte das *griechische* Parlament mit 286 zu 8 Stimmen die Ratifizierung. Im *italienischen* Senat ergab sich am 17. September 1992 ein Stimmenverhältnis von 176 zu 16. Die Abgeordnetenkammer folgte hier am 29. Oktober 1992 mit 403 zu 46 Stimmen.[408]

In *Deutschland*, wo die Entscheidung erst im Dezember 1992 fiel, gab es Stimmen, die zu «Maastricht» ebenfalls gerne eine Volksabstimmung abgehalten hätten. Nicht zufällig kamen solche Forderungen unmittelbar vor der Abstimmung in Frankreich auf.[409] Das deutsche Grundgesetz sieht jedoch aus Rücksicht auf historische Erfahrungen der Weimarer Zeit keine Volksabstimmungen auf Bundesebene vor.[410] Wenig erstaunlich war der Ruf nach einer Volksabstimmung bei den Grünen. Aus inhaltlichen Gründen wünschten dies aber auch die Rechten, die sonst aus formellen Gründen solche Volksabstimmungen ablehnen. Die Grünen hatten schon im Januar 1992 in München Unterschriften für einen Volksentscheid mit dem

408 Eine aus zeitlichen Gründen unvollständige, aber auch leicht fehlerhafte Liste findet sich im Beitrag von Otto Schmuck in: Integration 15, 4 1992, S. 213ff.

409 Stimmen nicht nur aus der CSU (vgl. Brunner S. 165), sondern auch aus der SPD (NZZ Nr. 218 vom 19./20. September 1992).

410 Das Grundgesetz sieht Volksabstimmungen nur bei der Neugliederung des Bundesgebietes (Art. 29 Abs. 2 GG) und im Fall einer neuen Verfassung (Art. 146 GG) vor. Im Übrigen ist eine unmittelbare Beteiligung des Staatsvolkes auf Bundesebene nach h. M. unzulässig. Deshalb konnten sich Forderungen nach Einführung plebiszitärer Elemente auch im Rahmen der Verfassungsreform 1994 nicht durchsetzen. Gegen die Einführung direkt-demokratischer Elemente wurde insb. geltend gemacht, dass die Entscheidungsfähigkeit der Staatsorgane geschwächt werde und die bei Plebisziten notwendige Reduzierung auf eine Ja–Nein-Alternative nicht geeignet sei, sachgerechte Entscheidungen herbeizuführen, die in der Praxis häufig gerade auf einem Kompromiss beruhen (http://www.bpb.de/nachschlagen/lexika/recht-a-z/23190/volksabstimmung: letzter Zugriff Juli 2017).

Slogan gesammelt: «Was Dänen und Franzosen billig, ist auch unser gutes Recht.»[411] Weil bei einer solche Vorlage mit starker Opposition gerechnet werden kann, wünschten dies aber auch die Rechten, die sonst aus formellen Gründen Volksabstimmungen eher ablehnen. Einer Umfrage zufolge hätten immerhin 77 Prozent der Deutschen ein solches Referendum für gut befunden.[412]

Ob «Maastricht» bei den deutschen Bürgern und Bürgerinnen eine Mehrheit gefunden hätte, wurde unterschiedlich beurteilt. Die Umfrageexpertin Elisabeth Noelle-Neumann wagte 1992 die dezidierte Aussage: «Wahrscheinlich wäre auch ein Referendum in Deutschland zum gleichen Zeitpunkt negativ wie in Dänemark ausgegangen.» Im März 1992 sprachen sich 42 Prozent der Befragten für Ablehnen aus und nur 25 Prozent für Annehmen (bei 33 Prozent Unentschiedenen). Noelle-Neumann prognostizierte in diesem Zusammenhang: «Das dänische ‹Nein› zu Maastricht wird überall den Wunsch nach einen Referendum wecken und verstärken.»[413] Ein Jahr später war aber an gleicher Stelle zu lesen, man könne annehmen, dass ein Referendum in Deutschland «knapp zugunsten» von Maastricht ausgefallen wäre. Das Allensbacher Umfrageinstitut hatten nämlich festgestellt, dass die 42 Prozent Ablehnenden vom März 1992 auf 24 Prozent im April 1993 zurückgegangen waren, wobei sieben Zwischenangaben erhebliche Unterschiede zeigten.[414] Diese Schwankungen lassen Plebiszite bei knappen Mehrheitsverhältnissen besonders fragwürdig erscheinen. Im Frühjahr 1995 hingegen waren Ja und Nein noch immer verteilt wie 1992. Die Befunde von 1995 zeigen allerdings, wie sehr die Antworten von den Fragen abhängen. Denn nicht nach dem abstrakten «Maastricht» gefragt, sondern nach der von «Maastricht» vorgesehenen Preisgabe der deutschen Währung, waren 43 Prozent dagegen und nur 31 Prozent dafür. Der Widerstand gegen den Abschied von der deutschen Währung baute sich nicht ab, sondern nahm eher noch zu.[415]

Eine Zustimmung zu «Maastricht» wäre in Deutschland, wie diese Umfragen zeigten, keineswegs überwältigend gewesen: 46 Prozent hätten dafür votiert, 41 dagegen. «Zeit»-Kommentator Robert Leicht bemerkte, die Öffentlichkeit habe bisher

411 Abb. zur öffentlichen Unterschriftensammlung, in: Wirsching, 2012, S. 177. Der Umweltrechtler Prof. Dietrich Murswiek, Maastricht – nicht ohne Volksentscheid. In: Süddeutsche Zeitung Nr. 237 vom 14. Oktober 1992.

412 Umfragen des ZDF-Politbarometers. Auch der Staatsrechtler Peter M. Huber weist auf die im Gegensatz zum fast einstimmigen Votum des Bundestags mit 50–70% zu beziffernde Ablehnung beim Wahlvolk hin (vgl. ders., Maastricht – ein Staatsstreich?, Stuttgart 1993, S. 50).

413 Jahrbuch für Europäische Integration, 1991/92, S. 276.

414 Jahrbuch für Europäische Integration, 1992/93, S. 276.

415 Jahrbuch für Europäische Integration, 1994/95, S. 272.

nur zweierlei zu hören bekommen: «polierte Bekenntnisse von oben – und populistische Ketzereien von unten». Er diagnostizierte «unter der Oberfläche deutscher Europawilligkeit» eine Spannung «zwischen dem grossen Euro-Konsens und dem kleinmütigen DM-Nationalismus», die sich nicht expressiv entladen könnte.[416]

Ein fachkundiger, aber wirkungsloser Einspruch gegen die angestrebte Währungsunion kam von 62 deutschen Wirtschaftsprofessoren mit einem am 11. Juni 1992 in der «Frankfurter Allgemeinen Zeitung» veröffentlichten Manifest mit dem Titel «Die währungspolitischen Beschlüsse von Maastricht: Eine Gefahr für Europa».[417] Darin wurde die Währungsunion an sich als erstrebenswert bezeichnet, zugleich aber entschieden darauf hingewiesen, dass die Voraussetzungen dafür vor allem in zwei Punkten nicht gegeben seien: angeglichene Wirtschaftsstrukturen und zentrale Steuerungskompetenz im Rahmen einer politischen Union. Diese Intervention blieb wirkungslos, ebenso wie auch die sechs Jahre später (kurz vor dem Inkrafttreten der WWU) erneuerte und erweiterte Erklärung «Der Euro kommt zu früh».[418]

Der Vertrag von Maastricht wurde im Bundestag am 2. Dezember 1992 nach siebenstündiger Debatte mit 543 gegen 17 Stimmen bei 8 Enthaltungen, im Bundesrat anschliessend einstimmig angenommen.[419] Ein wichtiger Punkt im Sinne der

416 Robert Leicht, Das Buch mit den zwölf Siegeln. In: Die Zeit vom 25. September 1992. Der Begriff «DM-Nationalismus» bezieht sich auf Widerstände gegen die Preisgabe der eigenen Währung zu Gunsten des künftigen Euro.

417 Initiiert von Renate Ohr und Wolf Schäfer: https://www.uni-goettingen.de/de/.../Maastricht%20Manifeste%20deutsch-englisch.pdf (letzter Zugriff Juli 2017). Industrie und Banken waren und blieben der WWU gegenüber positiv eingestellt. – Rückblick nach 25 Jahren u. a. mit aktuellen Stellungnahmen von Renate Ohr in: NZZ vom 25. Januar 2017: «Plädoyer für eine flexiblere Euro-Zone». Ohr empfiehlt inzwischen ausserhalb einer Euro-Kernzone die Rückkehr zum Europäischen Währungssystem (EWS), vgl. Die Zeit vom 9. März 2017.

418 Jetzt initiiert von Wim Kösters, Manfred M. Neumann, Renate Ohr, Roland Vaubel und von 160 Professoren unterzeichnet, ebenfalls in der FAZ vom 9. Februar 1998 mit dem folgenden ersten Punkt: «Zur europäischen Integration gibt es keine Alternative. Die gemeinsame Währung wird dazu gehören – jedenfalls für Kerneuropa. Aber der Euro kommt zu früh.» Der Euro ist nicht per se das Thema der vorliegenden Arbeit, er steht aber im Zusammenhang mit dem Ausbleiben der Politischen Union, vgl. unten, S. 211ff.)

419 https://www.bundestag.de/dokumente/textarchiv/2012/41729659_kw49_maastricht_kalender/210074 (letzter Zugriff Juli 2017) – Die PDS, Nachfolgerin der SED, stimmte dagegen. Gleichzeitig wurden Verfassungsänderungen beschlossen, die infolge der Schaffung der EU nötig wurden. Am 21. Dezember 1992 wurde mit dem erforderlichen Zweidrittelmehr eine Grundgesetzänderung angenommen, die insbesondere Art. 23 GG neu fasste. Darin hiess es nun: «Zur Verwirklichung eines vereinten Europas wirkt die Bundesrepublik Deutschland bei der Entwick-

Stärkung demokratischer Mitsprache auf nationaler Ebene war die Schaffung von parlamentarischen Gremien, die sich mit den Europafragen befassten: im Bundestag ein Europa-Ausschuss, im Bundesrat eine Europakammer.[420]

Das von Opponenten (Manfred Brunner) angerufene Bundesverfassungsgericht in Karlsruhe musste sich insbesondere zum vermeintlichen Demokratiedefizit des Vertrags äussern. Dieses Verfahren dauerte ein ganzes Jahr und verzögerte entsprechend die Inkraftsetzung von «Maastricht». Das Gericht stellte mindestens kein unzulässiges Mitsprachemanko fest. Im Staatenverbund der Europäischen Union erfolge die demokratische Legitimation durch die Rückkoppelung des Handelns europäischer Organe an die Parlamente der Mitgliedstaaten sowie die Mitwirkung des Europäischen Parlaments, das ebenfalls in zunehmendem Mass legitime und stützende Repräsentantin der zusammenwachsenden europäischen Nationen sei. Die Übertragung von Kompetenzen auf die EU dürfe allerdings auch weiterhin nur auf bestimmte Bereiche begrenzt und nur durch ausdrückliche Ermächtigung des deutschen Gesetzgebers erfolgen. Der Vertrag selbst räume den europäischen Organen jedoch keine solche Kompetenz ein, sondern garantiere weiterhin die Ermächtigungsbefugnis der nationalen Parlamente. Er verstosse daher nicht gegen das Demokratieprinzip. Der letzte Satz des Urteils betonte schliesslich:

> «Entscheidend ist somit sowohl aus vertraglicher wie aus verfassungsrechtlicher Sicht, dass die demokratischen Grundlagen der Union schritthaltend mit der Integration ausgebaut werden und auch im Fortgang der Integration in den Mitgliedstaaten eine lebendige Demokratie erhalten bleibt.»[421]

Auch in den übrigen Mitgliedstaaten wurde der Vertrag von Maastricht gebilligt:

In *Spanien* hatte die Regierung in einem ersten Schritt den wegen «Maastricht» nötigen Verfassungsänderungen zugestimmt und die von den Kommunisten geforderte Volksabstimmung abgelehnt, anschliessend dann Ende Oktober 1992 mit 314

---

lung der Europäischen Union mit, die demokratischen, rechtsstaatlichen, sozialen und föderativen Grundsätzen und dem Grundsatz der Subsidiarität verpflichtet ist und einen diesem Grundgesetz im wesentlichen vergleichbaren Grundrechtsschutz gewährleistet. Der Bund kann hierzu durch Gesetz mit Zustimmung des Bundesrates Hoheitsrechte übertragen.» (Art. 23 GG).

420 Vgl. dazu etwa die FAZ vom 25. September 1992.

421 BVerfGE 89, 155 (http://www.servat.unibe.ch/dfr/bv089155.html). – Ingo Winkelmann (Hg.), Das Maastricht-Urteil des Bundesverfassungsgerichts vom 12. Oktober 1993. Dokumentation des Verfahrens mit Einführung. Berlin 1994.

zu 3 Stimmen bei 8 Enthaltungen dem Vertrag selber zugestimmt.[422] Dem Abgeordnetenhaus folgte Ende November die hohe Kammer (Senat) mit 220 Stimmen ohne Gegenstimme.

In *Portugal* sprach sich die einzige Kammer, die *Assembleia*, am 17. November 1992 mit überwältigendem Mehr (200 : 21 Stimmen) für den Vertrag von Maastricht aus, dagegen waren die Kommunisten und das christdemokratische Zentrum. Die Kommunisten machten geltend, dass die Verfassung verletzt und die Souveränität eingeschränkt würde. Die sozialistische Opposition stimmte dafür, obwohl der sozialistische Staatspräsident Mario Soares eigentlich aus einer interessanten Überlegung heraus für eine Volksabstimmung gewesen wäre: Gerne hätte er mit einem Volksmehr gerechnet und so seine Partei entlastet gesehen, um damit auch Vorwürfen wegen der zu erwartenden wirtschaftlichen Schwierigkeiten nach der Implementierung von «Maastricht» zu begegnen.[423]

Einen knappen Monat nach dem portugiesischen Votum kam am 15. Dezember 1992 in den *Niederlanden* die Zustimmung – per Akklamation! – problemlos und, wie vermerkt wurde, als neunte von zwölf fälligen Zustimmungen zustande.[424] Gemäss einem früheren Bericht hatte es hier jedoch auch eine «von vielen» Bürgern und Bürgerinnen erhobene Forderung nach einem Referendum gegeben.[425]

In *Grossbritannien* musste die konservative Regierung unter John Major weiterhin gegen starken Widerstand der Abweichler in den eigenen Reihen ankämpfen: Eigentlich genügte hier zwar eine Parlamentsabstimmung, doch um die «Maastricht»-Gegner unter den Tories zu besänftigen, stellte die Regierung eine dritte Lesung im folgenden Jahr in Aussicht. Bereit im Oktober hatte Major den übrigen elf EG-Mitgliedern schriftlich die Ratifikation kurz vor oder nach Weihnachten versprochen, damit «Maastricht» wie vorgesehen zum 1. Januar 1993 in Kraft gesetzt und der Binnenmarkt ins Leben gerufen werden könnte (notfalls auch ohne Dänemark). Die Labour Party hatte sich bereits im Oktober 1992 auf ein Nein festgelegt, weil sie hoffte, auf diesem Wege die Regierung stürzen zu können. Am

422 Die drei ablehnenden Stimmen kamen von den Basken, die in der Regel den Deputiertenkongress boykottieren; deren grundsätzlich Anti-EG-Haltung bewog sie aber zu einer Teilnahme (NZZ Nr. 253 vom 30. Oktober 1992). Die Durchführung einer Volksabstimmung war mit 281 zu 25 Stimmen abgelehnt worden (NZZ Nr. 229 vom 2. Oktober 1992).

423 B.A., NZZ Nr. 289 vom 10. Dezember 1992.

424 Agenturmeldung ap, NZZ Nr. 293 vom 16. Dezember 1992.

425 Petra Münster, Europäische Divergenzen in Holland und Belgien. In: NZZ Nr. 138 vom 17. Juni 1992. 1998 soll die portugiesische Regierung erneut erwogen haben, die Zustimmung zum Vertrag von Amsterdam dem Volk vorzulegen. Vgl. Hug, 2002, S. 3 und 41.

22. Juni 1993 verlor Major eine erste Abstimmung im House of Commons, darum ordnete er am folgenden Tag eine zweite Abstimmung an und verknüpfte diese mit der Vertrauensfrage. Diese gewann er nur ganz knapp mit 319 : 316 Stimmen. Die Opposition der Tory-Hinterbänkler (*backbenchers*) blieb zwar erfolglos, sie konnten aber ihren Widerstand für eine organisatorische und finanzielle Stärkung der innerparteilichen Opposition nutzen.[426] Die britische war die letzte Ratifikation der zwölf EU-Mitglieder, es wurde zugewartet, bis Dänemark in seinem zweiten Referendum vom 18. Mai 1993 zugestimmt hatte. Die britische Regierung hatte 1993 offenbar nicht die Courage, zu dieser Frage eine Volksabstimmung abzuhalten. Ganz anders Tony Blair (was jedoch kaum in Erinnerung geblieben ist): 2003/04 drohte er offenbar damit, ein Referendum zum Verfassungsvertrag abzuhalten.[427]

Auswirkungen auf das Meinungsklima

Nicht nur der negative Ausgang der Volksabstimmung, auch die teilweise harzig verlaufenden parlamentarischen Verhandlungen insbesondere in Grossbritannien dürften die allgemeinen Vorbehalte gegenüber dem Integrationsprojekt verstärkt und ein ungutes Licht auf den Prozess geworfen haben.[428] Der komplizierte Ratifikationsprozess des Maastricht-Vertrags machte das EU-weit erreichte Ausmass an Ablehnung sichtbar und liess diese weiter anwachsen.

Unmittelbar nach Abschluss dieses Prozesses könnte allerdings noch die gängige Vorstellung geherrscht haben, dass die EG bereits viele Krisen erfolgreich überstanden hatte. Vier Tage nach dem Bekanntwerden des dänischen Nein konnte man in der NZZ lesen: «Seit ihrem Bestehen hat die Gemeinschaft schon manchen Rückschlag erlitten und durchgestanden; sie wird sich auch vom neusten erholen – und hoffentlich daraus lernen.»

Zugleich fanden sich im selben Artikel aber auch bereits die neuen Einsichten, die im Laufe der folgendenWochen und Monate noch an Gewicht gewinnen sollten:

426 Anthony Forster, Britain and the Maastricht Negotiations. Oxford 1999. S. 182. Dissertation aus der Schule von William Wallace.

427 Becker/Leisse, 2005, S. 253.

428 Bisher wenig beachtet wurde die negative Auswirkung auf einen kleinen Nebenschauplatz: auf die in der Schweiz gleichzeitig laufende und schliesslich in ein Nein mündende Debatte um den Beitritt zum Europäischen Wirtschaftsraum (EWR). Vgl. Georg Kreis, Das Gelegenheitsfenster von 1992. In: Dieter Freiburghaus/ders. (Hg.), Der EWR – verpasste oder noch bestehende Chance. Zürich 2013. S. 13 und 42.

> «Das ‹Europa der Bürger› ist auch innerhalb der EG gefragt, nicht nur an ihrem heutigen Nordrand. [...] Der dänische Paukenschlag ruft in Erinnerung, dass der Mangel an Demokratie in der EG ernsthaft angepackt werden muss. Es besteht ein Nachholbedarf; die Politiker müssten dafür sorgen, dass die Bevölkerung die bestehende Gemeinschaft ebenso wie die geplante Union als eine Gemeinschaft des Rechts empfinden kann, nämlich als den ersten Staatenverband der Geschichte, der nicht auf militärischen Strukturen aufbaut, sondern auf wirtschaftlicher und rechtlicher Einheit, und der kein Land seiner kulturellen Eigenarten berauben will.»[429]

Nun produzierten die Medien Schlagzeilen, wie sie vorher – das heisst bis zum Juni 1992 – nicht zu lesen waren: «Die Angst der EG vor der Stimme des Volkes».[430] Nach dem irischen Ja sah sich eine Pressestimme veranlasst, Brüssel vor europapolitischer Euphorie zu warnen, die unbequeme Haltung der Dänen habe einiges in Europa bewegt: «Ihr Nein bewirkte nämlich, dass auch in der breiten Öffentlichkeit der übrigen EG-Staaten das Für und Wider einer vertieften wirtschaftlichen und politischen Integration – endlich – lebhaft diskutiert wird.»[431]

Aus einem Pressebericht über den Gipfel von Lissabon vom 26./27. Juni 1992 geht hervor, dass das «neue Denken» (das es demnach zuvor noch nicht gegeben hatte) bereits damals Einzug gehalten habe:

> «Wie immer man den dänischen ‹Ausrutscher› bewerten mag, er hat auf höchster EG-Ebene zur Einsicht geführt, dass die Gemeinschaft bürgernäher gestaltet und transparenter organisiert werden muss. So war es folgerichtig und notwendig, dass sich der Europäische Rat

---

429 Gemäss einer starken Tendenz wurde auch in diesem Kommentar «Bürgernähe» mit «Regionalismus» gleichgesetzt: «Die Regionalismusbewegungen Italiens oder Spaniens sind im Aufwind, ebenso wie der Föderalismus in Deutschland und in Grossbritannien die Urdemokratie. Mitterrand verhilft dem Referendumsgedanken und der EG-Legitimation durch Volksentscheid auf seine präsidiale Weise zu mehr Gewicht.» (Doe., Der dänische Paukenschlag. In: NZZ Nr. 128 vom 4. Juni 1992). Vgl. auch Georg Kreis, Die Organisationen im regionalen Europa. Produkte aus dem Laufe der Zeit. In: ders. (Hg.), Grenzüberschreitende Mikrointegration. Der Basler Dreiländerraum gestern-heute-morgen. Basel 2012. S. 11–30 (= Basler Schriften zur europäischen Integration Nr. 100). Erneut in ders., Vorgeschichten zur Gegenwart. Ausgewählte Aufsätze. Bd. 6, S. 481–493.

430 rt. (aus Brüssel), NZZ Nr. 217 vom 18. September 1992. Der Artikel bezog sich vor allem auf die in Frankreich bevorstehende Abstimmung, hatte aber auch eine allgemeinere Aussagekraft. Der gleiche Korrespondent bemerkte schon unmittelbar nach dem dänischen Nein, Neuverhandlungen über Vertragsmodifikationen würden ausgeschlossen: «Die Angst vor unbequemen Forderungen, einer geöffneten Büchse der Pandora, ist zu gross.» (NZZ Nr. 131 vom 9. Juni 1992).

431 rg., Kein Grund für integrationspolitische Euphorie. In: NZZ Nr. 141 vom 20./21. Juni 1992.

intensiv mit der Verwirklichung beziehungsweise der praktischen Umsetzung des im Maastrichter Vertragswerk festgeschriebenen Subsidiaritätsprinzips auseinandergesetzt hat. Die Zwölf nehmen den vornehmlich in den nördlichen Mitgliedstaaten artikulierten Vorwurf, die Gemeinschaft sei zu zentralistisch und ihre Entscheidungen seien bürgerfremd, jetzt offensichtlich ernst. [...] Falls sich das ‹neue Denken› über die Aufgabenteilung zwischen der EG und ihren Mitgliedstaaten tatsächlich durchsetzen wird, könnte sich die Gemeinschaft qualitativ entscheidend verändern, und zwar im positiven Sinne. Es gilt als Binsenwahrheit, dass die erweiterte EG entweder demokratisch, föderal und nach dem Subsidiaritätsprinzip organisiert oder gar nicht sein wird. In Lissabon haben die Zwölf – verbal – einen Schritt in die richtige Richtung getan, um bestehende Ängste abzubauen, die EG entwickle sich über die Köpfe ihrer Bürger hinweg zu einem zentralistischen Bundesstaat.»[432]

Im Herbst 1992 strich die CDU die Formel «Vereinigte Staaten von Europa» und das 1988 zuletzt bekräftigte Ziel eines europäischen Bundesstaats aus ihrem Programm. Die Europäische Union hatte es als «etwas völlig Neues in der Geschichte internationaler Staatenzusammenschlüsse» definiert, jetzt verfiel man auf die mittlerweile bekannte Formel eines Gebildes «sui generis». Ein Pressebeobachter kam zu dem einleuchtenden Schluss, dass die Partei Adenauers, «aufgeschreckt von der vielfältigen Kritik und Skepsis», sich beeile, im Interesse der «Bürgernähe eines gemeinsamen Europa» und in «nun plötzlich überaus eifriger Abwehr gegen unüberschaubare Verwaltungsstrukturen» ein altes Ideal zumindest in terminologischer Hinsicht zu revidieren.[433]

1992 war die gesamteuropäische Stimmung gegenüber der EG insgesamt nicht gerade gut. In der Presse wurde im Herbst 1992 ohne weitere Erklärung von einem «hartnäckigen Formtief» gesprochen, aus dem die EG noch nicht herausgefunden habe – als ob es sich um eine bereits bekannte Tatsache handelte.[434] Kurz darauf folgte die Feststellung, die EG befinde sich «nicht in der besten Verfassung». Ihre Volkswirtschaften würden empfindliche konjunkturelle Schwächen zeigen.[435] Hinzu kam die Erschütterung des Währungssystems (EMS), zudem liege sie mit ihrem amerikanischen Partner im siebten Jahr der GATT-Uruguay-Runde immer noch im Streit.[436]

432 rg. (Lissabon), NZZ Nr. 148 vom 29. Juni 1992.

433 Ch. M. (Christian Müller), Revision des Europa-Vokabulars der CDU. In: NZZ Nr. 242 vom 17./18. Oktober 1992.

434 H.K., Nur eine europäische Vertrauenskrise. In: NZZ Nr. 243 vom 19. Oktober 1992.

435 Bestätigend die Formulierung: «Dass die allgemein gedämpfte Stimmung mit der rezessiven Wirtschaftslage in vielen Mitgliedstaaten zusammenhängt, ist offensichtlich.» Vgl. ebenda.

436 Zr. (Willy Zeller), Vexierbild Maastricht. In: NZZ Nr. 248 vom 25. Oktober 1992.

Im November 1992 sprach Hansrudolf Kamer in der NZZ von einem «schleichenden Renationalisierungsprozess» auch im Westen. Mit dem Ende des Kalten Krieges sei der äussere Druck gewichen, der einen engeren Zusammenschluss zwischen den Staaten als vorteilhaft habe erscheinen lassen.[437] «Heute wird er – man kann es nicht mehr übersehen – von manchen als überflüssig und gar störend empfunden.» Die meisten EG/EU-Mitgliedstaaten würden zwar den in der EEA festgeschriebenen Integrationszielen noch folgen, die Bewegung sei nicht gestoppt worden. Schon wenige Monate danach stellte Kamer im Rückblick fest: «[...] in der Post-Maastricht-Krise ging der Schwung verloren; mit nur noch schwacher Zufuhr ökonomischen Sauerstoffs ist er zum Schneckentempo verkommen».[438]

Auf die jetzt vermehrt aufkommende Kritik eingehend forderte der EU-Kommissionspräsident Jacques Delors im Herbst 1992 vor dem Europäischen Parlament mehr Transparenz, Subsidiarität und Demokratie und erlaubte sich, wie in der Presse zu lesen war, «ungewöhnlich scharfe Kritik» am Ministerrat der Zwölfergemeinschaft zu üben, den er als «geschlossenen Club» bezeichnete, «in dem sich die nationalen Eitelkeiten und Egoismen gegenüberstehen».[439] Der britische Regierungschef John Major schlug (nach der knapp ausgegangenen französischen Abstimmung) vor, dass der Europäische Rat während der bevorstehenden britischen EG-Präsidentschaft einen Sondergipfel abhalten solle. Und weiter regte er für den dann in Birmingham abgehaltenen Gipfel an, die erste Sitzung teilweise vom britischen Fernsehen übertragen zu lassen, um so dem Wunsch nach Transparenz zu entsprechen! Jedem Regierungschef hätten dazu fünf Minuten zur Verfügung gestanden. Dies wurde aber von den anderen Mitgliedstaaten als «sinnlose Übung»

437 Die Bedeutung des Bedrohungsdrucks auf die westeuropäischen Staaten muss in der Tat hoch veranschlagt werden: Ohne die Ost-West-Polarität wäre es wesentlich schwieriger gewesen, unter diesen das nötige Mass an Einigungsbereitschaft herzustellen. Darauf bezogen sich die beiden provokant gemeinten Bemerkungen, dass der ägyptische Staatschef Abdel Nasser wegen der von ihm ausgelösten Suezkrise in Brüssel eigentlich ein Denkmal und dass Josef Stalin im Grund den ersten Karlspreis der Stadt Aachen verdient hätte. Zu Nasser: Louis Armand gemäss Jean Monnet, Memoiren 1976, S. 495; zu Stalin: Alfred Grosser, Wie anders sind die Deutschen? München 2002. S. 200.

438 H.K. (Hansrudolf Kamer), Zurück in die Zukunft des alten Europa? In: NZZ Nr. 266 vom 14./15. November 1992.

439 dpa aus Strassburg in: NZZ Nr. 241 vom 16. Oktober 1992. – In der NZZ Nr. 148 vom 29. Juni 1992 (rg.) wird Subsidiarität im Titel als «das neue Zauberwort der Zwölf» präsentiert. Auch später ist in diesem Sinn immer wieder vom «Zauberwort» die Rede (NZZ Nr. 194 vom 22. August 1992 und NZZ Nr. 242 vom 17. Oktober 1992).

zurückgewiesen.[440] In den Medien wurde diese Qualifizierung mehrheitlich als Folge der von den Bürgern Europas erteilten Lektion, zum Teil aber auch als Einsicht der Regierungschefs selbst präsentiert.[441]

Sollte das mühsame Ringen um Zustimmung zu «Maastricht» die Einstellung zur EU beeinträchtigt haben, so führte dies bei den Bürgern und Bürgerinnen der Beitrittskandidaten-Länder Schweden, Finnland und Österreich jedoch nicht zu einer markanten Zunahme der negativen Einstellung und beeinträchtigte die in diesen Ländern in der Zeit vom Juni bis November 1994 durchgeführten Abstimmungen nur wenig. Jedenfalls kam es nicht zu einem ernsthaften Nachlassen der Bestrebungen dieser Staaten (mit Ausnahme Norwegens), nach wie vor der – intern vermehrt kritisierten – EU ebenfalls angehören zu wollen.

2.11 Abstimmungswiederholungen von 1993, 2002 und 2009

Dänemark 1993

Mit der im Mai 1993 durchgeführten Wiederholung der dänischen Abstimmung von 1992 über «Maastricht» ist das Odium verbunden, dass die Politikerelite das erste Volksvotum nicht ernst genommen habe. In zeitgenössischer Sicht wurde dies aber weit weniger als Geringschätzung des Volkswillens empfunden. Die Fundamentalkritiker des EU-Gemeinschaftsprojekts sehen noch heute in der Tatsache, dass die EU das zunächst abgegebene Nein der Dänen nicht als solches akzeptierte (und damit *nota bene* konsequenterweise auch «Maastricht» nicht einfach aufgab oder Dänemark aus dem europäischen Staatenverband entlassen hätte) eine für die EU typische Geringschätzung des Bürgerwillens. Sie blenden dabei die 49,3 Prozent der in der ersten Abstimmungsrunde zustimmenden Bürger völlig aus und sind auch nicht bereit, die erfolgten Konzessionen, die schliesslich doch zu einem Ja führten, zu würdigen. Diesem Vorwurf könnte man entgegenhalten, dass es dann schliesslich doch auch einen Bürgerwillen gab, der sich insgesamt mehrheitlich für «Maastricht» ausgesprochen hatte.

440 cer. aus London, NZZ Nr. 241 vom 16. Oktober 1992.

441 Nach dem irischen Ja konnte man in der Presse lesen: «Die Erkenntnis, dass die EG (neben aussenpolitischen) momentan auch enge innenpolitische Grenzen hat, gehört zu den herausragenden Einsichten, die nach dem Referendum in Dänemark (sic!) um sich gegriffen haben.» (rt. aus Brüssel, NZZ Nr. 141 vom 20./21. Juni 1992).

Da der Vertrag von Maastricht nur aufgrund der Annahme durch alle zwölf Mitgliedstaaten in Kraft treten konnte und eine kurz diskutierte Sonderlösung für Dänemark nach der Formel «11+1» doch nicht in Frage kam, wurde die Lösung im Einräumen von Konzessionen und einer Wiederholung der Abstimmung gesucht. Die EU bot unter britischer Präsidentschaft auf dem Gipfel von Edinburgh den Dänen einige Ausnahmeregelungen an; insbesondere sollte für Dänemark, wie schon für Grossbritannien, die Verpflichtung wegfallen, der künftigen Euro-Zone beizutreten, ausserdem eine Freistellung in der vorgesehenen Verteidigungsgemeinschaft sowie eine Absicherung, dass allfällige Kompetenztransfers im Bereich von Justiz und Polizei ein Bürgerreferendum voraussetzten. Vorgeschlagen wurde schliesslich auch die Bestätigung, dass die Unionsbürgerschaft nicht die nationale Staatsbürgerschaft ersetze.[442] Kurz darauf erklärte ein gut gelaunter John Major als EG-Ratspräsident vor dem Strassburger Parlament die «tiefe Vertrauenskrise» für weitgehend überwunden.[443]

Die zweite dänische Abstimmung vom 18. Mai 1993 brachte bei einer Stimmbeteiligung von 86,5 Prozent dann auch die erwünschte und benötigte Zustimmung von recht komfortablen 56,7 Prozent. In diesem zweiten Referendum waren sich weniger als 20 Prozent der Abstimmenden über das Entgegenkommen der EU im Klaren. Entscheidend war vielmehr, dass die inzwischen eingewechselte sozialdemokratische Regierung wesentlich populärer als ihre Vorgänger war.[444]

Im Zusammenhang mit anderen Sachfragen gab es in Dänemark insofern weitere Wiederholungen, als es trotz wechselnder Thematik doch stets um das Gleiche – die Grundeinstellung zum europäischen Integrationsobjekt – ging. Dänemarks Haltung wird in die allgemein europaskeptische Einstellung der nordischen Länder (Norwegen, Schweden, auch Finnland) eingeordnet, seine Zurückhaltung gegenüber dem europäischen Integrationsprojekt erklärt sich zu einem beträchtlichen Teil aber aus innen- beziehungsweise parteipolitischen Verhältnissen. Nach dem Beitritt von Schweden und Finnland von 1995 nahm die Europakritik in Dänemark sogar noch zu.[445]

442 Gunnar Schuster, Der Sonderstatus Dänemarks im Vertrag über die Europäische Union. In: Europäische Zeitschrift für Wirtschaftsrecht 4, 6, 1993, S. 177–180. – Karen Siune/Palle Svensson/Ole Tonsgaard, The European Union: The Danes Said «No» in 1992, but «Yes» in 1993. How and Why? In: Electoral Studies 13, 2, 1994, S. 107–116.

443 rg., NZZ Nr. 294 vom 17. Dezember 1992.

444 Kohler-Koch, 2004, S. 208.

445 Louis Clerc, Un euroscepticisme nordique? Le Danemark face à la construction européenne (1918–1993). In: Wassenberg/Clavert/Hamman, 2010, S. 175–193.

Drei Jahre später wurde in Dänemark im Mai 1998 über den auf «Maastricht» folgenden Vertrag von Amsterdam ebenfalls abgestimmt, was bei einer Stimmbeteiligung von 76,2 Prozent eine Zustimmung von 55,1 Prozent ergab. Im September 2000 sollten die dänischen Stimmbürger dann über die von der Regierung schliesslich doch angestrebte Einführung des Euro abstimmen: Hier ergab sich bei einer Stimmbeteiligung von 87,6 Prozent eine Ablehnung von 53,2 Prozent. Im Dezember 2015 folgte eine weitere Abstimmung über eine von der Regierung gewünschte engere Zusammenarbeit mit den europäischen Sicherheits- und Polizeibehörden (Europol), von der sich Dänemark 1993 vor der zweiten «Maastricht»-Abstimmung hatte ausnehmen lassen. Rund 53 Prozent der Stimmberechtigten lehnten diese engere Zusammenarbeit im Polizeiwesen ab. Ein wichtiges Oppositionsmotiv war die Befürchtung, dass die Zahl der Flüchtlinge zunehme.[446] Die rechtsnationale Volkspartei begrüsste den Ausgang des Referendums als Ablehnung einer Politik, die das Land näher an den Kern der EU rücken und dafür immer mehr Souveränität abgeben wolle.[447]

Irland 2002

Nach der ersten Abstimmungswiederholung in Dänemark kam es 2002 und 2009 in Irland zu zwei weiteren Wiederholungen, weil hier die Zustimmung der Stimmberechtigten zum Vertrag von Nizza von 2001 und zum Vertrag von Lissabon 2008 nicht im ersten Anlauf erlangt werden konnte.

Irland galt zwar als eigenwilliges, aber auch als EU-freundliches Land, unter anderem wegen der Milliarden-Subventionen aus Brüssel, aber auch wegen der Möglichkeit, sich durch die Beteiligung an europäischen Institutionen etwas vom britisch-irischen Bilateralismus zu befreien. Dennoch ergab die Abstimmung vom 7. Juni 2001 mit 53,9 Prozent eine Nein-Mehrheit. Die Furcht, wegen der anstehenden Osterweiterung die Unterstützung aus dem Struktur- und Regionalfonds der EU zu verlieren, dürfte für den negativen Ausgang mitbestimmend gewesen sein.[448] Hinzu kam aber auch das Missbehagen wegen des befürchteten Einflussverlusts der kleinen gegenüber den grossen EU-Mitgliedsländern (u. a. war angedacht, dass wegen der Erweiterung der EU zukünftig nicht mehr alle Unionsländer dauerhaft in der

446 Damit wäre Dänemark auch dem Schengen-Abkommen vollständig beigetreten.

447 http://www.zeit.de/politik/ausland/2015-12/referendum-daenemark-eu-europol (letzter Zugriff Juli 2017).

448 Eine Schlagzeile: «You will lose power, money, freedom».

Kommission vertreten sein sollen), sowie teilweise auch wegen der befürchteten Aufweichung des Neutralitätsstatus.[449]

Der irische Souverän hatte bisher (1972, 1987, 1992 und 1995) in europapolitischen Abstimmungen stets mit Ja gestimmt, allerdings mit sinkenden Mehrheiten. Das Resultat von 2001 war auch die Folge des zu schwachen Engagements der irischen Politikerelite, das gegen die militanteren Gegner nicht aufkam. Bei den Befürwortern war – wie so oft – die Motivation, an die Urne zu gehen, schwächer, während die Vertragsgegner motivierter waren, ihre Stimme abzugeben. Die Stimmbeteiligung war – nicht zuletzt auch in Anbetracht der Bedeutung der Vorlage für die EU – mit 35 Prozent sehr bescheiden. Die etablierten Parteien, Gewerkschaften und Arbeitgeber standen hinter der Vorlage, die Gegnerschaft setzte sich aus Anhängern der IRA-nahen Sinn-Féin-Partei und der Grünen sowie weiterer Kleingruppen zusammen, die der Basler Irland-Korrespondent Martin Alioth als spontane Grüppchen umschrieb, «deren Steckenpferde wahlweise mit Begriffen wie grundsätzlicher Euro-Skeptizismus, Anti-Militarismus, Fremdenfeindlichkeit oder reaktionärem Katholizismus beschrieben werden können».[450]

So negativ die Charakterisierung der Nein-Sager bei Alioth ausfiel, für deren Ablehnungsmotive zeigte er doch viel Verständnis, wie er auch generell die Durchführung derartiger Plebiszite entschieden befürwortete. Der Nizza-Vertrag als solcher habe seine Ablehnung durchaus verdient: Solche Verträge würden besser ausgearbeitet, wenn die Politiker damit rechnen müssten, diese nicht nur in Ausnahmefällen dem Stimmvolk vorlegen zu müssen.[451]

Es gab aber auch Kommentare, die mit der in den letzten Jahren üblich gewordenen Vorwurfshaltung die EU für das Nein verantwortlich machten. Eine keineswegs aus einer Randposition abgegebene Meinung sah nicht im negativen Ausgang der Abstimmung einen Skandal, sondern darin, dass solche Abstimmungen den übrigen EU-Bürgern verweigert worden seien. Die Ablehnung sei kein Unfall, sondern die logische Folge undemokratischer Politik.

> «[...] im Kern des Phänomens steht die Arroganz der EU-Regenten, die noch immer meinen, sie könnten die Union mit den Mitteln der Hinterzimmer-Diplomatie regieren. Nach wie vor verhandeln und beschliessen die Regierungen der EU alle wichtigen Gesetze hinter verschlossenen

449 Alioth, 2009, S. 18ff.

450 Ebenda, S. 17.

451 Ebenda, S. 24.

> Türen und ohne Beteiligung der Parlamente in ihren sogenannten Ministerräten. [...] Die Alternative heisst Renationalisierung der Politik und der Durchmarsch anti-europäischer Populisten vom Schlage Berlusconi und Haider.»[452]

Eine österreichische Stimme mit tiefsitzender EU-Abneigung gegenüber dem «Superstaat» und dem «Staatsmoloch» freute sich über das irische Nein und wünschte sich im Oktober 2002 «schon allein wegen der Praepotenz der EU-Oberen» ein weiteres Nein, zumal die österreichischen Staatsbürger gar nicht gefragt worden seien.[453]

Im Falle des Vertrags von Nizza wollte man nach dem Nein von 2001 den Iren nicht wie 1992 den Dänen irgendwelche Sonderregelungen («opt-outs») anbieten. Darum ging es bei einer allfälligen Wiederholung schlicht um die Alternative «Ja zu Nizza» oder «Austritt aus der EU». In diesem Sinne wurde denn auch die zweite Abstimmung aufgefasst. Das Urteil über «Nizza» dürfte inzwischen nicht besser geworden sein, die meisten Iren stimmten jedoch über die Frage des Verbleibens in der EU allgemein ab und stimmten am 19. Oktober 2002 bei einer von 35 Prozent auf 49,5 Prozent gestiegenen Stimmbeteiligung mit 62,9 Prozent dem Vertrag von Nizza schliesslich doch zu.

Irland 2009

2009 fand in Irland zum EU-Reformvertrag eine zweite europapolitische Wiederholungsabstimmung statt. Das Nein von 53,4 Prozent vom 12. Juni 2008 wurde in der Wiederholung vom 2. Oktober 2009 in ein Ja von 79,2 Prozent umgewandelt. Nach dem Nein vom Juni 2008 hatte die irische Regierung die Gründe für die Ablehnung untersuchen lassen. Dabei stellte sich heraus, dass der Informationsstand im gegnerischen wie im befürwortenden Lager schlecht war. Ein Teil der Stimmbürger wusste nach eigenem Bekunden nicht, was im Vertrag stand, und ein anderer Teil irrte sich massiv in Bereichen, die sie verstanden zu haben wähnten.[454]

Die EU war im Prinzip bei der gleichen Vorlage geblieben, sie war den irischen Stimmbürgern und -bürgerinnen und vor allem der irischen Regierung, die eine erfolgreiche Wiederholung zu inszenieren hatte, insofern entgegengekommen, als sie sich bereit zeigte, von Irland unilaterale Erklärungen zu «Reizthemen» (garantierte

---

452 Harald Schumann, Der Spiegel vom 8. Juni 2001 (http://www.spiegel.de/politik/ausland/eu-erweiterung-irland-kippt-nizza-vertrag-a-138670.html; letzter Zugriff Juli 2017).

453 Bernhard Redl, 15. Oktober 2001 (http://akin.mediaweb.at/2002/25.02/25irland.htm; letzter Zugriff Juli 2017).

454 Alioth, 2009, S. 35.

Kommissionsvertretung auch für die kleinen Mitglieder, Neutralität, Militärpflicht, Abtreibung, Körperschaftssteuern) entgegenzunehmen.[455]

2.12 Basisbindung durch Konvent und Konstitutionalisierung?

Wie sollte es nach der Ratifikation des Vertrags von 1992 weitergehen? Es war klar, dass «Maastricht» auch wieder nur ein Meilenstein war und ein weiterer Ausbau der EU folgen sollte. Bereits im April 1992 war in der Beratung des Vertrags durch das Europäische Parlament bemerkt worden, dass der Vertrag keine «finished construction» sei und seine «imperfections» habe.[456] Die nächste Revision war mit der für 1996 vorgesehenen Regierungskonferenz bereits terminiert.

1995 legte der Politologe Werner Weidenfeld mit seiner Arbeitsgruppe Materialien zur Revision des Vertrags vor. «Maastricht» habe «drängende Fragen» offengelassen und «neue Fragen» aufgeworfen. Im Vordergrund standen Sorgen weniger wegen des Demokratiedefizits als wegen der Handlungsfähigkeit und der Akzeptanz des Unternommenen, was ja nicht mit politischer Partizipation gleichzusetzen ist.[457] Im Zusammenhang mit den Überlegungen zur Kompetenzordnung war aber doch kurz von der demokratischen Legitimation die Rede. Der mit «Maastricht» eingeleitete Kompetenzzuwachs des Ministerrats sei nicht mit einer entsprechenden Erweiterung der Legitimationsbasis ausgestattet worden. Es genüge aber nicht, dem Parlament weitere Kompetenzen zu geben, es müsse vielmehr ein klassisches Zwei-Kammer-System und mit der Kommission eine Unions-Regierung geschaffen werden. Es brauche ein «System der doppelten Repräsentanz, in dem sich europäische und nationale – und damit auch regionale – Legitimationsressourcen in einem Gesamtsystem sinnvoll ergänzen».[458]

---

455 Sehr lesenswert Martin Alioth, Irland und Europa 2002–2009. Basel 2009 (= Basler Schriften zur europäischen Integration Nr. 90). Erwogen wurde, statt zum komplexen Vertrag einen simplen Ja/Nein-Entscheid herbeizuführen, nur über Einzelbestimmungen abstimmen zu lassen, die das Verfassungsrecht berührten (S. 43).

456 EU-Parlamentarier António Antero Coimbra Martins im Namen der portugiesischen Ratspräsentschaft, 7. April 1992.

457 Werner Weidenfeld (Hg.), Reform der Europäischen Union. Materialien zur Revision des Mastrichtvertrags 1996. Gütersloh 1995. Die Arbeitsgruppe war die von der Bertelsmann-Stiftung und der Forschungsstelle Europa der Universität Mainz eingesetzte «Europäische Strukturkommission», der u. a. Bracher, Lübbe und Scharpf angehörten.

458 Ebenda, S. 39.

Die Basisbewegungen der Jahre 1945–1948 hatten den Bau ihres Europa mit einer Verfassung beginnen wollen. Dass dies und warum dies nicht verwirklicht wurde, ist (weiter oben, S. 101ff.) bereits kurz erörtert worden. Dieses Vorgehen hätte – einigermassen[459] – einem mitunter auch als Königsweg bezeichneten klassischen Verfahren entsprochen: Verfassungen dienen der Organisation und Legitimation von neuen Staaten und bedürfen der Zustimmung der Körperschaft, die Staatsvolk genannt wird. Sie werden in konstitutiven Etappen entwickelt: In einem ersten Schritt beschränkt sich der Wille zum Staat auf das politische Kader; in einem zweiten Schritt bestätigt die Bürgerbasis den ausgearbeiteten Verfassungsentwurf; und in einem dritten Schritt entsteht über diffuse Verfassungsaneignung weitere Legitimation und wird die Verfassung mehr oder weniger zu einem Teil der nationalen Identität.[460]

Die frühen Befürworter der «Vereinigten Staaten von Europa» stellten sich den Gemeinschaftsaufbau im Sinne dieser drei Schritte vor. Wie gezeigt wählten die massgebenden Kräfte aber einen anderen, einen indirekten Weg: eine ohne Einbezug der Basis in verschiedenen Etappen verwirklichte Teilintegrationen im wirtschaftlichen Bereich und am Ende des Wegs, unterstützt von den «spill over»-Effekten dieser Teilintegrationen, schliesslich eine umfassende politische Integration in einem krönenden Verfassungsabschluss. In der Literatur, etwa bei Wilfried Loth, wird dies als «technokratischer Weg» bezeichnet, «ohne breite gesellschaftliche Diskussion und nachhaltige Identifizierung der Bürger mit der Europäischen Gemeinschaft und ihren Institutionen».[461] Guido Thiemeyer bezweifelt oder stellt geradezu in Abrede, dass die Mehrheit der in den 1950er Jahren diesen Weg beschreitenden Akteure je einen europäischen Staat als Endziel angestrebt habe. Ihnen sei es lediglich darum gegangen, «ein nationales Problem durch Integration zu lösen».[462]

Die letzte Etappe der Verfassungsgebung hätte nach dem Integrationsmodell des «spill over» erreicht werden müssen, wenn die Vergemeinschaftung weit genug vorangeschritten und «reif» gewesen wäre. Dabei wurde aber ein Gemeinschaftsgefühl zur Voraussetzung gemacht, wie es historisch in der Regel (und im besten Fall) nur die daraus hervorgehende Folge sein konnte. Wie wir wissen, wurde die

459 Das «einigermasssen» soll ein wenig relativieren, weil nicht eine nationale Revolution wie in den meisten Ländern (in den USA, in Frankreich, in der Schweiz, in Italien, Deutschland oder Österreich), sondern 1939–1945 ein internationaler Krieg (den man auch als Bürgerkrieg verstehen kann) vorausgegangen ist.

460 Daniel Brühlmeier, Auf dem Weg zu einer verfassten nationalen Identität. Basel 1991.

461 Loth, 2000, S. 365.

462 Thiemeyer, 2001, S. 44.

Zeit für eine europäische Verfassung an der Wende vom 20. ins 21. Jahrhundert als reif angesehen. Warum?

Schon in der Frühphase der europäischen Integration waren, wie der Historiker Walter Lipgens gezeigt hat, immer wieder Anläufe zur Erarbeitung von Verfassungen gemacht worden.[463] Besonders nahe an eine Verwirklichung kam das vom legendären Strassburger Club du Crocodil getragene und sehr weit gediehene, von Altiero Spinelli geführte Projekt.[464] Mit seiner Ausarbeitung wurde gleich nach der ersten Direktwahl des Europäischen Parlaments von 1979 begonnen. Es wurde am Ende der ersten Legislaturperiode – gewissermassen als ihr Ergebnis – im Februar 1984 vorgelegt und mit immerhin 232 gegen nur 31 Stimmen bei 43 Enthaltungen angenommen. Dieser Entwurf ging aus einem Konflikt zwischen dem sich als supranational verstehenden Parlament und dem intergouvernementalen Ministerrat um das Budget der EG hervor und folgte der Einsicht, dass es nicht ausreiche, internationale Politik zu betreiben, sondern dass es auch eine trans- oder supranationale Rahmenordnung brauche. Sein Ziel war die Schaffung eines europäischen Bundesstaats.[465]

Vom neuen Parlament wurde der Entwurf wegen weiterbestehender Widerstände aber nicht weiterverfolgt. Im März 1985 kam (im Dooge-Bericht) immerhin erstmals die Idee ins Spiel, eine Regierungskonferenz zur Reform des Primärrechts einzuberufen, was noch im selben Jahr geschah. Parlament und Kommission waren darin aber nicht vertreten. In dieser Phase konnte sich immerhin als abstraktes Bekenntnis das Ziel einer «politischen Einheit» halten.

Auf den Verfassungsentwurf von 1984 folgte auf das Ende der dritten Legislaturperiode ein weiterer von 1994, der wiederum einen Umbau und Ausbau der Organe vorsah und wiederum ohne direkte Resultate blieb.[466] Dieser Entwurf war konservativer als derjenige von 1984, er strebte keine Staatsgründung im Sinne eines Bundesstaats an und begnügte sich mit der Bekräftigung des Konzepts der supranationalen

---

463 Walter Lipgens, 45 Jahre Ringen um die Europäische Verfassung. Bonn 1986. Die Dokumentensammlung zu den Verfassungsversuchen ist posthum erschienen. Eine wichtige Ergänzung dazu: Wilfried Loth, Entwürfe einer europäischen Verfassung. Eine historische Bilanz. Bonn 2002. – Lipgens verweist auf die «fortschreitende Entscheidungsunfähigkeit des Rates und das Debakel des Gipfels von Athen (1986, S. 8). Walter Lipgens (1935–1984) widmete seine beiden ersten grossen Werke den Föderationsplänen der Jahre 1940–1945 sowie der Einigungspolitik in den Jahren 1945–1950.

464 Pierre Gerbet, La construction de l'Europe. Paris 1994 (2. Aufl.), S. 412ff.

465 Jürgen Schwarze/Roland Bieber, Eine Verfassung für Europa. Baden-Baden 1984. – Manuel Müller, 2016, S. 177ff.

466 Becker/Leisse, 2005, S. 35ff. (vgl. 1. Kap., Anm. 176).

Gemeinschaft. Die bisherige Funktion des Ministerrats wurde als unverzichtbar eingestuft, aber das Parlament neu definiert, jetzt als Vertretung der «Bürger der Union» und nicht mehr nur als Vertretung der «Völker der in der Gemeinschaft zusammengeschlossenen Staaten». Allerdings hatte schon 1984 der EU-Parlamentarier Pietro Adonnino vom Europäischen Rat den Auftrag erhalten, im Sinne einer Belebung und Überwindung der «Eurosklerose» Vorschläge für Schritte zu einem «Europa der Bürger» zu entwickeln, um die schon damals wahrgenommene «Bürgerferne» zu überwinden.[467]

Aufschlussreich ist die dem Entwurf von 1994 beigelegte und in drei Punkte gegliederte Begründung: 1. wolle man mit einem knappen und übersichtlichen Verfassungsentwurf dem nach «Maastricht» zu beobachtenden Europessimismus entgegenwirken. 2. wolle man der Europäischen Union ein leichter fassbares und unmittelbares institutionelles Gepräge verleihen, und 3. wolle man im Hinblick auf die bevorstehende Osterweiterung mit der politischen, rechtlichen und ethischen Umschreibung des Gemeinschaftsprojekts eine klare Konzeption zur Verfügung stellen. Aufschlussreich ist, dass in Verbindung mit dem letzten Punkt gesagt wird, mit dem Wandel in Osteuropa könne der weitere Aufbau Europas nicht mehr als Sachzwang und Selbstverständlichkeit angesehen werden und man könne auch nicht mehr von einer «stillschweigenden Zustimmung der Bürger» ausgehen.[468]

Wilfried Loth und andere lieferten eine wichtige, im ersten Punkt anklingende Erklärung für das Aufkommen eines verstärkten Bedürfnisses nach einer Verfassung: Die Diskussion um den «Maastricht»-Vertrag und die Einführung der europäischen Währung habe gezeigt, «das der technokratische Umweg» nach Europa an sein Ende gelangt sei.[469] In der zweiten Hälfte der 1990er Jahre verstärkte sich das Bedürfnis nach einer vereinfachten und kohärenteren Struktur weiter. Mit zwei vorgängigen Regierungskonferenzen und den anschliessenden Verträgen von Amsterdam (1997) und Nizza (2001) kamen kleinere Schritte in dieser Richtung

467 Der institutionelle Aufbau der EG sollte reformiert, die von einem technokratischen Politikstil geprägten Gemeinschaften den Bürgern nähergebracht und im Hinblick auf weitere Integrationsschritte die Legitimität gestärkt werden. Schlussbericht vom Juni 1985 (https://www.cvce.eu/obj/bericht_des_ausschusses_fur_das_europa_der_burger_an_den_europaischen_rat_von_mailand_mailand_28_29_juni_1985-de-b6f17ee2-da21-4013-9573-c2b159f86ff5.html; letzter Zugriff August 2017).

468 Kluth, 1995, S. 104.

469 Wilfried Loth, Vertiefung in der Erweiterung? Die Europäische Regierungskonferenz in historischer Perspektive. In: Kulturwissenschaftliches Institut, Jahrbuch 1995. Essen 1995. S. 77–81. Nochmals Loth, 2000, S. 365.

zustande; Schritte, denen nach dem Prinzip der evolutiven Integration stets noch weitere Schritte folgen sollten und mussten, weil selbst nach getroffenen Regelungen stets offene, ungeregelte Fragen (*leftovers*) übrigblieben oder gar neu aufkamen.

Das wenig befriedigende Ergebnis des Gipfels von Nizza (Dezember 2000) mit den peinlichen Streitigkeiten unter den Unionsmitgliedern um die neu festzulegenden Stimmengewichtungen dürfte der Bereitschaft zur Einigung einigen Auftrieb gegeben haben. Tony Judt bemerkt sarkastisch, der Schacher um Status und Macht im europäischen Haus sei der Preis dafür gewesen, dass man sich bislang nicht um die «verfassungsrechtlichen Kleinigkeiten» gekümmert habe.[470] Im Weiteren bestand die einleuchtende Absicht, noch vor der grossen Osterweiterung (2004) unter den Altmitgliedern einen substantiellen Konsolidierungs- und Vertiefungsschritt zustande zu bringen. Zudem, und das ist hier der Punkt, gab es die Meinung, auf diese Weise das sich verschärfende Bürger-Akzeptanz-Problem zu lösen oder wenigstens zu mildern: die Stärkung der europäischen Identität als dritten Schritt gemäss dem oben beschriebenen Prozess.

Wie der deutsche Staatsrechtler und Bundesrichter Dieter Grimm feststellt, wäre eine Verfassung eigentlich gar nicht nötig gewesen, weil die bestehenden Verträge aus staatsrechtlicher Sicht genügt hätten.[471] Dennoch erschien sie aus mehreren Gründen als erstrebenswert. Eine Überlegung ging dahin, dass die in immer kürzeren Intervallen durchgeführten Vertragsreformen bereits zu einem verfassungsähnlichen System geführt hätten, dieses aber zu einem vereinfachten Gesamtwerk umformuliert werden müsse.

Sollte dabei die Erwartung eine Rolle gespielt haben, dass eine bürgerfreundliche, das heisst kürzer gefasste, gut lesbare Verfassung entstünde, erfüllte sich diese überhaupt nicht. Ein nicht unwichtiges Motiv für die Ablehnung des Verfassungsvertrags in Frankreich im Mai 2005 bestand darin, dass diese Voraussetzung nicht gegeben war. Demokratie beginnt spätestens mit dem Vorlegen demokratiefreundlicher Vorlagen, und demokratiefreundlich heisst: allgemein verständlich. Diesbezüglich sündigten die EU und in der französischen Abstimmung auch die Regierung. Die Verteilung des integralen Texts von über 300 Seiten mit 448 Artikeln an alle Bürger und Bürgerinnen dürfte dem Projekt nicht geholfen, sondern eher geschadet

470 Judt, 2009, S. 845. Zur Konferenz von Nizza sagt Judt treffend, sie habe in einem «erbitterten und überaus peinlichen Kuhhandel» geendet.

471 Grimm, 2016, S. 20. Grimm hatte diese Auffassung schon 1995 vertreten. Vgl. auch ders., Integration durch Verfassung? Vortrag an der Humboldt-Universität zu Berlin, 12. Juli 2004. In: Forum Constitutionis Europae FCE6/04, Berlin 2004.

haben. Bereits hier sei darauf hingewiesen, dass das im Weissbuch von 2017 vorgesehene «à la carte Europe» oder «multi-speed Europe» das Gemeinschaftsprojekt nur noch unübersichtlicher machen würde.

Die vorangegangenen Verfassungsentwürfe von 1984 und 1994 entsprachen wesentlich stärker dem Ideal der Überschaubarkeit: Der eine begnügte sich mit 87 Artikeln, der andere sogar mit 47 Artikeln, wobei einiges, zum Beispiel der Grundrechtskatalog, in Anhänge ausgelagert wurde. Werner Weidenfeld hatte schon dem in sieben Titel gegliederten Vertrag von Maastricht von 1992 mit seinen 33 Erklärungen und 17 Protokollen eine «geradezu mythologische Unüberschaubarkeit» attestiert.[472] Ein anderes, ebenfalls «Maastricht» geltendes Urteil war 1993 zum Schluss gekommen, dass Bürger diese endlosen Texte nicht begreifen könnten; es warf dabei die rhetorische Frage auf: «Ist das nicht eine reine Juristenverfassung geworden, in der sich nicht einmal jeder Rechtsgelehrte zurechtfindet?»[473]

Der Hauptgedanke könnte darin bestanden haben, mit einer Verfassung mehr Bürgernähe herzustellen und dadurch die Identifikation der Basis mit der EU zu stärken. Der Konstitutionalisierungsversuch bewirkte da und dort allerdings jedoch geradezu das Gegenteil: Das Aufbruchsignal löste teilweise auch Abstossung aus, das Projekt erhöhte nicht die Akzeptanz, es schuf neuen Dissens. Gemessen am Ziel der Identitätsstiftung könnte dieser Versuch als zu spät oder zu früh und zu wenig tiefgreifend beurteilt werden, im Sinne der bekannten Formel «too little and too late».

Entgegen der Meinung, dass eine breit geführte Verfassungsdebatte zwangsläufig zu einer umfassenderen Bejahung des Projekts führen würde, wirkte das Verfassungsprojekt, wie das folgende Unterkapitel zeigen wird, gerade in entgegengesetzter Richtung: Es wurde zum Katalysator für Vorbehalte und gar für Ablehnung. Diese manifestierte sich zwar nur punktuell (während sich die zustimmende Mehrheit weitgehend still verhielt), doch diese punktuellen Manifestationen bildeten dann sekundär den Anlass zu einer breiteren und allgemeineren Infragestellung des Integrationsprojekts.

In der Art der Verfassungserarbeitung zeigte sich aber ein deutliches Bemühen, vom bisher praktizierten abgehobenen Politikstil etwas abzurücken. Die Verfassungsarbeit wurde jetzt – im Gegensatz zu allen zuvor in den Regierungskonferenzen hinter verschlossener Tür ausgehandelten Verträgen – in einem halböffentlichen

472 Bilanz 1994–1995, S. 13ff.

473 Thomas Oppermann, Der Maastrichter Vertrag – Rechtspolitische Wertung. In: Rudolf Hrbek (Hg.), Der Vertrag von Maastricht in der wissenschaftlichen Kontroverse, Baden-Baden 1993. S. 103–119. Zit. S. 108.

Prozess und unter Mitwirkung von Kräften angegangen, die sich nicht auf den engen Kreis der Diplomatie beschränkten und mit Webplattformen die interaktiven Möglichkeiten des Internets nutzten.[474] Die völlig neue Art der gemeinsamen Erarbeitung lief unter der Bezeichnung «Konvent». Dieser hatte 1999/2000 einen kleinen Vorläufer in der von Roman Herzog, dem ehemaligen deutschen Bundespräsidenten, geleiteten Gruppe für die Ausarbeitung der EU-Grundrechtecharta. In der Literatur wird Aussenminister Joschka Fischer das Verdienst zugeschrieben, mit seiner Antrittsrede vor dem Europäischen Parlament am 12. Januar 1999 den Verfassungsprozess erneut angestossen zu haben.[475]

Als Aussenminister Joschka Fischer im Mai 2000 mit einem als persönliche Stellungnahme deklarierten Vortrag an der Berliner Humboldt-Universität über Vollendung und Finalität der Integration in einer Europäischen Föderation durch einen «letzten Baustein» sprach, ging es um die Schaffung einer ordentlichen Staatsstruktur.[476] Fischer war der Meinung, dass es ein weiter gestärktes Parlament mit zwei Kammern geben müsse: die Volkskammer aus Mitgliedern der nationalen Parlamente (im Doppelmandat) und eine in Direktwahlen zu bestellende Senatskammer. Sodann eine Regierung, die entweder aus einer weiter gestärkten Kommission oder aus nationalen Regierungsmitgliedern gebildet würde. Direkte Bürgerpartizipation war kein Thema, vom einmal angesprochenen Demokratiedefizit wurde nur nebenbei gesagt, dass es mit der Bildung der beiden Kammern «überwunden» werde.[477]

---

474 Jetzt wurde die Unterscheidung von verhandelt (negoziieren) und beraten (deliberieren) wichtig. Vgl. auch Daniel Göler, Deliberation – Ein Zukunftsmodell europäischer Entscheidungsfindung? Analyse der Beratungen des Verfassungskonvents 2002–2003. Baden-Baden 2006. Ferner: Peter Becker/Olaf Leisse, Die Zukunft Europas. Der Konvent zur Zukunft der Europäischen Union. Wiesbaden 2005.

475 Becker/Leisse, 2005, S. 41ff.

476 Als der Vf. dieser Schrift Aussenminister Fischer einmal im Rahmen eines Vortrags mit anschliessendem Kolloquium an der Universität Freiburg im Breisgau fragte, wann die Vollendung denn vollendet sei, wich dieser, den Akzent des Fragenden sogleich identifizierend, mit dem Bonmot aus, dies sei der Fall, wenn die Schweiz einmal Mitglied werde!

477 www.zeit.de/reden/europapolitik/200106_20000512_fischer?page=all (letzter Zugriff Juli 2017). Rudolf Hrbek, «Europäische Föderation» durch «Verfassungsvertrag». Joschka Fischers Leitbild und der Beginn einer neuen europapolitischen Orientierungsdebatte. In: Roland Hierzinger/Johannes Pollak (Hg.), Europäische Leitbilder. Festschrift für Heinrich Schneider. Baden-Baden 2001. S. 35–50.

Nach dem Misserfolg des Gipfels von Nizza beschlossen die Staats- und Regierungschefs der EU im belgischen Laeken im Dezember 2001, zur Erarbeitung einer Verfassung einen «Konvent über die Zukunft Europas» aus Vertretern der Regierungen, der EU-Kommission sowie des EU-Parlaments und der nationalen Parlamente einzuberufen. In der Erarbeitung einer solchen Verfassung wurde eine geeignete Methode gesehen, die Union «demokratischer, transparenter und effizienter», also bürgerfreundlicher zu machen.[478] Jetzt tauchte in EU-Erklärungen auch der inzwischen wichtiger gewordene Begriff der «Zivilgesellschaft» auf.[479]

Die Erklärung von Laeken schwang sich, teils mit Blick auf die anstehende «Osterweiterung», teils aber auch hinsichtlich der überfälligen Reform im Innern zur dezidierten Feststellung auf, Europa sei endlich auf dem Weg zu «einer grundlegenden Neuordnung, die selbstverständlich ein anderes als das vor fünfzig Jahren verfolgte Konzept verlangt, als sechs Länder den Prozess einleiteten». Erstmals tauchte in diesem Ausmass, wenn nicht überhaupt, «der Bürger» als zentraler Bezugspunkt der Integrationspolitik auf.[480] Was bedeutete dieses Bekenntnis? Ihm lag unzweifelhaft die Absicht zu Grunde, uneingeschränkt zu bekennen, dass man die ungeduldige Erwartung auf Schaffung grösserer Bürgernähe ernst nehmen würde. Die Möglichkeiten, entsprechende Konsequenzen zu ziehen, hielten sich aber in engen Grenzen. Sie erschöpften sich weitgehend in der Durchführung des im zweiten Teil dieses Dokuments angekündigten Konvents zur Erarbeitung des Verfassungsvertrags.

Im ersten Teil des Dokuments von 2001 waren ganze Passagen der schwachen Bürgernähe gewidmet. Sie sollen hier wegen ihrer zentralen Bedeutung für unser Thema ausführlich zitiert werden:

> «In der Union müssen die europäischen Organe dem Bürger nähergebracht werden. Die Bürger stehen zweifellos hinter den großen Zielen der Union, sie sehen jedoch nicht immer einen Zusammenhang zwischen diesen Zielen und dem täglichen Erscheinungsbild der Union. Sie verlangen von den europäischen Organen weniger Trägheit und Starrheit und fordern vor allem mehr Effizienz und Transparenz. Viele finden auch, dass die Union stärker auf ihre konkreten Sorgen eingehen müsste und nicht bis in alle Einzelheiten Dinge behandeln sollte, die eigentlich besser den gewählten Vertretern der Mitgliedstaaten und der Regionen über-

478 http://www.europarl.europa.eu/brussels/website/media/Basis/Organe/ER/Pdf/Erklaerung_Laeken.pdf.

479 Andreas Wirsching, Der Preis der Freiheit. Geschichte Europas in unserer Zeit. München 2012. S. 183.

480 Erklärung von Laeken vom 15. Dezember 2001, Bulletin der Europäischen Union. Dezember 2001, Nr. 12.

> lassen werden können. Manche erleben dies sogar als Bedrohung ihrer Identität. Was aber vielleicht noch wichtiger ist: Die Bürger finden, dass alles viel zu sehr über ihren Kopf hinweg geregelt wird, und wünschen eine bessere demokratische Kontrolle.»[481]

Die in den verschiedenen Bereichen ergriffenen Initiativen (vom Umweltschutz bis zur Lebensmittelsicherheit) wurden begrüsst. Aber es wurde auch eingeräumt:

> «Gleichzeitig denkt derselbe Bürger, dass die Union in einer Vielzahl anderer Bereiche zu bürokratisch handelt. Bei der Koordinierung der wirtschaftlichen, finanziellen und steuerlichen Rahmenbedingungen muss das gute Funktionieren des Binnenmarktes und der einheitlichen Währung der Eckpfeiler bleiben, ohne dass die Eigenheit der Mitgliedstaaten dadurch Schaden nimmt. Nationale und regionale Unterschiede sind häufig Ergebnis von Geschichte und Tradition. Sie können eine Bereicherung sein. Mit anderen Worten, worum es ausser ‹verantwortungsvollem Regierungshandeln› geht, ist das Schaffen neuer Möglichkeiten, nicht aber neuer Zwänge. Worauf es ankommt, sind mehr Ergebnisse, bessere Antworten auf konkrete Fragen, nicht aber ein europäischer Superstaat oder europäische Organe, die sich mit allem und jedem befassen. Kurz, der Bürger verlangt ein klares, transparentes, wirksames, demokratisch bestimmtes gemeinschaftliches Konzept [...].»

Die kritische Bestandesaufnahme hatte vor allem die Funktion, den Weg für den weiteren Ausbau der Gemeinschaft zu ebnen und mit wohlfeilen Einsichten mögliche Bedenken auszuräumen. Die bestehenden vier Verträge (von Rom, Maastricht, Amsterdam und Nizza) sollten in einer vereinfachten Version zu einer Verfassung zusammengefasst werden. Versprochen wurde, dass die «neu bestimmte Verteilung der Zuständigkeiten nicht zu einer schleichenden Ausuferung der Zuständigkeiten der Union oder zu einem Vordringen in die Bereiche der ausschliesslichen Zuständigkeit der Mitgliedstaaten» führe. Wie der Union neue Zuständigkeiten zugewiesen werden könnten, sollte es auch möglich sein, dass bestimmte Aufgaben wieder an die Mitgliedstaaten zurückgegeben würden. Die Beachtung des Subsidiaritätsprinzips solle vermehrt kontrolliert, das Europäische Parlament solle gestärkt, aber auch die nationalen Parlamente sollen vermehrt einbezogen werden. Etc.

Vieles war aber nur in Frageform formuliert. Vier «Fragebündel» wurden genannt, und diese führten «schliesslich» zur fünften Frage, «ob diese Vereinfachung und Neuordnung im Laufe der Zeit nicht dazu führen könnten, dass in der Union ein Verfassungstext angenommen wird». Dies war aber keine Frage, sondern ein

481 http://www.europarl.europa.eu/brussels/website/media/Basis/Organe/ER/Pdf/Erklaerung_Laeken.pdf (passim) (letzter Zugriff Juli 2017).

feststehender Plan, der, wie in der Erklärung am Schluss ausführlich dargelegt wurde, in einem nächsten Schritt die Einberufung eines Konvents vorsah.[482]

Präsidiert wurde der Konvent vom ehemaligen französischen Staatspräsidenten Valéry Giscard d'Estaing.[483] Der Kreis der Mitwirkenden, es waren 105 mit einer gleichen Zahl von gleichberechtigten Vertretungen,[484] wurde beträchtlich erweitert: Statt diskreter Verhandlungen gab es im Prinzip öffentliche Beratungen und allgemeine Zugänglichkeit der Dokumente auf einer eigenen Homepage.[485] Im Verlauf der Arbeiten wurden über 1500 Anträge eingebracht. Dennoch entsprach die konkrete Arbeitsweise des Konvents nur bedingt den demokratischen Grundprinzipien: Wichtige Gespräche fanden nicht im Plenum oder in den ordentlichen Kommissionen statt, das Präsidium übte einen dominanten Einfluss aus, manche Konventsmitglieder klagten über ihre Marginalisierung. Jean-Claude Juncker, damals in seiner Eigenschaft als luxemburgischer Premier, kritisierte öffentlich: «Der Konvent ist angekündigt worden als die grosse Demokratie-Show. Ich habe noch keine dunklere Dunkelkammer gesehen als den Konvent.»[486] Mit Rücksicht auf die im ursprünglichen Zeitplan für den 4. Oktober 2003 vorgesehene Unterzeichnung des Verfassungsvertrags wurde «top down» entschieden, dass die Arbeiten nun abgeschlossen seien und jetzt ein Konsens bestehe.

482 Heinz Kleger (Hg.), Der Konvent als Labor, Münster 2004. – Ders., Was kann und was soll eine Europäische Verfassung? Überlegungen zum Verfassungsentwurf des Konvents. In: Francis Cheneval (Hg.), Legitimationsgrundlagen der Europäischen Union. Münster 2005, S. 153–177, hier S. 165.

483 Vizepräsidenten waren der Italiener Giuliano Amato und der Belgier Jean-Luc Dehaene, beide ehemalige Ministerpräsidenten. Sie bildeten zusammen mit neun weiteren Mitgliedern das Präsidium des Konvents.

484 Der Konvent setzte sich zusammen aus: 16 Europa-Abgeordneten, je Mitgliedstaat zwei nationale Abgeordnete und ein Regierungsvertreter (also insgesamt 30 bzw. 15 Vertreter), aus zwei Vertretern der EU-Kommission und dem Konventspräsidenten mit seinen zwei Stellvertretern. Die zehn osteuropäischen Beitrittskandidaten sowie die Türkei, Rumänien und Bulgarien nahmen mit je zwei Vertretern ihrer nationalen Parlamente und mit einem Regierungsvertreter als Beobachter ohne Stimmrecht ebenfalls teil. Vgl. die anschauliche Grafik bei Gehler, 2010, S. 354.

485 http://european-convention.europa.eu/DE/bienvenue/bienvenue390c.html?lang=DE (letzter Zugriff Juli 2017).

486 Der Spiegel vom 16. Juni 2003.

Ein grosses, erstaunliches und doch typisches Manko bestand darin, dass zur stets beschworenen Finalität keine ernsthafte Debatte geführt wurde und, wie zwei Experten der Materie feststellten, auch «keine grundlegende und anspruchsvolle Debatte über Chancen und Risiken demokratischen Regierens jenseits des Nationalstaats». Priorität habe die Sorge gehabt, dass Stabilität und Beständigkeit nicht durch «plebiszitäre Elemente» gefährdet würden.[487] Nach den Worten des Konventspräsidenten hätte die Verfassung die Grundlage für die kommenden 50 Jahre abgeben sollen. Das Produkt des Konvents war aber «bloss ein weiterer Baustein am Haus Europa, dem weitere folgen müssten».[488]

Der Verfassungsentwurf des Konvents musste sich noch einige Abänderungen durch die anschliessende Regierungskonferenz gefallen lassen. Die Unterzeichnung konnte trotz des Drängens auf einen frühen Abschluss schliesslich erst am 29. Oktober 2004 in Rom vorgenommen werden.[489]

Der Verfassungsvertrag blieb, was er von Anfang an war: ein Zwitter aus einem Vertrag zwischen Staaten und einer Verfassung der Bürgerinnen und Bürger. Er enthielt keine stark umstrittenen Punkte und hätte mit Blick auf die Bürgerrechte wärmstens begrüsst werden können: die Charta der Grundrechte, die erhöhte Mitsprache der nationalen Parlamente, die Bürgerinitiative, die Vereinfachung und Vereinheitlichung des EU-Rechts etc. Dem standen keine neuen Zumutungen gegenüber, sondern nur das Ärgernis, dass es die EU überhaupt gab. Am ehesten hätte der erste Teil (die erste Säule) des dreiteiligen Vertragswerks Kritik auslösen können. Er bestand aus dem bisherigen EU-Recht und blieb auch im Fall einer Ablehnung des Gesamtvertrags weiterhin in Kraft. Trotzdem orientierten sich im französischen Abstimmungskampf viele Gegner an diesem gar nicht in Frage zu

487 Becker/Leisse, 2005, S. 259. Weiter wird u. a. bemerkt, der Konvent habe dem Europäischen Parlament bezüglich der Kommission keine echte Wahlfunktion und auch keine gesamteuropäische Vereinheitlichung des Wahlrechts angestrebt. Erstaunlich, dass die beiden Autoren wenig später trotzdem zum Schluss kommen, der Konvent habe «seine Möglichkeiten voll ausgeschöpft» (S. 267).

488 Ebenda.

489 Die Verzögerung ergab sich aus dem Scheitern des Europäischen Rates in Brüssel vom 12./13. Dezember 2003, wiederum – wie in Nizza – wegen der vor allem von Polen und Spanien vertretenen Forderungen in der Frage der Stimmkraftbeimessung der einzelnen Mitglieder. Vgl. http://european-convention.eu.int/bienvenue (letzter Zugriff Juli 2017).

stellenden Teil und lehnten die beiden anderen Teile (und damit auch die Grundrechtecharta) ab.[490]

Im Prozess der Verfassungsgebung müsste das Volk, wenn nicht gerade revolutionäre Verhältnisse herrschen, bereits am Anfang der Ausarbeitung und nicht erst am Ende konsultiert werden. Demokratische Prinzipien sollten bei der Auftragserteilung wie bereits während der Erarbeitung zur Anwendung kommen. Und das gemeinsame Projekt müsste von allen davon in gleicher Weise betroffenen Mitgliedern in gleicher Weise und etwa zum gleichen Zeitpunkt entschieden werden. Dabei sollten alle Teilgemeinschaften der Union von Anfang an eine qualifizierte Mehrheit akzeptieren und nicht auf Einstimmigkeit beziehungsweise auf dem Vetorecht für sich und zugleich auch für andere beharren.[491] Das Einstimmigkeitsgebot wurde offenbar nie ernsthaft in Frage gestellt, dagegen wurde während der Konventsberatungen im März 2003 ein von 97 Mitgliedern unterstützter Vorschlag eingebracht, europaweit ein obligatorisches Verfassungsreferendum vorzusehen.[492] Die Umsetzung dieses Postulats war aber allein schon aus zeitlichen Gründen nicht realisierbar.

Da selbst der Reformvertrag von Lissabon von 2007 nicht das Ende beziehungsweise die Vollendung des Verfassungsprozesses bedeutete, bleibt der Konvent aktuell eine Institution, die man bei Bedarf reaktivieren kann und der im Hinblick auf eine Reform der Wirtschafts- und Währungsunion und eines zu schaffenden Fiskalpakts immer wieder explizit eine Rolle zugeschrieben wurde.

2.13 Verfassungsvertrag von 2004 und Reformvertrag von 2007

2005 erhielt die Demokratiefrage wegen der Ratifikation des Verfassungsvertrags zusätzlichen Auftrieb – nach der Ablehnung der Vorlage in Frankreich und in den Niederlanden, die als besonders gravierend eingestuft wurde, weil es sich um zwei

490 Georg Kreis, Grenzen der Demokratie? Überlegungen anlässlich Frankreichs jüngster EU-Abstimmung. In: Bruno Kaufmann (Hg.), Direkte Demokratie und europäische Integration. Basel 2005, S. 35–53 (= Basler Schriften zur europäischen Integration Nr. 75). Erneut in: ders., Vorgeschichten zur Gegenwart. Ausgewählte Aufsätze. Bd. 3, Basel 2005. S. 393–415.

491 Vgl. Richard Münch, Demokratie ohne Demos. Europäische Integration als Prozess des Institutionen- und Kulturwandels, in: Wilfried Loth/Wolfgang Wessels (Hg.), Theorien europäischer Integration. Opladen 2001, S. 177–203.

492 CONV 658/03.

«Gründungsmitglieder» handelte.[493] Nach den beiden Nein fragten Kommentatoren, ob die Gemeinschaft mit den richtigen Verfahren der politischen Mitbestimmung ausgestattet sei. Die Frage wurde aber nicht theoretisch, nicht prinzipiell und allgemein gestellt, sondern technokratisch und utilitaristisch, ausgerichtet auf die konkreten Ratifizierungsprobleme beziehungsweise auf das Erreichen des vorgegebenen Ziels, ein kollektives Kopfnicken zu bekommen, das heisst: die nötige Zustimmung sämtlicher Mitglieder zum Vertragsprojekt.[494]

Noch im Januar 2004 war der Verfassungsvertrag in Umfragen gut bewertet worden, im gesamteuropäischen Durchschnitt 77 Prozent Ja versus 15 Prozent Nein, bei einem Maximum in Italien von 92 Prozent und einem Minimum von 51 Prozent in Grossbritannien.[495] In den Referenden, die in Frankreich und in den Niederlanden abgehalten wurden, kamen jedoch keine Mehrheiten mehr zustande: In Frankreich betrug die Zustimmung am 29. Mai 2005 nur noch 45,3 Prozent, in den Niederlanden am 1. Juni 2005 sogar nur noch 38,5 Prozent.[496] Das Ratifikationsverfahren wurde halbwegs eingestellt, obwohl der Verfassungsvertrag in anderen Plebisziten höhere Zustimmungsquoten erhalten hatte (Spanien: 81,8 Prozent; Luxemburg: 56,5 Prozent) und acht nationale Parlamente ihn verabschiedet hatten. Parlamente von sechs EU-Mitgliedern berieten trotz des französischen und niederländischen Nein über den Verfassungsvertrag und stimmten ihm zu. In sieben Ländern hätten weitere Abstimmungen (sechs davon als Volksabstimmungen) durch-

493 Die naheliegende Idee, dass sogenannte Gründungsmitglieder eine höhere Identifikation mit dem Integrationsprojekt haben sollten als später hinzugekommene, findet sich auch im ersten Meinungsbild des seit 1980 publizierten Jahrbuchs für Europäische Integration. Demzufolge seien die Altmitglieder gegenüber der Integration positiver eingestellt als die 1973 hinzugekommenen Neumitglieder (S. 285ff.).

494 Die schweizerische «Musterdemokratie» hatte in ihren drei umfassenden Verfassungsabstimmungen von 1848, 1874 und 1999 immer einzelne Teilstaaten (Kantone) mit Nein-Mehrheiten. An die Adresse der Schweiz, die der EU-Politik gegenüber besonders kritisch eingestellt ist, sei darauf verwiesen, dass 1874 keine Hemmungen bestanden, nach der Ablehnung einer radikaleren Fassung der Totalrevision der Bundesverfassung von 1872 sogleich eine halbwegs abgeschwächte, teils aber auch verschärfte Fassung vorzulegen, die dann 1874 angenommen wurde.

495 Becker/Leisse, 2005, S. 238.

496 In der Literatur wird mehrfach darauf hingewiesen, dass das Nein besonderes Gewicht hatte, da es von zwei sogenannten Gründerstaaten gekommen sei. In Frankreich war u.a. mit dem Argument für ein Ja geworben worden, dass Frankreich beim Aufbau der EG/EU stets eine Führungsrolle eingenommen habe.

geführt werden müssen, diese wurden aber nach den Misserfolgen in Frankeich und den Niederlanden gar nicht mehr anberaumt (vgl. Anhang IV, S. 304).[497]

Frankreich

Wären die Spielregeln der repräsentativen Demokratie auch in Frankreich angewandt worden, die französische Zustimmung wäre deutlich ausgefallen: Am 28. Februar 2005 hatten die zum Kongress in Versailles versammelten beiden Parlamentskammern die Vorlage mit einer Mehrheit von 90 Prozent der Stimmen angenommen. Das im Mai 2005 in Frankreich auf Veranlassung von Präsident Jacques Chirac durchgeführte Plebiszit zeigte umso deutlicher die verschiedenen Schwächen auf, die derartigen Grossbefragungen zu Fragen der internationalen Politik innewohnen: Erstens gelten sie einer sehr komplexen und vielschichtigen Materie, zweitens fehlt ihnen die Alternative, drittens sind sie in hohem Mass Demagogen ausgesetzt, viertens geben sie Antworten auf nicht gestellte Fragen und fünftens sind sie dem stets dominierenden Nein-Trend ausgeliefert.

Schon im Abstimmungskampf selber wurde die Vielzahl der für das Nein ausschlaggebenden Motive offenbar. Sehr deutlich wurde dabei, dass es nicht in erster Linie um die Verfassung und ihren Inhalt ging, sondern um die EU als solche, um die Osterweiterung, um die damals im Vordergrund stehende Dienstleistungsrichtlinie Bolkestein und anderes mehr.[498] Die Abstimmenden reagierten mit ihrer Entscheidung aber auch auf dic wirtschaftlichen Verhältnisse im Allgemeinen, auf die Globalisierung, den Neoliberalismus, die Arbeitslosigkeit etc. Und sie zielten in ihrem Abstimmungsverhalten auch und in erster Linie auf die damalige französische Regierung.

Die Abstimmung war, weil vom Staatschef angesetzt, bis zu einem gewissen Grad auch ein Votum über den 72-jährigen Präsidenten und dessen Regierung.[499] «Jacques Chirac et son référendum», titelte «Le Monde», um im Artikel dann im Gegenteil zu argumentieren, dass es nicht in erster Linie um den Präsidenten gehe.[500] Für sich selber nahm Chirac allerdings in Anspruch, dass ein negativer Ausgang der

497 Die sechs Volksabstimmungen waren vorgesehen in Dänemark, Irland, Polen, Portugal, Tschechien und dem Vereinigten Königreich (UK); Schweden wollte sich offenbar mit einem Parlamentsentscheid begnügen.

498 http://eur-lex.europa.eu/LexUriServ/LexUriServ.do?uri=OJ:L:2006:376:0036:0068:de:PDF.

499 Die Kampagne hatte auch Züge eines Familienunternehmens, der erste Fernsehauftritt mit der Jugend wurde in hohem Mass von Chiracs Tochter Claude mitorganisiert.

500 Le Monde, 12. März 2005, S. 15.

Abstimmung keine Auswirkungen für ihn persönlich haben werde, dass es im Falle einer Ablehnung der Vorlage sicher keinen Rücktritt geben und dass damit auch kein Präjudiz für seine nächste, dritte Präsidentschaft im Jahr 2007 geschaffen würde. Hingegen bestanden keine Zweifel, dass bei einem negativen Ausgang die Regierung ausgewechselt würde. So bekam im Vorfeld die Frage, ob man dem Präsidenten den Triumph gönnen oder ob man der Regierung eine Niederlage zumuten wolle, ein gewisses Eigengewicht.

Für Chiracs Vorgänger Giscard d'Estaing war jedoch klar, dass die eindeutige Ausrichtung des Referendums auf die aktuellen Regierungsverhältnisse nicht systembedingt, sondern gewollt war. Für Chirac hätte durchaus die Möglichkeit bestanden, die Diskussion um den Verfassungsvertrag zum Ausgangspunkt einer wirklichen Europa-Debatte zu machen, indem er das Feld überzeugten Europäern (zum Beispiel Giscard d'Estaing, aber auch Jacques Delors) überlassen hätte. Es war auch möglich, von einer «Constitution Giscard» zu reden, wie es in Frankreich die ablehnende Hälfte der Linken tat, um zusätzliche Nein-Stimmen zu bekommen. Ebenso wie Chirac mit dem Referendum die Linke spalten wollte, wollte Laurent Fabius, die Nr. 2 der französischen Sozialisten, sich als Führer der ablehnenden Oppositionshälfte mit der Abstimmung eine Basis für seine Präsidentschaftskandidatur im Jahr 2007 schaffen.

Wie sehr das auf die europäische Ebene zielende Vertragswerk von der aktuellen politischen Konstellation im Land abhängig war, liess sowohl das auf den Premierminister Jean-Pierre Raffarin bezogene Wortspiel vom «raffarindum» als auch die trotzig-stolze Bemerkung etwa der Schriftstellerin Corinne Maier erahnen: «Il faut que ces gens-là partent. Qu'on nous sorte ce bonhomme, cela ne peut pas durer! Mon vote non, c'est vrai, est lié au contexte politique. Je l'assume totalement.» Sie wisse, man sollte eigentlich vernünftig und erwachsen sein, sie habe nun einmal, gerade weil sie stets dazu ermahnt werde, Lust, einmal das Gegenteil zu machen, es also nicht zu sein und einmal zu schauen, was dann passiert. «Là haut, cela va les faire chier.»[501]

Auch noch nach dem Abstimmungssieg manifestierte sich der simple, nur auf Befriedigung dieses einen Gefühls ausgerichtete Triumphalismus, wie die folgende Erklärung eines gewerkschaftlich organisierten Mathematiklehrers an einem Pariser Lycée zeigt: «C'est un belle gifle que nous leur avons donnée. J'espère qu'ils en tiendront compte et quitteront les postes qu'ils occupent actuellement.»[502] Das ist, wenn auch in der städtischen Variante, der Geist der «Jacquerie», die den «Seigneurs» das Fürchten beibringen will. Diese Art von Basisopposition wandte sich

501 Le Monde, 13. April 2005, S. 7.

502 Le Monde, 1. Juni 2005, S. 6.

auch tatsächlich von der Provinz gegen die Hauptstadt und das Machtzentrum. 95 Bürgermeister des Departement Haute-Saône drohten, die Referendumsabstimmung nicht durchzuführen, wenn nicht bis dann eine bestimmte, längst fällige Schulreform durchgeführt worden sei.[503]

Die einseitige Fokussierung auf die aktuelle Regierungspolitik gestattete es Giscard, später sogar eine mehrheitliche Zustimmung zu «seinem» Verfassungsprojekt herbeizureden, indem er von den 55 Prozent Nein-Stimmen sagte, dass davon zehn Prozent der aktuellen Regierung (die auch er nicht mochte) gegolten und dass sich sechs Prozent gegen die überhaupt nicht aktuelle EU-Mitgliedschaft der Türkei ausgesprochen hätten. So kam er auf eine beeindruckende Zustimmungsrate zur eigentlichen Vorlage, wobei die Furcht vor den Arbeitsplatzverlagerungen («la délocalisation») nach Mittel- und Osteuropa ein weiteres Motiv war, das mit einem Nein zum Verfassungsvertrag überhaupt nicht aus dem Weg geräumt wurde.

Werner Weidenfelds Charakterisierung des Abstimmungsvorgangs ist höchst zutreffend und soll darum hier etwas ausführlicher zitiert werden:

> «Doch kaum war die Verfassung verabschiedet, da begann der Wettlauf der Kleinkrämer und buchhalterischen Mathematiker, die in virtuoser Detailversessenheit nach möglichen Schwierigkeiten im Kleingedruckten suchten. Selten wurden die Rechenschieber und Kleincomputer intensiver von Europa-Analytikern traktiert. Und darüber ging dann das Gespür für die architektonische Wucht der verfassungspolitischen Entscheidung verloren. [...] Verfassungen müssen einfach und transparent sein. Der europäische Verfassungstext aber war von Anfang an mit einem schweren Webfehler behaftet: Er ist zu umfangreich, zu kompliziert, zu unverständlich. Deshalb konnte man als Gegner auch ungestraft alles Mögliche hineingeheimnissen. Als ob nun plötzlich der französische Staat seine Schutzfunktion verlöre. Als ob nun die französische Nationalökonomie Opfer der Globalisierung werde. Alles das, was ein französischer Nationalist beklagt, hat nichts mit der Verfassung zu tun. Aber wer sollte das präzise belegen können? Das Text-Monstrum lud geradezu ein, alle weiteren innenpolitischen Frustrationen anzudocken und draufzusatteln.»[504]

Niederlande

Auch in den Niederlanden hatten im Verfahren der repräsentativen Demokratie 128 von 150 Abgeordneten für den Verfassungsvertrag gestimmt. Eine Volksbefragung wäre nicht vorgeschrieben gewesen, das Referendum war nur konsultativ, es

503 Le Monde, 2. April, 2005, S. 7.

504 Jahrbuch der Europäischen Integration 2005, S. 24ff.

bekam jedoch politisches Gewicht, weil alle Parteien vorweg erklärt hatten, das Resultat als bindend zu akzeptieren. Nötig war hingegen eine Stimmbeteiligung von mindestens 30 Prozent der Stimmberechtigten – 62,8 Prozent sollten es werden. Befürwortet wurde der Verfassungsvertrag von der Mitte, bekämpft wurde er vor allem von der Rechten, aber auch von der äusseren Linken. Gegen den Verfassungsvertrag wurden die üblichen Argumente ins Spiel gebracht: In Brüssel hätten die Grossen das Sagen, die Kleinen (die Niederlande!) würden überstimmt. Beklagt wurden der «Übereifer» in der Harmonisierung und der «Ausverkauf» des niederländischen Sozialstaatsmodells, die Gefährdung der liberalen Drogenpolitik und die Einschränkung der nationalen Souveränität in der Asyl- und Flüchtlingspolitik. Und schliesslich sorgten die im Zuge der zweiten Osterweiterung vorgesehenen EU-Beitritte Bulgariens und Rumäniens und, in ferner Zukunft, der drohende Türkeibeitritt für Ablehnung. Der Länderbericht der Politologen stellte zutreffend fest, dass das «Nee» von 61,6 Prozent keine Antwort auf die vorgelegte Frage nach dem Verfassungsvertrag gewesen und als ein Abrücken von der Repräsentation im niederländischen Poldermodell (mit den organisierten Verhandlungen insbesondere im *Sociaal Economische Raad*) und eine Flucht hin zu einer direkten Demokratie mittels Referenden zu verstehen sei.[505]

Deutschland

Auch in Deutschland dürfte das wiederum auf die parlamentarische Ratifikation beschränkte Verfahren der Verfassungszustimmung Verärgerung verursacht haben. Eine Umfrage auf die Frage, ob es «auch» in Deutschland eine Volksabstimmung über die EU-Verfassung geben soll, ergab ein überdeutliches Ja mit 69 Prozent gegen nur 17 Nein-Prozent. Das Allensbacher Institut kommentierte diesen Befund mit Gelassenheit: «Dieses Ergebnis entspricht der langjährigen Erfahrung in der Demoskopie. Unabhängig davon, welches politische Thema man wählt, sprechen sich fast immer rund zwei Drittel der Bevölkerung zugunsten von Volksabstimmungen aus.»[506] Der Bundestag nahm die Verfassung schon am 12. Mai 2005 mit grosser Mehrheit an (569 von 594 Abgeordneten, also mit dem notwendigen Zweidrittelmehr); 23 Gegenstimmen kamen vor allem von der CSU, der PDS und von einem Fraktionslosen.

Nachdem auch der Bundesrat zugestimmt hatte, reichte der CSU-Bundestagsabgeordnete Peter Gauweiler wiederum beim Bundesverfassungsgericht Klage ein,

505 Marij Leenders im Länderbericht des Jahrbuchs 2005, S. 366.

506 Jahrbuch der Europäischen Integration, 2003/04, S. 304.

was den Ratifikationsprozess blockierte. Dass Bundespräsident Horst Köhler seine Unterschrift unter die deutsche Ratifikationsurkunde aussetzte und in diesem Fall auch nie leistete, spielte insofern keine Rolle, als das europäische Verfassungsprojekt ohnehin nicht weiterverfolgt werden konnte. Köhler musste 2008 aber auch mit der Unterschrift unter das Folgeprojekt, den Reformvertrag von Lissabon von 2007, zuwarten, bis «Karlsruhe» entschieden hatte.[507] Der den ersten Entscheid von 2005 bestätigende zweite Entscheid fiel am 30. Juni 2009: Bundestag und Bundesrat dürften auch in Zukunft Entscheidungen über einzelne Regelungen an das Europäische Parlament beziehungsweise an den EU-Ministerrat delegieren.[508]

Nach den Volksabstimmungen in Frankreich und den Niederlanden konnte man sich über das Fiasko des gescheiterten Verfassungsvertrags ein wenig hinwegtrösten, indem man sich nach dem Motto «Der Weg ist das Ziel» an den positiven Befund klammerte, dass erstmals eine engagierte Volksdiskussion über Europa und eine nie da gewesene innenpolitische Mobilisation zu europapolitischen Fragen stattgefunden habe. Die Meinung, dass es dank der Volksabstimmung zu einer vertieften Diskussion gekommen sei und dass damit auch ein kollektives Näherrücken an das bisher viel zu ferne Brüssel stattgefunden habe, blieb allerdings nicht unwidersprochen.[509]

Ebenfalls positiv wurde vermerkt, dass sich auch Nichtfranzosen in den französischen Abstimmungskampf einmischten, beispielsweise deutsche Politiker ohne Mandat im Bundestag, die zu Hause den Entscheid dem deutschen Parlament überlassen mussten.[510] Hinzu kam die Erwartung, dass diese punktuelle Aktivierung der direkten Demokratie einen breiten Durchbruch erzielen könnte und man gezwungen sei, der Basis künftig allgemein mehr Beachtung zu schenken, als dies bisher geschehen sei.

---

507 Gegen die Ratifikation von «Lissabon» hatte auch «Die Linke» Klage wegen Verletzung des Demokratieprinzips und der Rechte der Abgeordneten eingereicht (https://www.welt.de/politik/article2163540/Koehler-unterzeichnet-Vertrag-von-Lissabon-nicht.html; letzter Zugriff Juli 2017).

508 Das Lissabon-Urteil des Bundesverfassungsgerichts, vgl. Grimm, 2016, S. 225ff. (http://www.bundesverfassungsgericht.de/entscheidungen/es20090630_2bve000208.html; letzter Zugriff Juli 2017).

509 Der Soziologe Erhard Friedberg, Direktor des *Centre de sociologie des organisations* im *Institut d'études politiques de Paris*, war ganz entschieden der Meinung: «Le débat n'était pas exemplaire, il n'a pas amélioré le niveau de connaissances des Français sur l'Europe et certainement pas servi la cause de l'Europe en France.» Gesiegt habe vielmehr die systematische Desinformation; vgl. Erhard Friedberg, Le Monde, 7. Juni 2005, S. 13.

510 In der Presse wurde explizit bemerkt, dass sich Bürger und Bürgerinnen eines Landes, das selbst kein Referendum abhielt, am Referendumskampf eines anderen Landes beteiligten. «Privés de référendum, les Italiens s'immiscent dans le débat français.» (Le Monde, 18. Mai 2005, S. 7).

Theoretisch wäre denkbar gewesen, dass man – wie zuvor im Falle der «Maastricht»-Abstimmungen und der negativ ausgegangenen «Nizza»-Abstimmung – die Stimmberechtigten der beiden ablehnenden Staaten nochmals hätte abstimmen lassen. Das war zum einen wegen des gewichtigen Abstimmungsgegenstandes (Verfassungsvertrag), zum anderen wegen der betroffenen Länder – insbesondere der «Grande Nation» Frankreich – jedoch nicht denkbar.[511]

Die EU behalf sich mit der Lösung, dass sie gleich alle EU-Mitglieder nochmals für eine weitere Zustimmung aufbot, die einer leicht modifizierten Vorlage galt: Diese verzichtete auf eine Festschreibung von staatlichen Symbolen wie Flagge und Hymne und konnte von allen Mitgliedstaaten – mit Ausnahme Irlands – nur mit parlamentarischen Abstimmungen genehmigt werden. Doch auch dieses Verfahren trug der EU den Vorwurf ein, die französischen und niederländischen Volksverdikte nicht ernst genommen zu haben.

Die Ratifizierung des Reformvertrags von Lissabon vom Dezember 2007 beruhte also auf nur einer Volksabstimmung, derjenigen vom Juni 2008 in Irland, die allerdings im Oktober 2009 wiederholt werden musste. In den übrigen Mitgliedsländern beschränkte man sich auf Ratifizierungen durch die Parlamente. Dort wurde der Vertrag durchgehend mit sehr hohen Zustimmungsraten angenommen.[512] Frankreich (7. Februar 2008) ging mit einer 336 : 52 Zustimmung voran. In Österreich (9. April 2008) betrug das Abstimmungsverhältnis 151 : 27, in Deutschland (24. April 2008) lautete das Verhältnis 515 : 58.[513] Die Zahlen der Abstimmung vom März 2008 im britischen Unterhaus sahen erwartungsgemäss weniger gut aus, sie ergaben aber immerhin eine Ja-Mehrheit im Verhältnis von 346 : 206 (bei einer gleichzeitigen ausserparlamentarischen Umfrage-Zustimmung von nur 30 Prozent).[514]

---

511 Der Luxemburger Regierungschef Jean-Claude Juncker hatte sich allerdings noch vor der ersten Abstimmung in Frankreich im Falle einer Ablehnung für eine zweite Abstimmung ausgesprochen, was sogleich als «insulte au peuple français» bezeichnet wurde (Le Monde, 27. Mai 2005, S. 7). Zudem gibt es die Meinung, dass ein Staatspräsident das Abstimmungsresultat mindestens für die Zeit der Legislatur respektieren müsse.

512 Vgl. http://derstandard.at/3375606/Stand-der-Ratifizierung-des-Vertrags-von-Lissabon, 16. Juni 2008 (letzter Zugriff Juli 2017).

513 Anschliessend gab auch der Bundesrat seine Zustimmung. Danach mussten die Verfassungsrichter wegen einer Klage prüfen, ob Bundespräsident Horst Köhler das Zustimmungsgesetz unterzeichnen dürfe.

514 Roland Sturm, Politik in Grossbritannien. Wiesbaden 2009. S. 226. Vgl. auch: http://www.derwesten.de/politik/grossbritannien-ratifiziert-vertrag-von-lissabon-id1197893.html#plx1023355623 (letzter Zugriff Juli 2017).

Am schwierigsten war die Ratifizierung in Tschechien: Dort zog die antieuropäische Opposition die Frage bis vor das Verfassungsgericht. Staatspräsident Václav Klaus, der darin das Ende seines Landes als souveräner Staat sehen wollte und schon 2011 in einer Schrift seine integrationsfeindliche Haltung dargelegt hatte,[515] gab seine Unterschrift erst, als er die Zusicherung erhielt, dass die Grundrechtecharta keine Wiedergutmachung der Sudentendeutschen für Enteignungen von 1946 zur Folge haben könne und die 15 zuständigen Richter seines Landes Anfang November 2009 – sogar einstimmig – die Vereinbarkeit des Lissabonner Vertrags mit der tschechischen Verfassung attestierten.[516]

Die Anhänger der direkten Demokratie hofften, dass durch die zahlreichen dank des Verfassungsprojekts anberaumten Volksabstimmungen eine demokratisierende Dynamik ausgelöst würde, dass die EU sich dadurch ändern würde und dass – wegen dieses einer Schleusenöffnung gleichkommenden Präzendenzfalles – in Europa künftig mehr Volksabstimmungen durchgeführt werden müssten.[517] Dem widersprach allerdings die Einmaligkeit des Verfassungsgeschäfts. Grundgesetze werden nicht im Jahresturnus eingeführt, und allzu viele weitere Hauptfragen wie die Einführung des Euro etc. stehen nicht (mehr) zur Abstimmung. Ein Ausbau der direkten Demokratie via Volksabstimmungen zu klar umrissenen Sachfragen, wie über einzelne Gesetze beziehungsweise Richtlinien, ist in der EU nicht vorgesehen und wäre bei 27 Mitgliedstaaten auch nicht praktikabel.

Interessant ist diesbezüglich, was Giuliano Amato, einer der beiden Vizepräsidenten des Konvents, nach der Verfassungsabstimmung in Frankreich sagte: Er anerkannte, dass das Demokratiedefizit mitverantwortlich für die Ablehnungen des Verfassungsvertrags war. Es wäre vorstellbar, «dass in einem demokratischeren Europa (das wir noch nicht erlebt haben) das Demokratiedefizit nicht zu den vergleichsweise heftigen Reaktionen geführt hätte, die dann paradoxerweise ausgerechnet jenen Vertrag trafen, der selbst so demokratisch wie kein anderer in der Geschichte der Europäischen Gemeinschaft ersonnen und entschieden wurde». Die integrationspolitischen Rückschläge seien eine «heilsame Lektion». Die Lehre, die er aus dem Debakel zog, bezog sich aber nicht auf strukturelle Veränderungen, sondern beschränkte sich – etwas einfach – auf «mehr Debatte» und ein Nutzen «aller vor-

515 Vgl. die englische Übersetzung: Václav Klaus, Europe. The Shattering of Illusions. London 2012.

516 Vgl. die Studie im Vorfeld des Entscheids: http://www.swp-berlin.org/fileadmin/contents/products/arbeitspapiere/081202_Tschechien_KS_final.pdf (letzter Zugriff Juli 2017).

517 So wurde das Referendum in Irland vom 25. November 1992 über die Abtreibung als ein «spillover» der EU-Abstimmungen zu Maastricht vom 18. Juni 1992 gedeutet.

handenen Kanäle», um mit den Bürgern in Kontakt zu treten, ihnen das Projekt zu erklären und mit ihnen über die Ziele Europas zu diskutieren. Unklar blieb, wer am Schluss in welchen Fragen Entscheidungskompetenz haben sollte. Das zweifache Nein zum Verfassungsvertrag erklärte sich Amato einerseits mit der wirtschaftlichen Wachstumsschwäche und andererseits mit der Ablehnung der im Vorjahr vorgenommenen Osterweiterung.[518] Die Kritik hätte nicht der Verfassung selbst, sondern vielmehr einem Europa gegolten, «das neue Mitgliedstaaten aufnimmt, ohne seine Bürger nach ihrer Zustimmung zu fragen». In der gleichen Stellungnahme vertrat Amato die Auffassung, die EU müsse sich gegenüber dem Balkan öffnen, zugleich räumte er ein, dass eine Debatte darüber genau das sei, «was die Wähler von Europa verlangen, bevor Entscheidungen getroffen werden, die alle Bürger in die Pflicht nehmen».[519]

2.14 Die Bürgerinitiative 2004 und 2007

Der Vertrag von Maastricht hatte 1993 ein Petitionsrecht beim Europäischen Parlament eingeführt und dieses um ein Beschwerderecht beim 1995 geschaffenen Europäischen Bürgerbeauftragten ergänzt.[520] Das Petitionsrecht wurde zwar für ein breites Spektrum an Problemen, insgesamt aber nur selten genutzt. Vorgebrachte Probleme bezogen sich auf Bereiche wie: Nachteile durch unterschiedliche Sozialsysteme in den Mitgliedstaaten, Schwierigkeiten bei der Anerkennung von beruflichen Qualifikationen, Verletzungen des EG-Umweltrechts, Verbot von Tierversuchen für pharmazeutische Zwecke etc. Die Zahl der eingereichten Petitionen lag um 1991 etwa bei 700, doch erschienen diese schon damals im Vergleich mit den rund 20 000 jährlich beim Bundestag eingehenden Petitionen als wenig.[521]

Der Verfassungsvertrag von 2004 sah im Sinne einer weiteren Berücksichtigung der EU-Bürger die Einrichtung einer Bürgerinitiative vor. Dieser Artikel war beinahe in letzter Minute und gegen den anfänglichen Willen des Konventspräsidi-

518 Andreas Wirsching bemerkt, gestützt auf ein Diktum des EU-Parlamentspräsidenten Klaus Hänsch von 2010, die Furcht vor den russischen Panzern habe sich in eine vor den «polnischen Klempnern» verwandelt (2012, S. 166).

519 Giuliano Amato, Nach der Sintflut. Die jüngsten Rückschläge sind eine heilsame Lektion. In: Internationale Politik 7, Juli 2005, S. 13–16.

520 Vgl. http://www.europarl.europa.eu/atyourservice/de/20150201PVL00037/Petitionen bzw. http://www.ombudsman.europa.eu/de/atyourservice/whocanhelpyou.faces#/page/1 (letzter Zugriff Juli 2017).

521 Otto Schmuck im Jahrbuch 1992, S. 86ff.

ums kurz vor dem Gipfel von Thessaloniki vom Juni 2003 in den Verfassungsprozess eingeschleust worden. Er ging aber auf eine beinahe zehn Jahre dauernde Vorbereitungsphase zurück und war bereits 1996 in der Regierungskonferenz zur Vertragsreform von Amsterdam ein Thema. Die Bürgerinitiative war das Ergebnis einer intensiven Zusammenarbeit zwischen Nichtregierungsorganisationen und Regierungsdelegationen (vor allem der italienischen und österreichischen), ebenso auch mit einzelnen Exponenten des Verfassungsgremiums.[522]

Der Art. I–47 des Verfassungsvertrags von 2004 wurde, wie vieles andere, unverändert in den Reform- oder Grundlagenvertrag von Lissabon von 2007/09 aufgenommen, in diesem Fall als Art. 11,4 des revidierten EU-Vertrags. Mit diesem Artikel haben Unionsbürger und -bürgerinnen die Möglichkeit, die EU-Kommission zu veranlassen, sich mit einer bestimmten Forderung zu befassen. Das neue Instrument wird als «weiteres Element partizipativer Demokratie» auf europäischer Ebene gewürdigt.[523]

Bedingung ist, dass innerhalb eines Jahres eine Million Unterschriften aus einem Viertel der Mitgliedsländer (derzeit sieben) zusammenkommen und die Forderungen im Rahmen der geltenden Verträge und der Kompetenzen der EU-Kommission liegen. Die Unterschriften können elektronisch gesammelt werden. Die Beteiligung eines Mitgliedstaats gilt dann als erfüllt, wenn mindestens 750 Unterschriften für jeden dem Land zustehenden Parlamentssitz zusammengekommen sind. Die Kommission entscheidet zu Beginn des Prozesses über die Zulässigkeit des allgemein formulierten und nicht als Gesetzestext vorzubringenden Begehrens. Sie muss zur Initiative ein Hearing durchführen, ist dann aber frei im weiteren Umgang mit der Materie.

---

522 Bruno Kaufmann, Eine Prise Schweiz für die EU-Verfassung. In: Jürg Altwegg (Hg.), Helvetia im Aussendienst. Was Schweizer in der Welt bewegen. Zürich 2004, S. 155–170. Kaufmann ist Direktor der privaten *Initiative & Referendum Institute Europe* (IRI Europe) in Amsterdam. Vgl. auch: Handbuch zur Europäischen Bürgerinitiative. Eine Gebrauchsanweisung zur transnationalen, direkten Demokratie. Luxemburg 2010, mit einem informativen Beitrag von Gerald Häfner, Konventsmitglied der Grünen, S. 514. – Die diesbezüglichen frühen Ambitionen sind etwa belegt in der Vierteljahreszeitschrift für Integrationsfragen «Die Union» 4/1998.

523 Tiemann/Treib/Wimmel, 2011, S. 223ff. Vgl. auch Jürgen Harbeck, Bürgerinitiative, Europäische. In: Jan Bergmann (Hg.): Handlexikon der Europäischen Union. Baden-Baden, 5. Auflage 2015; abrufbar unter: https://beck-online.beck.de/?vpath=bibdata/komm/MickelLexEU_5/cont/MickelLexEU.buergerinitiative_europaeische.htm (letzter Zugriff Juli 2017). Vgl. auch: Thomas Hieber, Die Europäische Bürgerinitiative nach dem Vertrag von Lissabon. Rechtsdogmatische Analyse eines neuen politischen Rechts der Unionsbürger. Tübingen 2014.

Der so angestossene Prozess kann auf Grundlage des bereits etablierten Prozederes zwischen Kommission, Rat und Parlament seinen Lauf nehmen – aber ohne weitere Beteiligung der Unionsbürger. Das neue Instrument könnte die Integration stärken, weil seine dezentrale Anwendung den Ausbau der transnationalen Kooperation von Parteien und Verbänden erfordert und die Interaktion zwischen der unteren und oberen Ebene intensiviert. Die Europäische Bürgerinitiative könnte auch insofern Bedeutung gewinnen, als sich mit diesem demokratischen Recht weitere demokratische Rechte einfordern liessen. Negative Erfahrungen der Erfolglosigkeit nach grossem Aufwand könnten aber auch die Unzufriedenheit mit der EU erhöhen.

Von der neuen Möglichkeit wurde anfänglich eifrig Gebrauch gemacht. In den Jahren 2012/13 wurden 46 Initiativen eingereicht, aber nur 26 schafften die Registrierung. Seit 2014 ist ein starker Rückgang zu verzeichnen. Die erste zugelassene Initiative wurde symbolträchtig an einem Europatag, nämlich am 9. Mai 2012, registriert; sie lief unter dem ansprechenden Titel «Fraternité 2020», scheiterte aber deutlich, weil man schliesslich nur etwa 70 000 Unterschriften zusammenbrachte. Ihr Ziel war, europäische Austauschprogramme wie das Erasmus-Programm oder den Europäischen Freiwilligendienst (EFD) auszubauen und so zu einem vereinten Europa und mehr Solidarität unter den Bürgern beizutragen. Die erste von der EU-Kommission zurückgewiesene Bürgerinitiative vom 30. Mai 2012 lautete «My voice against nuclear power» und wollte einen europaweiten Atomausstieg bewirken. Ebenfalls keine Registrierung erhielt die Empfehlung, die Europahymne in Esperanto zu singen. Im Januar 2017 wurde eine neue Initiative gegen die Verwendung des Herbizidwirkstoffs Glyphosat gestartet.

Der Prozess der elektronischen Unterschriftensammlung ist auf zuverlässige Online-Systeme und auf die Möglichkeit einer breiten Bekanntmachung angewiesen.[524] Die leicht zugängliche Statistik verweist auf 63 Initiativen (Stand vom 16. November 2016).[525] 24 Registrierungen wurden abgelehnt, 18 Initiativen kamen wegen abgelaufener Zeit nicht zustande, 13 Initiativen wurden vorzeitig abgebrochen, bei fünf Initiativen läuft die Unterschriftensammlung, drei Initiativen sind von der Kommission bearbeitet worden: zur privaten Wasserversorgung, zur Stammzellenforschung und zu «Stop Vivisection». Zur ersten unter dem Namen «Right2Water» ist bei der Kommission nun ein Gesetzgebungsvorschlag in Arbeit.

Die Auflistung zeigt, wo der Schuh drückt: Petitionen können der Verwaltung und den Volksrepräsentanten signalisieren, was sie von sich aus hätten aufnehmen

524 http://ec.europa.eu/citizens-initiative/public/welcome?lg=de (letzter Zugriff Juli 2017).

525 http://de.wikipedia.org/wiki/Liste_der_europäischen_Bürgerinitiativen (letzter Zugriff Juli 2017).

können. Es besteht aber die Gefahr, dass sich beim Scheitern der Unterschriftensammlung das in der Politik schnell aufkommende Gefühl einstellt, dass selbst Grossaktionen oft nur wenig bewegen. Die Grundskepsis und Verdrossenheit dürfte mit der Einführung dieses Instruments kaum reduziert worden sein.

Die Erfolgsquote der Petitionen kann man also als äusserst bescheiden bezeichnen, der politische Artikulationswille ist schnell grösser als die Realisierbarkeit. Doch gibt die Liste Aufschluss darüber, was Menschen in Europa bewegt: Ein früher Spitzenreiter mit rund 1,9 Mio. Unterschriften war nicht zufällig ein Vorstoss zum Schutz von Embryonen, gefolgt von einem Vorstoss zum Tierschutz (gegen Vivisektion). Eine Aktion zum Schutz von Milchkühen wurde abgebrochen. Die gegen das geplante Freihandelsabkommen mit den USA gerichtete Anti-TTIP-Initiative wurde aus formalen Gründen gar nicht zugelassen (mit dem Argument, es gehe hier nicht um einen Rechtsakt, sondern um einen internen Vorbereitungsakt), die Initianten liessen sich aber nicht abhalten: Einerseits wandten sie sich an den Europäischen Gerichtshof, andererseits sammelten sie trotzdem und überreichten dem Parlamentspräsidenten 3,3 Mio. Unterschriften, was als bisher wenigstens in quantitativer Hinsicht erfolgreichste gesamteuropäische Unterschriftensammlung gelten kann.

Es gibt jedoch durchaus Bestrebungen, aus der Bürgerinitiative ein schlagkräftigeres Instrument zu machen. Verschiedene Nichtregierungsorganisationen (NGOs) haben das Europäische Parlament mit Reformvorschlägen beliefert und sind dort, wie eine Entschliessung des Parlaments vom 28. September 2015 und ein Bericht vom Oktober 2015 zeigen, zumindest teilweise auf offene Ohren gestossen. So stellte sich das Parlament im Zusammenhang mit der Bürgerinitiative «Recht auf Wasser» auf den Standpunkt, dass sich die Kommission gegenüber dem Instrument der partizipatorischen Demokratie offener zeigen solle, und hielt bei dieser Gelegenheit auch fest, «dass die Europäische Bürgerinitiative als einzigartiger demokratischer Mechanismus mit grossem Potenzial dazu beitragen kann, die Kluft zwischen den sozialen Bewegungen und den Bewegungen der Zivilgesellschaft auf europäischer Ebene und der Ebene der Mitgliedstaaten zu überwinden und die partizipatorische Demokratie auf EU-Ebene zu fördern.»[526] Die Kommission bestätigt grundsätzlich die Notwendigkeit, die Verordnung zur Bürgerinitiative zu überarbeiten, hat dies aber aus ihrem Jahresprogramm für 2017 wieder herausgenommen. Eine Peti-

526 http://www.europarl.europa.eu/sides/getDoc.do?pubRef=-%2f%2fEP%2f%2fTEXT%2bTA%2bP8-TA-2015-0294%2b0%2bDOC%2bXML%2bV0%2f%2fDE&language=DE – Zum Bericht vom Okt. 2015: https://www.mehr-demokratie.de – https://www.wemove.eu – http://democracyinternational.com.

tion unter dem Titel «Listen to the People» soll nun mit ihren über 40 000 Unterschriften Druck auf die Kommission ausüben.[527] – In Einzelfällen konnte in jüngster Zeit über allgemeine Abstimmungen Mitsprache ausgeübt werden.

2.15 Weitere Abstimmungen in den Niederlanden, in Ungarn und Wallonien

Niederlande 2016

In der Frage des Assoziierungsabkommens mit der Ukraine zur Reduktion der Handelsschranken erwiesen sich in den parlamentarischen Ratifikationsprozessen die Einstimmigkeitsforderung als besonders schwierig und die grundsätzliche Problematik besonders deutlich: 27 EU-Mitglieder und die Ukraine hatten dem Abkommen mit Parlamentsentscheiden zugestimmt – die Niederlande jedoch stimmten dagegen: Denn 61 Prozent der mageren 32,3 Prozent, die sich an der Abstimmung vom 6. April 2016 beteiligten (bei einem erforderlichen Quorum von 30 Prozent), legten ein Nein in die Urne.[528] Das heisst: 18 Prozent der niederländischen Stimmberechtigten schienen ein gesamteuropäisches Projekt zu Fall bringen zu können, und dies, wie die Orchestrierung des Abstimmungskampfs zeigte, nicht aus einer Ablehnung des konkreten Sachverhalts heraus, sondern aus allgemeinen Befürchtungen und aus tieferliegenden Ressentiments gegen die EU.

Die Abstimmung musste angesetzt werden, weil seit dem 1. Juli 2015 in den Niederlanden zu jedem Gesetz mit 300 000 Unterschriften ein Referendum erzwungen werden kann, dessen Ergebnis dann allerdings nicht verbindlich ist. Das Ratifizierungsgesetz zum Ukraine-Abkommen bot die erste Gelegenheit, dies durchzuspielen. Die Regierung konnte das Abstimmungsergebnis trotz dessen «Unverbindlichkeit» kaum ignorieren. Eine Lösung musste darin gesucht werden, dass in einem nur von Regierung und Parlament verabschiedeten Zusatzprotokoll festgehalten würde, dass das Assoziierungsabkommen keine Vorstufe zum EU-Beitritt der Ukraine darstelle.

Die Gegner des Abkommens äusserten unberechtigte Befürchtungen, dieses stelle eine Vorstufe zu einem EU-Beitritt der Ukraine und die Gefahr einer «Invasion ukrainischer Arbeitskräfte» dar. Die Ressentiments galten dem als «undemokratisch»

527 http://www.citizens-initiative.eu.

528 Die Stimmbeteiligung war derart niedrig, weil manche Stimmbürger und -bügerinnen allein deswegen zu Hause blieben, damit das Quorum nicht erfüllt würde.

gebrandmarkten Integrationsprojekt schlechthin, aber auch der eigenen Regierung. Der Rechtspopulist Geert Wilders von der Freiheitspartei erklärte, die Niederlande könnten bei dieser Gelegenheit ein Stück Souveränität von der Brüsseler und der Haager Elite zurückgewinnen.[529] Der Druck kam aber nicht einzig von der nationalen Rechten, Opposition gab es insbesondere in handelspolitischen Fragen auch von links-grüner Seite.

Durch diesen Erfolg ermuntert forderten EU-Gegner auch ausserhalb der Niederlande weitere und sozusagen flächendeckende Referenden. Diese Forderung zielte aber weniger auf eine allgemeine direktdemokratische Partizipation, sie hatte offensichtlich parteipolitischen Zwecken zu dienen und die Aussenpolitik im Visier, konkret das EU-Freihandelsabkommen CETA mit Kanada und den EU-Freihandelsvertrag TTIP mit den USA. Doch auch diese Geschäfte werden nur teilweise wegen ihrer sachlichen Problematik attackiert und dienen im Falle der Niederlande vor allem als Hebel für ein weitergehendes Ziel: den «Nexit», den Austritt der Niederlande aus der EU. Für das Nein des bloss konsultativen Referendums vom 6. April 2016 musste eine Lösung gefunden werden. Sie bestand darin, dass einerseits die niederländische Regierung bei einem Gipfel in Brüssel den anderen Regierungen die Zustimmung zu einer Zusatzerklärung im Sinne der im Abstimmungskampf zum Ausdruck gebrachten Vorbehalte (kein EU-Beitritt und keine Personenfreizügigkeit für die Ukraine) abringen konnte und andererseits das Parlament dem durch das Referendum abgelehnten Gesetz zur Ratifizierung des Assoziationsvertrags ein zweites Mal zustimmte.[530]

Ungarn 2016

Die Referendumskonjunktur erhielt in der Folge weiteren Auftrieb: Um von den 160 000 Flüchtlingen, die gemäss Beschluss auf alle Schengen/Dublin-Länder verteilt werden sollten, die für Ungarn vorgesehenen 1294 Asylsuchenden nicht übernehmen

529 Treibende Kräfte waren: der umstrittene Blog «Geen Stijl» («Kein Niveau») und neben Geert Wilders die linksnationalen Sozialisten und die Partei der Tiere (Luca De Carli und Stephan Israel im Tages-Anzeiger vom 7. April 2016). Aufschlussreich ist, dass Thierry Baudet, Präsident des niederländischen Komitees «Forum voor democratie», die nationale Gesinnung des amerikanischen Präsidentschaftskandidaten Donalds Trump schätzte (vgl. Niklaus Nuspliger in der NZZ vom 6. August 2016).

530 Senatsbeschluss vom 30. Mai 2017 (Bericht der NZZ zum «niederländischen Murks» mit dem Ukraine-Vertrag, 31. Mai 2017).

zu müssen, setzte der ungarische Regierungschef Viktor Orbán für den 2. Oktober 2016 eine Volksabstimmung mit der Suggestivfrage an: «Wollen Sie, dass die EU die zwingende Ansiedlung von nicht ungarischen Staatsbürgern in Ungarn vorschreiben kann?» Wie zu erwarten stimmten – der herrschenden Grundstimmung entsprechend, aber auch durch massive Regierungspropaganda beeinflusst – mit einem an sowjetische Zeiten gemahnenden Ergebnis 98,3 Prozent für die Vorlage. Der Entscheid war auf die Frage zugespitzt worden: «Budapest oder Brüssel». Für die Herbeiführung dieses «Volkswillens» setzte die Regierung Steuergelder in geschätzter Höhe von rund 40 Mio. Euro ein.

Die Taktik der Opposition ging in Ungarn jedoch auf: Sie hatte Stimmboykott empfohlen und so dafür gesorgt, dass die für die Gültigkeit des Ergebnisses nötige 50-Prozent-Stimmbeteiligung nicht zustande kam. Dieses Quorum war zuvor als generelle Regelung von der Regierungsmehrheit eingeführt worden, um sich vor unerwünschten Beschlüssen durch die Opposition zu schützen. An der Abstimmung nahmen folglich nur 39,9 Prozent der Stimmberechtigten teil. Die Opposition war sich allerdings in ihrer Empfehlung uneins: Ein Teil empfahl völlige Stimmabstinenz, ein anderer Teil eine ungültige Stimmabgabe.

Das Resultat liess sich nach Belieben deuten: Sowohl die Opposition als auch die Regierung konnten sich als Sieger verstehen. Die Regierung hätte das Plebiszit nicht abhalten müssen und mit ihrer Zweidrittel-Parlamentsmehrheit eine entsprechende Verfassungsänderung auch ohne Beteiligung des Volkes verwirklichen können. Dies hat sie dann auch versucht, dabei aber das nötige Mehr (am 8. Nov. 2016) nicht erreicht, weil die äusserste Rechte nicht damit einverstanden war, dass, wie in der Vorlage vorgesehen, vermögende Ausländer eine Aufenthaltsbewilligung erhalten sollten, wenn sie eine Staatsanleihe von mindestens 300 000 Euro zeichneten. Auch gegenüber Brüssel, das inzwischen den Verteilschlüssel aufgegeben hat, wird sich Orbán schwerlich auf die Meinung des ungarischen Volkes berufen können. In den Kommentaren wurde darauf hingewiesen, dass die Abstimmung zur Flüchtlingsfrage auch die Funktion hatte, von anderen, echten Problemen abzulenken: von der Korruption, von den maroden Bildungs- und Gesundheitseinrichtungen u. a. m.[531]

531 Meret Baumann, Zu hoch gepokert. In: NZZ Nr. 231 vom 4. Oktober 2016, mit einem Kommentar von Ivo Mijnssen. Inzwischen hat der EuGH eine von Ungarn und der Slowakei eingereichte Klage gegen die vom Ministerrat beschlossene Flüchtlingsverteilung abgewiesen (Tagespresse vom 6. Sept. 2017).

Wallonien 2016

Eine demokratische Legitimierung erwies sich auch im Falle des Freihandelsabkommens CETA zwischen der EU und Kanada als sehr schwierig: Das EU-Mitglied Belgien konnte seine Zustimmung zunächst nicht abgeben, weil eine seiner fünf Regionen (der «föderierten Entitäten») seine Zustimmung dazu verweigerte. Das Problem war in diesem Fall nicht das Ausbleiben einer direktdemokratischen Zustimmung von Bürgern, sondern die ablehnende Haltung eines Regionalparlaments, nämlich desjenigen von Wallonien. In Kommentaren war davon die Rede, dass die 500 Mio. Menschen zählende Gemeinschaft von einer 3,6-Mio.-Region zur «Geisel» einer regionalen Befindlichkeit und regionaler Ambitionen gemacht werde.

Die Möglichkeit der Ablehnung eines wichtigen Handelsabkommens durch ein Regionalparlament hatte nicht von Anfang an bestanden, sondern war von den Regierungen der Unionsmitglieder gefordert und im Juli 2016 auf deren Druck von der Kommission geschaffen worden: Die CETA-Vereinbarung wurde als «gemischtes Abkommen» eingestuft, was zur Folge hatte, dass die Unterzeichnung nicht nur im Ministerrat von allen 28 Regierungen sowie im Europäischen Parlament gutgeheissen werden musste, sondern auch von den 28 nationalen Parlamenten und, in einigen Fällen vorgeschaltet, von 14 Regionalparlamenten (darunter fünf belgischen), deren Haltung für die nationalen Parlamente ausschlaggebend ist.

Aus rein juristischer Sicht hätte für die Unterzeichnung die Zustimmung des EU-Ministerrats und des EU-Parlaments genügt, für die Ratifikation hätte man am Schluss des Prozesses aber auf jeden Fall an die nationalen Parlamente gelangen müssen. Darum schien es politisch klüger, schon jetzt gleichsam das ganze Programm durchzuspielen. Damit konnte auch die generellere Bereitschaft zum Ausdruck gebracht werden, das demokratische Partizipationsprinzip respektieren zu wollen. War «Brüssel» zuvor der Kritik ausgesetzt, sich mit «Diktaten» über den Willen der Unionsbürger und -bürgerinnen hinwegzusetzen, sahen sich die oberen Entscheidungsträger jetzt mit der Kritik konfrontiert, sich aus opportunistischen Gründen ad hoc über eigene Regeln hinwegzusetzen und in diesem Fall insbesondere die Rechte des Europäischen Parlaments zu missachten – was zum Präzedenzfall werden könne.[532] Später zeigte ein anderer Pressekommentator mehr Verständnis: «Ein Ignorieren der von vielen Bürgern empfundenen Skepsis gegen das Handelsabkommen, auch wenn diese sachlich nicht gerechtfertigt ist, wäre Wasser

532 Claudia Aebersold Szalay, Affekthandlung schürt Unsicherheit. In: NZZ Nr. 155 vom 6. Juli 2016.

auf die Mühlen der EU-Kritiker und politisch äusserst unklug gewesen.»[533] Mit dieser Vorgehensweise setzte die EU aber ihre Reputation als verlässliche Verhandlungspartnerin, also ihre aussen- und wirtschaftspolitische Glaubwürdigkeit, aufs Spiel. Der Vertragspartner Kanada gab mehrfach zu verstehen, dass es unter solchen Voraussetzungen den Glauben an einen Vertragsabschluss verliere.[534]

Die Abhängigkeit von politischen Stimmungen an der Basis zeigte sich auch in einer anderen Variante: Der österreichische SPÖ-Regierungschef Christian Kern lancierte in seiner Partei sogar eine Mitgliederbefragung.[535] Die Stimmbeteiligung von 7,5 Prozent wurde als grosser Erfolg gewertet, aber 88 Prozent der Abstimmenden äusserten sich gegen CETA. Indem man nach alter Tradition die Nichtstimmenden als Zustimmende einstufte, kam man dennoch zu einem positiven Ergebnis. SPÖ-Altfinanzminister Hannes Androsch sprach von einer «massiven Zustimmung», wenn von 200 000 SPÖ-Mitgliedern nur 14 000 dagegen stimmten, «dann sind 186 000 dafür. Das ist eine qualifizierte Mehrheit».[536] Der mächtige österreichische Gewerkschaftsbund (ÖGB) war gegen CETA; der Koalitionspartner, die ÖVP, erwartete dagegen eine Zustimmung.[537]

Die Unterzeichnung wurde jedoch nicht wegen der österreichischen, sondern wegen dem belgischen Unionsmitglied zur Zitterpartie. Die EU versuchte in längeren Verhandlungsrunden, die Wallonen mit Zusatzerklärungen ausserhalb des 1600 Seiten umfassenden CETA-Abkommens zufrieden zu stellen. Dabei machte die Kommission eine Ausnahme, indem sie direkt mit der Region verhandelte (und dabei nach Junckers Worten nicht gedroht, sondern die Wünsche und Nöte der Region ernst genommen habe). Eine Wiederholung solcher Zwänge wollte der EU-Kommissionspräsident aber in Zukunft vermeiden, er erwartete vielmehr, dass Belgien «seine institutionelle Organisation überdenkt, wo sie internationale Beziehungen betrifft».[538]

533 Peter Rasonyi, Spiegel der Schwäche der EU. In: NZZ Nr. 247 vom 22. Oktober 2016.

534 Die kanadische Handelsministerin Chrystia Freeland verliess am 21. Oktober 2016 das Gipfeltreffen von Brüssel, und es blieb lang Zeit offen, ob sich der kanadische Premier Justin Trudeau am 27. Oktober 2016 zur Vertragsunterzeichnung nach Brüssel auf den Weg machen würde.

535 http://www.krone.at/oesterreich/kern-jetzt-spoe-mitgliederbefragung-zu-r-nach-ttip-stopp-story-527640 (letzter Zugriff Juli 2017).

536 http://www.salzburg.com/nachrichten/dossier/ttip/sn/artikel/spoe-mitgliederbefragung-88-prozent-gegen-ceta-1-214669/ (letzter Zugriff Juli 2017).

537 https://spoe.at/story/cetattip-erste-bundesweite-mitgliederbefragung-startet (letzter Zugriff Juli 2017).

538 http://www.politico.eu/newsletter/morgen-europa/politico-morgen-europa-oettingers-neues-amt-ceta-ist-unterschrieben-rajoy-richtet-sich-ganz-bequem-ein/ (letzter Zugriff Juli 2017).

Die wallonische Zustimmung kam nicht in «letzter Minute», sondern gar erst ein paar Stunden nach dem Ablauf der Frist, und die internationale Unterzeichnung kam erst mit drei Tagen Verspätung zustande, was nach sieben Verhandlungsjahren zu verschmerzen war. Die Wallonen erwirkten als Gegenleistung für ihr Einlenken eine Schutzklausel für ihre Landwirtschaft und die Zusicherung, jederzeit aus Teilen des Vertrags aussteigen zu können. Die EU hatte bereits lange zuvor gegen vorhandene Skepsis, wie sie insbesondere im Falle des TTIP besteht, die beruhigende Versicherung abgegeben:

> «Die europäischen Standards in Bereichen wie Lebensmittelsicherheit und Arbeitnehmerrechte werden von dem Abkommen uneingeschränkt gewahrt. Das Abkommen stellt auch sicher, dass die wirtschaftlichen Vorteile nicht auf Kosten der Demokratie, des Umweltschutzes oder der Gesundheit und Sicherheit der Verbraucher gehen.»[539]

In der Schlussphase ging es kaum mehr um den Inhalt des Abkommens, bestimmend waren vielmehr die innerbelgischen parteipolitischen Gegebenheiten in diesem Powerplay, in dem insgesamt schwer zu durchschauen war, wie klein oder gross die Handlungsspielräume der Akteure waren. Der wallonische Regierungschef Paul Magnette von den in der nationalen Regierung nicht vertretenen Sozialdemokraten setzte gegenüber dem flämischen Premierminister Charles Michel der konservativen Allianz seine Blockademöglichkeit ein und konnte sich auch als heldenhafter Kämpfer gegen die Globalisierung aufspielen – und dabei Statur für die nächsten Wahlen gewinnen.[540] Der belgische «Regionalfürst» Magnette erlebte sogar die Genugtuung, nach Paris ins Elysée geladen zu werden, wo er sich vom französischen Präsidenten und Genossen François Hollande umwerben lassen konnte.

Im wallonischen Widerstand gegen CETA verbanden sich Opposition gegen übermächtige Kräfte der Weltindustrie und kleinräumiger Protektionismus einer strukturschwachen Region. Wallonien hatte einen dramatischen Niedergang seiner vormals blühenden Industrie erlebt und ist zugleich von einer international leicht konkurrenzierbaren Landwirtschaft abhängig. Möglicherweise war auch die Erwartung im Spiel, sich durch anfänglichen Widerstand und späteres Nachgeben zusätzliche Subventionen erkaufen zu können. Auf der anderen Seite hatte die belgische Zentralregierung die Zustimmung der flämischen Region. Diese war aber nicht von

---

539 http://ec.europa.eu/trade/policy/in-focus/ceta/index_de.htm (letzter Zugriff Juli 2017).

540 Der Blockadepolitik der Wallonen waren insofern Grenzen gesetzt, als mit der in diesem Einzelgeschäft vorübergehend «separaten» Haltung nicht der von ihnen bekämpfte Separatismus der Flamen gefördert sollte.

Rücksichten auf die EU, sondern ebenfalls von Eigeninteressen bestimmt, kamen doch 90 Prozent der aus Belgien nach Kanada exportierten Güter aus dieser Region.

Das «Timing» dieser Einigung war jedoch schlecht und führte zu unerfreulichen Alternativen: entweder Einhalten des Zeitplans um den Preis des Scheiterns der Einigung oder Erreichen einer Einigung um den Preis eines starken Überziehens des Zeitplans. Einleuchtend und richtig, dass die zweite Variante zum Zug kam, was in Anbetracht des grossen Vertrags, um den es ging, keine Rolle spielen sollte, aber ein unguter symbolischer Triumph derjenigen war, die rücksichtslos ihr Blockadepotenzial eingesetzt hatten. Das entgegenkommende «interpretative» Zusatzdokument, dass die belgische Nationalregierung und die wallonische Regionalregierung unter sich aushandelten, wurde am 28. Oktober 2016 vom wallonischen Parlament mit 58 : 5 Stimmen gutgeheissen. Der kanadische Premier Trudeau flog daraufhin doch noch nach Europa und blieb freundlich, indem er erklärte, bei dieser Gelegenheit «ein bisschen etwas darüber gelernt zu haben, wie die europäische Demokratie funktioniere».[541] Zugleich konnte er feststellen, dass selbst die EU-Spitze mehrere Köpfe hatte. Neben seiner Unterschrift mussten die Unterschriften von EU-Ratspräsident Donald Tusk, Kommissionspräsident Jean-Claude Juncker und des slowakischen Ministerpräsidenten Robert Fico als gerade amtierendem Ratspräsidenten stehen.

Die Wallonen gingen scheinbar auch inhaltlich als Sieger aus dem politischen Seilziehen hervor. Sie erreichten zwei wesentliche Versprechen, nicht der EU, sondern ihrer belgischen Nationalregierung: erstens eine Überprüfung der Rechtmässigkeit des vorgesehenen Investitionsgerichts für Konflikte zwischen Investoren und dem Gastland und zweitens einen Schutz vor kanadischen Milchimporten. Mit seinem Einlenken enttäuschte Magnette letzten Endes aber die prinzipiellen Globalisierungsgegner seines Lagers, die gehofft hatten, mit dem Nein über die Region und das konkrete Abkommen hinaus ein Zeichen gegen den übermächtigen Freihandel setzen zu können.[542]

Inzwischen ist durch ein Gutachten des EuGH zum Handelsvertrag der Union mit Singapur vom 16. Mai 2017 ein Mitspracherecht der nationalen Parlamente festgeschrieben worden, das es der EU erschwert, Handelsverträge abzuschliessen, was sie zur Geisel innenpolitischer Querelen machen könnte und den Unionsmit-

541 Tagespresse vom 31. Oktober 2016.

542 http://www.politico.eu/article/eu-and-canada-win-a-trade-battle-but-not-the-war/ (letzter Zugriff Juli 2017).

gliedern ein Vetorecht einräumt, ohne dass dadurch wirklich die demokratische Legitimation erhöht würde.[543]

2.16 Die Rolle der nationalen Parlamente

Zur Evaluation der demokratischen Qualität der EU gehört auch eine Einschätzung der Funktion, welche die nationalen Parlamente als direktdemokratisch bestellte Organe haben. Unabhängig von der speziellen Konstellation im Mehrebenensystem der EU ist eine Tendenz zur Entparlamentarisierung zu beobachten; dies wegen der wachsenden Bedeutung der ausserparlamentarischen Erarbeitung von Parlamentsentscheiden (sei es in internationalen Verhandlungen, sei es innerstaatlich in Expertengremien aus privaten Interessenvertretungen), die am Schluss wie bei Ratifikationen bloss angenommen oder abgelehnt werden können, also keine eigene Deliberation mehr sind, sondern nur noch Entscheide über externe Negotiation.[544]

Insofern der Plan bestand, mit den supranationalen Institutionen die nationalen Hoheiten zu überwinden, erschien es folgerichtig, dass die nationalen Parlamente in ihrer Bedeutung zurückgestuft werden. Wie dargelegt war es aber von Anfang an eine Selbstverständlichkeit, dass EG/EU-Verträge von den nationalen Parlamenten ratifiziert werden mussten. Hierbei handelte es sich aber nur um alternativlose Zustimmungen am Ende eines Prozesses. Und auf der Ebene der EU war die Haltung einzelner Mitgliedsländer insofern von einigem, wenn auch beschränktem Einfluss, als die Beschlüsse im Rat gefällt wurden.[545] Aber die nationalen Parlamente nahmen bisher und nehmen weiterhin nur wenig Einfluss auf ihre Regierungen.

543 Dabei geht es um Handelsverträge, die über die Regelung von Zöllen und nichttarifäre Handelshemmnisse hinausgehen und zum Beispiel einen Schutz für ausländische Investoren vorsehen. Eine Konsequenz könnte sein, dass keine solchen «gemischten» Abkommen mehr und inskünftig zwei separate Abkommen abgeschlossen werden: eines, das ganz in der Zuständigkeit der EU, und eines, das auch in der Zuständigkeit der EU-Mitglieder bzw. ihrer Parlamente liegt (https://curia.europa.eu/jcms/upload/docs/application/pdf/2017-05/cp170052de.pdf; letzter Zugriff Juli 2017).

544 Dieter Grimm, Die Rolle der nationalen Parlamente in der Europäischen Union. In: Ders., Europa ja – aber welches? Zur Verfassung der europäischen Demokratie. München 2016. S. 183–197. Ferner: Peter Brandt (Hg.), Parlamentarisierung und Entparlamentarisierung von Verfassungssystemen. Berlin 2016.

545 Mit dem Vertrag von Lissabon und im Falle dieser 2014 in Kraft getretenen Bestimmung (Art. 238) ist aus Rücksicht auf die grössten (bevölkerungsreichen) Mitglieder eine qualifizierte, doppelte Mehrheit erforderlich, nämlich 55 Prozent der Mitgliedstaaten und 65 Prozent der EU-Bevölkerung.

1989 führte das bereits zuvor bestehende Bedürfnis, frühzeitigen und allgemeinen Einfluss auf die Entscheidungsprozesse der EU zu nehmen, zu einer ersten institutionellen Einrichtung: Es entstand die Konferenz der Ausschüsse für Gemeinschafts- und Europa-Angelegenheiten der Parlamente der Europäischen Union (COSAC). Drei Jahre später, 1992, anerkannte der Maastrichter Vertrag mit einer Erwähnung der COSAC die Bedeutung der nationalen Parlamente der EU-Staaten. 1997 folgte eine weitere Anerkennung durch den Vertrag von Amsterdam. Dieser verpflichtete die Kommission dazu, alle Konsultationsunterlagen umgehend an die nationalen Parlamente weiterzuleiten. Diese haben anschliessend sechs Wochen Zeit, einen Gesetzesvorschlag zu diskutieren. Mit Hinweis auf die konkrete Nutzung dieser Möglichkeit in der Zeit von September 2006 bis Ende 2008 mit 368 Anmerkungen aus 24 Mitgliedstaaten befand die Kommission, dass der politische Dialog zwischen ihr und den nationalen Parlamenten inzwischen ein allgemein anerkanntes Verfahren sei.[546]

Der am 1. Dezember 2009 in Kraft getretene Vertrag von Lissabon stärkte und erweiterte die Befugnisse der nationalen Parlamente zur Prüfung von EU-Gesetzen. Art. 12 des neuen EU-Vertrags statuiert: «Nationale Parlament tragen aktiv zur reibungslosen Funktionsweise der Union bei.» Der Vertrag führte aber auch das konkrete Recht ein, Einspruch gegen Anträge der Kommission einzulegen und zum Beispiel die Berücksichtigung des Subsidiaritätsprinzips durchzusetzen. Zudem legen das Europäische Parlament und die nationalen Parlamente auf Grund des Vertrags von Lissabon gemeinsam fest, wie eine wirkungsvolle und regelmässige Zusammenarbeit zwischen den Parlamenten in der EU gestaltet und gefördert werden kann.[547]

Die Politologin Ulrike Guérot hält, wie ihre jüngste Publikation zeigt, nicht viel von dieser Neuerung. Sie bezeichnet sie als ein «weiteres Wolkenkuckucksheim» und weist auf den nicht überraschenden Umstand hin, dass die verschiedenen nationalen Parlamente diese Kooperationsmöglichkeit sehr unterschiedlich nutzen, im europäischen Norden stärker als im europäischen Süden.[548] Die Zukunft ist in diesem Bereich offen für weitere Entwicklungen.

Die Bedeutung des nationalen Parlaments wurde im Falle Deutschlands wegen der Klagen gegen die Ratifikationen der Verträge von Maastricht und Lissabon vom

546 https://www.euractiv.de/section/prioritaten-der-eu-fur-2020/linksdossier/die-nationalen-parlamente-und-die-eu-de/#ea-accordion-issues (letzter Zugriff Juli 2017).

547 http://www.europarl.europa.eu/aboutparliament/de/20150201PVL00007/Nationale-Parlamente (letzter Zugriff Juli 2017).

548 Guérot, 2016, S. 76ff.

Bundesverfassungsgericht in Karlsruhe zum Gegenstand von Entscheiden gemacht (vgl. oben, S. 165 und 193). Anlässlich der Ratifikation des Lissabon-Vertrags wurde dem Bundestag mit dem Integrationsverantwortungsgesetz die Aufgabe erteilt, das Europäische Parlament zu überwachen. Hier soll nicht die Vielzahl der juristischen Literatur dazu rekapituliert und mit einer zusätzlichen Bewertung versehen werden. Festzuhalten sind jedoch drei Punkte.

Erstens: Das hohe Gericht hat in anzuerkennender Weise statuiert, dass die EU kein Staat (als Bundesstaat), sondern, wie bereits zum Vertrag von Maastricht festgehalten, nur ein «Staatenverbund» sei, zumal sie sich nicht auf ein europäisches Staatsvolk (im Sinne der *Demos*-Theorie) stützen könne.

Zweitens: Dieser Verbund sei über die Beratungen und Entscheide der nationalen Parlamente und die «demokratische Abstützung» durch das Europäische Parlament trotzdem genügend demokratisch legitimiert.

Drittens: Die EU-Organe seien bereits so stark, dass eine schleichende «Selbstverstärkung» am Werk sei, die eine Aushöhlung der politischen Gestaltungsfähigkeit der Mitgliedstaaten zur Folge habe. Erlange diese bundesstaatliche Qualität, müsste dem auch in Deutschland über eine Volksabstimmung zugestimmt werden. Das sei aber noch nicht der Fall. Die primäre «Integrationsverantwortung» liege noch immer in der Hand der für die Völker handelnden Verfassungsorgane – der nationalen Parlamente.[549]

2.17 Parlamentarische Mitsprache im «Brexit»-Fall

So gesehen erscheint es geradezu pikant und eine groteske Kompetenzverschiebung, dass nach Auffassung der britischen Regierung unter Premierministerin Theresa May das Parlament zum «Brexit» nichts hätte zu sagen haben sollen. Nach in der Lehre etablierter Auffassung käme dem Referendum eigentlich nur empfehlender Charakter zu, der ausschlaggebende Entscheid läge beim Parlament. Jetzt meinte jedoch die Regierung, dass nach dem knapp ausgegangenen Grundsatzentscheid des Volkes das Parlament zur Umsetzung nichts zu sagen habe und sie sich auf «königliche» Vorrechte der Exekutive berufen könne. Natürlich vermischten sich hier Auffassungen zur Prozedur mit inhaltlichen Absichten. Die Regierung befürchtete, dass die Parlamentsmehrheit einen weitaus weniger weitgehenden Ausstieg aus der EU befürworten würde als die Regierung. Die Auseinandersetzungen zwischen Regie-

549 BVerfGE 89, 155 vom 12. Oktober 1993, Az: 2 BvR 2134, 2159/92 - https://www.bundesverfassungsgericht.de/.../2009/06/es20090630_2bve000208.html.

rung und Parlament in London führen in drastischer Weise die ganze Problematik pauschaler Vorwegentscheide vor Augen: Ausstieg aus der EU «ja oder nein» ist bloss die eine Frage, die andere und eigentlich wichtigere Frage ist, unter welchen Bedingungen man den Ausstieg gutheisst oder ablehnt. Eigentlich müsste nämlich auch auf der Ebene der Volkskonsultation stets zweimal abgestimmt werden – ein zweites Mal, wenn man weiss, worauf ein Entscheid hinauslaufen wird.

Nach einer Klage von Gina Miller, einer britischen Fondsmanagerin, der sich auch die schottische und walisische Regionalregierung angeschlossen haben, musste die Regierung vor Kündigung der EU-Mitgliedschaft das Parlament konsultieren beziehungsweise dazu eine echte Gesetzesvorlage einbringen. Die Rechtmässigkeit der Klage ist vom High Court am 24. Januar 2017 mit 8 : 3 Stimmen mit folgender Argumentation bestätigt worden: Das britische Parlament habe 1972 mit dem damals beschlossenen EG-Beitritt den Briten gewisse bürgerliche und soziale Rechte zuteil werden lassen. Wenn diese nun verloren gingen, müsste wiederum das Parlament dazu seine Zustimmung geben. Zudem versuchte das Oberhaus, das bewusst kurz gehaltene «Brexit»-Gesetz mit einem Zusatz zu versehen, der die Rechte der rund 1,2 Mio. Briten und Britinnen, die in der EU leben, sichern soll.[550] Darum wird das Parlament am Ende des Prozesses über das ausgehandelte Verhandlungspaket entscheiden. Entscheidend könnte hierfür sein, inwiefern mit dem Austritt des Landes aus der EU bestimmte Bürgerrechte tangiert werden.

Auch auf Seiten der EU meldete das Parlament den Wunsch nach Mitsprache in den «Brexit»-Verhandlungen an, und zwar bereits als begleitende Stimme in den sich voraussichtlich über einen langen Zeitraum hinziehenden Verhandlungen. Der Ministerrat hatte bisher einzig den nationalen Regierungen eine Mitsprache einräumen und das Europäische Parlament lediglich «auf dem Laufenden halten» wollen. Der liberale Vize-Parlamentspräsident Alexander Graf Lambsdorff sah in diesem Ansinnen einen Beleg dafür, «wie schwer sich die nationalen Regierungen mit der Demokratie auf europäischer Ebene tun». Und der Vorsitzende der Europäischen Volkspartei, Manfred Weber, warnte oder drohte, dass das Parlament das «letzte Wort» habe und am Schluss Nein zum «Brexit»-Vertrag sagen könnte.[551]

550 Tagesmedien vom 1. März 2017. Das Problem stellt sich in umgekehrter Richtung für 3,2 Millionen EU-Bürger und -Bürgerinnen in Grossbritannien.

551 SDA vom 16. Dezember 2016.

3. Das Ausbleiben der Politischen Union

In der Ausgestaltung eines Europa, mit dem man die nationalen Strukturen, die zum europäischen Bürgerkrieg der Jahre 1939–1945 geführt haben, überwinden wollte, boten sich die folgenden Alternativen an: entweder zuerst eine Verfassung auszuarbeiten, also eine politische Ordnung mit nachfolgender konkretisierender Regelung auch der wirtschaftlichen Verhältnisse. Oder zuerst konkrete Regelungen wirtschaftlicher Teilbereiche formulieren, die mit der Zeit in eine Verfassung und in eine «Politische Union» überführt werden sollte. Man könnte sagen, dass sich die Geschichte gleichsam für den zweiten Weg «entschieden» habe. Welchen finalen Zustand dieser Weg anstreben sollte, blieb jedoch offen: Er wurde absichtlich offengelassen und ist bis heute offengeblieben. Tony Judt bemerkte zutreffend, der Vorteil der europäischen Idee in den Jahrzehnten nach dem Zweiten Weltkrieg habe explizit in ihrer Ungenauigkeit gelegen.[552] Diese zunächst vorteilhafte Unbestimmtheit in der Zielsetzung dürfte sich in jüngerer Zeit allerdings als Nachteil ausgewirkt haben.

Damit auch das in Erinnerung gerufen sei, obwohl es für die aktuelle Problematik nur bedingt von Bedeutung ist: Das «Europa» der Jahre 1948 und der folgenden fünf Jahrzehnte war ein aus einer speziellen Konstellation, der Westlagerbildung, hervorgegangenes und auch in dieser Hinsicht auf lange Jahre ein unfertiges Produkt. Diesbezüglich kann man ebenfalls spekulieren, wie die Entwicklung verlaufen wäre, wenn mittel- und osteuropäische Staaten von Anfang dabei gewesen wären.

Mit «Politischer Union» konnte in den Nachkriegsjahren das Ziel der maximalistischen Föderalisten gemeint sein, die um 1948 einen europäischen Bundesstaat im Schnelldurchgang erschaffen wollten. Im Laufe der folgenden Jahrzehnte tauchte der Begriff immer wieder auf, allerdings mit unterschiedlichen, zumeist bescheideneren Zielvorstellungen. Als Reaktion auf die jüngste Krise, die nicht nur eine Finanzkrise, sondern auch eine politische Krise sei, wurde im Herbst 2013 in einem akademischen Szenarienpapier zur Weiterentwicklung der EU noch immer die Frage

552 Judt, 2009, S. 450.

aufgeworfen, was «eigentlich» eine oder was *die* Politische Union sei. Die Antwort lautete, eine über die Wirtschafts- und Währungsunion hinausgehende Union mit grösserer inhaltlicher Reichweite und mehr Durchsetzungsbefugnissen, letztlich eine Allzuständigkeit auf supranationaler Ebene nach nationalstaatlichem Muster.[553]

Welche Staatsform war damit gemeint? In der Theorie gibt es zur charakterisierenden Benennung des Verhältnisses von staatlicher Gesamtgrösse und staatlichen Teilgrössen die klassische, aber etwas simple zweiteilige Begrifflichkeit: Konföderation und Föderation, Staatenbund und Bundesstaat, wobei zwischen den Teilstaaten und dem Dachstaat verschiedene Zuständigkeitsanteile möglich sind. Bei den gemeinsamen Beschlussfassungen auf der oberen Ebene ist entscheidend, ob Einstimmigkeit (und damit eine Vetomöglichkeit für ein einzelnes Mitglied) vorgesehen ist oder ob Mehrheitsentscheide möglich sind. In der ersten Variante ist die Kooperation intergouvernementaler, in der zweiten Variante supranationaler Natur. Im Falle der EU ist 1992/93 ein dritter Begriff aufgekommen, um eine ihr entsprechende Mittelform zu bezeichnen: der Staatenverbund. Dieser fand Eingang in die Urteile des deutschen Bundesverfassungsgerichts von 1993 und 2009 zu den Verträgen von Maastricht und Lissabon, die in der Sonderform der EU ein auf Dauer angelegtes Gebilde sehen, das kein Bundesstaat ist, aber wegen der weitreichenden Übertragung von Souveränitätsrechten an die Gemeinschaft bereits über den Staatenbund hinausgeht. Dieses Gebilde besteht aus einer Verbindung souverän bleibender Staaten, das auf vertraglicher Grundlage zwar als eigene Entität öffentliche Gewalt ausübt, aber in seiner Legitimation allein aus den Mitgliedstaaten abgeleitet wird.

1992 bemerkte ein Experte zutreffend und mit Bezugnahme auf 1962, also die Zeit des ersten Fouchet-Plans (vgl. unten, S. 217):

> «Die Thematik einer ‹Europäischen Politischen Union› ist seit damals und bis in die Gegenwart der Regierungskonferenzen und des Vertrags von Maastricht durch eine sprachliche Verwirrung, ein gleichsam systematisches Aneinander-Vorbei-Reden gekennzeichnet.»[554]

553 Webseite der Bundeszentrale für politische Bildung, 2016 (ohne Datum): http://www.bpb.de/internationales/europa/europa-kontrovers/168354/auf-dem-weg-zur-politischen-union (letzter Zugriff Juli 2017).

554 Reif, 1992, S. 44. Gemäss dieser Darstellung beschränkt sich die Europäische Politische Zusammenarbeit (EPZ, vgl. unten, S. 223) für Franzosen und viele Briten auf die intergouvernemental zu handhabende Aussenpolitik. Für die meisten Deutschen, Italiener und Belgier bedeutet sie dagegen eine Vertiefung der föderativen Komponente und eine Demokratisierung des Entscheidungsprozesses.

In dem nun bereits über ein halbes Jahrhundert laufenden Integrationsprozess wurden klare Umschreibungen des Ziels stets tunlichst vermieden. Dagegen wurde in permanenter Bestätigung immer wiederholt, wie man dorthin gelangen wolle. Aus heutiger Sicht kann man sich nun fragen: Standen hinter dem ganzen Prozess bewusste Entscheide massgeblicher Akteure? Und wie goss war der eigene Anteil dieser Akteure an einer Entwicklung, die nur begrenzt steuerbar war und ist? Die konkrete Entwicklung der Europäischen Gemeinschaft erfolgte nicht nach einem Masterplan und nicht getaktet in wohl bemessenen Dosierungen. Sie verlief teils gemäss inneren Möglichkeiten und Notwendigkeiten, teils als Antwort auf äussere Gegebenheiten, alles in allem aus einer Kombination von Sachlogik und Politik.[555]

3.1 Die immer engere Vereinigung – «ever closer union»

Mit der in den Jahren 1950/51 entstandenen und 1952 in Kraft getretenen Europäischen Gemeinschaft für Kohle und Stahl (EGKS, auch Montanunion genannt) wurden zwei Ziele verfolgt: ein Nahziel und ein Fernziel, ein in sich selbst gerechtfertigter konkreter Reformakt und zugleich eine erste Etappe in einem Gesamtprozess, für den später weitere Teilresultate vorgesehen waren. Welche weiteren Meilensteine wann folgen sollten, blieb offen. Ebenfalls weitgehend offengelassen wurde, ob als abschliessender «Krönungsakt» des Errichten eine Verfassung sowie eine umfassende politische Union folgen sollten. Der Schaffung einer Union mit klassischen Staatsstrukturen und entsprechender Staatsqualität war die Europäische Gemeinschaft, wie im Folgenden dargelegt wird, im September 1991 am nächsten (vgl. unten, S. 229).

Die 1950 erfolgte Verkündung eines Planes zur Schaffung einer Montanunion war in hohem Mass durch zwei historische Umstände konditioniert: einerseits durch die absehbare Wiedererlangung nationaler Unabhängigkeit der deutschen Schwerindustrie infolge der Beendigung des Besatzungszustands und andererseits durch den drohenden Krieg, der im Fernen Osten dann tatsächlich auch ausbrach, aber auch auf die West-Ost-Konfliktlinie in Europa hätte überspringen können.

Nach dem in den Jahren 1948–1950 sich abzeichnenden Entscheid, das Europrojekt auf dem Weg der Etappenintegration voranzutreiben, gab es keinen konkreten Fahrplan, aber eine immer wieder bekräftigte Richtungsvorgabe: das Para-

555 Dies gemäss der narrativen Typologie, wonach die Geschichte der EG/EU das Ergebnis a) der Politik grosser Männer, b) der Ost-West-Polarisierung und c) der Dominanz der Sachlogik sei (vgl. Kohler-Koch, 2004, S. 29).

digma oder die Grundidee der «ever closer union among the peoples of Europe». Dieses Programm wird häufig dem wenig geliebten Maastricht-Vertrag vom 7. Februar 1992 zugeschrieben; es bestand aber spätestens seit 1951: Bereits die Präambel des Vertrags der EGKS verstand die Montanunion als ersten Grundstein für eine «weitere und vertiefte Gemeinschaft unter den Völkern».

Erinnern wir uns auch an die der Gründung der EGKS vorausgegangene grosse Rede des französischen Aussenministers Robert Schuman vom 9. Mai 1950, die in der europapolitischen Erinnerungskultur fünfunddreissig Jahre später, 1985, zum Geburtsmoment beziehungsweise zum Gedenktag der EG/EU gemacht wurde.[556] Schuman erklärte in seiner Präsentation der Montanunion: «Europa lässt sich nicht mit einem Schlage herstellen und auch nicht durch eine einfache Zusammenfassung: Es wird durch konkrete Tatsachen entstehen, die zunächst eine Solidarität der Tat schaffen.» Darum die Aufforderung, «in einem begrenzten, doch entscheidenden Punkt sofort zur Tat zu schreiten».[557]

Immerhin wurde mit dieser Formulierung suggeriert, dass man ein *ganzes Europa* anstrebte. Gleich im folgenden Satz war denn auch von der «Vereinigung der europäischen Nationen» die Rede und wenig später von einer «weiteren und tieferen Gemeinschaft der Länder» und davon, dass hier die Schaffung eines «ersten Grundsteins einer europäischen Föderation» vorgeschlagen werde. Die Formel «Vereinigung der europäischen Nationen» besagt allerdings noch nichts über den Typus der Vereinigung. Schon Winston Churchill hatte in seiner berühmten Zürcher Rede vom September 1946 zur Schaffung der «United States of Europa» aufgerufen, obwohl er selbst gegen einen staatlichen Zusammenschluss der europäischen

556 Der «9. Mai» wurde als supranationale Analogie zu den jeweiligen europäischen Nationalfeiertagen am Gipfel von Mailand vom Juni 1985 beschlossen, an dem auch die Einheitliche Europäische Akte (EEA) beraten wurde. Der Europarat war in der Einführung solcher Symbolik vorausgegangen, er hatte 1964 mit dem 5. Mai seinen eigenen Europatag geschaffen, nachdem er das Sternenbanner schon 1955 zur Europafahne erklärt hatte. Am 18. Januar 1972 hatte der Europarat Ludwig van Beethovens «Ode an die Freude» zur Europahymne erhoben. Die Hymne (nur die Melodie, ohne Text) wurde 1985 und das Sternenbanner 1986 von der EG übernommen. Vgl. Carole Lager, L'Europe en quête de ses symboles. Bern 1995. Brüssel als Hauptstandort wurde erst 1997 durch den Vertrag von Amsterdam festgelegt.

557 Wortlaut der Rede Schumans: http://www.robert-schuman.eu/de/doc/questions-d-europe/qe-204-de.pdf – französischer Originalwortlaut der déclaration: https://europa.eu/european-union/about-eu/symbols/europe-day/schuman-declaration_fr (letzter Zugriff Juli 2017). – Zum 50-Jahr-Jubiläum: Henri Rieben u. a. (Hg.), Un changement d'espérence. La Déclaration du 9 mai 1950. Jean Monnet – Robert Schuman. Lausanne 2000 (Dokumentensammlung).

Nationen war, darum seine ergänzende Erklärung: «welchen Namen und welche Form auch immer man verwenden wird».[558]

Die Präambeln der Römischen Verträge von 1957 bekräftigten den festen Willen der Mitgliedstaaten, «die Grundlagen für eine immer engere Zusammenarbeit unter den europäischen Völkern zu schaffen». Diese Formulierung, 2016 von der britischen Regierung als unakzeptabel bezeichnet, hatte Grossbritannien unterschrieben, als es sich 1972 zum Beitritt anschickte.

Am Haager Gipfel vom Dezember 1969, der nicht zu einem eigenen Vertrag führte, aber eines der wichtigsten Treffen in der Geschichte der EG war, wurden sehr dezidierte Erklärungen zu deren Finalität abgegeben: Man bekundete die Entschlossenheit, das «Werk zu Ende zu führen», man sprach von der «Vollendung der Gemeinschaft»[559] und bekräftigte den Willen, «von der Übergangszeit in die Endphase der Europäischen Gemeinschaft einzutreten».[560]

Die Einheitliche Europäische Akte von 1986, die sich an den Haager Zielen von 1969 orientierte und den Weg nach Maastricht ebnete, hielt in ihrer Präambel ebenfalls fest, man wolle «durch die Vertiefung der gemeinsamen Politiken und die Verfolgung neuer Ziele die wirtschaftliche und soziale Lage und das Funktionieren der Gemeinschaften verbessern».

Die Präambel des Maastrichter Vertrags von 1992 ging ebenfalls davon aus, dass bei den beteiligten Staaten die Entschlossenheit bestehe, «den Prozess der Schaffung einer immer engeren Union der Völker Europas [...] weiterzuführen»; der Vertrag wurde in Art. A nochmals als eine «neue Stufe bei der Verwirklichung einer immer engeren Union des Völker Europas» qualifiziert. Auch der Konvent sah sich in dieser Perspektive, als er 2003 seine Arbeit als «einen weiteren Baustein am Haus Europa, dem weitere folgen müssten», präsentierte.[561]

---

558 http://www.churchill-in-zurich.ch/en/churchill/en-churchills-zurcher-rede/ (letzter Zugriff Juli 2017). 1992 distanzierten sich, wie gezeigt, manche von dieser Formel (vgl. oben, S. 169).

559 Bezogen auf die im EWG-Vertrag vorgesehene Übergangszeit von zwölf Jahren in drei Phasen von je vier Jahren.

560 Hagen Schulze (Hg.), Europäische Geschichte: Quellen und Materialien. München 1994. – Franz Knipping/M. Schönwald (Hg.), Aufbruch zum Europa der zweiten Generation. Die europäische Einigung 1969–1984. Trier 2004. – Meyer, 2016, S. 163ff. Mit der neuen Generation waren insbesondere der Nachfolger de Gaulles, Georges Pompidou, und auf der deutschen Seite der neue Bundeskanzler Willy Brandt und sein Verteidigungs- und spätere Finanzminister Helmut Schmidt gemeint.

561 http://european-convention.europa.eu/DE/bienvenue/bienvenue390c.html?lang=DE (letzter Zugriff Juli 2017).

In der Präambel des Vertrags von Lissabon von 2007 wurde schliesslich bekräftigt, dass man entschlossen sei, «den Prozess der Schaffung einer immer engeren Union der Völker Europas [...] weiterzuführen». Den damals dringlich gewordenen Erwartungen entsprechend wurde allerdings ein Passus eingeschoben, wonach die Entscheidungen in der immer engeren Union «entsprechend dem Subsidiaritätsprinzip möglichst bürgernah getroffen werden» sollten.

Anhand der Präambeln der diversen Erklärungen und Verträge lässt sich die Haltung zur Finalität der europäischen Integration in den wichtigsten Momenten des Prozesses nachvollziehen. Daneben gab es immer wieder ähnliche Erklärungen in mittlerweile eher vergessenen Dokumenten, etwa dem Schreiben zum Tindemans-Bericht von 1975, in dem mit grösster Selbstverständlichkeit vom «immer engeren Zusammenschluss unserer Völker» ausgegangen wird,[562] oder dem Treffen des Europäischen Rats vom November 1976, das die Notwendigkeit bestätigte, die Europäische Union sowohl im Innern als auch in ihren Aussenbeziehungen zu verwirklichen und sie «schrittweise mit den für ihre Aufgaben notwendigen Institutionen auszustatten».[563]

Der Publizist Thomas Schmid kritisierte in seinem jüngst veröffentlichten Europabuch unter der Überschrift «Vorwärts immer, Stillstand nimmer» unter Beizug eines britischen Europaskeptikers wenig verständnisvoll das strampelnde Herbeiführenwollen von immer mehr Europa.[564] Im Lichte der Geschichte erscheint diese Absicht jedoch nicht als unersättliche Verdichtungsmanie, sondern als ein wegen der Ablehnung eines anderen Wegs nötig gewordenes Ersatzprogramm. Mag sein, dass das Etappenprogramm des schrittweisen Fortschritts zum Teil auch Selbstzweckcharakter erlangte und gleichsam zur Natur des Gemeinschaftsprojekts wurde. Das hätte man so sehen können, wenn man beispielsweise den folgenden Kommentar zu Beginn der 1980er Jahre im «EG-Magazin» las, mit dem Hans-Dietrich Genschers Vertiefungsplan unterstützt wurde: «Jeder (weitere) Stillstand der europäischen Entwicklung bedeutete de facto ein Rückentwicklung und birgt die Gefahr einer Auflösung der Gemeinschaft.»[565] Schon 1969 hatte Walter Hallstein, der erste Kommissionspräsident der EWG, bezogen auf die Notwendigkeit der permanenten Weiter-

562 Aus dem Begleitschreiben vom 29. Dezember 1975, in Schneider/Wessels, 1977, S. 242.

563 Zit. von Schneider/Wessels, 1977, S. 30.

564 Schmid, 2016, S. 13ff.

565 Wolfgang Weber im EG-Magazin vom Nov./Dez. 1981, S. 8.

entwicklung, zur Metapher des Radfahrers gegriffen, wonach man sich nur auf dem Rad halten kann, wenn man permanent in die Pedale tritt.[566]

Eine immer engere Vereinigung, das war ein Vorgang, den im 19. Jahrhundert auch die Nationalstaaten im Prozess des «nation building» wünschten und betrieben, allerdings mit dem erheblichen Unterschied, dass die Staatskonstituierung bereits hinter ihnen lag und Staatlichkeit nur noch verdichtet werden musste. Und es war ein Vorgang, von dem die Föderalisten annahmen, dass er der EG/EU mit der Zeit die Qualität mindestens eines engen Staatenbundes geben würde. Wer dieses Ziel nicht teilte – insbesondere ein Teil der britischen Bevölkerung –, lehnte diese Auffassung über die Finalität des Prozesses immer entschiedener ab (obwohl sie, wie bereits erwähnt, in Grossbritannien von Regierung, Parlament und Volk 1972 und 1975 so akzeptiert worden war).

Die permanente Integrationsverdichtung musste aber irgendwann einmal zu einem Abschluss kommen. Von *achèvement* war schon am Gipfel von Den Haag (Dezember 1969) die Rede.[567] Die Staats- und Regierungschefs blickten der «Vollendung der Gemeinschaft» entgegen und wollten von der «Übergangszeit» in die «Endphase» der Gemeinschaft übertreten, wobei sich diese auf den Binnenmarkt hätte beschränken können.

Im Vorfeld des Haager Gipfels hatte das Parlament die Staats- und Regierungschefs aufgefordert, in Etappen die Politische Union zu verwirklichen; es hatte sich dabei auf eine ältere Erklärung des Bonner Gipfels vom Juli 1961 im Kontext des ersten Fouchet-Plans bezogen.[568] Das Gipfeltreffen hatte dazu allerdings keine Ergebnisse gebracht, hingegen einen Stufenplan zur Wirtschaftlichen Union. Die gleiche Asymmetrie zwischen politischer und wirtschaftlicher Integration sollte über

566 Walter Hallstein, Der unvollendete Bundesstaat. Europäische Erfahrungen und Erkenntnisse. Düsseldorf 1969. Schmid, 2016, sieht in diesem Bild den Beleg für die geradezu panische Furcht, Stillstand führe unvermeidlich zu Untergang und Tod. Er zitiert einen britischen Euroskeptiker, der Delors aufgefordert habe, doch einfach mal den Fuss auf den Boden zu stellen. (S. 45, vorher S. 13ff. und 39). Dem ist entgegenzuhalten, dass die Geschichte nie stillsteht und zu ohnehin sich vollziehenden Entwicklungen doch vielleicht besser eine konstruktive Haltung eingenommen werden sollte.

567 Frankreich verstand darunter vor allem den für die Landwirtschaft wichtigen, auf den 1. Januar 1970 eingerichteten und 2006 transformierten Ausrichtungs- und Garantiefonds.

568 Marie-Thérèse Bitsch, Les sommets de la Haye. La mise en route de la relance de 1969. In: Wilfried Loth (Hg.), Crises and Compromises: The European Project 1963–1969. Baden-Baden/Brüssel 2001. S. 539–565. Zit. S. 552.

zwei Jahrzehnte später in den Verhandlungen zum Maastrichter Vertrag noch immer bestehen.

1973 fand sich in der Erklärung zur europäischen Identität ganz am Schluss die Bemerkung: Die angestrebte Politik würde auch die vorgesehene Umwandlung der Gesamtheit der Beziehungen unter den Mitgliedern in eine Europäische Union erleichtern.[569] Beim Vorbereiten des Binnenmarkts war spätestens von 1985 an permanent von «Vollendung» die Rede. Man hütete sich aber zu präzisieren, ob damit bloss der angestrebte Binnenmarkt und ob auch ein Staatenbund (Konföderation) oder gar ein Bundesstaat (Föderation) gemeint war.[570] Der deutsche Aussenminister Joschka Fischer griff die Frage im Jahr 2000 wieder auf, er tat dies aber als Privatperson. Seine Berliner Rede unterstützte womöglich den eben in Gang kommenden Konventsprozess, sie blieb sonst aber ohne weitere Folgen.

In der Ausgangslage nach 1945 standen wirtschaftliche Interessen jedenfalls im Vordergrund – wirtschaftliche Interessen, die allerdings derart gewichtig waren, dass sie auch politische Qualität hatten. In dieser Ausgangssituation der europäischen Integration hielt, wie im vorausgegangenen Kapitel ausgeführt, quasi niemand eine demokratische Legitimation auf breiter Basis für nötig, und eine solche wurde umgekehrt von der europäischen Bevölkerung auch nicht wirklich gefordert. Nachdem im vorangegangenen Kapitel die Demokratiegeschichte des europäischen Gemeinschaftsprojekts skizziert worden ist, soll nun die Geschichte der exekutiven Zuständigkeiten dieser Gemeinschaft nachgezeichnet werden. Dies ist allerdings nur unter erneuter Betrachtung der verschiedenen Bestrebungen, der Gemeinschaft eine staatliche Gesamtordnung zu geben, möglich.

Im Falle der EGKS wurde selbstverständlich davon ausgegangen, dass der Vertrag von den Parlamenten der beteiligten Staaten ratifiziert werden musste. Eine weitergehende Mitsprache war jedoch nicht vorgesehen. Die Einsetzung der Direktion der EGKS (Hohen oder Obersten Behörde/*haute autorité*) war Sache der beteiligten Regierungen, die Entscheide dieser Behörde wurden als bindend eingestuft, es wurde lediglich in Aussicht gestellt, dass mit «geeigneten Vorkehrungen» Rekursmöglichkeiten der einzelnen Staaten geschaffen würden. Damit war wohl an den späteren Gerichtshof als Appellationsinstanz gedacht worden.

Nachdem im Juni 1950 der Korea-Krieg ausgebrochen war, folgte auf den Schuman-Plan vom Mai 1950, der nach dem französischen Aussenminister benannt

569 Dokument über die europäische Identität (Kopenhagen, 14. Dezember 1973).

570 http://ieg-ego.eu/de/threads/modelle-und-stereotypen/modell-europa/georg-kreis-europa-konzeptionen-foederalismus-bundesstaat-staatenbund?set_language=de (letzter Zugriff Juli 2017).

war, bereits im Oktober 1950 die Verkündung des nach dem französischen Premierminister René Pleven benannten Plans.[571] Mit ihm hätte im Ausbau des bereits bestehenden Brüsseler Pakts die Europäische Verteidigungsgemeinschaft (EVG) geschaffen und eine in diesem Bereich institutionalisierte Parlamentarische Versammlung hätte mit dem Auftrag ausgestattet werden sollen, «das Statut einer Politischen Gemeinschaft supranationalen Charakters» auszuarbeiten.

Altiero Spinelli gelang es, den italienischen Ministerpräsidenten Alcide de Gasperi zu überzeugen, sich für die Schaffung einer Institution der Europäischen Politischen Gemeinschaft (EPG) im Rahmen der EVG einzusetzen. Und 1954 schlug er vor, dem Europäischen Parlament ein verfassunggebendes Mandat zu erteilen. 1976 selbst Mitglied dieses Parlaments geworden, intensivierte er 1981 seine Bemühungen um eine solche Verfassung.[572]

Der Wille, als «Endziel» eine möglichst umfassende Gemeinschaft zu schaffen, ging 1952/53 noch sehr weit: Es schien sich die Möglichkeit abzuzeichnen, die europäische Union «auf einen Schlag» herzustellen, wie das 1948 den Föderalisten vorgeschwebt hatte. Es gab die Absicht, eine ordentliche Staatsordnung mit einer von den nationalen Regierungen unabhängigen europäischen Regierung mit Zweikammersystem und Gewaltenteilung zu schaffen. Die Mitglieder der Volkskammer hätten über direkte Wahlen, die Mitglieder des Senats über die nationalen Parlamente und die europäische Regierung von den beiden Kammern bestellt werden sollen.[573]

Der EVG-Vertrag vom Mai 1952 sah in Art. 38 vor, dass die Gemeinsame oder Parlamentarische Versammlung, die für diesen Zuständigkeitsbereich ebenfalls eingerichtet werden sollte, eine «endgültige Organisation» als bundesstaatliches oder staatenbündisches Gemeinwesen hätte entwerfen und diesen Entwurf binnen sechs Monaten dem EVG-Rat und dieser ihn dann den Regierungen der Mitgliedstaaten unterbreiten müssen, worauf diese wiederum binnen drei Monaten eine Konferenz zur Prüfung der Vorschläge hätten einberufen müssen. Da man nicht

---

571 Philippe Vial, Jean Monnet, un père pour la CED? In: René Girault/Gérard Bossuat (Hg.), Europa brisée. Europe retrouvée. Paris 1994. S. 199–262. – Gilbert Sarsach, Europäische Verteidigungsgemeinschaft und die Maastricht-EU. 40 Jahre Integration und kein bisschen weiter? In: Zeitgeschichte 24, März/April 1997, S. 103–130.

572 Andrea Chiti-Batelli, L'idea d'Europa nel pensiero di Altiero Spinelli. Manduria 1989. S. 167–189. Vgl. auch: http://www.europa.clio-online.de/site/lang__de/ItemID__375/mid__11428/40208214/default.aspx (letzter Zugriff Juli 2017).

573 Lipgens, 1986, S. 316–327. – Schneider/Wessels 1977, S. 37ff. – Philippe Carlier, Fernand Dehousse et le projet d'Union politique. In: Trausch, 1993, S. 365–377. Der belgische Sozialist Dehousse war Berichterstatter der Sektion «Politische Institutionen» der Versammlung.

warten wollte, bis das EVG-System verwirklicht war, übertrug der Rat der Montanunion (in diesem Fall den Aussenministern der sechs Mitglieder der EGKS) in ihrer Sitzung vom September 1952 diese Aufgabe ihrer eigenen, ad hoc um zusätzliche Mitglieder erweiterten Parlamentarischen Versammlung.[574]

In den Beratungen der von Paul-Henri Spaak präsidierten Ad-hoc-Kommission standen sich wiederum die zwei Grundvarianten gegenüber: Die deutsche Seite strebte (wie bei der Montanunion) ein bundessstaatliches Verfassungsmodell an, mit einem klassischen Zweikammerparlament, einer – ebenfalls klassischen – europäischen Exekutive und einer klassischen Judikative. Dem Parlament war neben der Kontrollfunktion auch die Funktion zugedacht, «das Bewusstsein der Gemeinsamkeit in den beteiligten Völkern zu wecken».[575] Noch in einer im Mai 1954 von den Aussenministern der sechs Regierungen verabschiedeten Erklärung wurde dem über allgemeine Wahlen gebildeten Parlament explizit «die demokratische Kontrolle» der bestehenden Einrichtungen der Gemeinschaft zugestanden.[576] Die französische Seite war diesmal allerdings von Anfang an entschieden dagegen.

Was sich in den weiteren Verhandlungen ergab, wird unterschiedlich beurteilt: Guido Thiemeyer würdigt das Unterfangen als ersten europäischen Integrationsversuch, bei dem das Ziel immerhin die Schaffung eines «europäischen Staats und einer Verfassung» gewesen sei. Während bei der EGKS die weitere Entwicklung offen geblieben sei, habe man bei der EVG das konkrete Ziel des Prozesses, die Finalität, benennen müssen.[577] Walter Lipgens dagegen betont, dass doch kein Verfassungsentwurf und keine Ratifizierung durch die nationalen Parlamente vorgesehen waren. Darum sei der am 10. März 1953 in Strassburg ohne Gegenstimme verabschiedete «Entwurf eines Vertrags über die Satzung der Europäischen Gemein-

574 Die Ad-hoc-Versammlung zählte 87 Mitglieder, nachdem sie um je drei aus Frankreich, Deutschland (BRD) und Italien erweitert worden war (je 21 aus den drei Grossen, je zehn aus Belgien und den Niederlanden und vier aus Luxemburg). Zu ihrem Präsidenten wählte sie den Belgier Paul Henri Spaak, der 1949–1952 Präsident der Parlamentarischen Versammlung des Europarats und 1950–1955 Präsident der privaten Europäischen Bewegung war. Lipgens, 1986, S. 328. Gemäss Thiemeyer war der in der Europabewegung engagierte spätere deutsche Aussenminister Heinrich von Brentano der Präsident dieser Kommission (2001, S. 34).

575 Interner Bericht vom Januar 1953, zit. nach Thiemeyer, 2001, S. 34. – Entwurf eines Vertrags über die Europäische (Politische) Gemeinschaft vom 10. März 1953. Lipgens, 1983, S. 66ff. Vgl. auch Richard T. Griffiths, Europe's First Constitution: The European Political Community, 1952–1954. London 2000. S. 71ff.

576 Erklärung vom 4. Mai 1954, in: Lipgens, 1983, S. 70ff.

577 Thiemeyer, 2001, S. 37ff.

schaft» nie Gegenstand einer öffentlichen Debatte geworden und stets im Schatten der «oft niveaulosen Remilitarisierungs-Debatte» geblieben.[578]

Das Projekt versickerte in den Bürokratien der Aussenministerien und wurde schliesslich obsolet, als die französische Nationalversammlung am 30. August 1954 bei 583 Abstimmenden mit einer Differenz von 55 Stimmen das Projekt der EVG versenkte, das heisst seine Ratifikation unbefristet (*sine die*) vertagte, dies, nachdem vier Jahre daran gearbeitet und es von den fünf anderen nationalen Parlamenten angenommen worden war. Auf ein Teilprojekt reduziert, erlebte die EPG in den 1970er Jahren eine kleine Fortsetzung mit der Europäischen Politischen Zusammenarbeit (EPZ).

Als der Korea-Krieg vorbei und der Kalte Krieg nach Stalins Tod nicht mehr ganz so heiss war, entfiel die Unterstützung für etwas, das – gedrängt von der weltpolitischen Konjunktur – früh angegangen worden war. Der Luxemburger Gilbert Trausch, Historiker der ersten Generation der europäischen Integrationsgeschichte,[579] bezeichnete es als ein Unglück für den Prozess der seriellen Teilintegration, dass die Integrationspolitik durch die Weltgeschichte, das heisst den Korea-Krieg, gezwungen war oder sich dazu verleiten liess, das schwere Stück der militärischen und politischen Integration früher anzugehen, als die Zeit dafür integrationspolitisch gesehen reif gewesen wäre. Man hätte sich besser mehr Zeit nehmen und zuerst die verschiedenen «pools» wirtschaftlicher Natur (Verkehr, Medikamente, Landwirtschaft) schaffen müssen.[580] Trausch gab mit Blick auf das französische «Non» von 1954 zur EVG und gestützt auf ein Diktum des französischen Spitzenpolitikers René Mayer[581] zu bedenken, dass insbesondere Frankreich nur *eine* Dosis an Supranationalität je Generation habe absorbieren können.[582]

578 Lipgens, 1986, S. 361.

579 Trausch (Jg. 1931) gehörte der Historiker-Verbindungsgruppe bei der Kommission der Europäischen Gemeinschaft an.

580 Gilbert Trausch (Hg.), Die Europäische Integration vom Schuman-Plan bis zu den Verträgen von Rom. Baden-Baden 1993. S. 21ff. – Wichtig: Guido Thiemeyer, Vom «Pool vert» zur Europäischen Wirtschaftsgemeinschaft. Europäische Integration, kalter Krieg und die Anfänge der gemeinsamen europäischen Agrarpolitik 1950–1957. München 1999. – Kiran Klaus Patel, Europäisierung wider Willen. Die Bundesrepublik Deutschland in der Agrarintegration der EWG, 1955–1975. München 2009.

581 René Mayer, seit 1943 von de Gaulle mit den Vorarbeiten für die westeuropäische Gemeinschaft betraut, 1953 kurz Frankreichs Ministerpräsident, nach Jean Monnet 1955–1958 zweiter Präsident der Hohen Behörde der EGKS.

582 Trausch, 1993, S. 22. Wieder im Zusammenhang mit dem Verfassungsvertrag, Tiemann/Treib/Wimmer, 2011, S. 231.

Diese Einschätzung beruht auf einer auch später wiederkehrenden, einerseits nicht unplausiblen, andererseits aber nicht erhärteten Annahme, dass es eine gute, das heisst bedächtige, und eine ungute, das heisst zu schnelle Integrationsgeschwindigkeit gebe. Dem steht entgegen, dass es auch sich selbst verstärkende Dynamik und sich selbst behindernde Zähflüssigkeit gibt. Zudem: Ganz ohne positiven Effekt war das Scheitern der EVG von 1954 schliesslich doch nicht; es ebnete den Weg zur 23. Oktober 1954 gegründeten Westeuropäischen Union (WEU), die bis zu ihrer Auflösung am 1. Juli 2011 die Verteidigungskomponente der EU bildete.

Die Basisbewegung der ersten Jahre nach 1945 strebte eine Politische Union als Ausgangspunkt für weitere Integration in einzelnen Teilbereichen an – und damit genau das nicht, was tatsächlich verwirklicht wurde: nämlich zuerst die wirtschaftlichen Teilintegrationen und dann die Politische Union als Krönung des Prozesses. Nachdem die Politische Union als Teil der EVG in den frühen 1950er Jahren ins Auge gefasst worden war, nahm sich die französische Regierung unter Charles de Gaulle der Begrifflichkeit wieder an, um 1961/62 die unter dem Namen des französischen Chefdiplomaten Christian Fouchet laufenden Pläne zur Gründung einer neuen intergouvernementalen Institution zu lancieren. Diese hätte aber die supranationale Integration nicht stärken, sondern im Gegenteil in die nationale beziehungsweise intergouvernementale Politik zurückführen sollen. Dieser Versuch der Abwertung der Politischen Union scheiterte jedoch am Widerstand der übrigen Staaten der Gemeinschaft. Ein «Nebenprodukt» dieses französischen Vorhabens war dann der 1963 einzig zwischen Frankreich und der Bundesrepublik abgeschlossene bekannte Elysée-Vertrag, der auch für die übrigen vier EG-Staaten Modell hätte werden können.

3.2 Bescheidener Ansatz von Den Haag

Erst nach de Gaulles Abgang von der politischen Bühne wurde auf dem Gipfel von Den Haag von 1969 das Projekt einer politischen Integration wieder aufgegriffen. In der Schlusserklärung wurde festgehalten, dass die Aussenminister mit der Prüfung der Frage beauftragt würden, wie «Fortschritte auf dem Gebiet der politischen Einigung» am besten erzielt werden könnten.[583] Der im Zeichen des Aufbruchs stehende Gipfel erteilte dann dem belgischen Politiker Etienne Davignon[584] den Auftrag, in

583 Punkt 15 der Entschliessung der Gipfelkonferenz von Den Haag, vom 2. Dezember 1969, in: Walter Lipgens, Die Europäische Integration. Stuttgart 1983. S. 108.

584 Der Belgier Etienne Davignon war früherer Kabinettschef im Aussenministerium der Regierung von Paul-Henri Spaak und Ausschussvorsitzender der Politischen Direktoren der EWG.

einem Bericht darzulegen, wie die politische Zusammenarbeit zwischen den Mitgliedstaaten verbessert werden könnte. Der Bericht wurde von den sechs Aussenministern 1970 angenommen und bildete unter dem Kürzel der EPZ (für: Europäische Politische Zusammenarbeit) die Grundlage für die in den folgenden Jahren leicht ausgebaute Konsultation und leicht verbesserte Koordination. Diese bezog sich allerdings nicht auf die allgemeine Politik oder die Wirtschaftspolitik, sondern einzig auf die Aussenpolitik, ohne Mitwirkung von Kommission und Parlament und einzig auf freiwilliger Zusammenarbeit der Staats- und Regierungschefs beruhend.[585]

Die «Grundlage» bildete allerdings einen schwachen Boden. Die Politologen Reinhardt Rummel und Wolfgang Wessels wollten eigentlich 1978 mit einer breit angelegten Studie die Bedeutung der EPZ hervorheben; zu ihrer Entstehung bemerkten sie aber, die Staats- und Regierungschefs seien unfähig gewesen, sich auf politische Ziele oder auf den institutionellen Rahmen zu einigen, der einer solchen Zusammenarbeit angemessen gewesen wäre. Darum hätten sie – ausserhalb der bestehenden Verträge – beschlossen, neue Verfahrensweisen zu schaffen, weil sie überzeugt waren, dass die Wiederbelebung der europäischen Einigung eines zusätzlichen Anstosses bedürfe. Aber es habe eben anders als beim gleichzeitig beschlossenen WWU-Projekt keinen Etappenplan und keine Richtlinien gegeben.[586]

In ihrer Untersuchung zeigten die Autoren auf, in welchem Masse die EPZ als «Zweites Europa» – neben der EG als «Erstes Europa» – eine Spezialinstitution für die Koordination der Aussenpolitik war. Aber sie hielten es für möglich, ja wünschbar, dass ihr auch generellere integrationspolitische Qualitäten zugeschrieben würden. Jedenfalls waren sie der Meinung, es bestehe die Notwendigkeit, «das Verhältnis dieser beiden Stränge der westeuropäischen Gemeinschaftsbildung, der wirtschaftlichen wie der politischen, zueinander und ihr gemeinsames Verhältnis zur übergeordneten integrationspolitischen Finalität des Gesamtprozesses neu zu durchdenken».[587] Zwölf Jahre später, 1990, sollte sich vor «Maastricht» diese Situation wiederholen: Zur WWU gab es einen klaren dreistufigen Etappenplan, zur Politischen Union gab es ihn nicht.

---

585 Reinhardt Rummel/Wolfgang Wessels, Die Europäische Politische Zusammenarbeit. Leistungsvermögen und Struktur der EPZ. Bonn 1978. Der Beitrag von Louis Janz nimmt ebenfalls eine Gleichsetzung von Politischer Union und EPZ vor, vgl. seinen Beitrag in: Weidenfeld, 1985, S. 94ff. Die Gleichsetzung von Aussenpolitik und Politik hat auch in der Schweiz Tradition: Bis 1979 hiess das schweizerische Aussenministerium «Eidgenössisches Politisches Departement».

586 Rummel/Wessels, 1978, S. 54.

587 Ebenda, S. 338.

Eine starke Relativierung ist indessen auch bezüglich der WWU nötig: Wie der schwedische Historiker Bo Strath überzeugend darlegt, wurde die WWU schon in den ersten 1970er Jahren auf das eine ihrer beiden «W», nämlich den Aspekt des Währungsbereichs, eingeschränkt. Eine Wirtschaftsunion, die diesen Namen verdient, hätte hingegen auch die Arbeitsmarkt- und Sozialpolitik einschliessen sowie die nationalen Finanzpolitiken und Haushalte umfassen müssen. Das war um 1970 anfänglich angedacht und von Deutschland stark vorangetrieben, von Frankreich aber, das sich auf monetäre Aspekte beschränken wollte, abgelehnt worden. Damit blieb insbesondere die Sozialpolitik Sache der Staaten (zwischen den national organisierten Gewerkschaften, Arbeitgeberverbänden und natürlich den nationalen Regierungen). Ohne gesamteuropäische Koordination blieb sie darum auch den nationalen Rivalitäten und innenpolitischen Zwängen ausgesetzt, und der Markt erfuhr keine Ergänzung durch eine politische und gesellschaftliche Einbettung.

Die frühen 1970er Jahre waren Strath zufolge ein Kulminationspunkt der Integrationsgeschichte, eine Zeit der grossen Pläne für ein soziales und föderales Europa.[588] In den folgenden Jahrzehnten hätten alle weiteren Realisationen unter diesem Niveau gelegen. «Maastricht» war nach seiner Auffassung weniger der Anfang einer neuen Ära als das kümmerliche Ende eines Prozesses, der 1969/70 gross begonnen hatte. Zu den diagnostizierten Mängeln gehörte, dass das Europäische Parlament (als permanente grosse Koalition) kein Ort der wirklichen politischen Auseinandersetzungen wurde, wo man die zentrale Frage der Sozialpolitik nach linken oder rechten Vorstellungen hätte ausdiskutieren können und müssen.[589]

In der vor allem wegen unterschiedlicher Haltungen in der Energiepolitik aufgetretenen Krise der Gemeinschaft von 1973/74 vertrat die Kommission öffentlich die Meinung, unerlässliche Verbesserungen würden nur mit der Schaffung einer Europäischen Union erreicht.[590] In einer Monographie von 1980 über den 1974 formell geschaffenen, rechtlich aber noch nicht zur Gemeinschaft gehörenden Europäischen Rat machte Wessels deutlich, wie sehr sich die Kommissionsmitglieder und insbesondere Giscard d'Estaing und Helmut Schmidt als die politischen Regierungschefs der beiden stärksten Mitgliedstaaten ganz auf pragmatische Problemlösungen

588 Der EWG-Vertrag von 1957 hatte in Teil III, Art. 117ff. vergleichsweise substantielle Vorgaben zur Sozialpolitik gemacht.

589 Bo Strath, Die enttäuschte Hoffnung auf das soziale Europa. In: Arnd Bauerkämper/Hartmut Kaelble (Hg.) Die Europäische Union und ihre Gesellschaft. Wiesbaden 2012. S. 23–42.

590 Erklärung der Kommission vom 31. Januar 1974, in: Walter Lipgens, Die Europäische Integration. Stuttgart 1983. S. 117.

und Verfahrensfestlegungen beschränkt und jeden Grundsatzentscheid zur Finalität vermieden hätten. So blieb die Frage, ob sich die Gemeinschaft einer föderalen oder konföderalen Finalität entgegenbewegen sollte, völlig offen. Beide Varianten wurden in einer Balance gehalten. Der belgische Premier Leo Tindemans erhielt immerhin den Auftrag, ein Leitbild für die Weiterbildung der EG auszuarbeiten.[591]

Dieser weiter oben bereits zitierte Bericht aus dem Jahr 1975 setzt die vielsagende und auch auf die gegenwärtige Situation von 2016 anwendbare Feststellung an den Anfang, dass der Europagedanke «viel von seiner ursprünglichen Zündkraft und Dynamik» vermissen lasse. «Wenn wir die Europäische Union zustande bringen wollen, müssen wir daher zunächst dieses gemeinsame Leitbild wiederherstellen.»[592] Tindemans setzte sich vor allem für Konsolidierung ein. Diese sollte den Ausgangspunkt für einen «energischen Versuch» bilden, «einen bedeutenden Sprung nach vorne zu tun». Er bekannte sich zum «immer engeren Zusammenschluss unserer Völker», die Union sei das Ergebnis «eines kontinuierlichen Prozesses, und sein Bericht sei bloss ein Zwischenbefund, der Zeitpunkt der Vollendung durch eine Verfassung lasse sich nicht schon jetzt bestimmen.[593]

Erklärt wird das Ausbleiben eines «Sprungs» damit, dass 1976 die Einführung der Direktwahlen des Europäischen Parlaments Vorrang vor weiteren integrationspolitischen Initiativen hatte. Der vom Europäischen Rat im November 1976 an Tindemans ergangene Auftrag, er möge doch Teile seines Berichts noch vertiefen, wurde von Zeitgenossen als «emballierter Nekrolog» gedeutet.[594] Und Wolfgang Wessels zitiert einen französischen Diplomaten, der schon im April 1976 gesagt haben soll, der Tindemans-Bericht müsse begraben werden, «aber das Begräbnis muss lang und blumenreich sein».[595]

Mit dem Bericht verbanden sich Hoffnungen, die sich in der Folge nicht bestätigen sollten. Thomas Jansen, stellvertretender Generalsekretär der Europa-Union Deutschlands, erklärte 1976/77, der Bericht werde den «Druck auf eine schnelle und grundlegende Lösung» der Verfassungsprobleme der Europäischen Union verstärken, das Dokument entfalte unabhängig von unmittelbaren Realisationen

591 Wessels, 1980, S. 121.

592 Bericht über die Europäische Union. In: Bulletin der Europäischen Gemeinschaften. 1975, Sonderbeilage 1/1976, S. 11–39. – Heinrich Schneider/Wolfgang Wessels (Hg.): Auf dem Weg zur Europäischen Union? Diskussionsbeiträge zum Tindemans-Bericht, Bonn 1977.

593 Aus dem Begleitschreiben vom 29. Dezember 1975, in: Schneider/Wessels, 1977, S. 242.

594 Christoph Sasse, in: ebenda, S. 192.

595 Ebenda, S. 219.

«historische Wirkung, denen auch Staats- und Regierungschefs sich nicht entziehen können».[596] Diese Diagnose entsprang jedoch reinem Wunschdenken; seine Prognose traf nicht zu.

In der ersten Hälfte der 1980er Jahre gab es mit dem eher auf die intergouvernementale Zusammenarbeit ausgerichteten Genscher-Colombo-Plan von 1981 und mit dem stärker auf das Parlament ausgerichteten Verfassungsentwurf von Altiero Spinelli von 1984 zwei Versuche, die bisher weitgehend informelle EPZ vertraglich zu verankern.[597] Dieses Ziel konnte aber erst mit der Einheitlichen Europäischen Akte von 1986 verwirklicht werden. Ihre Handhabung lag beim Europäischen Rat der Staats- und Regierungschefs. Sie deckte einzig die Aussenpolitik ab und verwirklichte weder formal noch materiell eine Politische Union.

Die EPZ existierte damit jahrelang als Parallelstruktur zu den drei klassischen Europäischen Gemeinschaften (EGKS, EWG und EAG) und wurde erst im Vertrag von Maastricht als zweiter Pfeiler unter dem Titel «Gemeinsame Aussen- und Sicherheitspolitik (GASP)» ein regulärer Teil der Europäischen Union.[598] Dies führte 1999 wiederum zur Schaffung des Postens eines Hohen Vertreters für die Gemeinsame Aussen- und Sicherheitspolitik, die vom zuvor als Nato-Generalsekretär amtierenden Spanier Javier Solana wahrgenommen und in den Vertrag von Lissabon von 2007 übernommen wurde.

Die Aussenpolitik der EU wurde einerseits vergemeinschaftet, andererseits zugleich auch wieder geteilt, weil jetzt drei Institutionen sich berührende, teilweise gar überschneidende Kompetenzen hatten: der Präsident des Rats (aktuell der Pole Donald Tusk), der Präsident der EU-Kommission (aktuell der Luxemburger Jean-Claude Juncker) und die Vertretung der EU für Aussen- und Sicherheitspolitik (zuvor die Britin Catherine Ashton, jetzt die Italienerin Federica Mogherini), die zugleich Vizepräsidentin der EU-Kommission ist.[599] Die EU ist also noch immer in dem

596 Thomas Jansen, Die Kontinuität der Bemühungen um die Politische Union Europas. In: Schneider/Wessels, 1977, S. 54.

597 Vgl. Manuel Müller: Diplomatie oder Parlamentarismus. Altiero Spinellis Ablehnung des Genscher-Colombo-Plans 1981, in: Themenportal Europäische Geschichte (http://www.europa.clio-online.de; letzter Zugriff Juli 2017). Ebenfalls Müller, 2016, S. 177ff.

598 Der erste Pfeiler besteht aus den alten Gemeinschaftsverträgen (EWG etc.), der dritte Pfeiler aus der Zusammenarbeit im Bereich Justiz und Inneres (ZJI).

599 Im schliesslich nicht ratifizierten Verfassungsvertrag von 2004 war noch die Funktion eines Europäischen Aussenministers vorgesehen. Diese Bezeichnung wurde dann aber fallen gelassen und vom Vertrag von Lissabon von 2007 in Art. 18 nicht übernommen.

Stadium, das den amerikanischen Aussenminister (Staatssekretär) Henry Kissinger veranlasste, mit seiner inzwischen legendären Bemerkung nach der geltenden Telefonnummer der europäischen Aussenpolitik zu fragen. Auf organisatorischer Ebene ist man zwar einen kleinen Schritt weiter gekommen, inhaltlich ist die EU aber noch weit davon entfernt, eine gemeinsame Aussenpolitik zu verfolgen.[600] Und sie ist noch weiter davon entfernt, eine umfassende Politische Union geschaffen zu haben.

Im Rückblick wüsste man gerne, wie gross der Wunsch an der Basis nach der Vollendung des Integrationsprozesses gewesen ist. Die weiter oben angeführten Daten zur Frage, ob die Integration zu schnell oder zu langsam voranschreite, geben Auskunft über die Erwartungen hinsichtlich der Vollendung der Integration (vgl. oben, S. 60).

In erwähnten Umfrage von 1984 ergab die Frage nach Zustimmung oder Ablehnung einer «richtigen» Europäischen Regierung eine ausgeglichene Antwort: Ja und Nein hielten sich mit je rund 40 Prozent die Waage.[601] Die Beurteilung der Idee, die Europäische Gemeinschaft «eines Tages» als ein «Vereinigtes Europa» (explizit wie die USA mit ihren 50 Staaten und wie Kanada mit seinen zehn Provinzen) zu schaffen, war 1984 mit durchschnittlich 52 Zustimmungsprozent versus 21 Ablehnungsprozent und bei 15 Prozent «Eventuell»-Antworten grundsätzlich positiv. Die Rangliste der Länderzustimmung zeigte eine *grosso modo* typische Reihenfolge der Zustimmungen mit 69 Prozent für Luxemburg, 64 Prozent für Italien, 58 Prozent für Frankreich und Griechenland, 57 Prozent für Belgien, 56 Prozent für Deutschland, 45 Prozent für die Niederlande, 34 Prozent für Irland, 32 Prozent für Grossbritannien und zwölf Prozent für Dänemark.[602]

3.3 Verpasste Chancen des Gipfels von Maastricht

Am Strassburger Gipfel im Dezember 1989 wurde auf Drängen von Bundeskanzler Kohl sozusagen als Gegenleistung für die Währungsunion auch eine Politische

600 Wolfgang Schmale sieht in einem Stern-Interview vom 24. Juni 2016 nach dem «Brexit» vor allem Entwicklungsmöglichkeiten für eine gemeinsame Aussenpolitik: «Überall in und um Europa gibt es Unruhen und Kriege: in der Ukraine, Syrien und der Türkei, niemand weiß, was mit Transnistrien oder den nordafrikanischen Staaten passiert. Da gäbe es eine große Aufgabe für die EU: Die Friedensidee von Innen nach Außen zu übertragen.» (http://www.stern.de/politik/ausland/historiker-schmale-erklaert--warum-der-brexit-auch-eine-chance-ist-6917810.html).

601 Jahrbuch der Europäischen Integration, 1984, S. 303. Die Nein-Antworten befürworteten die Sichtweise: «Das letzte Wort bleibt bei den nationalen Regierungen.»

602 Ebenda, S. 317.

Union grundsätzlich gutgeheissen.[603] Wenige Monate später, im April 1990, wandten sich Bundeskanzler Kohl und Staatspräsident Mitterrand mit einem gemeinsamen Schreiben an den EG-Ratsvorsitzenden, den irischen Ministerpräsidenten Charles James Haughey, und forderten parallel zur Regierungskonferenz für die vereinbarte Währungsunion eine weitere Regierungskonferenz für eine bis zum 1. Januar 1993 zu realisierende Politische Union.[604] Im Dezember 1990 erneuerten die beiden ihre Forderung wiederum in einem gemeinsamen Schreiben, diesmal an den inzwischen amtierenden italienischen EG-Präsidenten Giulio Andreotti. Sie befürworteten die Schaffung einer «starken und solidarischen Politischen Union», die «bürgernah ist und entschlossen den Weg geht, der ihrer föderalen Berufung entspricht».[605]

Auf der französischen Seite stand die Sorge im Zentrum, wie das durch die bevorstehende Wiedervereinigung grösser werdende Deutschland am besten gebändigt werden könne, und damit die Frage, ob die Politischen Union dem mächtigen Nachbarn Fesseln anlegen würde. Mitterrand versprach sich nach der Wende von 1989 und dem zu erwartenden Disengagement der Amerikaner von einer Politischen Union zudem eine Stärkung der europäischen Sicherheitspolitik.

Für Kohl ging es um zweierlei: einerseits um mehr Effizienz und Kohärenz der EU, andererseits um Stärkung der demokratischen Legitimation. Eine zentrale politische Autorität in Währungsfragen wollte man auf deutscher Seite aber doch nicht schaffen, weil diese das Prinzip der Unabhängigkeit der geplanten Zentralbank beeinträchtigt hätte. Die Befürwortung einer Politischen Union hätte allerdings auch eine Auffangposition sein können, um die wenig befürwortete Währungsunion nicht verwirklichen zu müssen, wenn die Politische Union, wie zu erwarten, auch nicht zustande kommen sollte.

1990 stand die Schaffung einer umfassenden Politischen Union immerhin weit oben auf der europapolitischen Traktandenliste, obwohl Grossbritannien (bis November 1990 unter Regierungschefin Thatcher) wie zu erwarten sogleich dagegen opponierte. Das Projekt lebte von der Absicht, noch vor der sich anbahnenden

---

603 In der Einschätzung von Leistung und Gegenleistung gibt es die Vorstellung, dass die deutsche Seite wegen der Zustimmung zur Wiedervereinigung im Sinne einer Gegenleistung auf die D-Mark verzichtet habe. Von deutscher Seite kam aber die erste Zustimmung bereits im Februar 1988. Vgl. Bernholz, 1998, S. 815.

604 Wilfried Loth, Negotiating the Maastricht Treaty. In: Journal of European Integration History 19, 2013, S. 67–83, S. 73. – Loth, 2015, S. 311.

605 Ebenda, S. 74 und zit. bei Winkler 2015, S. 20. Im November des folgenden Jahres, 1991, bekräftigte Kohl vor dem Bundestag, dass es eine Politische Union brauche, wenn man eine WWU schaffe (ebenda).

Osterweiterung im westlichen Europa eine integrationspolitische Vertiefung herbeizuführen. Aber es blieb unklar, was diese Union über die ein Stück weit verbesserte Konzertierung der Aussenpolitik hinaus umfassen sollte. Es war von Verbesserung der Effizienz durch Erweiterung der Bereiche mit Mehrheitsbeschlüssen (für Umwelt, Gesundheit, Verbraucherschutz) und von Kompetenzerweiterung im Migrationsbereich die Rede, aber auch von Verbesserung der demokratischen Legitimation. 1990 gab es in Dublin zwei Gipfel dazu, die in den formellen Beschluss mündeten, eine Regierungskonferenz nicht nur zur WWU, sondern auch zur Politischen Union anzusetzen. Währungsunion und Politische Union waren um 1990 aber ungleiche Zwillinge: die eine mit einem klaren Stufenplan, die andere diffus und undefiniert mit der Hoffnung, dass 1996 bei der nächsten Integrationsstufe auch etwas für die Politische Union, zu der auch eine gemeinsame Finanzpolitik gehört hätte, abfallen werde.

Im April 1991 schlug die luxemburgische Präsidentschaft das Drei-Säulen-Modell vor, wie es schliesslich im Vertrag von Maastricht verabschiedet wurde. Auf Wunsch der Aussenminister entwickelte die niederländische Präsidentschaft ein knappes halbes Jahr später ein einheitlicheres Modell mit zentralen Staatskompetenzen (Vorschlag vom 24. September 1991). Dieses erhielt aber dann doch nicht die Zustimmung der Aussenminister, worauf schliesslich das Drei-Säulen-Modell zum Zug kam.[606] Die Kommission sprach sich auch in dieser Phase noch für die Schaffung der Politischen Union aus – nicht uneigennützig, da diese ihre eigene Funktion verstärkt hätte. Sie konnte aber lediglich erreichen, dass Versuche, ihren Status zu schwächen, keinen Erfolg hatten.

In der vom Europäischen Parlament am 7. April 1992 verabschiedeten Entschliessung war sehr eingehend und unter einem eigenen Titel von der WWU die Rede, die Politische Union fand nur nebenbei kurze Erwähnung, wie auch nur allgemein und entsprechend unpräzise die Vertiefung der Prinzipien und die Ziele angerufen wurden, «auf denen die Politische Union beruht».[607] Auffallend oft war in diesem Text vom «demokratischen Defizit» die Rede, das immer noch bestehe und abgebaut werden müsse. Doch inwiefern und warum es bestand, wurde nicht ausgeführt. Man dürfte an die noch immer unterentwickelten Zuständigkeiten des Europäischen Parlaments gedacht haben und – vielleicht – auch an die mit

606 Freiburghaus, 2000, S. 96.

607 Amtsblatt der Europäischen Gemeinschaften vom 18. Mai 1992, Nr. C 125/81. Schlussfolgerungen, Punkt 16, h).

«Maastricht» einhergehende Einschränkung der Zuständigkeit der nationalen Parlamente.[608]

Aufschlussreich ist, wie António Antero Coimbra Martins im Namen der portugiesischen Ratspräsidentschaft den Vertrag von Maastricht dem Europäischen Parlament präsentierte. Naheliegenderweise war hier viel von der Wirtschafts- und Währungsunion (WWU) und dem Binnenmarkt die Rede, die Politische Union war nur eine «additional dimension», gemeint war vor allem die Aussen- und Sicherheitspolitik. Ihm erschien wesentlich, dass jetzt «politics» als eigene Agenda ohne wirtschaftliche Alibi-Argumente bearbeitet werden könnten. Gemeint waren damit Bildung, Gesundheit, Kultur, Konsumentenschutz. Man sei jetzt ermächtigt, in diesen Bereichen politisch aktiv zu sein, «without having to invoke economic and commercial arguments which frequently served in the past as alibis». Im Weiteren zählte er dazu die verbesserte Effizienz des Entscheidungsprozesses durch qualifizierte Mehrheitsentscheide in wichtigen Bereichen wie etwa Umwelt- und Sozialpolitik.[609] – Was mit dem Vertrag von Maastricht im Ganzen nicht gelungen war, nämlich neben der WWU auch eine Politische Union zu schaffen, blieb ein theoretisches Desiderat, das in einer auf «Kerneuropa» beschränkten Gemeinschaft verwirklicht werden könnte.

3.4 «Kerneuropa»

Wie Wilfried Loth 2015 in einem Aufsatz gezeigt hat, sind immer wieder Vorschläge und Versuche zur Schaffung eines «Kerneuropa» gemacht worden, teils nur zur Lösung sektorieller Fragen, zuweilen aber auch im Sinne einer umfassenden Strukturreform.[610] Von «Kerneuropa» war bereits 1992 die Rede, als wegen der Opposition gegen «Maastricht» die Möglichkeit bestand, es könne zu einer Aufteilung der Mitgliedstaaten in zwei Gruppen mit je unterschiedlicher Integrationsbereitschaft kommen.[611] Systematisch zu unterscheiden ist, ob die Aufteilung der Mitgliedsländer in eine innere und äussere Gruppe als Dauerlösung gemeint sein soll, wie das bei

608 Die Entschliessung hält in Punkt 10 fest, dass wegen der mit dem Vertrag eingeführten Zuständigkeiten in der Wirtschaftspolitik die früher von den nationalen Parlamenten ausgeübte demokratische Kontrolle in verschiedenen Bereichen «bedauerlicherweise» hinfällig werde.

609 Ebenda, S. 186.

610 http://www.zgei.nomos.de/fileadmin/zgei/doc/Aufsatz_Zgei_15_02.pdf (vgl. auch Bibliografie).

611 Schmuck, 1992, S. 215, und zwar mit einer Formulierung, wonach bereits danach gerufen worden sei und diese Kräfte «an Einfluss gewinnen».

der britischen Nichtbeteiligung 1992 am Euro der Fall war, oder ob mit einem späteren Anschluss von Nachzüglern an die Vorausgruppe gerechnet wird. Und weiter zu unterscheiden ist, ob ein solches «Kerneuropa» über neue Verträge verfügen müsste oder gleichsam als informelle Parallelstruktur zu den bestehenden Verträgen gemeint ist.[612]

Im Herbst 1994 legten die CDU-Politiker Karl Lamers und Wolfgang Schäuble ein Papier vor, das als Vorschlag für die Ermöglichung eines Kerneuropa in Kombination mit abgestuften Mitgliedschaften ausserhalb des Kerns in die europapolitische Debatte Eingang fand.[613] Man könnte auch sagen, es handelte sich um ein Dokument, das die Schaffung einer Politischen Union ermöglichen sollte: ein Zweikammern-System, in dem das Parlament gleichberechtigt mit dem Rat ist; eine Kommission, die als Regierung fungiert; und eine Verfassung, die diesen Staatsaufbau regelt.[614] Diesem Vorschlag sind zahlreiche Anregungen ähnlicher Art vorausgegangen, beispielsweise 1974 von Willy Brandt[615] und weiterentwickelt im Tindemans-Bericht von 1975.

Lamers und Schäuble erwarteten von dem einmal als «fest», einmal gar als «hart» bezeichneten «Kern», dass er eine Politische Union mit einer gemeinsamen Geld-, Fiskal- und Haushalts-, Wirtschafts- und Sozialpolitik werde. Dem Vorschlag lagen zwei Zielsetzungen zugrunde: zum einen eine Reform, welche die bestehende Gemeinschaft angeblich nötig hatte, und zum anderen mit Blick auf die anstehende Osterweiterung eine Struktur, die abgestufte Mitgliedschaften ermög-

612 Wilfried Loth, Die «Kerneuropa»-Idee in der europäischen Diskussion. In: Journal of European Integration History (JEIH) 21, 2, 2015, S. 203–216.

613 Karl Lamers war aussenpolitischer Sprecher der CDU-Bundestagsfraktion sowie Obmann im Auswärtigen Ausschuss; Wolfgang Schäuble war damals Bundesminister des Innern.

614 http://www.bundesfinanzministerium.de/Content/DE/Downloads/schaeuble-lamers-papier-1994.pdf?__blob=publicationFile&v=1 (letzter Zugriff August 2017) – Vgl. Die Zeit Nr. 34, 18. August 2011 (www.zeit.de/2011/34/Interview-Lamers) – Im vergangenen Jahr wurde von der Konrad-Adenauer-Stiftung eine kleine Tagung zum Thema «20 Jahre Kerneuropa – Wo stehen wir heute und wo wollen wir hin?» durchgeführt. Neues zu erfahren war hier aber nicht (http://www.kas.de/wf/de/33.38686/). Zur Aufnahme des Vorschlags «Kerneuropa» vgl. Stefan Honecker, Die Debatte um das «Kerneuropa»-Papier der CDU/CSU-Fraktion. In: Roland Erne u. a. (Hg.), Transnationale Demokratie. Impulse für ein demokratisch verfasstes Europa. Zürich 1995. S. 330–341. Auf die Mentalitätsfrage und die Zeit um 2003 bezogen: Enno Rudolph, Kerneuropa – Chance oder Hypothek? In: Cheneval, 2005, S. 273–285.

615 Willy Brandt sprach sich am 19. November 1974 auf einem Kongress der französischen Sektion der Europäischen Bewegung für eine abgestufte Integration aus.

lichte. Bei allen Modellen ist man davon ausgegangen, dass die Mitglieder, die nicht zum Kern gehören wollten oder gehören durften, ein Mitspracherecht bei der Bildung des Kerns hatten. Warum aus dem Vorschlag nichts wurde, ist unklar und kann hier nicht vertieft abgeklärt werden.[616] Massgebliche EU-Mitglieder sprachen sich jedenfalls sogleich dagegen aus.

Fünf Jahre später, 1999, reichten Schäuble und Lamers ein zweites Papier nach, in dem – auch als Forderungskatalog an die Adresse der inzwischen regierenden rot-grünen Bundesregierung – massgebliche Prinzipien, zum Beispiel zur «Solidarität» und zum «Wettbewerb», postuliert wurden, aber weder zur Architektur der Institutionen noch zur näherrückenden Erweiterung der Union etwas Konkretes gesagt wurde. Selbstverständlich sprach sich das Papier für die Erarbeitung eines Verfassungsvertrags aus. Doch erst ganz am Schluss (auf der 25. Seite) kam das Papier auf die Frage der Kernbildung zurück:

> «Heute mehr noch als vor vier Jahren sind wir von der Richtigkeit der Idee eines festen – nicht harten – Kerns überzeugt. Nachdem die Missverständnisse unseres Vorschlages inzwischen beseitigt [sind] und die WWU als Modell der Kernidee ihre magnetische Wirkung glänzend unter Beweis gestellt hat, scheinen die Aussichten gut, dass die Grundlinien eines europäischen Verfassungsvertrages eine bessere institutionelle Regelung dieses Gedankens vorsehen, als dies im Amsterdamer Vertrag gelungen ist. Andernfalls würden sich mit Sicherheit ausserhalb des Vertragsdachs entsprechende Konstellationen entwickeln.»

Betont wurde, dass man sich von Bezeichnungen wie «Superstaat Europa» oder «Bundesstaat Europa» oder «Vereinigte Staaten von Europa» verabschieden müsse: Es werde auf europäischer Ebene keine Allein-, Letzt- und Allzuständigkeit geben, «wie es sie heute noch auf der nationalstaatlichen gibt». Entscheidend sei nicht der Begriff, sondern «dass Europa handlungsfähig und demokratisch ist. [...] Die europäische Zukunft ist keine blosse Verlängerung der nationalen Vergangenheit».

Mit Bezug auf das Modell der WWU ist von Mischkompetenzen zwischen der nationalen und supranationalen Ebene die Rede und davon, dass die Europa-Ausschüsse der nationalen Parlamente ihre Arbeit und Zusammenarbeit in der COSAC verstärken müssten.[617] Für beides müsse nach neuen Methoden gesucht werden. «Die nationalen Parlamente müssen Arena auch für europapolitische Entscheidun-

616 Vgl. Schmierer, 1996, S. 122–137, kritisch und aus einer deutschen Sicht über die auf den Vorschlag folgende Debatte unter dem Titel «Kernspaltung oder Kernfusion». Guérot ging davon aus, dass Kerneuropa vor allem zu einer erneuten West-Ost-Teilung führen und eine Abspaltung «wiederum» eines halben Kontinents bedeuten würde (2016, S. 74).

617 Konferenz der Europa-Ausschüsse der nationalen Parlamente.

gen bleiben.» Öffentlichkeit und Kontrolle durch demokratische Auseinandersetzung seien nicht allein durch das Europäische Parlament sicherzustellen. Die inzwischen stärker gewordene Demokratieforderung fand ebenfalls ihre Berücksichtigung: «Letztlich jedoch kann nur eine umfassende verfassungsrechtliche Neuordnung die Demokratieanforderungen in der EU befriedigend beantworten.»[618]

2005 kam Lamers nach dem Scheitern der französischen Verfassungsabstimmung im Rahmen einer breiter angelegten Stellungnahme nochmals auf seine Idee eines «Kerneuropa» zurück, aber nur, um bereits Vorgeschlagenes zu bestätigen, insbesondere auch bezüglich der Aufzählung der Mitglieder dieses «Kerns», potentiell nun wieder mit einem «post-Berlusconi»-Italien. Die Bürger könne man wiedergewinnen mit einem soliden Zusammenwirken im Kern. Das müsse institutionalisiert, aber nicht von Anfang an in einem eigenen Vertrag verrechtlicht werden. «Die Kernländer müssen vormachen und vorleben, was sie unter dem politischen Europa verstehen.»[619]

Seit 2010 wurde im Zuge der Eurokrise das Modell «Kerneuropa» vor allem in Form einer Banken- und Finanzunion gedacht. Zu den jüngsten Vorschlägen gehört der als «letzte Chance» für Europa von Giscard d'Estaing vorgelegte Vorschlag von 2014, der sich für eine Haushalts- und Steuerunion mit gemeinsamen öffentlichen Finanzen unter einem Teil der Mitglieder (12 von 28) aussprach.[620] Von Politischer Union ist nicht (mehr) die Rede, obwohl die anvisierten Bereiche hochpolitisch sind.

Die jüngste Reaktivierung der Kerneuropa-Idee wurde nach dem «Brexit» vom Brüsseler Thinktank «Bruegel» vorgestellt: Der Vorschlag erlangte wegen seiner Aktualität und der Prominenz einiger Personen des Autorenteams grosse öffentliche Beachtung.[621] Das Papier von Ende August 2016 empfahl – neben dem reduzierten Kern – die Schaffung einer «kontinentalen Partnerschaft» (*Continental Partnership: CP*) mit Grossbritannien und anderen Integrationsunwilligen. Seine zentrale Idee ist die einer Unterteilung in einen inneren und einen äusseren Kreis

618 Überlegungen zur europäischen Politik II – zum Fortgang des europäischen Einigungsprozesses, CDU Bonn, 3. Mai 1999 (https://www.cducsu.de/upload/schaeublelamers99.pdf).

619 Karl Lamers, Die Fundamente tragen noch. Wie Europa seine Bürger wiedergewinnen kann. In: Internationale Politik 7, Juli 2005, S. 29–34.

620 Valéry Giscard d'Estaing, Europe. La dernière chance d'Europe. Paris 2014. Mit einem Vorwort von «ami» Helmut Schmidt. Die Ankündigung plädiert für «la construction urgente d'un ensemble fort et fédéré».

621 http://bruegel.org/2016/08/europe-after-brexit-a-proposal-for-a-continental-partnership/ (letzter Zugriff Juli 2017). Vgl. Tagespresse vom 31. August 2016. Hervorgehoben wird vielfach die Mitwirkung Norbert Röttgens, des Vorsitzenden des Auswärtiges Ausschusses des Bundestags.

und die Befreiung des äusseren Kreises («outer circle») insbesondere von der umfassenden Personenfreizügigkeit unter Wahrung eines Mitspracherechts (nicht eines Mitentscheidungsrechts) bei Regelungen des inneren Kreises («inner circle») sowie einer Verpflichtung, die Kohäsionspolitik der EU mitzufinanzieren. Vorgesehen war im Weiteren eine Kooperation in der Aussenpolitik, Sicherheits- und Verteidigungspolitik. Konfliktfälle wurden von einem um Vertretungen des äusseren Kreises erweiterten EuGH entschieden. Dieser Vorschlag gab und gibt der Debatte darüber Auftrieb, ob der Binnenmarkt wirklich alle vier Freiheiten brauche oder sich auf die Freiheit des Waren-, Dienstleistungs- und Kapitalverkehrs und auf eine nur zeitweise bestehende Personenfreizügigkeit («some temporary labour mobility») beschränken könne.[622]

3.5 Warten auf die Vollendung der WWU

Am EU-Gipfel vom Oktober 2014 wurde der EU-Kommission der Auftrag erteilt, «konkrete Mechanismen» für eine stärkere (bessere) wirtschaftspolitische Koordination zu erarbeiten und damit etwas weiterzuführen, zu dem es bereits 2012 einen durchaus ambitiöseren Bericht gegeben hatte. Die Kommission erfüllte diesen Auftrag mit dem Bericht vom 12. Februar 2015 über die «Vollendung» der WWU.[623] Die technischen Einzelüberlegungen müssen hier nicht interessieren. Festgehalten sei jedoch das Eingeständnis im Bericht, dass sich die EU in ihrer grössten Krise seit 70 Jahren befinde, dass Wesentliches (ein individuelles und gemeinsames Absorbieren finanzpolitischer Schocks) nicht gelungen sei, dass die «schnellen Reparaturmassnahmen» der vergangenen Jahre in eine «dauerhafte, faire und demokratisch legitimierte Grundlage für die Zukunft» verwandelt werden müssten, um zu einer «vollständigen und echten» WWU zu kommen. Mit der Stärkung der demokratischen Legitimation ist die Stärkung des Europäischen Parlaments gemeint. Der Bericht greift nach der Hausmetapher und erklärt, dass nach jahrzehntelangem Bau

622 Die NZZ wertete den Vorschlag als «Tabubruch», vgl. NZZ Nr. 201 vom 30. August 2016.

623 https://www.ecb.europa.eu/pub/pdf/other/5presidentsreport.de.pdf?4b942c5f6fc385ea3624ec18a85f3fe4. Vgl. den Kommentar auf der Plattform der Friedrich-Ebert-Stiftung: http://library.fes.de/pdf-files/id/ipa/11619.pdf. Der Bericht wird auch Fünf-Präsidenten-Bericht genannt, weil er in enger Zusammenarbeit zwischen Jean-Claude Juncker (Kommission), Donald Tusk (Rat), Jeroen Dijsselbloem (Euro-Gruppe), Mario Draghi (Zentralbank) und Martin Schulz (Parlament) entstanden ist. Der Bericht von 2012 hatte das EP noch nicht einbezogen. Vgl. Simms/Zeeb, 2015, S.113.

an diesem nur teilweise fertiggestellten Haus mitten im Sturm Mauern und Dach hätten rasch befestigt werden müssen und es jetzt «höchste Zeit» sei, die Fundamente zu verstärken.

Das Papier sieht drei Phasen vor, eine erste Stufe (2015–2017), eine zweite Stufe (bis 2025) und dann eine Endstufe. Und es werden vier Bereiche unterschieden: die Wirtschaftsunion, die Finanzunion, die Fiskalunion und *last but not least* die Politische Union. Einmal mehr werden die ersten drei Bereiche ausführlich umschrieben, was der vierte Bereich sei und wie man ihn verwirklichen könne, bleibt wieder weitgehend offen. In den ersten Zielsetzungen wird die Wichtigkeit der Beschäftigungsfrage und der Sozialpolitik betont und die Absicht, die nationalen Ebenen stärker zu berücksichtigen. In jüngster Zeit ist erneut die Absicht bekundet worden, einen «sozialen Pfeiler» zu schaffen und EU-Mittel zur Bekämpfung nationaler Arbeitslosigkeit bereitzustellen (vgl. unten die Reflexionspapiere von 2017).[624]

Mit Politischer Union sind in diesem Bericht nun vor allem zwei Dinge gemeint: erstens eine stärkere Mitwirkung des Europäischen Parlaments, was mit dem in der Präsentation vorgeführten Logo zum Ausdruck kommt, das einen parlamentarischen Hémicycle zeigt, und zweitens ein entschiedenerer Aussenauftritt der Euro-Gruppe. Wörtlich heisst es:

> «Schaffung der Grundlage für eine Wirtschafts-, Finanz- und Fiskalunion durch echte demokratische Rechenschaftspflicht, Legitimität und Stärkung der Institutionen. Dazu gehören eine engere Einbeziehung des Europäischen Parlaments wie auch der nationalen Parlamente und Sozialpartner sowie eine einheitliche Vertretung des Euro-Währungsgebiets in multilateralen Foren wie dem IWF.»[625]

Als Fernziel wird auch die Schaffung eines gemeinsamen Schatzamtes («Treasury») ins Auge gefasst.

Naheliegend ist die Frage, was inzwischen aus dem mittlerweile vor über zwei Jahren verabschiedeten Papier geworden ist. Erstaunlichweise oder auch nicht erstaunlicherweise: recht wenig. Die letzte öffentliche Erklärung der Kommission in dieser Sache stammt vom März 2016 und verweist auf 60 in den Unionsländern durchgeführte Vernehmlassungskontakte – eine «EU-wide stakeholder consultation». Dazu ein Beispiel aus Frankreich, wo im März 2016 in Paris an einer Veranstaltung

624 Erklärung der EU-Sozialkommissarin Marianne Thyssen, vgl. Tagespresse vom 27. April 2017 sowie http://europa.eu/rapid/press-release_IP-17-1007_de.htm (letzter Zugriff Juli 2017).

625 So erst in einer Neuformulierung vom November 2016 (http://ec.europa.eu/economy_finance/euro/emu/index_de.htm; letzter Zugriff Juli 2017).

mit 190 Teilnehmenden (einschliesslich 80 via Webstreaming Zugeschalteten) nach einem Eingangsreferat von EU-Wirtschafts- und Währungskommissar Pierre Moscovici die Konvergenzproblematik der gemeinsamen Währungspolitik diskutiert wurde.[626] Es fällt schwer, sich bei diesem schleppenden Voranschreiten in Kombination mit der Betonung der Dringlichkeit der Sache nicht an Lüthys Wort vom lahmenden «Tausendfüssler» zu erinnern (vgl. S. 58).

***

Rückblickend können wir uns fragen: Wurden die Weichen des institutionellen Ausbaus gleich zu Beginn des Integrationsprozesses falsch gestellt? Mit der Privilegierung der Wirtschaftlichen Union gegenüber der Politischen Union wurden sie jedenfalls immer wieder neu gestellt. Sehen wir von den Entscheidungen ab, die um 1948 getroffen wurden, von den Chancen, die sich im Zusammenhang mit der Vorbereitung der EVG um 1953 abzeichneten und von den Anläufen, die 1969 und 1975 unternommen wurden, landen wir bei den Möglichkeiten, die 1990/91 im Vorfeld von «Maastricht» bestanden hatten. Die damals anvisierten Ziele waren nicht falsch, der Fehler bestand darin, dass der Integrationsweg in alten Grundstrukturen und mit alter Methode ohne politische Reform weiterbeschritten wurde. Die weitere Vergemeinschaftung wurde ohne Politische Union vorangetrieben.[627] Während sich die wirtschaftliche Integration in Richtung Supranationalität entwickelte, blieb die politische Integration hinter dieser Entwicklung zurück. Der politische Bereich blieb intergouvernemental, das heisst vom nationalen Regierungsverhalten abhängig – und nicht von einem unkontrollierbaren «Monsterstaat» (Enzensberger 2011). Darin liegt auch die – je nach Überzeugung – als Vorzug oder Nachteil aufzufassende Krux, dass der EU die Qualität fehlt, eine unter völkerrechtlichen Gesichtspunkten eigene Rechtspersönlichkeit zu haben.

Ein vollwertiger, eigener Rechtsstatus für die EU hätte zu jeder Zeit eine Zurückstufung der einzelnen Nationalmitglieder zur Folge gehabt, mithin eine Schwächung oder gar Aufhebung der Mitsprache der nationalen Regierungen. Mit der Schaffung

626 https://ec.europa.eu/france/node/400_fr-https://ec.europa.eu/priorities/21-march-2016-paris_en. An Teilnehmenden werden genannt: «think tanks, academia, social partners' organisations, national and European Parliaments, administrations, embassies and civil society».

627 Wolfgang Wessels, Maastricht: Ergebnisse, Bewertungen und Langzeittrends. In: Integration 1/1992, S. 2–16. – Rudolf Hrbek, Das Vertragswerk von Maastricht. Die EG auf dem Weg zur Europäischen Union. In: Wirtschaftsdienst 72, 3, 1992, S. 131–137.

eines regulären Staates würde aber zugleich die demokratische Partizipationsmöglichkeit der Basis ausgebaut, zum einen, weil eine ordentliche Legislative und eine ordentliche Exekutive mit je eigenen Verantwortungen entstünden, und zum anderen – was vielleicht noch wichtiger ist –, weil die nationalen Regierungen nicht mehr über eine direkte Mitwirkung auf supranationaler Ebene verfügen würden.

Das ganz grosse Miss- beziehungsweise Unverständnis liegt darin, dass man meint, mehr Demokratie mit «weniger Europa» zu erlangen. Derweil ist es gerade umgekehrt: Mehr Europa könnte mehr Demokratie bedeuten, wenn dies darin bestünde, die auf der supranationalen Ebene ausgeübte «Alleinherrschaft» der nationalen Regierungen zu beenden. Die jüngste Erklärung des französischen Staatspräsidenten Emmanuel Macron vom 26. September 2017 in der Sorbonne geht in diese Richtung.

Wer mehr Demokratie in der EU will, meint in der Regel vor allem mehr aussenpolitische Mitsprache auf nationaler Ebene. Falls damit, was selten der Fall ist, gemeint sein sollte, dass die repräsentative Demokratie mit Europaausschüssen in den nationalen Parlamenten gestärkt werden müsse, wäre das zu begrüssen. Meistens ist jedoch gemeint, dass die direkte Demokratie ausgebaut werden müsste, damit von der nationalen Ebene aus eine kritische bis ablehnende Haltung der EU gegenüber eingenommen werden könnte. Wirklich mehr Demokratie in der EU würde bedeuten, den EU-Organen einerseits Staatsqualität zu geben und diese andererseits dann mit demokratischer Partizipationsmöglichkeit auszustatten.

Unmittelbar nach «Maastricht» (und dem Ausbleiben der Politischen Union) wurden Stimmen laut, welche die Diskrepanz zwischen Wirtschaft und Politik kritisierten. Der Bamberger Soziologe Richard Münch erklärte bereits 1993:

> «Die Europäische Gemeinschaft ist ein Wirtschaftsriese noch ohne ausreichende politische Handlungsfähigkeit, innere Solidarität und kollektive Identität. Die innereuropäischen politischen, gemeinschaftlichen und kulturellen Differenzen werden durch den Prozess des ökonomischen Zusammenwachsens sogar noch schärfer artikuliert.» [628]

628 Richard Münch, Das Projekt Europa. Zwischen Nationalstaat, regionaler Autonomie und Weltgesellschaft. Frankfurt a. M. 1993. S. 103.

4. Ein möglicher Neuanfang?

Im Februar/März 2017 kam Verschiedenes zusammen: das 25-jährige Jubiläum von «Maastricht», die formelle Einreichung des «Brexit»-Schreibens durch die britische Regierung in Brüssel und das 60-Jahr-Gedenken an die Römischen Verträge.[629]

Noch vor dem stärker beachteten Treffen in Rom hatte man sich am 16. September 2016 in Bratislava getroffen und dort im Sinne einer Reaktion auf den vorausgegangenen «Brexit» eine Erklärung abgegeben, die wegen ihrer Mischung aus leichter Selbstkritik und zuversichtlichem Ausblick bemerkenswert ist. In einem Passus heisst es:

> «Die EU ist zwar nicht fehlerfrei, doch ist sie das beste Instrument, über das wir verfügen, um die neuen vor uns stehenden Herausforderungen zu bewältigen. Wir benötigen die EU, um nicht nur Frieden und Demokratie, sondern auch die Sicherheit unserer Bürger zu gewährleisten. Wir benötigen die EU, um ihren Bedürfnissen besser zu genügen, ihrem Wunsch, in ganz Europa frei zu leben, zu studieren, zu arbeiten, zu reisen und zu Wohlstand zu gelangen, besser zu entsprechen und um Nutzen aus dem reichen kulturellen Erbe Europas zu ziehen. Wir müssen die Kommunikation verbessern, untereinander, zwischen den Mitgliedstaaten, zwischen den EU-Institutionen, aber zuallererst mit unseren Bürgern. Wir sollten unseren Entscheidungen mehr Klarheit verleihen, uns einer eindeutigen und aufrichtigen Sprache bedienen und die Erwartungen der Bürger in den Mittelpunkt stellen und dabei mit großer Entschlossenheit simplifizierenden Lösungen extremistischer oder populistischer politischer Kräfte entgegentreten.»[630]

Im März 2017 lagen anlässlich des sechzigjährigen Jubiläums kritische Kommentare und die Frage nahe, ob die EU in diesem Alter nicht reif sei, in Rente zu gehen. Dem liesse sich entgegnen, dass die Gemeinschaft nicht erst 60, sondern bereits 67 Jahre alt ist. Denn es leuchtet nicht wirklich ein, warum nicht in der Schuman-Erklärung

---

629 Zum letzten Punkt würde sich ein Vergleich mit den Feierlichkeiten zum 50-Jahr-Gedenken anbieten, was u.U. ein erhellendes Licht auf die Gegenwart werfen würde. Vgl. Kreis, 2008.

630 160916-bratislava-declaration-and-roadmap-de.pdf (letzter Zugriff Juli 2017).

von 1950 und der anschliessenden Schaffung der EGKS die Geburtsstunde der Gemeinschaft gesehen wird (vgl. oben, S. 214).

Anlässlich des Treffens zum Gedenken an die Unterzeichnung der Römischen Verträge legte die EU-Kommission am 1. März 2017 ein Weissbuch mit Überlegungen und Szenarien zur «Zukunft Europas» (gemeint ist damit: in den nächsten zehn Jahren) vor.[631] Kommissionspräsident Juncker räumte darin ein, dass ein «neues Kapitel» aufgeschlagen werden müsse. Dabei betonte er, dass das Weissbuch «der Beginn und nicht das Ende eines Prozesses» sei; zugleich sprach er die Hoffnung aus, dass es nun zu einer «ehrlichen und umfassenden Debatte» unter den Mitgliedstaaten komme. Fünf Zukunftsmodelle werden in dem Weissbuch unterschieden:

Variante 1: eine Weiterentwicklung wie bisher, mit kleinen Reformschritten in verschiedensten Bereichen

Variante 2: eine klare Konzentration auf den Binnenmarkt unter Posteriorisierung von Migrations- und Verteidigungspolitik

Variante 3: Weiterentwicklung in verschiedenen Geschwindigkeiten (z. B. bei Geheimdienstkooperation, Steuerregeln und Sozialstandards)[632]

Variante 4: stärkere Akzentsetzung in der Harmonisierung (Rückbau etwa im Konsumentenschutz und in der Gesundheitspolitik, Ausbau im Handel und im Grenzschutz)

Variante 5: ein flächendeckender Integrationsschub in allen Politikbereichen, insgesamt «mehr Europa».[633]

Die EU kann es nicht nur nicht allen, sie kann es gewissen Kritikern überhaupt nie recht machen. Wird nur eine einzige Zukunftsperspektive mit Horizont 2025 aufgezeigt, wird dies als uninspiriert und diktatorisch gewertet. Werden mehrere Wege auf den Tisch gelegt, erscheint dies schnell als führungslose Auswahl. Indizien sprechen dafür, dass künftig die Variante 3 im Vordergrund stehen wird, aber – zur Beruhigung der osteuropäischen Unionsmitglieder – mit nur geringfügigen Abstufungen

631 https://ec.europa.eu/commission/sites/beta-political/files/weissbuch_zur_zukunft_europas_de.pdf (letzter Zugriff März 2017).

632 Diese auch von Thomas Schmid (vgl. S. 272f.) empfohlene Variante würde einer Fragmentierung der EU Tür und Tor öffnen und, wie bereits gesagt, das Gemeinschaftsprojekt noch unübersichtlicher machen.

633 Ohne dies einer bestimmten Variante zuzuschreiben, kündigte EU-Sozialkommissarin Marianne Thyssen inzwischen die Schaffung eines «sozialen Pfeilers» an (vgl. Tagespresse vom 27. April 2017).

zwischen Avantgarde und Nachhut. Das heisst im Klartext: Kein Kerneuropa, das sich auf und davon macht, keine kleine Gruppe, die in Bereichen, die in ausschliesslich europäischer Zuständigkeit liegen (wie Euro, Handels- oder Wettbewerbspolitik), voranschreitet. Die Tür soll für alle offenbleiben, die später dazukommen wollen.

Die Erklärung der «führenden Vertreter» der 27 Mitgliedstaaten zum 60. Jahrestag der Römischen Verträge (jetzt ohne Grossbritannien) liess keinen wichtigen europapolitischen Aspekt aus, sondern enthielt auch ein Bekenntnis zum «sozialen Europa» und am Schluss sogar das Versprechen, «einen demokratischen, effizienten und transparenteren Beschlussfassungsprozess und bessere Ergebnisse (zu) fördern».

Die Gedenkstunde vom 25. März 2017 auf dem römischen Kapitol war und ist so gesehen nicht mehr als eine Durchlaufstation eines grösseren Prozesses, der lange zuvor begonnen hat und danach noch lange andauern wird. Aufgabe der Kommission wird es sein, für einzelne Politiksektoren Vertiefungspapiere zu erarbeiten, denn bereits beim Gipfel vom Dezember 2017 sollen Richtungsentscheide fallen. Der nächste wichtigere Termin auf der europapolitischen Agenda werden die Europawahlen von 2019 sein.

Ein «Zeit»-Kommentar zum Weissbuch meinte:

> «Solche Weissbücher sind normalerweise Auslöser für Diskussionen elitärer Zirkel, die unter den nationalen Regierungen und Lobbyisten Reaktionen hervorrufen, darüber hinaus aber nur eine geringe Wirkung entfalten. Die weiter gefassten Züge dieses Weissbuchs eröffnen aber die Möglichkeit für eine sehr viel breitere Diskussion unter den Europäern.»

Der Impuls des Weissbuches für eine «ehrliche und umfassende Debatte» gilt jedoch vermutlich weniger dem erst in zwei Jahren anstehenden Rendezvous mit den europäischen Stimmbürgern und -bürgerinnen. Näher im Blick liegen nach den Wahlen in Frankreich (Mai/Juni 2017) die Wahlen in Deutschland (September 2017), die sich nicht nur um die nationalen innenpolitischen, sondern auch um die europapolitischen Fragen drehen (und zum Zeitpunkt des Erscheinens dieses Buches bereits wieder hinter uns liegen werden) – und die für die EU nicht den katastrophalen Ausgang genommen haben, wie da und dort befürchtet.

4.1 Ein neues Narrativ?

Soll man eine neue Erzählung über die EU lancieren? Der Ruf nach einer Erneuerung der EU verbindet sich mit dem Wunsch nach einer anderen Erzählung, einem neuen Narrativ zur Geschichte der europäischen Integration. Was drückt dieser Wunsch aus? Zum einen folgt er einem modischen Trend, der für vieles, was überzeugen soll – beispielsweise in der Werbung – neuerdings eine «gute Geschichte» fordert. Indem man nicht von Ideen ausgeht, die stets per se begründungspflichtig sind, verschiebt sich die Akzeptanzproblematik bei Erzählungen auf die Kategorie des im Ereignishaften einleuchtenden und Sinn gebenden Zusammenhangs. Wenn etwas in der oder in einer Geschichte bereits stattgefunden hat, braucht es dafür keine weitere, begründende Argumentation mehr – und darf in weiterer Zukunft weiterhin stattfinden.

Selbst Werner Weidenfeld, der sich seit Jahrzehnten als Politikwissenschaftler mit der europäischen Integrationspolitik beschäftigt hat, sieht in seiner jüngsten Publikation in der Schaffung eines neuen Narrativs den einzigen Ausweg aus der aktuellen Krise. Aufgabe dieses Narrativs wäre es, der Gemeinschaft neuen Sinn und neue Orientierung, «eine gewisse geistige Orientierung auf der Baustelle Europa» zu geben.[634]

In dem von Beate Kohler-Koch u. a. 2004 vorgelegten Lehrbuch zur europäischen Integration gibt es selbstverständlich einen Abschnitt zur Frage, wie der Integrationsprozess in Gang gekommen ist. Dafür werden drei erklärende Erzählungen unterschieden beziehungsweise die Entstehung des Integrationsimpulses auf drei verschiedene Aspekte zurückgeführt: erstens auf den politische Willen von Verantwortungsträgern, zweitens auf strukturelle Zwänge des internationalen Systems und drittens auf die in der Sache begründeten Handlungserfordernisse.[635] Mit etwas darstellerischem Aufwand kann man aus diesen verschiedenen Prämissen divergierende Narrative ableiten. Allgemein bekannt – weil am besten etabliert – ist hierunter noch am ehesten dasjenige historische Narrativ, demzufolge grosse Männer (Churchill, Monnet, Schuman, Adenauer etc.) Europa «gemacht» haben.

Der Rechts- und Politikwissenschaftler Ulrich Preuss (Bremen) befasste sich 2015 in einem Aufsatz eingehend mit der Bedeutung des Narrativs für den europäischen Integrationsprozess und legte dabei eine einleuchtende Grunddefinition vor: Ein Narrativ strebe nicht die Vermittlung eines objektives Vergangenheitsbildes an, es sei eine soziale Konstruktion, die einer bestimmten Gemeinschaft eine bestimmte Bedeutung und eine bestimmte Moral vermitteln wolle, versehen mit einer politischen Zukunftsvision, die entweder eine heroische Vergangenheit weiterführen

634 Weidenfeld, 2017, S. 531ff.

635 Kohler-Koch, 2004, S. 28–43.

oder mit einer unglücklichen Vergangenheit brechen will.[636] Preuss würdigte das europäische Integrationswerk als ein Unternehmen, in dem erstmals in der Geschichte der Menschheit («human history») souveräne Staaten eine politische Gemeinschaft bilden würden, ein institutionelles Reich mit verschiedenen Völkern, aber einem politischen «Wir», ohne die Verschiedenheit ihrer nationalen Geschichten, kulturellen Traditionen und spezifischen Mentalitäten aufzugeben.[637]

Preuss war der Meinung, dass sich im europäischen Integrationsprozess vor 1992 wegen der unter Ausschluss der Öffentlichkeit betriebenen «Monnet-Methode» kein lebendiges Narrativ entwickelt habe. Für die EG gab es aber durchaus schon vor 1992 die Meistererzählung, wonach die Gemeinschaft ein Friedensprojekt sei. Dieses traditionelle Narrativ ist 2012 mit der Begründung der Verleihung des Friedensnobelpreises an die EU nochmals reaktiviert worden. Die Laudatio würdigte den Beitrag der EU zur «friedlichen Entwicklung in Europa» während bald 70 Jahren, wie man damals sagen konnte.[638]

Im Falle der EG/EU geht die Erwartung dahin, dass die frühere und bei der älteren Zeitgenossenschaft durchaus noch präsente Erzählung durch ein neues Narrativ ersetzt werde, von dem eine ansprechendere Überzeugungskraft ausgehe. Bisher wurde aber nicht zugleich auch eine Ersatzerzählung vorgeschlagen. Historiker neigen sogar eher dazu, gegenüber Narrativen eine kritische, dekonstruierende Haltung einzunehmen, weil solche Erzählungen sogleich dominante und damit unkritische Meisternarrative werden.[639]

---

636 Ulrich K. Preuss, Revisiting the Rationale Behind the European Union: The Basis of European Narratives Today and Tomorrow. In: J. van der Walt/J. Ellsworth (Hg.), Constitutional Sovereignty and Social Solidarity in Europe. Baden-Baden 2015. S. 317–339. «A narrative is, rather, a social construction of a distinct history which conveys a particular meaning, perhaps even a particular morality to a community. It is frequently conncted with a political vision of the future which is constructed as the continuation of a heroic past or, conversely, as a breach with a disgraceful past.» (S. 318).

637 Preuss, 2015, S. 332.

638 Der Nobelpreis war zugleich eine unterstützende Reaktion auf das angeschlagene Ansehen der EU. Die Medien stellten damals bezogen auf die Euro-Finanzkrise fest, die hohe Anerkennung sei der EU in der «grössten Krise ihrer Geschichte» zuteilgeworden – dies vier Jahre vor dem «Brexit».

639 Vgl. Konrad H. Jarausch/Martin Sabrow (Hg.), Die historische Meistererzählung. Deutungslinien der deutschen Nachkriegsgeschichte nach 1945. Göttingen 2002. – Peter Pichler, Acht Geschichten über die Integrationsgeschichte. Zur Grundlegung der Geschichte der europäischen Integration als ein episodisches historiographisches Erzählen. Innsbruck 2011. – Georg Kreis, Europa auf dem Weg zu einem gemeinsamen Geschichtsbild? In: Ders., Vorgeschichten zur Gegenwart.

Der angesehene Berliner Politologe Herfried Münkler rief ebenfalls nach einem neuen Narrativ. Allerdings ging er dabei von der unzutreffenden Annahme aus, dass die Gründung der Europäischen Gemeinschaft auf einem «Rückbezug auf das karolingische Europa» beruht habe und dieser die Qualität eines Mythos hatte. Dieser habe einen derart starken Sinn gehabt, dass sich der Wert des politischen Projekts nicht in einer buchhalterischen Kosten-Nutzen-Bilanz erfassen lasse. Heute nehme sich dieser Mythos, den er auch Erzählung nennt, wie eine Geschichte aus fernen Zeiten aus, es fehle eine gemeinsame sinnstiftende Erzählung als gemeinsamer Bezugspunkt beziehungsweise Verständigungszusammenhang zwischen Elite und Bürgerschaft. Münkler sieht davon ab, explizit eine neue Erzählung zu fordern, ebensowenig bietet er selbst eine an. Er beschränkt sich auf die Diagnose und verweist auf die Konsequenzen für die EU: «Sie tritt immer wieder als kalte Maschinerie in Erscheinung, die zwar funktioniert, aber nicht erklären kann, warum es wichtig ist, dass sie funktioniert.»[640]

Der bekannte Lüneburger Philosoph Richard David Precht äusserte sich im Herbst 2016 ebenfalls zum Phänomen des «weitverbreiteten Narrativs über dieses Narrativ». Er teilte die Auffassung, dass der EU die traditionelle Überzeugungskraft abhandengekommen sei, sah darin aber nur eine Variante eines allgemeinen Verlusts, der zum Beispiel auch die Bundestagsparteien treffe, und fragte, was bleibe, wenn bloss millionenfache Bilder und Events unverbunden, arithmetisch gereiht, atomisiert und zerstückelt zur Verfügung stünden und der «Kitt der Erzählung» fehle. Er erhob die sehr gerechtfertigte Klage, dass Staatbürger nur noch Konsumenten und User seien. Seine moralische Empfehlung: «Europa neu zu denken bedeutet jedoch nicht nur, über Machtproporz zu grübeln. Es bedeutet, sich selbst im Spiegel zu sehen und sehr genau darauf zu schauen, wer man sein will und wer man

Ausgewählte Aufsätze. Bd. 5, Basel 2011. S. 273–285. – Ders., Die EU: legitimiert aus dem Gang der Geschichte? In: Francis Cheneval u. a. (Hg.), Legitimationsgrundlagen der Europäischen Union. Münster 2005. S. 61–76. – Ders., Was ist ein «Narrativ»? In: Aargauer Zeitung vom 1. April 2016.

640 Herfried Münkler, Es fehlt die Erzählung. In: NZZ vom 20. April 2016. Stellungnahme am Berliner NZZ-Forum vom 16. März 2016. An derselben Veranstaltung haben ebenfalls teilgenommen: der Hamburger Bürgermeister Olaf Scholz, der nicht nach einem Mythos rief, sondern nach Kompromissbereitschaft (vgl. seinen an gleicher Stelle veröffentlichten Beitrag), sowie der schweizerische Schriftsteller Charles Lewinsky, der in seinem Beitrag «Auf der Suche nach einer gemeinsamen Erzählung» ähnlich wie Münkler argumentierte (NZZ vom 21. März 2016). Ein Jahr später kam Thomas A. Becker, ehem. Forschungsleiter eines Think-Tanks, auf diese Publikationen zurück und erklärte, dass Europa weder das eine noch das andere, sondern eine «neue Theorie» benötige (vgl. NZZ vom 23. Mai 2017).

ist.»[641] Das ist zwar ein guter Vorschlag, aber noch keine neue europäische Erzählung.[642]

Wir können nicht auf die Entstehung einer neuen Meistererzählung warten. Statt nach einer Erzählung zu rufen, sollten wir auf Ideen und Prinzipien abstellen.[643] Ein überzeugendes Narrativ muss sich aus der Gesellschaft herausbilden, kann jedenfalls nicht lanciert werden. Der Politologin Ulrike Guérot ist zuzustimmen, wenn sie sich gegen die Erwartung ausspricht, dass es erfolgversprechend sei, wenn man bei teuren PR-Agenturen eine neue «Europäische Erzählung» bestelle.[644]

Es war Münkler, der, von Erzählung redend, damit auch den Mythos meinte. Im klassischen Sinn kommen Mythen tatsächlich nicht ohne Erzählung aus.[645] Daneben gibt es freilich ein breiteres Mythos-Verständnis als unwirkliche Vorstellung. In diesem Sinne ist der von Denis de Rougemont, einem Europäer der frühen Stunde, gewählte Titel seines Buches von 1961/62 zu lesen: «Europa. Vom Mythos zur Wirklichkeit». Bereits Mitte der 1990er Jahre gab es in der Literatur zur europäischen Integration eine kleine Mythos-Erörterung: Joscha Schmierer, Mann mit radikallinker Vergangenheit, sprach sich 1996 für eine öffentliche und anhaltende Auseinandersetzung mit Fragen der europäischen Politik ohne Rückgriffe auf Identitätsfragen und ohne Mythenbezüge aus.[646] Der deutsche (heute in Wien lehrende) Historiker Wolfgang

---

641 Richard David Precht, Unsere gereizten Seelen. Europa braucht Staatsbürger und keine User und Konsumenten. Ein Plädoyer für eine neue europäische Erzählung. In: Die Zeit vom 22. September 2016.

642 Aus den weiteren Rufen nach einer neuen Erzählung: «We need your help, Winston!». Junge Erwachsene aus 35 Ländern zeichnen in Zürich den Weg zu ihrem Europa von 2030. Auch da erklärte ein Student, es brauche gegen den herrschenden Pessimismus «eine neue Erzählweise». Vgl. NZZ vom 14. November 2016.

643 Etwas antiquarisch daherkommend, aber berechtigte Kritik am Narrativ-Diskurs übend: Manfred Schneider, Das närrische Narrativ. In: NZZ vom 8. Mai 2017 (https://www.nzz.ch/meinung/kommentare/gedankenlos-und-antiintellektuell-das-naerrische-narrativ-ld.1290840; letzter Zugriff Juli 2017).

644 Guérot, 2016, S. 30.

645 Heute sind damit allerdings öfters Begriffe gemeint, deren Inhalte mit unrealer Bedeutung gefüllt sind (so kann eine angeblich sichere Währung oder ein Seligkeit versprechender Ferienort ein Mythos sein). In diesem Sinn ist bei Schmale (vgl. S. 246) auch die Nation an sich ein Mythos.

646 Joscha Schmierer, Mein Name sei Europa. Einigung ohne Mythos und Utopie. Frankfurt a. M. 1996. Mit dem «ohne Utopie» setzte er sich von Daniel Cohn-Bendits Verständnis ab (vgl. ebd. S. 10) und bemängelt das Ausbleiben einer Europa-Debatte: Joscha Schmierer, Ach, dieses Schweigenn. In: Die Zeit vom 14. März 1997. Der Alt-68er setzt sich hier mit bemerkenswerter Dezidiertheit für das EU-Projekt und den Euro ein.

Schmale befasste sich mit der Frage, ob Europa einen Mythos brauche, bezog sich dann seinerseits auf Schmicrers Buchtitel und meldete Zweifel an, dass es Europa ohne Mythos und Utopie überhaupt geben könne. Schmale diagnostizierte ein Mythendefizit und tat dies in der Meinung, dass das Gemeinschaftsprojekt einen Mythos benötige. Er hütete sich aber, Überlegungen zu entwickeln, welcher Art dieser sein soll. Vielmehr verwies er auf die seit 1950 in kleinem Rahmen, seit 1988 im grossen Massstab abgehaltene Aachener Preisverleihung,[647] hält es aber für ungewiss, dass sich um Karl den Grossen als europäischem Urvater ein «wirksamer» Mythos konstruieren liesse; die Finnen zum Beispiel hätten wohl Mühe, sich mit ihm zu identifizieren.[648]

4.2 Die Krise als Chance?

Alles, was nicht gerade rund läuft, wird schnell mit dem Wort «Krise» versehen, im Falle der EU gerne in Kombination mit zusätzlichen Begriffen. Neben der Konjunkturkrise gibt es die Entwicklungs- und Reifekrise, ebenso wie bereits 1992 die Ratifikationskrise, dann die Dauerkrise, die Übergangs- und Bewährungskrise und die Rückfallkrise, hinzu kommt die Vertrauens- und die Legitimitätskrise, naheliegend auch die Strukturkrise, die ihrerseits zur Euro- oder Finanzkrise und zur Flüchtlingskrise geführt habe.[649] Zu Recht warnen Franzius/Preuss vor dieser Tendenz: «Nicht jedes Problem ist eine Krise, vielfach ist es nur Ausdruck eines demokratischen Prozesses mit allen seinen Schwierigkeiten.»[650]

Krisen rufen gemäss ihrem ursprünglichen altgriechischen Wortverständnis nach Entscheidungen.[651] Der Begriff wird heute aber mehrheitlich zur Bezeichnung

647 https://de.wikipedia.org/wiki/Karlspreis. Die jüngste Ehrung ist im Januar 2017 dem britischen Historiker Timothy Garton Ash zugefallen.

648 Wolfgang Schmale, Scheitert Europa an seinem Mythendefizit? Bochum 1997. S. 39. Der Text ist aus einem Beitrag zu dem 1996 in München abgehaltenen Deutschen Historikertag mit dem Thema «Geschichte als Argument» hervorgegangen.

649 Der Begriff der Bewährungskrise findet sich auch in einem Buchtitel: Bodo Gemper (Hg.), Das Europäische Einigungswerk in der Bewährungskrise: Integrationserfolg durch Ordnungspolitik. Netphen 2010.

650 Franzius/Preuss, 2012, S. 168.

651 Das Wort «Krise» stammt vom Verb *krínein*, das «trennen» und «(unter-)scheiden» bedeutet (auf das gleiche Verb geht auch das Substantiv «Kritik» zurück). Es bezeichnet «(Ent-)Scheidung», «entscheidende Wendung» (Duden). Obwohl diesen Ausführungen ein anderes, nämlich über sich wandelndes Denken zustande kommendes Kritikverständnis zu Grunde lag, sei auf die damalige Pionierleistung in Reinhart Kosellecks Dissertation «Kritik und Krise. Eine Studie zur

einer Zuspitzung von Verhältnissen mit möglichen Wendepunkten hin zum Schlechten verwendet. Es besteht die Erwartung, dass man auf Krisen reagiere, um sie abzuwenden oder ihre Folgen zu mildern; dies auch dann, wenn die angerufenen Akteure selber als Teil der Krise gesehen werden. Der Politologe Claus Offe diagnostiziert heute eine «Krise des Krisenmanagements», weil nicht klar sei, wer was tun solle.[652]

Manches, was in der Literatur über Krisenzustände formuliert wird, kann wegen der Art und Weise, wie man sich der EU gegenüber unkritisch in Kritik ergeht, als Diagnose der gegenwärtigen Verhältnisse verstanden werden. Die Rede ist davon, dass Gefühle der Unsicherheit, der Bedrohung und der Ohnmacht zu Krisenzuständen führen. Hinzu kommt der Eindruck, dass es um Zustände geht, deren grundlegende «Sanierung» (Gesundung!) für die Zukunft von entscheidender Bedeutung sei. Die Meinung über diesen Zustand kann umso kategorischer sein, je weniger man über die Sache weiss. Krisen, so wird einleuchtend gesagt, sind mit einer plötzlichen oder fortschreitenden Verengung der Wahrnehmung, der Wertesysteme sowie der Handlungs- und Problemlösungsfähigkeiten verbunden, derweil die objektive Lage doch eigentlich das Gegenteil benötigen würde.

Jean Monnet, der Architekt der ersten, alles in allem erfolgreichen Phase der Europäischen Gemeinschaft, sah sich offensichtlich bereits recht früh veranlasst, hinsichtlich des auch damals nicht problemlos voranschreitenden Integrationsprozesses von Krisen zu sprechen und darin etwas Positives, ja sogar enorm Produktives zu sehen. Rückblickend, das heisst 1976, bemerkte er als 88-jähriger bei der Erörterung der Vorgänge von 1956: «Europa wird in Krisen geschmiedet werden, und es wird die Summe der zur Bewältigung dieser Krisen verabschiedeten Lösungen sein.»[653] Ganz in diesem Sinne beruft sich der deutsche Bundesfinanzminister Wolfgang Schäuble gerne auf die Formel, dass Krisen auch Chancen bedeuten; er wagte sogar die Bemerkung, dass er auf eine möglichst grosse Krise hoffe, weil dann die Chance entsprechend gross sei.[654]

Pathogenese der bürgerlichen Welt» (Frankfurt a. M. 1959) sowie den bekannten Lexikonbeitrag «Krise» hingewiesen, in: Otto Brunner, Werner Conze, Reinhart Koselleck (Hg.), Geschichtliche Grundbegriffe. Historisches Lexikon zur politisch-sozialen Sprache in Deutschland. Band 3, Stuttgart 1982, S. 617–650 verwiesen.

652 Offe, 2016, S. 15.

653 Monnet bekannte bei der Erörterung der Vorgänge von 1956: «J'ai toujours pensé que l'Europe se ferait dans les crises, et qu'elle serait la somme des solutions qu'on apporterait à ces crises.» Jean Monnet, Mémoires. Paris 1976, S. 488.

654 Veranstaltung an der Universität Basel vom 5. April 2016 – und bereits zuvor in Günther Jauchs letzter Talkshow vom 30. November 2015. Schäuble zitiert gerne «seinen Landsmann» Hölderlin mit der Hymne «Patmos»: «Wo Gefahr ist, wächst das Rettende auch.»

Der Verlagsanzeige seines neuesten Buches zufolge ist auch der mit der Geschichte des europäischen Integrationsprozesses bestens vertraute Politologe Werner Weidenfeld überzeugt, dass Krisen immer zu Lernprozessen und dann zu Problemlösungen geführt hätten. Diese Auffassung verknüpft er mit der Erwartung, dass die «Seele Europas» (die im Buchtitel gross aufscheint) eine vitale Energie entfalten könne. Voraussetzung ist aber, dass diese Seele «wieder» gefunden würde.[655]

Völlig zu Recht wird immer wieder betont, dass der Krisendiskurs zum festen Inventar des europäischen Einigungsprozesses gehört. Zu dieser Art von Wortmeldungen gehört auch ein bereits 1969 erschienener Band «Erfolge und Krisen der Integration».[656] Der ausgeglichene und ausgleichende Buchtitel geht davon aus, dass Krisen wie das Scheitern der EVG 1954 oder Frankreichs Politik des «Leeren Stuhls» von 1965 nicht weiter beunruhigende, sich in engen Grenzen haltende, sozusagen normale Entsprechungen der integrationspolitischen Erfolge sind.

Der Bonner Politologe Ludger Kühnhardt ist ebenfalls ganz diesem Verständnis verpflichtet und schloss zum Beispiel 2006 einen Text mit dem von anderen schon vorher wie auch nachher gemachten Hinweis, dass im Chinesischen das gleiche Schriftzeichen für «wie ji» «Krise» wie «Gelegenheit» oder eben «Chance» bedeute.[657] In einer Schrift aus dem folgenden Jahr bekräftigte er seine Zuversicht, dass Krisen «geradezu Motoren des Integrationsprozesses» seien, mit dem Satz: «Es gibt keine schlüssigen Gründe, warum beider Erfahrungen [die der Krise und der Krisenüberwindung, d. Vf.] in der gegenwärtigen Phase des europäischen Integrationsprozesses ausser Kraft gesetzt sein soll.»[658]

Nach der Jahrhundertwende im Jahr 2000 widmete Romain Kirt, damals Politikberater der luxemburgischen Regierung, der Krisendynamik der EU ein ganzes Buch. In seiner Einleitung bemerkte er nicht sonderlich beunruhigt: «Die Geschichte der europäischen Integration ist eine Geschichte von Krisen und intelligentem Krisenmanagement.»[659] Sämtliche Beiträge dieser Publikation legten an konkreten Fällen dar, dass temporäre Integrationsblockaden schliesslich stets zu höheren Integrationsniveaus geführt hätten. Kirt hielt die aktuelle Krise aber doch

655 Werner Weidenfeld, Europas Seele suchen. Die Bilanz der europäischen Integration. Baden-Baden 2017 (im Erscheinen).

656 Dusan Sidjanski u. a., Erfolge und Krisen der Integration. Köln 1969. Mit einer Einleitung von Beate Kohler. Zit. nach Vorländer 1981.

657 Kühnhardt, 2006, S. 16.

658 Kühnhardt, 2007, S. 3.

659 Romain Kirt (Hg.), Die Europäische Union und ihre Krisen. Baden-Baden 2001. S. 33.

für besonders gravierend und meinte damit vor allem den «derzeit grassierenden Euro-Pessimismus». Die Schuld schrieb er – der vorherrschenden Rhetorik entsprechend – dem Tummel- und Experimentiergehabe der Euro- und Technokraten zu und in der Folge dem «gewollten oder ungewollten» Mangel an Bürgernähe.[660]

Wenige Jahre später rekapitulierte der ehemalige EU-Kommissar Günter Verheugen die alte Überzeugung: «Auf Phasen des Stillstands oder auf Krisen folgten immer wieder neue Impulse, und am Ende war es immer noch so, dass mehr Integration erreicht wurde, nicht weniger.»[661] Der Vorstellung von der Produktivität von Krisen sind wir bereits in den Ausführungen von Jean Monnet begegnet. Die Entwicklungsgeschichte lässt sich leicht nach dem Muster von Tiefen und anschliessenden Höhenflügen interpretieren: in den letzten Jahrzehnten etwa, dass auf die Eurosklerose der 1980er Jahre 1985 der Aufbruch mit der EEA gefolgt sei und auf das Scheitern des Verfassungsvertrags 2005 der Erfolg des Reformvertrags von Lissabon von 2007.

Die Krisenanfälligkeit des Gemeinschaftswerks bleibt ein Thema.[662] Weitere Blicke in Primär- wie in Sekundärtexte könnten zeigen, wie häufig von der europäischen Krisenhaftigkeit die Rede war. Zunächst ein Beispiel aus dem Primärbereich des direkten politischen Handelns: Im Januar 1974 klagte die EG-Kommission wenige Wochen nach dem Höhepunkt der Ölkrise darüber, dass Europa einer Dreifachkrise ausgesetzt sei: «einer Krise des Vertrauens, einer Krise des Willens und einer Krise des klaren Verstandes».[663] Und ein Beispiel aus der Sekundärliteratur:[664] 1978 konnte man in einer Schrift der Politologen Reinhardt Rummel und Wolfgang Wessels lesen, die westeuropäische Integrationspolitik der letzten Jahre würde in der Regel als eine «Abfolge von Krisen und Enttäuschungen» beschrieben, und ehrgeizige Programme wie die im Dezember 1969 ins Auge gefasste Errichtung einer

660 Ebenda, S. 35.

661 Günter Verheugen, Europa in der Krise. Für eine Neubegründung der europäischen Idee, Köln 2005. S. 25. Mehr als die Ablehnungen des Verfassungsvertrags in Frankreich und in den Niederlanden irritierte Verheugen, dass Umfragen in Deutschland 2005 erstmals keine Mehrheit für jene ergeben habe, welche die EU für «eine gute Sache» halten (S. 53, zuvor S. 7).

662 Michael Gehler, From Crisis to Crisis – from Success to Success? European Integration Challenges and Opportunities in Light of Europe's History (1918–2009). In: ders. u. a. (Hg.), EU-China. Hildesheim/Zürich/New York 2012. S. 45–74.

663 Walter Lipgens, Die Europäische Integration. Stuttgart 1983. S. 117ff.

664 Sekundärlitertaur kann bekanntlich, wenn sie alt genug ist, ebenfalls die Qualität einer primären zeitgenössischen Quelle erlangen.

WWU und der Schaffung einer EU bis zum Ende des Jahrzehnts würden als gescheitert betrachtet.[665]

1979 präsentierte der deutsche Historiker Karl Dietrich Bracher seine umfassende Geschichte Europas des 20. Jahrhunderts in der deklarierten Absicht, die «Wandlungs- und Identitätskrise Europas» aufzuzeigen. Der Krisenbegriff spielte in seinen weiteren Ausführungen allerdings überhaupt keine Rolle, erst auf den letzten Seiten schimmerte die aus dem Erlebnis der Gegenwart aufgekommene Empfänglichkeit für diesen Begriff durch. Die Subsumierung der allgemeinen europäischen Geschichte des 20. Jahrhunderts unter dem Krisenbegriff hätte mit den zahlreichen und konfliktreichen Transformationen, die der Kontinent in dieser Zeit erlebte, durchaus gerechtfertigt werden können und die auf den letzten Seiten seiner Darstellung kurz referierte europäische Integrationspolitik der Jahre nach 1945 hätte man als Antwort auf die erlebte Krisenanfälligkeit deuten können. Angesprochen wurden jedoch bei aller grundsätzlichen Zustimmung zum Integrationsprojekt die in den 1970er Jahren aufgekommenen Schwierigkeiten in der Konsensfindung auf der Ebene der Regierungen (und nicht der Bürger und Bürgerinnen). Die Erfahrungen in der mehrfach erwähnten Ölkrise (1973) und der (nicht erwähnten) Wechselkurskrisen (ab 1970) führten zur Feststellung: «Die dramatischen Krisen und Rückschläge in den letzten Jahren zeugen von der Kompliziertheit des ökonomischen Integrationsprozesses, von dem man einst allzu selbstverständlich die politische Integration erwartet hatte.» Es fällt sogar das Wort vom «Krisen-Karussell», aber in Kombination mit der Hauptaussage, dass ihr zum Trotz weitere Länder der EWG beitreten wollten (Grossbritannien, Irland, Dänemark 1973) und weitere Länder um Aufnahme ersucht hatten.[666]

Für Bracher stand fest, dass die Krise die Schwäche einer europäischen Einigung offenbare, die nur auf dem ökomischen Nutzen und «nicht auf zwingenden politischen Entscheidungsprozessen» aufgebaut sei. Erwartet wurde von den gerade bevorstehenden Direktwahlen für das Europäische Parlament, dass sie mit der Stärkung der parlamentarischen Komponente ein Gegengewicht zu Bürokratie und Regierungskonferenzen und damit einen «grossen Fortschritt» bringen würden. Der Weg vom «Europa der Technokraten und Nationalsouveränitäten» zu einem demokratischen Bundesstaat – dieses Ziel bleibe in der Ferne. Geduld sei vonnöten. «Nach

665 Rummel/Wessels, 1978, S. 15.

666 Bracher betont, dass um die Jahreswende 1974/75 nur ein knappes Sechstel der befragten Briten für einen Austritt aus der EG war (S. 467).

Jahrhunderten der Eigenstaatlichkeit bedarf jede Supranationalität mehr als der Beschlüsse von drei Jahrzehnten.»[667]

Deutlich weiter ging die 1981 von Hans Vorländer, einem jungen Bonner Politologen, geäusserte Vorstellung, dass sich die EG in einer «Dauerkrise» befinde. Vorländer zitierte eingangs eine Stimme, die zur verbreiteten Meinung passte, dass die EG an einer Eurosklerose leide, und meinte, dass Europa den langsamen Tod der Trägheit sterbe; die Mörder seien ein bunter Haufen: Nationalisten, Bürokraten, Dogmatiker, Eigensüchtige. Vorländer hielt dem entgegen, es sei noch zu früh, die EG als Leichnam zu etikettieren, aber er diagnostizierte eben eine Dauerkrise infolge von Strukturproblemen, insbesondere wegen der durch die Süderweiterung gegebenen Notwendigkeit, Integrationspolitik als Entwicklungspolitik zu betreiben. Vom Missmut der Bürgerinnen und Bürger als Krisenursache war mit keinem Wort die Rede, vermutlich schlicht deswegen, weil es diesen noch nicht gab.[668]

Nach der Wende zum 21. Jahrhundert, insbesondere nach der globalen Finanzkrise von 2008, erhielt das Thema der Krisenproblematik in der historischen Forschung einigen Auftrieb.[669] Nach dem Verständnis, das dieser Publikation zu Grunde lag, sind Krisen einerseits ganz normale Abnormitäten der Beschleunigungsgesellschaften, andererseits in hohem Masse abhängig von Einschätzungen und Deutungen.[670]

667 Karl Dietrich Bracher, Europa in der Krise. Innengeschichte und Weltpolitik seit 1917. Frankfurt 1979. S. 465–470. Die Krisenhaftigkeit wird in zahlreichen anderen Europa- bzw. EU-Publikationen zum Thema gemacht. Vgl. auch Kirt, 2001.

668 Hans Vorländer, Die Dauerkrise der Europäischen Gemeinschaft. In: Aus Politik und Zeitgeschichte, Beilage 29–30, 18. Juli 1981, S. 3–23. Etwa im gleichen Zeitraum entstanden: Werner Weidenfeld (Hg.), Nur verpasste Chancen? Der Reformbericht der Europäischen Gemeinschaft. Bonn 1983.

669 Davon zeugt auch ein aus einer Jahrestagung von 2009 im Sonderforschungsbereich «Repräsentationen sozialer Ordnungen im Wandel» entstandener und von Thomas Mergel herausgegebener Aufsatzband «Krisen verstehen», http://www.hsozkult.de/publicationreview/id/rezbuecher-16564). Sozusagen zeitgleich und auf die gleichen soziopolitischen Gegebenheiten reagierend und die Ergebnisse einer Heidelberger Tagung zusammenfassend: Carla Meyer/Katja Patzek-Mattern/Gerrit Jasper Schenk (Hg.): Krisengeschichte(n). ‹Krise› als Leitbegriff und Erzählmuster in kulturwissenschaftlicher Perspektive. Stuttgart 2013.

670 Thomas Mergel, Einleitung: Krisen als Wahrnehmungsphänomene. In: Ders. (Hg.), Krisen verstehen. Historische und kulturwissenschaftliche Annäherungen. Frankfurt a. M./New York 2012. S. 14.

Für unser Interesse ist vor allem der Beitrag von Hartmut Kaelble weiterführend: Einleuchtend zeigt er in seinem Beitrag «Europa in der Krise: Zivilisationskrise – Integrationskrise – Krisenmanagement» von 2012 auf, dass das Europa der ersten Hälfte des 20. Jahrhunderts (mit seinen Weltkriegen und der grossen Wirtschaftskrise) als Staatengruppe verstanden werden kann, die einer Zivilisations- und Untergangskrise ausgesetzt war. Die Krisenwahrnehmung der zweiten Hälfte des 20. Jahrhunderts habe sich dann ganz auf den Integrationsprozess konzentriert und damit eine starke Verengung erfahren. Dies sei auf drei Arten geschehen. Zu unterscheiden sei zwischen den Vorstellungen der Rückfallskrise, der produktiven Krise und der Systemkrise.

Mit der Rückfallskrise ist die lauernde Gefahr eines Wiederauflebens des Nationalismus und Protektionismus gemeint, also die Rückkehr in eine Phase, die das europäische Einigungsprojekt für immer hinter sich lassen wollte. Dieses dritte Krisenverständnis ist das heute dominierende und gilt dem System als solchem. Ungeklärt bleibt, ob man dem System nur vorwirft, die Krise nicht zu meistern, oder gar, die Krise überhaupt verursacht zu haben. Jedenfalls geht man davon aus, dass institutionelle Konstruktionsfehler bestehen, dass die Wirtschaftsintegration dominiert und die politische Integration vernachlässigt und eine bestimmte (heute als neoliberal bezeichnete) Wirtschaftspolitik verfolgt worden sei, in deren Konsequenz die Vernachlässigung der Sozialpolitik in Kauf genommen werde.[671]

Mit dem gängigen Krisenverständnis verbindet sich die Vorstellung, dass das in Kaelbles Titel aufgeführte Krisenmanagement wichtig sei[672] und dass hierfür den Brüsseler Spitzenbeamten und Interessenvertretern, kurz: den Eliteakteuren, eine hohe Bedeutung zukomme. Kaelble bemerkt aber auch – ohne das Wort «Krisenstimmung» explizit zu verwenden –, dass die Bedeutung von Gesellschaftskrisen oder Krisen erzeugenden Kritiken der europäischen Öffentlichkeit bisher selten in die Überlegungen einbezogen worden seien.[673]

Bemerkenswert ist, wie oft von Krisen im Plural gesprochen wird. Es zirkuliert das Wort von der «Poly-Krise». Wir sollten zwischen sektoriellen Krisen oder Krisen-

671 Hartmut Kaelble, Europa in der Krise: Zivilisationskrise – Integrationskrise – Krisenmanagement. In: Mergel, 2012, S. 131–144. Kaelble macht darauf aufmerksam, dass bisher nationale Krisen im Vordergrund des historischen Forschungsinteresses gestanden hätten und nicht Analysen von Krisen internationaler Institutionen (S. 143). Kaelble verweist speziell auf Strath, 2012.

672 Kaelble meint mit Krisenmanagement allerdings vor allem die Reaktionen auf Krisen ausserhalb der EU, z. B. in Bosnien oder im Nahen Osten. Ebenda, S. 140.

673 Ebenda, S. 139.

sektoren, zwischen multiplen Krisen und einer umfassenden Krisenhaftigkeit unterscheiden. Ungenügendes Funktionieren einzelner Bereiche wird in generalisierender Weise als Versagen des Ganzen wahrgenommen. Differenziert werden müsste jedoch zwischen externen und internen Krisen, etwa zwischen Flüchtlingskrise und Krise der Flüchtlingspolitik oder zwischen einer globalen Wirtschaftskrise (seit 2007) und der Krise der EU-Beschäftigungspolitik.

Es könnte nun als neue Einsicht erscheinen, wenn man die Krise nicht in erster Linie der EU, sondern den EU-Mitgliedern zuschreibt. So neu ist der Gedanke aber nicht: Die gleiche Feststellung findet sich bereits in der Analyse, die Robert Frank nach dem französischen Nein von 2005 zum Verfassungsvertrag vorgelegt hat: «Kurz gesagt, gibt es weniger eine europäische Krise des französischen Bewusstseins als eine französische Krise des europäischen Bewusstseins.»[674] Allerdings nur nebenbei ist auch schon eingeräumt worden, dass der Nationalstaat infolge der Globalisierung in eine Krise geraten sei. Dass sich die nationalen Krisenzustände auf das Verhältnis zur EU auswirken, wurde dabei aber nicht in Betracht gezogen.[675]

Durch die Gesellschaftskrisen wird die EU indirekt freilich ebenfalls in Mitleidenschaft gezogen. Und es könnte für die EU zu einem Problem beziehungsweise ihr zusätzlich zum Vorwurf gemacht werden, dass sie selber viel zu wenig in einen Krisenmodus verfällt und mit bemerkenswerter (und vielleicht zu grosser Trägkeit oder Beständigkeit) einfach weitermacht wie bisher – mit *muddling through* und *business as usual*. Vielleicht müsste die EU als Antwort auf die Krisenhaftigkeit der Gesellschaften ihrerseits jetzt mit Alarmrufen, Katastrophensitzungen und Schnellreformen mehr «in Krise machen», damit die Meinung aufkommt, dass sie das aufgekommene Krisengefühl ernst genug nimmt?

Wirtschaftliche Krisen (Rezessionen) werden in der Regel als normale, stets und beinahe zyklisch wiederkehrende Krisen bei weitgehend gleichbleibenden Grundverhältnissen verstanden, auf die bei anderem Detailverhalten wieder Prosperitätsphasen folgen. Umfassende und grundsätzliche Infragestellungen sind da selten. Die Krisendiagnosen unserer Tage erwecken hingegen den Eindruck, dass in der EU alles oder das Wesentliche nicht funktioniere. Ohne die Hinweise auf tat-

674 Robert Frank, La société française depuis 1945. Américanisation, européanisation, mondialisation et identité nationale. In: Robert Marcowitz (Hg.), Nationale Identität und transnationale Einflüsse. Amerikanisierung, Europäisierung und Globalisierung in Frankreich nach dem Zweiten Weltkrieg. München 2007, S. 156.

675 Thomas Jansen, Die Europäische Union als Antwort auf die Krisen des Jahrhunderts. In: Kirt, 2001, S. 49–58.

sächliches Nichtfunktionieren beiseite zu schieben, sollte ein Gesamturteil (wie an anderer Stelle bereits gefordert) auch das gute Funktionieren der europäischen Institutionen berücksichtigen.

Krisen hat es schon immer gegeben. Neu ist aber, dass sie zu breiten und anhaltenden Gefühlen des Missmuts, die im ersten Kapitel dieser Darstellung erörtert worden sind, geführt haben, wie es sie bisher in diesem Ausmass nicht gegeben hat. Es stellt sich nun die Frage der Reihenfolge: Ist wegen der vielfältigen Krisen vermehrt Kritik aufgekommen oder haben sich wegen des vermehrten Kritikbedürfnisses die Krisen akzentuiert?

4.3 Konstruktive Kritik?

Die Wahrnehmung der EU oder besser: die in der Öffentlichkeit geführte Auseinandersetzung mit der EU ist in der Regel nicht positiv und auch nicht konstruktiv. Dies liegt zum einen an der vor allem auf «bad news» ausgerichteten allgemeinen Zurkenntnisnahme des Geschehens in der Welt. Die Wahrnehmung wie die Beurteilung der Vorgänge in der EU sind aber besonders negativ geprägt, jedenfalls mehr als vergleichbare Phänomene und Probleme im nationalen Rahmen.

Dies zeigt sich in der Problembeurteilung: Nationale Kompromiss- und Konsenssuche werden vielfach positiv, ihre Entsprechungen auf europäischer Ebene als Gezänk und Gefeilsch negativ beurteilt. Desgleichen bei «überbordenden» Ausgaben: Da ist, wenn es um die EU geht, wesentlich schneller (und völlige unberechtigt) von Verschleuderung der Mittel die Rede als bei analogen Phänomenen in der nationalen Politik. Auch mit dem Vorwurf der Intransparenz ist man gegenüber der EU schneller zur Hand als gegenüber dem eigenen Nationalstaat, und dies, obwohl objektiv die Vorgänge in den Institutionen der EU transparenter sind als in analogen nationalen Institutionen. Es stört auch nicht, wenn Bürger und Bürgerinnen bei der nationalen Politikformulierung wenig bis nichts zu sagen haben, während der entsprechende Zustand auf europäischer Ebene als undemokratischer Missstand gebrandmarkt wird. So schreibt Hans Magnus Enzensberger in seiner EU-kritischen Klageschrift, dass die «Bevölkerung» bei den Beschlüssen «nichts mitzureden» habe, und erhebt damit einen Vorwurf, den er keineswegs auch an die Nationen richtet, obwohl es die nationalen Kräfte sind, die nicht mehr Demokratie auf supranationaler Ebene zulassen, was man mit guten Gründen bedauern oder begrüssen kann.[676]

676 Enzensberger, 2011, S. 52.

Zudem wenden die meisten Kritiker keine Gedanken dafür auf, wie die Entwicklung Europas ohne die bisher zustande gekommene Vergemeinschaftung verlaufen wäre, wie beispielsweise ein Europa ohne Euro aussähe. Hier soll es nun nicht darum gehen, umfassend zu diskutieren, inwiefern diese Vorwürfe berechtigt oder unberechtigt sind. Dass sie als Kritikpunkte teilweise berechtigt sind, soll keineswegs bestritten werden. Von Einzelbeurteilungen dürfte man aber erwarten, dass sie, wenn sie bestimmend für Grundhaltungen werden und sein wollen, neben den Schwächen auch die Stärken berücksichtigen, neben dem Fehlenden auch das Vorhandene, neben dem Nichtfunktionieren auch das Funktionieren. Zum 60. Jahrestag der Römischen Verträge publizierte ein deutsches Massenblatt im März 2016 Angaben zur Einschätzung von Vor- und Nachteilen: 64 Prozent der Deutschen sind demzufolge der Meinung, dass sie von der EU persönlich Vorteile haben; 16 Prozent sehen dagegen eher Nachteile, bei 20 Prozent «weiß nicht»-Antworten. Die vom Blatt aufgezählten EU-Errungenschaften lagen naturgemäss weitgehend im privaten Alltagsleben.[677]

Die sogenannten Output-Leistungen der EU (vgl. unten) müssten erst einmal in ihrer grossen Breite zur Kenntnis genommen werden. Neben der Liste der offensichtlichen Kritikpunkte müsste eine Zusammenstellung der Vorzüge zur Verfügung stehen. Im herrschenden Bewusstsein müssten die Errungenschaften der EU und deren Leistungen einen angemessenen Platz einnehmen.[678] Das würde aber zweierlei voraussetzen: Zum einen, dass Gelingen überhaupt zur Kenntnis genommen und allfälliges Misslingen nicht sogleich zum Anlass genommen wird, die Institution als solche in Frage zu stellen. Wir kämen doch auch nicht auf die Idee, unseren Nationalstaaten oder Kommunen im Falle von Scheitern und strukturellen Schwächen gleich die ganze Existenzberechtigung abzusprechen.

677 Frieden, Wohlstand, sichere Lebensmittel, Erasmus-Programme für Studenten, keine Grenzkontrollen auf dem Weg in den Urlaub, Förderung von strukturschwachen Regionen (auch in Deutschland!), kein Auslandsroaming, die «112» als einheitliche europäische Telefonnummer für Notfälle, Schluss mit Geldumtauschen in Euro-Ländern, im Urlaub sichere Produkte wie Kindersitze kaufen können, das Recht, überall in der EU leben und arbeiten zu dürfen etc.; vgl. http://www.bild.de/politik/ausland/europaeische-union/ist-die-eu-mit-sechzig-reif-fuer-die-rente-50905884.bild.html (letzter Zugriff März 2017).

678 Dem Internet sei Dank gibt es leicht zugängliche Umfragen zu «Positivem und Negativem für Europa», allerdings mit ziemlich armseligen Angaben; vgl. z. B. http://www.gutefrage.net/frage/positives-und-negatives-fuer-europa (letzter Zugriff Juli 2017).

Beispiele für unfaire und einseitige Kritik lassen sich in der Tagespresse, sogar selbst im schweizerischen Qualitätsblatt NZZ ausmachen.[679] Die vorliegende Auseinandersetzung mit der in den letzten Jahren vehementer gewordenen Kritik soll sich aber im Folgenden auf einige jüngst erschienene Europa-Schriften konzentrieren. Ausgangspunkt ist das 2011 von Hans Magnus Enzensberger veröffentlichte Pamphlet «Sanftes Monster Brüssel oder die Entmündigung Europas».[680] Ihr sei im Sinne einer Gegenüberstellung die Schrift des Schriftstellerkollegen Robert Menasse von 2012 entgegengehalten. In weiteren Schritten werden die beiden 2016 erschienenen und auf den Aspekt der sozialen Gerechtigkeit ausgerichteten Schriften von Claus Offe und Ulrike Guérot vorgestellt und kommentiert. Zwei weitere Schriften, die erste stammt von Brendan Simms und Benjamin Zeeb, die zweite von Thomas Schmid, gehen beide davon aus, dass es mit Europa so «nicht weitergehen» könne, sie schlagen aber unterschiedliche Wege in eine bessere Zukunft vor. Sieht man von Enzensbergers Polemik ab, haben die hier vorgestellten Schriften etwas gemeinsam: Die Kritik geht davon aus, dass die EU einer Notwendigkeit entspricht und gerade darum verbessert und weiterentwickelt werden soll. Sie will konstruktiv sein und verdient es deshalb, zur Kenntnis genommen zu werden. Darum sei diese Kritik hier – kritisch – vorgestellt.

Hans Magnus Enzensberger

Noch 1987 hatte Enzensberger einem gegebenen Texttypus entsprechend Impressionen einer Reise durch Europa (West- wie Ost-) veröffentlicht, ohne sich mit dem «Monster» zu befassen. Das Politischste an seiner Darstellung war, dass er, wie in der Verlagsankündigung hervorgehoben wurde, «unseren Kontinent» nicht aus der «politischen Zentralperspektive der Macht», sondern «von den Rändern her» betrachtete. Ansonsten aber nichts, was den seufzenden Titel erklärt hätte.[681]

679 Weniger in den redaktionellen Beiträgen als in den Gastbeiträgen, etwa des in Oxford domizilierten schweizerischen Historikers Oliver Zimmer. Vgl. oben, S. 71.

680 Enzensberger hatte sich bereits im Vorjahr zur EU geäussert: «Wehrt Euch gegen die Bananenbürokratie» (FAZ vom 3. Februar 2010).

681 Hans Magnus Enzensberger, Ach Europa! Wahrnehmungen aus sieben Ländern. Frankfurt a. M. 1987/89. Jürgen Habermas gab ein Jahrzehnt später einem völlig andersartigen Text ebenfalls den Titel «Ach, Europa». Vgl. ders., 2008. Habermas bezieht sich ausdrücklich auf Enzensbergers Schrift von 1987/89: «Von Enzensbergers Lobgesang auf die europäische Vielfalt – Ach Europa! – bleibt heute nur noch der seufzende Ton.» (S. 7).

Enzensbergers Wortmeldung von 1989 war dann voller Vorbehalte und Ablehnung. Die Europaidee sei eine Droge, mit der das Publikum in Europhorie versetzt werde, obwohl es nur um die Interessen der Berufspolitiker und Wirtschaftslobbyisten gehe. Den EG-Institutionen sei eine «penetrante Unglaubwürdigkeit» eigen, denn es fehle ihnen entweder die politische Kompetenz oder die demokratische Legitimation. Die EG werfe ihre Mitglieder in vorkonstitutionelle Zustände zurück. Enzensbergers Kritik richtet sich ausschliesslich an den «Brüsseler Koloss auf tönernen Füssen» und nicht an die Bürger und Bürgerinnen. Diese erscheinen schonungsvoll nur ahnungslos und unverständig: Sie hätten «nicht recht» begriffen, was ihnen zugemutet werde, beschränkten sich aber darauf, wenig bis keinen Enthusiasmus für das Europaprojekt aufzubringen. Erst nach 1992 würde ihnen «ein Licht aufgehen». Enzensbergers Wahrnehmung stimmt mit dem Befund überein, dass der «permissive Konsens» über 1989 hinaus angedauert hat. Seine Kritik überzeichnet die europapolitischen Ambitionen, indem sie davon ausgeht, dass sie «unseren Erdteil» in eine homogene Supermacht verwandeln möchten. Mit «voller Zuversicht» erklärt der Poet, dass das Projekt sowohl an der «vehementen Opposition der Europäer» als auch an den unüberwindlichen Hindernissen der kulturellen und politischen Vielfalt scheitern werde. Brüssel und Europa seien unvereinbar, und, vor die Alternative gestellt, würde den Europäern die Wahl nicht schwerfallen.[682]

Die Schrift von 2011 war noch kritischer: Die NZZ begrüsste die «wünschbare Deutlichkeit» und attestierte den Ausführungen Aufklärungsqualität.[683] Im Zürcher Konkurrenzblatt, dem «Tages-Anzeiger», wurde die Schrift dagegen mit den angebrachten Vorbehalten aufgenommen, das heisst mit der korrigierenden Bemerkung, dass nicht das «Monster» und die EU-Funktionäre das Problem seien, sondern Europas Spitzenpolitiker, die Mitgliedsländer, die nationalen Egoismen. Enzensbergers Kritik enthalte zwar ein Körnchen Wahrheit, sei aber grossspurig und oberflächlich,

682 Hans Magnus Enzensberger, Brüssel oder Europa – eines von beiden. In: Ders., Der fliegende Robert. Gedichte. Szenen. Essays. Frankfurt a. M. 1989. S. 117–125.

683 Feuilletonchef Martin Meyer, Willkommen in der Zwangsfabrik. In: NZZ vom 26. April 2011. Mit dem Diktum «Die EU wird sich von selbst erledigen» durfte der Schriftsteller Thomas Hürlimann in der «NZZ am Sonntag» kürzlich zum europäischen Gemeinschaftsprojekt wenig kompetente Biertischweisheiten von sich geben und beispielsweise erklären, «dieses supranationale Gebilde vertritt mehr und mehr ein bestimmtes Menschenbild, das ich nicht verordnet bekommen möchte». (NZZ vom 23. April 2017; vgl. https://nzzas.nzz.ch/notizen/thomas-huerlimann-die-eu-wird-sich-von-selbst-erledigen-ld.1288222; letzter Zugriff Juli 2017).

was die NZZ, welche jetzt die antieuropäische Haltung des Autors teilte, eben nicht bemerkte.[684]

Enzensberger begnügte sich nicht damit, die vorhandenen Strukturen zu kritisieren, er erging sich in Verschwörungsannahmen, indem er sagte, dass der Ausschluss und das schwindende Interesse der Bürger gewollt und bewusst herbeigeführt worden seien, weil sich dann leichter regieren lasse. Bezüglich der sinkenden Beteiligungen an den Wahlen zum Europäische Parlament meinte er: «Die Vermutung ist nicht weit hergeholt, dass ihnen das sogar ins Konzept passt; denn für jede machtbewusste Exekutive ist die Passivität der Bürger ein paradiesischer Zustand.» (S. 53) Die Vermutung ist tatsächlich nicht weit hergeholt, sie stammt aus der stets nahen Ecke der niedrigen Verdächtigung – und sie ist grundfalsch. Sie nimmt die seit 1992 intensivierten Bemühungen der EU um Bürgernähe nicht zur Kenntnis und verfällt ganz dem billigen Klischee von «denen da oben». Immerhin räumt sie ein, dass die nationalen Regierungen dafür mitverantwortlich seien, wenn «Brüssel» einen schlechten Ruf habe. Alles in allem findet sich in diesem Text aber kein einziger origineller Gedanke, sondern allein die üblichen Klischeebilder von der grössenwahnsinnigen Kommission, als ob diese ohne die Zustimmung der nationalen Regierungen ihre Bevormundung betreiben und sich in den Alltag der Europäer «einmischen» könnte.

Immerhin wird auch hier eingeräumt, dass manche der als überflüssig eingestuften Vorschriften von Mitgliedsländern und privaten Wirtschaftsakteuren durchgedrückt worden seien (S. 18ff.). Im Kapitelchen zur Vorgeschichte der EU gibt es keine Würdigung der Bewegung, die sich für die Schaffung eines Europa von unten engagierte; dafür kolportiert Enzensberger die Spekulation, dass der Kongress von Den Haag von 1948 unter Mitwirkung «amerikanischer Dienste» zustande gekommen sei. Kein Wort, dass mit den Anfängen der Gemeinschaft der säkulare Gegensatz zwischen Frankreich und Deutschland überwunden wurde und dass mit dem Aufbau dieser Gemeinschaft das dem sowjetischen Zugriff ausgesetzte westliche Europa eine Konsolidierung erfuhr. Jean Monnet wird als ein Mann verstanden, dem es weniger um Europa als darum ging, im Dienste der Wirtschaft ein transnationales System zu schaffen und sich, im Schatten agierend, als Mentor der Mächtigen seiner Zeit zu betätigen.

684 Luciano Ferrari, Das ‹sanfte Monster› ist vor allem ein vernachlässigtes Kind. In: Tages-Anzeiger vom 23. April 2011.

> «Nie hat sich Monnet in einem Wahlkampf um ein politisches Amt beworben. Das Bad in der Menge gehörte nicht zu seinen Vorlieben, sowenig wie das Blitzgewitter der Kameraleute. [...] Stets hat er als ebenso diskreter wie einflussreicher Drahtzieher und Ohrenbläser der Mächtigen seiner Zeit agiert.» (S. 39ff.)

Zutreffend ist, dass Monnet von Volksbefragungen tatsächlich nichts hielt und mit der «Methode Monnet» konsensual getroffene Eliteentscheidungen kleiner Komitees bevorzugte. Widersprüchlich wirkt dagegen, dass einerseits der EU zum Vorwurf gemacht wird, dass sie stets, also über 1993 hinaus, eine Wirtschaftsgemeinschaft geblieben, also keine Politische Union geworden sei; diese aber wird von Enzensberger, weil basisfern, wiederum abgelehnt (S. 43ff.). Enzensberger zeichnet das Bild zweier Welten: einer verantwortungslosen, abgehobenen, aber bevormundenden Brüsseler Autorität (S. 59) und einer pauschal mit dem populistischen «wir» umschriebenen Basis, welche die Vereinheitlichungen im nationalen Rahmen offenbar selbstverständlich hinzunehmen habe, weil hier der Einwand offensichtlich nicht gelte, «dass wir selber wissen, was gut für uns ist» (S. 57).

Natürlich fällt auch das bekannte Wort vom «Geburtsfehler» der Gemeinschaft (S. 23), allerdings ohne darzulegen, worin dieser besteht. Die fehlende Politische Union ist jedenfalls nicht gemeint, auch nicht die erst spät zustande gekommene und schwach ausgebildete Verfassung. Hingegen könnte damit das «demokratische Defizit» gemeint sein, das einseitig nur im Falle der EU beklagt und mit Bezug auf den Nationalstaat nicht problematisiert wird. Enzensberger zufolge ist der «Geburtsfehler» wohl auf Jean Monnets Geringschätzung der Demokratie zurückzuführen, was aber nur in Verbindung mit der von den Regierungen der Mitgliedstaaten zu verantwortenden Geringschätzung möglich war. Dies wird von Enzensberger nicht auf den Punkt gebracht (S. 50). An die «Geburtsmetapher» anknüpfend könnte man sagen, dass bei der Zeugung des künftigen Kindes etwas falsch gelaufen sei. Und dafür sind die sich wiederum am Nationalstaat festklammernden Akteure in hohem Mass verantwortlich.

Enzensberger bietet einen fast vollständigen und nachgerade typischen Katalog der gängigsten und zumeist wenig kritischen Europa-Kritikpunkte:

1. der Vorwurf der Bürgerferne und des Demokratiedefizits und damit verbunden der Geheimniskrämerei,
2. der Vorwurf der Entmündigung und unnötigen «Beglückung» mit gutgemeinten Vorschriften,
3. der Vorwurf, eine Monsterbürokratie zu unterhalten und Finanzmittel zu verschleudern,

4. der Vorwurf der verödenden Standardisierung und Zerstörung der europäischen Vielfalt,
5. der Vorwurf der neoliberalen und Menschen in die Armut treibenden Rücksichtslosigkeit,
6. der Vorwurf, die eigenen Regeln nicht einzuhalten oder inkonsequent zu handhaben, die Zielsetzungen nicht zu erreichen und Versprechen nicht einzulösen.

Das sind mehrheitlich Vorwürfe, die man auch dem eigenen Staat gegenüber erheben kann, was zum Teil auch getan wird, oft aber nicht mit derselben Konsequenz wie im Falle der EU, das heisst nicht mit derselben Abwehrhaltung und derselben grundsätzlichen Infragestellung. Besonders offensichtlich ist die Ungleichheit in der Bereitschaft, Dinge zu beanstanden oder leicht hinzunehmen, beim Phänomen der Abkürzungen: Enzensberger macht sich in einer Weise über die zahlreichen akronymischen Kürzel im EU-Kontext lustig, wie er dies zum Beispiel über analoge Erscheinungen in Deutschland oder Frankreich nie täte (S. 24). Robert Menasse hat diesen «Holzhammerhohn» zu Recht nicht unbeantwortet gelassen und ihm geläufige, deutsche BRD-Kürzel entgegengehalten (S. 16). Auch den schweizerischen Europakritikern, die gerne auf Enzensberger rekurrieren, könnte man viele einheimische Beispiele servieren (von der AHV über das ZGB zum SNF und der USR III).

Während vom Poeten Enzensberger keine kompetenten Kommentare zum Umgang mit der Finanz- und Wirtschaftskrise zu erwarten sind, hätte er eine vertiefte Auseinandersetzung mit dem Vorwurf der Zerstörung der europäischen Vielfalt bieten können, die weitgehend bedingt ist durch die homogenisierende Wirkung der Moderne, und dabei hätte er allerdings zur Einsicht kommen müssen, dass die EU nicht nur dafür mitverantwortlich ist, sondern sogar gewisse Verdienste in deren Erhaltung hat (vgl. unten C. Offe, S. 262ff.).

Robert Menasse

Enzensberger konnte sich in seiner Publikation von 2011 bereits auf Robert Menasse beziehen (wohl wegen einer Vorabpublikation)[685] und einige seiner ihm genehmen Aussagen ausführlich zitieren (S. 50ff.), obwohl Menasses Europa-Schrift erst 2012

685 Enzensberger nennt in seiner Literaturliste Robert Menasse, Populismus zerstört Europa. In: Die Zeit vom 20. Mai 2010.

erschien.[686] Die Grundaussagen der beiden Schriften widersprechen sich diametral. Für Enzensberger ist die EU eine Chimäre, ein Mischwesen, «das seine menschenfreundlichen Absichten, die es mit List und Geduld verfolgt, mit unbedingter Autorität und erzieherischem Druck durchsetzen möchte» (S. 59). Bei Menasse gibt es ebenfalls Chimären. Diese bestehen aber in der vermeintlichen Bedrohung der nationalen Identitäten durch die EG/EU und in den angeblich nationalen Interessen. Das Identitätsgerede diene doch nur dazu, Elite und Volk mit dem Mittel der Abgrenzung zu anderen Völkern oder Gesellschaften in der eigenen Nation zusammenzuhalten (S. 13). Nationale Interessen könnten stets nur einzelne Nationen geltenden machen: Diese stünden damit im Dienste nicht der nationalen Gemeinschaft, sondern partikularer Kleingruppen (S. 50).

Am deutlichsten unterscheiden sich Enzensberger und Menasse in ihrer Beurteilung der Kommission. Während ersterer, wie gesagt, die Machtanmassung der Kommission geisselt, würdigt letzterer die Kommission mit ihrem Beamtenstab als aufgeklärte, die echten Interessen der Union aufrichtig vertretende und transparente, aber leider zu stark zurückgebundene Institution (S. 41, 87). Für Menasse trägt der Rat beziehungsweise der Europäische Rat die Hauptverantwortung für die Missstände in der EU: Dieser vertrete weiterhin die nationalen Interessen und behindere, ja verhindere den Aufbau des postnationalen Gemeinschaftsprojekts. Darum plädiert Menasse für die ersatzlose Streichung des Europäischen Rats (S. 50, 94) und räumt dem Ministerrat nicht einmal einen zurückgestuften Platz als Ständekammer in einer klassischen Drei-Gewalten-Ordnung ein.

Auch Menasse geht von einem «Konstruktionsfehler» aus (S. 49). Dieser bestehe aber darin, dass der Rat als Vertretung der Nationen in der Union institutionell weiterhin die entscheidende Macht innehabe und mit dem Vertrag von Lissabon «gegen die Vernunft der Entwicklung» auf Kosten der Kommission sogar mit zusätzlichen Befugnissen ausgestattet worden sei. Die Nationen sind für Menasse ohnehin ein Auslaufmodell, an ihre Stelle sollten die Regionen treten, die in einem reformierten Wahlrecht im Europäischen Parlament eine angemessenere Interessenvertretung der Bürger und Bürgerinnen einnehmen könnten. Zum Demokratiedefizit bemerkt er, dass erstens die nationalen Demokratien ebenfalls ihre Defizite hätten, diese aber nicht bemängelt würden (S. 68), und dass es vor allem die nationalen Demokratien seien, die über die von ihnen gewählten Regierungen die Verwirklichung einer postnationalen Demokratie verhinderten (S. 72).

686 Robert Menasse, Der Europäische Landbote. Die Wut der Bürger und der Friede Europas. Wien 2012.

Die weitere Entwicklung sieht Menasse durch zweierlei bestimmt: einerseits durch einen krisenbedingten Zwang, die Reformen vorzunehmen, «die davor wegen nationalstaatlichen Kleingeists nicht möglich waren» (S. 94); andererseits aber auch durch den ehrlichen Willen, «eine neue Demokratie» zu erfinden. Dabei soll aber nicht ein Super- oder Überstaat als Kopie des Nationalstaats geschaffen werden, sondern ein Kontinent ohne Nationen, ohne superstaatlichen Zentralismus, eine freie Assoziation von Regionen, gelebte demokratische Qualität (S. 102). Dieses Ideal eines Endzeitzustands ginge allerdings über das hinaus, was am Anfang des Integrationsprozesses als Ziel und «Versprechen» vorgelegen habe (S. 50, 95, 101). Inzwischen hätten die nationalen Einflüsse sogar wieder zugenommen. Trotzdem hält Manesse einen radikalen Schritt in der beschriebenen Richtung für möglich. Seinen Glauben rechtfertigt er unter anderem mit dem Argument, dass ein Jahr vor der Unterzeichnung der Römischen Verträge von 1957 deren Unterzeichnung ebenfalls noch völlig unrealistisch erschienen sei (S. 89), und er speist seine Erwartung – 2012 – aus der Überzeugung, dass sich Europa in einer «Vorabendsituation» befinde (S. 107ff.).

Menasses Schrift wurde 2015 mit dem 2007 geschaffenen Preis des Europäischen Buches/Prix du livre européen ausgezeichnet. Enzensbergers Schrift dürfte aber eine grössere Resonanz haben, weil in unserer Zeit «kritische» Äusserungen über die EU eher rezipiert werden als positiv eingestellte Würdigungen.

Claus Offe

Die durchdachteste und auf einen zentralen Punkt konzentrierte Kritik stammt von einem altlinken Soziologen. Claus Offe sieht jedoch davon ab, dem in seiner Natur offenbar unveränderbaren Kapitalismus den Prozess zu machen. Den verantwortlichen EU-Architekten macht er den Vorwurf, den auf der übernationalen Ebene ungehemmt agierenden Kapitalismus beziehungsweise die Finanzmärkte nicht einzuschränken. Der supranational integrierte Binnenmarkt biete Investoren und Arbeitgebern zusätzliche Handlungsspielräume, mit denen sie nationale politische Entscheidungen gleichsam «von aussen» beeinflussen könnten.

Mit der Schaffung des gemeinsamen Wirtschafts- und Währungsraums hätten die Nationalstaaten auf die Möglichkeit einer ihren Bedürfnissen entsprechenden Wirtschaftspolitik weitgehend verzichtet, zugleich aber auf der supranationalen Ebene keine gesamteuropäische Ersatzinstanz geschaffen, die dies für den gesamten Raum an die Hand nehmen könnte. Die binnenmarkt-schaffende Befreiung von Behinderungen und Beschränkung sei nicht durch wirtschaftspolitische und regulative Zuständigkeiten auf der Ebene der grösseren wirtschaftlichen Einheit ausgeglichen worden (oder in Fritz W. Scharpfs Begrifflichkeit: Der negativen Integration mit der Beseitigung nationaler Regeln zu Gunsten neoliberalen Wirtschaftens sei keine positive Integration durch Schaffung europäischer Regeln insbesondere im sozialpolitischen Bereich zur Seite gestellt worden).[687] Bisherige Erfahrungen zeigten, dass der integrierte Markt entgegen den Erwartungen und Versprechungen statt zu Konvergenz und «immer engerer» Integration im Gegenteil zu stets grösserem Abstand zwischen Integrationsgewinnern und -verlierern führe (S. 29). Die geltenden Verträge würden es nun nicht zulassen, dass eine gemeinsame Regierungsfähigkeit und wirtschaftspolitische Gestaltungskapazität aufgebaut und damit ermöglicht würde, die europäischen Interdependenzen auf allerseits erträgliche Weise zu regeln und gleichzeitig die Macht der Finanzmärkte zu kontrollierenn (S. 16).

Die mit «Maastricht» teilentmachteten Nationalstaaten kommen in dieser Schrift etwas zu gut weg. Offe ist zwar nicht der Meinung, dass diese in ihren traditionellen Kompetenzen erhalten bleiben oder wiederhergestellt werden sollten. In der Beschreibung dessen, was jetzt fehle, schreibt er aber dem Nationalstaat die zuvor zur Verfügung gestandene und jetzt zunichte gemachte Fähigkeit zu, die sozialen und wirtschaftlichen Probleme nach demokratischen Grundsätzen interventionistisch und schützend zu regeln. Diese Schutzfunktion hatte der Nationalstaat, solange sie bei ihm lag, jedoch auch nur begrenzt wahrgenommen. Und wenn er jetzt dem internationalen Wettbewerb ausgesetzt sei und darum Investoren und Arbeitgeber mit fiskal-, wirtschafts- und sozialpolitischen Mitteln anziehen müsse, wachse die Fähigkeit der privaten Grossakteure, die Bedingungen in ihrem Sinne zu beeinflussen (S. 28).

Es trifft aber zu, dass die traditionelle Schutzfunktion wegen der ausgebauten Mobilität der Wirtschaftsfaktoren nach 1992 stark eingeschränkt worden ist. Die Nationalstaaten sind jetzt infolge der grenzenlosen Liberalisierung von Handel und Investitionen vielmehr in einen Standortwettbewerb gezwungen, der zu Steuererleichterungen für internationale Wirtschaftsakteure und entsprechende Reduktionen von Sozialleistungen für die «eigene» Bevölkerung führt, wofür dann wiederum die EU verantwortlich gemacht werde (S. 162).

Offes Kritik manifestiert eine nicht untypische Kombination von Pessimismus und Verbesserungserwartung. Die pessimistische Diagnose führt aus, was bereits im Buchtitel zum Ausdruck gebracht wird: Europa sitzt in der Falle! Das meint: Europa ist in einer Gegebenheit gefangen, die «unerträglich», aber ohne Ausweg ist,

687 Scharpf, 1999. Übernommen z. B. auch von Grimm, 2016, S. 128.

«weil es an den hierzu erforderlichen Kräften und Akteuren fehlt» (S. 15). Politisch sei nicht möglich, was wirtschaftlich dringend nötig wäre. So könne es nicht weitergehen, die EU werde zerfallen, wenn nicht eine «erhebliche Verbesserung ihrer institutionellen Struktur» gelinge (S. 13). Offe will wenigstens aufzeigen, worin der richtige Weg bestehen müsste. Wie es derzeit ist und nicht sein sollte, hält der folgende Satz pointiert fest: «Die WWU hat bewirkt, dass Märkte, die in Staaten eingebettet waren, sich transformiert haben in Staaten, die in (Finanz-)Märkte eingebettet und ihren Strategien und Wechselfällen wehrlos ausgesetzt sind.» (S. 64). Bereits zuvor hielt die Schrift bezüglich der Eurozone mit einer analogen Formulierung fest: «Die Eurozone ist heute ein missgebildetes System aus neunzehn Staaten ohne eigene Zentralbank und einer Zentralbank ohne Staat.» (S. 16).

Die nach «Maastricht» eingetretene Entkoppelung von Marktwirtschaft und politischer Demokratie müsse rückgängig gemacht werden (S. 19, 159). Offe spricht sich aber nicht für eine Rückkehr in die Ära vor der Währungsunion aus. Er teilt den von Bundeskanzlerin Angela Merkel verkündeten Merksatz: Bricht die Eurozone auseinander, scheitert die gesamte Union beziehungsweise ist die Wahrscheinlichkeit des Scheiterns sehr gross (S. 18). Die Einführung der gemeinsamen Währung in einer höchst heterogenen Wirtschaftszone ohne Einbettung in eine Politische Union sei zwar ein «gewaltiger Fehler» gewesen, würde man ihn einfach rückgängig machen, hätte dies grosse Verwerfungen und Unwägbarkeiten zur Folge und wäre darum ein noch grösserer Fehler (S. 73). Vielmehr müsse jetzt aus einer halben WWU eine ganze werden.

Das bedeutet Organisation sozial-ökonomischer Gerechtigkeit in einem Sicherungssystem auf EU-Ebene, das dem nationalen Wohlfahrtsstaat entspreche, also eine «partielle Vergemeinschaftung» der Wirtschafts-, Finanz- und Sozialpolitik, welche die Dominanz der negativen Integration und die politische Macht der Finanzmächte einschneidend beschränken könnte (S. 169). Notwendig sei die Schaffung einer EU-weiten Arbeitslosenversicherung und Sozialhilfe; sie würde neben der eigentlichen Zweckbestimmung der existentiellen Sicherung den Zusatzeffekt haben, die Massenidentifikation mit der EU zu stärken, weil diese als Instanz in Erscheinung träte, die für Fragen der Verteilungsgerechtigkeit zuständig ist (S. 172).

Um so weit zu kommen, müssten jedoch mentale und institutionelle Hürden genommen werden, in mentaler Hinsicht eine Denkweise, die primär in nationalen Einheiten rechne, und an ihrer Stelle müsste ein Denken in Kategorien von sozialen Klassen sowie zentralen und peripheren Räumen tretenn (S. 174ff.). Die institutionellen Hürden bestünden erstens darin, dass das Europäische Parlament und der Rat nicht über das Haushaltsvolumen der EU (und damit über die Mittel einer eigenen

Sozial- und Verteilungspolitik) verfügten; und sie bestünden zweitens darin, dass mit dem Subsidiaritätsprinzip die Sozialpolitik an die Nationen gebunden worden sei und die EU sich in diesem Bereich auf blosses Beobachten und Empfehlen beschränken müsse (S. 177).

Von den sozialen Kräften ist in dieser Analyse nur kurz und indirekt die Rede. Offe hält es für nicht wahrscheinlich, dass Reformer im Sinne der aufgezeigten Notwendigkeit genügend politischen Einfluss ausüben können und bei den Bürgern die entsprechende Resonanz finden würden (S. 167). Wichtig wäre aber, dass die EU-Institutionen und EU-Magistraten, wie es zuvor mehr oder weniger bei den Nationalstaaten der Fall war, als Interessenvertreter der Basisbevölkerung wahrgenommen würden.

Offe äussert sich nur am Rande zum Demokratiedefizit, er sieht dessen Behebung nicht im Ausbau der Basisrechte und der direkten Demokratie. Die Bürgerrechte sähe er verbessert durch die Aufwertung der von den Bürgern gewählten Repräsentanten als Mitglieder eines Parlaments, das über mehr Kompetenzen verfügen sollte. Er spricht sich für «Verfahren» aus, welche die Träger europäischer Handlungsfähigkeit (Parlament und Regierung) mit dem Mass an demokratischer Legitimität und Verbindlichkeit ausstatten, auf die es für auch nur halbwegs aussichtsreiche Antworten auf diese Krise ankomme. Offe ist nicht nur EU-kritisch, er ist auch kritisch gegenüber den EU-Bürgern, wenn er von ihrer vorherrschenden Wahrnehmung sagt, dass sie in populäre Klagen über die bürokratische «Einmischung» der Kommission in «unsere Angelegenheit» münde, für die Demokratisierung der Entscheidungsstrukturen auf der EU-Ebene sich aber wenig interessiere (S. 167).

Die zu Beginn aufgeworfenen Fragen, ob es soziale Kräfte, inspirierende Ideen oder mit ausreichenden Ressourcen ausgestattete Akteure für die notwendigen Veränderungen gibt (S. 11), werden am Schluss nicht explizit mit Ja oder Nein beantwortet. Offe geht davon aus, dass die wünschenswerten strategischen Ziele (natürlich im Sinne seines Verständnisses) bereits identifiziert seien, dass dies aber wenig helfe, wenn niemand bereit und fähig ist, sie anzugehen. Wer sollte dies tun? Die EU-Akteure sieht Offe zum Untätigkeit verurteilt, weil sie nicht mit ausreichender legitimer Macht ausgestattet seien. EZB-Präsident Mario Draghi und andere würden von einem «europäischen Finanzminister» träumen, es gebe aber keinen europäischen Gesetzgeber mit umfassendem Budgetrecht (S. 15).

Die Rettung der EU bestehe, so Claus Offes impliziter Schluss, in der «Gewährung sozialer Ansprüche, die unmittelbar durch EU-Recht sanktioniert, den Bürgern der EU in ihrer Gesamtheit zukommen und aus Mitteln der EU erfüllt werden» (S. 180). Und dass die EU trotz ihrer Mängel es verdienen würde, gerettet zu werden, wird in einer zentralen Passage mit sieben Punkten (keinem Narrativ, sondern einem Argumentarium) begründet: Der erste Punkt entspricht der traditionellen Würdigung der EU als Unternehmen der internationalen Friedenssicherung. Es folgen die Funktionen 2. der Wohlstandshebung, 3. der Festigung der Rechtsstaatlichkeit, 4. der Bildung eines gewichtigen Akteurs in der Welt und 5. der Gewährleistung kultureller Vielfalt trotz einer gewissen Standardisierung, 6. der Selbstkontrolle und, *last but not least*, 7. der guten Kombination eines europaweiten Regimes und mitgliedstaatlicher Autonomie. Die wichtigste Funktion, die Selbstkontrolle, ist erst an sechster Stelle aufgeführt und wird auch als auto-paternalistische gegenseitige Beaufsichtigung bezeichnet. Diese sei darum nötig und wichtig, weil Europa weiterhin ein regressives Potential an Xenophobie, Nationalismus, Chauvinismus, Autoritarismus, Imperialismus und Rücksichtslosigkeit gegenüber Minderheiten in sich trage.[688]

Ulrike Guérot

Die von der Politologin Ulrike Guérot ebenfalls 2016 präsentierte Schrift wurde recht gut aufgenommen.[689] Das ist umso bemerkenswerter, als sie darin eine äusserst radikale Haltung einnimmt, der gegenwärtigen EU ebenfalls nichts weniger als den Tod prophezeit und in einem Gegenentwurf eine Utopie entwickelt, die an Stelle der EU treten solle und den Bedürfnissen der Menschen entspreche: eine Republik mit echtem Liberalismus im Dienst des Gemeinwohls, mit wirklicher Gleichheit aller Bürger und Bürgerinnen, mit einer Regierung und Regierungselite, die mit der Zivilgesellschaft verbunden ist, und mit transnationaler Demokratie.

Wo es nicht um begründetes und ideengeschichtlich abgestütztes Einfordern von Prinzipien geht, sondern um die konkrete Struktur der Ersatzordnung, ist der revolutionäre Vorschlag erstaunlich konventionell. Guérot wünscht sich für Europa bis 2045 die Errichtung eines klassischen Gesamtstaats, allerdings ohne Mitwirkung der Nationalstaaten, für die Regionen eine zweite Parlamentskammer neben der

688 Claus Offe, Europa in der Falle. Berlin 2016, S. 87–102. Engl. Original: Europe Entrapped. Cambridge 2014. Aus einem Aufsatz hervorgegangen, der bereits 2013 in den «Blättern für deutsche und internationale Politik» und, erweitert, im «European Law Journal» erschienen ist. In einem zweiten Durchgang führt Offe auf, welche Abstriche an diesen Wertschätzungen zu machen sind.

689 Ulrike Guérot, Warum Europa eine Republik werden muss. Eine politische Utopie. Bonn 2016. Pressestimmen: http://dietz-verlag.de/isbn/9783801204792/Warum-Europa-eine-Republik-werden-muss-Eine-politische-Utopie-Ulrike-Guerot.

Volkskammer mit einheitlichen Wahlmodalitäten und transnationalen Wahlkreisen (ein «einfaches Wegschmelzen» der nationalen Grenzen, S. 161), eine starke Regierung aus einer «entschlackten» Kommission mit Mitgliedern, die nach politischen und nicht nationalen Kriterien zusammengestellt werden, und – sozusagen zur Abwechslung – einmal mit einer weiblichen Vorsitzenden. Guérot hat nichts gegen den Euro, will ihn für die gesamte europäische Politik und mit Transferleistungen, wenn sie nötig sind. Im Weiteren begrüsst sie eine gesamteuropäische Arbeitslosenversicherung und ein europaweites Grundeinkommen. Sie fordert eine Rückkehr des Politischen, damit die jetzige Alleinherrschaft des Wirtschaftlichen beendet wird: die Politische Union. Alles in allem horizontale und nicht vertikale Strukturen und ein Mittelweg zwischen Sozialismus und Kapitalismus – eine völlig neue Gesellschaft.[690]

Im Laufe der Lektüre des gegen 300 Seiten starken Buches wächst die Erwartung, auch Auskunft darüber zu bekommen, wie Europa (und die Welt) von A nach B kommt, vom Jetzt in den für 2045 erhofften Zustand, von der unbefriedigenden Gegenwart in die ideale Utopie. Dies sei, kann man auf Seite 254 lesen, eine berechtigte Frage, aber es gebe derzeit keine plausible Antwort darauf. Einzige Gewissheit sei, dass die gewünschte Republik nicht aus der EU heraus entstehe. Die Autorin rechtfertigt ihren Entwurf damit, dass es gerade in Krisenzeiten notwendig sei, «erst einmal eine klare Vorstellung und eine schlüssige Erzählung davon» zu entwickeln; dies verbunden mit der Hoffnung, dass diese dann politische Wirkungsmächtigkeit entfalte. Mag sei, dass das eintreten wird. Das von ihr angeführte Beispiel aus der Geschichte, das zeigen soll, dass frühe Pläne auch nach längerer Zeit in Erfüllung gingen, ist aber, wie man in Kenntnis der Geschichte sagen kann, ein untauglicher Beweis: Das Europa-Projekt der 1950er Jahre ist nicht darum Realität geworden, weil eine Gruppe um Richard Coudenhove-Kalergi und Aristide Briand um 1930 sozusagen als Wegbereiter Europakonzepte propagiert hatten. Erstens ging von diesen Plänen nicht die zugeschriebene Wirkung aus, und zweitens brauchten die Pläne von 1950 keine Vorläufer aus der Zeit um 1930, auch wenn diese der rhetorischen Legitimation dienten, wie Churchill dies in seiner berühmten Europa-Rede von 1946 demonstrierte.[691]

Nach dem Motto, weil es richtig und nötig ist, wird man schon dahin kommen, wo man am Schluss sein muss. Guérots Ratschlag liest sich so: «Wie immer in der Geschichte muss einer gegen den Strom schwimmen und einfach mal anfangen, die Dinge *anders* zu machen.» Einfach ein *U-Turn* (S. 208ff.). Ein Teil der Jugend mache

690 Guérot, 2016, S. 121ff.

691 Ebenda, S. 255.

dies bereits, sie bastle (knüpfe, webe) an einem anderen Europa, doch ihr fehle die Bereitschaft, an die Macht gelangen zu wollen. In den letzten beiden Kapiteln ergeht sich die Autorin mit heiligem Furor in diffusen Appellen: «Wir müssen der europäischen Jugend auch dadurch helfen, dass wir *Europa* für sie wieder attraktiver machen.» (S. 241). Die dem neuen Europa zugedachte Mission besteht auch darin, «den Planeten Erde zu retten und die Welt zu zivilisieren» (S. 260).

Guérots Hilfe auf diesem Weg besteht darin, dass sie einen die Phantasie beflügelnden «Fluchtpunkt» entwickelt: einen Leuchtturm mit fernem Lichtkegel (S. 255). Das ist alles schön und gut, geschieht aber um den Preis, dass sie das bestehende Europa schlechter macht, als es ist, und sich a priori nicht bemüht, ihm gerecht zu werden. Aus dieser Sicht tragen nur die traditionellen Proeuropäer «sinnentleerte Mantras im Mund», produzieren «Sprechblasen», derweil ihre Ausführungen die hohe Qualität einer «zündenden Idee» haben (S. 256ff.). Sie kommt nicht ohne das Stereotyp der «vielen EU-Beamten» aus und sie macht, obwohl sie immer wieder die Abhängigkeit der EU von den Nationalstaaten anspricht, letztlich die EU für alles verantwortlich. In dieser Logik ist es dann auch die EU, welche die Jugend verloren hat beziehungsweise verloren gehen liess.

Ulrike Guérots Schrift zeigt zutreffend, was in der Europäischen Gemeinschaft bisher nicht zustande gekommen ist und was noch getan werden muss. Der utopische Entwurf befasst sich dabei aber wenig mit den auf der Ebene der Gemeinschaftsmitglieder und der Bürger und Bürgerinnen gegebenen Haltungen, die für die Unzulänglichkeiten der EU verantwortlich sind.

Brendan Simms und Benjamin Zeeb

Die beiden Historiker Brendan Simms und Benjamin Zeeb warteten in ihrem Plädoyer «Europa am Abgrund» im vergangenen Jahr mit der alarmierenden Botschaft auf: Europa stecke in seiner tiefsten Krise seit mehr als fünfzig Jahren – und stehe am Abgrund (S. 33).[692] Wie zu erwarten, blickt ihre Schrift zwar ebenfalls vor allem auf die Finanzkrise beziehungsweise die verheerenden Auswirkungen der Austeritätspolitik. Sie diagnostizieren aber auch andere Krisen, für welche die EU nur halb oder nicht verantwortlich sei: die Flüchtlingskrise und den Nahostkrieg, den islamistischen Terror, rechten wie linken Populismus, verschiedene Sezessionskrisen (Basken,

692 Brendan Simms/Benjamin Zeeb: Europa am Abgrund. Plädoyer für die Vereinigten Staaten von Europa. München 2016. – Ein grosses Interview mit Simms findet sich im Tages-Anzeiger vom 9. Juli 2016.

Katalanen, Schotten, Flamen), die Bedrohung durch das aggressiver gewordene Russland, «aufstrebende Mächte» wie China und Indien etc. Sie kritisieren die nur halbe WWU (S. 73), und was die Finanzkrise betrifft, sehen sie die Verantwortung für die nur halb funktionierende, weil nur halb ausgestattete WWU nicht pauschal bei der EU. Sie verweisen sogar darauf, dass die Kommission eine ganze WWU, also auch eine Politische Union gewollt habe. Es seien die Staats- und Regierungschefs gewesen, die diese verhindert hätten und sich letztlich vom Primat des Nationalstaats hätten leiten lassen (S. 102).

Simms und Zeep stimmen mit vielem, was Menasse, Guérot und Offe darlegen, überein, die ersten beiden werden auch positiv zitiert. Eigene Akzente setzen die Autoren in zweierlei Hinsicht: Zum einen betonen sie die Wichtigkeit einer gemeinsamen Sicherheits- und Aussenpolitik (was in einer angelsächsischen Betrachtung nicht überrascht); und zum andern rufen sie mit Entschiedenheit dazu auf, «auf einen Schlag in relativ kurzem Zeitraum» den Krisenmoment zur Schaffung einer starken föderalen Union zu nutzen (S. 90). Simms und Zeeb sind überzeugt, dass die gradualistische oder evolutive Methode, wie sie während eines halben Jahrhunderts praktiziert wurde, jetzt an ein Ende gekommen sei. Die alte Methode war davon ausgegangen, dass Integration auf evolutivem Weg bis zur Vollendung weiterbetrieben werden könne, dass *spill over*-Effekte von einem Teilbereich in andere mit der Zeit sozusagen automatisch zu einer Politischen Union führen würden. Wie bereits erwähnt, hatte der Historiker Herbert Lüthy schon 1954 die Überzeugung geäussert, dass dies nicht funktionieren werde und der Glaube daran als «kindisch» zu bewerten sei.[693] (vgl. oben, S. 58).

In Abgrenzung von Menasse melden Simms und Zeeb jedoch gegenüber einer Ansammlung von regionalen Kleindemokratien Zweifel an; für sie ist es wichtig, dass die Demokratisierung einer Institution gilt, die über «echte politische Macht» verfügt, das heisst Gestaltungsmacht für einen ganzen Kontinent (S.103). Und in leichter Absetzung von Guérot führen sie aus, dass der Übergang «von einer reinen Idee in die Realität» nicht erst in ferner Zukunft, sondern schon bald möglich sei (S. 109, 120). Auf die erst nach diesem Plädoyer erschienene Schrift von Offe kann es naturgemäss noch keine Bezüge geben, aber sein Schlüsselwort von der «Falle» findet sich auch bei Simms und Zeeb (S. 121).

693 Lüthy: «Solche wirtschaftlichen Verflechtungen schaffen niemals das unverbrüchliche Band, das der erstbeste politische Konflikt nicht wieder zerreissen könnte.» (S. 392). In: ders., Ein Zollverein namens Europa. Vortrag vom November 1960.

Das Autorenduo schlägt eine doppelte Lösung vor: einerseits einen suprastaatlichen Ausbau, aber nur in einem beschränkten Bereich durch die Schaffung einer gesamteuropäischen Zuständigkeit im Bereich der Fiskal- und Finanzpolitik sowie der Sicherheitspolitik; andererseits sozusagen zum Ausgleich einen Rückbau zu Gunsten der Nationalstaaten und Regionen bei allen weiteren Politikfeldern. Die britisch-irische Autorschaft findet, dass «wir» aufhören sollten, Grossbritannien als das Problem und Europa als die Antwort zu betrachten und vielmehr anfangen sollten, «Europa als die Frage und das britische Modell, in richtig verstandener Weise, als die Lösung zu erkennen» (S. 10). Die beiden Autoren sehen folglich im erwarteten Ausscheiden Grossbritanniens aus EU-Sicht nicht nur ein Unglück, sondern Teil eines produktiven Urknalls. Kontinentaleuropa könne leichter eine föderale Union werden und sein Verhältnis zu Grossbritannien über eine Konföderation regeln (S. 89).

Der «Big Bang»-Vorschlag orientiert sich an zwei grossen historischen Vorgängen, denen er so etwas wie ermutigende Vorbildqualität zuschreibt. Grossbritannien und die USA hätten nur in einem Moment existentieller Bedrängnis eine Union zustande gebracht: im einen Fall 1707 durch die Zusammenlegung von England und Schottland; im anderen Fall 1787 durch die engere Zusammenführung der 13 amerikanischen Gründungskolonien (S. 75ff.). Es brauche einen grossen Knall, nicht fliessende Prozesse. Nur Ereignisse würden so was zustande bringen. Beifügen kann man, dass die schweizerische Erfahrung dies bestätigt: Dem Bundesstaat von 1848 ging mit dem kleinen Bürgerkrieg ebenfalls so etwas wie ein «bang» voraus.[694]

So wichtig das Krisenmomentum als günstige Voraussetzung verstanden wird, von ihm wird nicht erwartet, dass es die nötige Energie für den Sprung zur Verfügung stellen wird. Man müsse den Sprung schon selber wollen und selber machen. Ein typischer Historikersatz, der hier vorgebracht wird, lautet: «Die Geschichte hat gezeigt, dass nichts zwangsläufig ist.» (S. 129). Die Union werde nicht kommen, solange man sie nicht selbst herbeiführe. Es brauche für den Schub eine Kombination «aus intellektueller Klarheit, Entschiedenheit, strategischem Denken» sodann –

694 Wäre dieser Fall den beiden Autoren bekannt gewesen, sie hätten es vielleicht nicht unterlassen, ihn einzubeziehen. Der Vorschlag von Nicolas Berggruen und Nathan Gardels in «Foreign Affairs» vom Juli/August 2013, sich am Modell der Schweiz zu orientieren, veranlasst auch Simms und Zeeb, sich kurz mit der Schweiz zu befassen. Sie bemerken aber, dass die Schweiz Jahrhunderte brauchte, um das zu werden, was sie ist, und Europa für seine dringende Transformation nur «ein paar Jahre» bleiben würden (S. 99).

eben – die Ereignisse selber und eine Portion Glück, um eine Demokratische Union Europas zur erfolgreichen Vollendung zu führen (S. 129).

Die Demokratische Union Europas: Gemeint ist damit eine politische Struktur, die den europäischen Kontinent in die Lage versetze, sich mit seinen dringendsten Problemen zu befassen; ein Eurozonen-Staat mit zusammengeführten Staatsanleihen (Unionbonds) und Kompetenzen für Transferleistungen. Dafür wäre ein Parlament verantwortlich, das aus einer Bürgerkammer und einer Art Ständekammer (mit nationalen und regionalen Vertretungen) bestünde. Es gäbe einen Präsidenten nach amerikanischem Vorbild, also mit Regierungsbildungskompetenz, aber in einer Direktwahl zu bestimmen und nicht durch ein Wahlkollegium (was man nach der Wahl Trumps zum amerikanischen Präsidenten noch besser begreift). Schliesslich wäre eine gemeinsame Armee im Rahmen der Nato zu schaffenn (S. 82ff.).

Simms und Zeeb stellen sich eine Union vor, in der alle, wenn auch in unterschiedlicher Weise, etwas davon haben, die einen mehr demokratischen Einfluss (gegen die eigenen nationalen Eliten), die anderen mehr soziale oder militärische Sicherheit. Eine voll entwickelte föderale Union werde den Menschen die nationale Identität nicht wegnehmen, sondern diese ergänzen. Einen Beleg dafür sehen sie wiederum im Vereinigten Königreich (UK): Die Iren, Schotten und Walliser seien nicht alle Engländer geworden (S. 118).[695]

Trotz des Aufrufs, die Union auf einen Schlag zu schaffen, wird an anderer Stelle dann doch eingeräumt, dass der Aufbau einer solchen Union «viel Zeit» erfordern werde und nationaler Widerstand überwunden werden müsse. Den Autoren ist bewusst, dass eine echte europäische Zivilgesellschaft, die in der Lage ist, den Mehrheitswillen der Bevölkerung Europas zum Ausdruck zu bringen, sich erst *nach* der Schaffung von Strukturen wird entwickeln können, die imstande sind, in ihrem Interesse zu agieren (S. 122). Wie aber können diese Strukturen entstehen? Hier werden auch diese Autoren fast zwangsläufig vage: Sie verweisen auf eine protoföderalistische Bewegung, die eine föderales System «herbeiführt» und den europäischen Nationalstaat «abschafft» (S. 122). Die Autoren gehen davon aus, dass die Bewegung («wohlhabende Eliten» plus «breite Bevölkerung») ausreichend – also mit Erfolg – Druck auf nationale und regionale Politiker ausüben könne (S. 125). Und sie rechnen damit, dass eine Volksabstimmung gleichzeitig in allen EU-Ländern durchgeführt werden könne und in ihrem Sinn erfolgreich ausgehen werde. Anschliessend werde sich entscheiden, welche Länder zur Union gehörten und

695 Auch hier hätte man auf das Fortbestehen der kantonalen Identitäten im schweizerischen Bundesstaat hinweisen können.

welche «draussen» blieben. Länder mit Ja-Mehrheiten würden sogleich vollwertige Mitglieder der Union und erhielten das Recht, eine Vertretung in einen Verfassungskonvent zu entsenden, der die Einzelheiten des Verhältnisses zwischen der Union und ihren Mitgliedstaaten näher bestimmen würde. Auch die Ja-Regionen der Nein-Länder würden eingeladen, sich auf friedliche Weise von ihren Nationalstaaten zu verabschieden und sich der Union anzuschliessenn (S. 127). So werde – «an einem historischen Punkt» – die Geschichte des europäischen Nationalstaats «zu ihrem logischen Ende» geführtt (S. 130).

Thomas Schmid

Thomas Schmid vertritt in einer ebenfalls 2016 unter dem Titel «Europa ist tot, es lebe Europa» publizierten Schrift die Meinung, dass die EU einen sprunghaften Neuanfang brauche.[696] Gemäss seinem am Königstod beziehungsweise dem diesem folgenden Regimewechsel orientierten Buchtitel müsste eigentlich die Investitur des Neuen in einem rituellen Akt vorgenommen werden. Um diesen tatsächlich wenig realistischen «bang» nicht denken zu müssen, spricht Schmid aber von einer allmählichen Verbesserung «Schritt für Schritt, pragmatisch und mit nüchternem Willen, im kleinen Ziel das grosse» angehend (S. 221). Gemeint ist damit ein Gemeinschaftshandeln nur dort, wo es zwingend geboten sei: in der Aussen- und der Sicherheits-, Verteidigungs- und Umweltpolitik, oder dort, wo es, wie beispielsweise in der Forschungspolitik, eindeutig von Vorteil sei (S. 223). Der von Simms/Zeeb vorgelegte Befund, Ergebnis einer nüchternen Analyse und ohne missionarischen Eifer vermittelte Einsicht, dass die evolutive Integrationsmethode an ihr Ende gekommen und jetzt ein Schöpfungsakt in einem Akt nötig sei, tut Schmid trotz seines irreführenden Buchtitels als illusorischen Ruf nach einem «europäischen Tigersprung» ab (S. 41). Doch auch er unterscheidet zwischen einer alten Phase, die man unbedingt hinter sich lassen, und einer total neuen Phase, in die man eintreten müsse.

Schmid spricht sich wärmstens für ein *Europe à la carte* aus: «Die Europäische Union sollte vom Zwang zum vollständigen Menü Abschied nehmen», aber zugleich auch eine Balance zwischen Menü und à la carte finden (S. 233ff.). Schmid, der sich, wie oben dargelegt, gerne verächtlich über diejenigen äussert, die sich für die Ent-

696 Thomas Schmid, Europa ist tot, es lebe Europa! Eine Weltmacht muss sich neu erfinden. München 2016. Der Autor ist einer der vielen in jüngster Zeit überall aus dem Boden schiessenden Europaexperten ohne wirkliche Europaexpertise.

wicklung der EU einsetzen und sie als «fanatische Berufseuropäer» abqualifiziert (S. 10), hat auch für die Entwicklung von intereuropäischen Verbindlichkeiten ein dramatisches negatives Bild parat: die EU sei ein «Würgeeisen» (S. 48). Aber er schlägt wenig zur Verbesserung in seinem Sinn vor, keine wesentlichen Veränderungen im institutionellen Gefüge: Kommission, Europäischer Rat sowie Rat seien zu belassen wie bisher, zugleich solle eine Relativierung der Bedeutung des Europäischen Parlaments angestrebt werden, dafür vermehrter Einbezug der nationalen Parlamente, im Weiteren ein starkes Zurückbinden des Europäischen Gerichtshofs (S. 225), Vertragsänderungen, die eine EU der zwei Geschwindigkeiten gestatteten (S. 227) und verstärkte Umsetzung der Subsidiaritätt (S. 229). Alles sehr allgemein angesprochen, ohne vertiefte Ausführungen. Das Buch hört da auf, wo es eigentlich beginnen sollte.

4.4 Der Nationalstaat als Rettung?

Der europäische Nationalismus ist ein historisches Phänomen, zu dem die historische Forschung bereits so viel Literatur produziert hat, dass hier wenig Neues in systematischer Absicht gesagt werden soll und muss.[697] Zusammengefasst beruht er auf der Idee, dass er eine Überlebensgemeinschaft ist, die sich von anderen Nationalstaaten grundsätzlich abgrenzt. Er beansprucht Unabhängigkeit von der Aussenwelt und sieht seine Aufgabe im Verteidigen der wie immer definierten kollektiven Eigeninteressen. Und er kann als historisch gewachsene Grossfamilie von seinen Angehörigen Verbundenheitsgefühle und Treue entgegennehmen sowie beanspruchen.[698]

Die aus dem Zweiten Weltkrieg hervorgegangenen Europabewegungen sahen in den Nationalstrukturen eine wesentliche Ursache für die kriegerischen Auseinandersetzungen, deren Ära man für immer hinter sich lassen wollte.[699] Mit diesem Impetus wurde der einzelne Nationalstaat tendenziell als eine Grösse verstanden,

697 In alphabetischer Reihenfolge hier nur die wichtigsten Autoren, die sich mit dem Phänomen beschäftigt haben: Benedict Anderson, Ernest Gellner, Eric Hobsbawm, Hans Kohn, Reinhart Koselleck, Dieter Langewiesche, Eugen Lemberg, Hagen Schulze, Hans-Ulrich Wehler.

698 Dieses Verständnis stützt sich auf: Norbert Elias, Über den Prozess der Zivilisation (1939).

699 Eine Erklärung von Widerstandskämpfern etwa hielt im Frühjahr 1944 fest, dass Europa zum auslösenden Zentrum zweier Kriege geworden sei, weil auf diesem Kontinent 30 souveräne Staaten existierten, diese Anarchie müsse durch eine Bundesordnung ersetzt werden. Vgl. Walter Lipgens, Europa-Föderationspläne der Widerstandsbewegungen 1940–1945. Eine Dokumenta-

die durch ein supranationales Gemeinschaftsmodell ersetzt werden müsse. Wie massiv diese Erwartung auch noch lange nach dem Krieg fortbestand, zeigt eine ihr entgegentretende Wortmeldung Ralf Dahrendorfs aus der Zeit der frühen von der «Eurosklerose» befallenen 1980er Jahre: «Europa als Ersatz für die Nation ist gescheitert.» Dahrendorf anerkannte, dass die Nation als Quelle der Identitätsbestimmung lebendig geblieben sei, er hielt dieser Feststellung jedoch die dezidierte Meinung entgegen, dass sich für die «oft totgesagte» Nation «in der Tat heute kaum noch ein guter Grund der Daseinsberechtigung geben lässt».[700]

Dahrendorfs Statement trug beinahe die Züge eines abschliessenden Votums. Zuvor hatte der Politologe Werner Weidenfeld in derselben Artikel-Reihe eine Einschätzung geäussert, derzufolge sich Europa noch mitten in einer Phase nationaler Renaissance befinde. Wie in einer Pendelbewegung habe Anfang der 1980er Jahre die öffentliche Aufmerksamkeit in allen EG-Mitgliedstaaten von Europa auf die Nation zurückgeschwungen. «Die Nation ist wieder zur geistigen Reserve *gegen* Europa geworden.» Dafür werden zwei miteinander verbundene Erklärungen abgegeben, wobei diese eine frappierende Übereinstimmung mit einem drei Jahrzehnte später präsentierten Verständnis aufweisen.

Die erste Erklärung: Der wiederauflebende Nationalismus sei eine Kompensation für Heimatverlust und ein Ausdruck des Bedarfs an geistiger und sozialer Geborgenheit:

> «Für die Versuche eines Sich-Zurechtfindens in einer kaum mehr überschaubaren, immer bedrohlicher und bedrohter erscheinenden Welt bleiben die Idee der Nation ein Angebot und ein Abrutschen in Nationalismus die Gefahr.»

Die zweite Erklärung: Vom EG-Pragmatismus gehe kaum eine emotionale Ausstrahlung aus. Dies habe in den letzten 15 Jahren, also seit Mitte der 1960er Jahre, zu einem Gefühlsverlust geführt. Die Gemeinschaft müsse sich von den frustrierenden Handlungszwängen (Agrarpolitik) und den lähmenden Reibungsverlusten

tion. München 1968, S. 394ff. – Schulze führt ebenfalls aus, in den 1940er und namentlich in den 1950er Jahren hätten «starke Kräfte in der europäischen Öffentlichkeit» damit gerechnet, dass der Nationalstaat «obsolet» werde (1994, S. 328 und 338).

700 Ralf Dahrendorf, Europa als Ersatz für die Nation ist gescheitert. In: EG-Magazin 1982, 1, S. 16/17. 4. Folge zur Frage «Was ist der Deutschen Vaterland?» – Dahrendorf war 1970–1974 Mitglied der EG-Kommission und anschliessend Direktor der London School of Economics (LSE).

(Energie- und Verkehrspolitik, Soziales) freimachen, wenn sie ihre alte Ausstrahlung als Bezugspunkt europäischer Erfahrungen zurückgewinnen wolle.[701]

Entgegen der in den 1950er Jahren stark verbreiteten Meinung, wonach die am Gemeinschaftsprojekt beteiligten Staaten auf dem Weg seien, ihre nationale Position aufzugeben, betonte der britische Sozialhistoriker Alan S. Milward zu Beginn der 1990er Jahre in einem vielbeachteten Werk, dass das Gegenteil der Fall sei: Der Nationalstaat habe sich mit der Vergemeinschaftung wieder stärker gemacht und via supranationale Autorität zusätzliche Herrschaft über seine Bürger und Bürgerinnen erlangt.[702] Das Motiv der nationalen Selbststärkung durch supranationale Souveränitätsteilung kann man im französischen Fall am deutlichsten verfolgen: Die «Grande Nation» war in den 1950er Jahren in dem Masse bereit, auf dem europäischen Kontinent eine starke Rolle zu spielen, als sie ihr koloniales Empire verlor und als Kolonialmacht schwach wurde.

Wie sehr gerade in diesem Fall die Nation die zentrale Denk- und Handelskategorie blieb, zeigte am ausgeprägtesten Charles de Gaulle, der 1960 als Staatspräsident erklärte, dass die Staaten (gerne auch als «Vaterländer» bezeichnet) die wirklichen «Realitäten» Europas seien und dass es widersinnig sei zu glauben, «dass die Völker etwas billigen, was ausserhalb oder über dem Staat stehen würde». Supranationale Einrichtungen hätten bloss einen technischen Wert, sie könnten in ruhigen Zeiten zwar recht gut funktionieren, seien aber unter dramatischeren Umständen ohne Autorität.[703] Darum war Charles de Gaulle ein vehementer Befürworter des ausschliesslich intergouvernementalen Zusammenwirkens in Europa.

In der zweiten Hälfte der 1980er Jahre ging die Attraktivität der Idee des Nationalstaats in dem Mass stark zurück, als die EG mit dem Binnenmarktprogramm wieder ein Zukunftsprojekt zu werden versprach. Im Laufe der 1990er Jahre erlebte die gegenläufige Idee des Nationalstaats jedoch eine Wiederbelebung. Diese war so

701 Werner Weidenfeld, Nation oder Europa – ein Mythos der westdeutschen Nachkriegszeit. In: EG-Magazin, Nov./Dez. 1981, S. 20/21. 3. Folge der Serie «Was ist der Deutschen Vaterland?» Teile 1 und 2 erschienen im August und Oktober. Im gleichen Heft wird EG-Kommissionspräsident Gaston Thorn zitiert, der vor einer «Rückkehr zur nationalistischen Eigenbrötelei» warnte, und findet sich der Kommentar, jüngste Entwicklungen in mehreren Mitgliedsländern würden andeuten, «dass das Aufkeimen solcher Nationalismen mehr als eine Hypothese ist» (S. 7).

702 Alan S. Milward, The European Rescue of the Nation-State. Los Angeles 1992, S. 17ff.

703 Pressekonferenz vom 5. September 1960. Vgl. Heinrich von Siegler, Europäische politische Einigung. Dokumentation von Vorschlägen und Stellungnahmen. Bd. 1, Bonn 1968, S. 95ff.

stark, dass zu deren Bezeichnung der Begriff der *Renationalisierung* aufkam.[704] In der Literatur finden sich einleuchtende sowie weniger einleuchtende Erklärungen für diese Rückkehr: vom Zusammenbruch des Sowjetimperiums über die deutsche Wiedervereinigung bis zum Krieg in Ex-Jugoslawien und der Währungskrise von 1992/93 reichen die Angaben.[705] In einer anderen Publikation aus dieser Zeit findet sich als Erklärung der Hinweis, dass eine Aufwertung und Verdichtung der sozialen Kommunikation zum «renewal of ethnic nationalism» geführt habe.[706] Eines steht aber fest: Der Vertrag von Maastricht per se kann es nicht gewesen sein, weil die Aufwertung des Nationalen schon vorher eingesetzt hatte und weil die konkrete Umsetzung von «Maastricht» erst später eintrat und darum noch nicht Auslöser von nationalen Gegenreaktionen sein konnte.

Im 1993 vom Düsseldorfer und später in Bamberg tätigen Soziologen Richard Münch publizierten Werk über das Verhältnis von autonomen Regionen, Nationalstaaten, Europa und der Weltgesellschaft ist Renationalisierung noch kein Thema: Da heisst es im Gegenteil, dass die Nationalstaaten ein erhebliches Stück ihrer Souveränität verloren hätten, und es geht vielmehr darum, der wachsenden Bedeutung Europas als «neuer» und wichtiger werdender gesellschaftlichen Einheit im Spannungsfeld der anderen im Titel genannten Ebenen die nötige Beachtung zukommen zu lassen.[707]

Dominierte bis um 1990 die Frage, wie weit die Nation durch die Verstärkung der supranationalen Ebene zu Recht ersetzt werden könne oder in unerwünschter Weise gefährdet sei, kamen seit den 1990er Jahren Bestrebungen auf, sich mit einem Rückgriff auf die Nation vor dem Supranationalen und Globalen zu schützen. Völlig unzutreffend und leider unkorrigiert konnte etwa die AfD-Politikerin Beatrix

---

704 Zu der in der ersten Hälfte der 1990er Jahre aufkommenden Renationalisierung: Georg Kreis, Keine postnationale Zukunft. In: Zeitschrift Kultur, Politik, Kirche 44, Okt. 1994, S. 364–369. Siehe auch ders.: Nationalismus – ein Produkt der Moderne. In: Nationalismen. Hinweise für die Zukunft. Jahrbuch der NHG. Aarau 1998. S. 35–41.

705 Vgl. etwa die Einleitung von Roger Brubaker, Nationalism Reframed. Nationhood and the National Question in the New Europe. Cambridge 1996. Hier ist von «spectacular revival and rebirth of the nation-state and the national idea in Europe» die Rede. Später wird die Renationalisierung als verstärkt durch die Anpassung der Kräfte der Mitte an die nationale Rechte dargestellt.

706 Dies als Folge der an Bedeutung gewonnenen postindustriellen «service-society», vgl. Anthony D. Smith, National Identity and the Idea of European Unity. In: International Affairs 68 1992, S. 55–76. Zit. S. 63.

707 Richard Münch, Das Projekt Europa. Zwischen Nationalstaat, regionaler Autonomie und Weltgesellschaft. Frankfurt a. M. 1993.

von Storch noch jüngst vor laufender Fernsehkamera sagen, die europäische Gemeinschaft sei «ursprünglich» nach dem Konzept des «Europa der Vaterländer» skizziert worden.[708]

Aktuelle Erwartungen gingen davon aus, etwas zurückzuerhalten beziehungsweise «zurückerobern» zu können, was man verloren habe, was verraten worden, was einem weggenommen worden sei, was man in Wirklichkeit aber so nie besessen und auch nicht ernsthaft vermisst hatte. Dem entspricht der Ruf von britischen EU-Gegnern, «We want our country back», mit dem sich die Erwartung verbindet, dass man über die Verhältnisse im Land wieder weitgehend selber bestimmen könne. In diesem Sinn findet sich in der 1996 publizierten Schrift der norwegischen Politologen Andersen/Eliassen die Formulierung, dass soziale Akteure die Rückeroberung («reconquest») der politischen Autorität betreiben würden.[709]

Die einen wollen einfach «ihr Land» zurückhaben, andere fordern spezifischer die «Rückgabe» der demokratischen Mitbestimmung. Der 2011 von Enzensberger erhobene Vorwurf der «Entmündigung» geht in diese Richtung, er meint weniger die Bevormundung der Länder als die der einzelnen Bürger und Bürgerinnen. Selbst dem besonnenen Oxford-Historiker Larry Siedentop entschlüpft gleich zu Beginn seiner wegbereitenden Schrift aus dem Jahr 2000 eine Formulierung, wonach angestrebt werden soll, dass die Völker Europas «once again become involved in their own fate».[710]

Der Politologe Peter Mair greift 2007 das bereits ältere Bild der potentiellen Opposition gegen die EU als «schlafenden Riesen» auf, macht daraus einen «stillgelegten Riesen» (Gulliver?) und beanstandet die «Depolitisierung» der europäischen Politik, die zuvor gar nie in seinem Sinn politischer gewesen sein konnte.[711] Das ist auch in der Schrift von Brendan Simms und Benjamin Zeeb so; diese erwarten von der Bewegung für eine föderale Union, dass sie die Aussicht auf «eine Wiedergewinnung demokratischer Teilhabe» in den Vordergrund stellt.[712] Die Politologin Guérot hatte schon zuvor gefordert, dass eine EU, die sich als Bürgerunion begreift, «den Bürgern die Souveränität über den europäischen Integrationsprozess *zurückgibt*»

708 SRF-Club-Sendung nach der Macron-Wahl, 9. Mai 2017.

709 Andersen/Eliassen, 1996, S. 228.

710 Larry Siedentop, Democracy in Europe. London 2000: eine gegenüber Grossbritannien kritische ideengeschichtliche Abhandlung mit der Perspektive, dass Europa eine Föderation werden sollte, aber noch nicht dazu bereit sei.

711 Mair, 2007, S. 12ff.

712 Simms/Zeeb, 2016, S. 122.

[Hervorh. d. Vf.].[713] In ihrer jüngsten, oben vorgestellten Publikation akzentuiert sie diese Sicht: Hier wird noch deutlicher, dass sie einer in die Vergangenheit zurückverlegten Utopie nachhängt, nämlich unter dem Slogan «back to the roots».[714] Selbst der damals in Maastricht lehrende Historiker Kiran Klaus Patel formulierte in einem exzellenten Text von 2005 den zwar schön prägnanten, aber erläuterungsbedürftigen Satz: «Als die Integration begann, legte sie zugleich ihre Bürger still.»[715] Der Satz trifft zu, sofern er die eine kleine Minderheit ausmachende Bewegung der Föderalisten meint. Er ist aber unzutreffend, wenn damit die Bürger im Allgemeinen gemeint sind, die gleichsam von Anfang an (wie leider schon immer) einfach still waren und darum auch nicht stillgelegt werden konnten und stillgelegt werden mussten. Aber eben: Aus der Warte des heute erwachten Partizipationsanspruchs erscheint das zuvor nicht Beanspruchte gerne als etwas Weggenommenes, weil dies andere in Anklagezustand versetzen und sich selber entlasten kann. Hier werden im Übrigen nicht zum ersten Mal in der Geschichte neu aufgekommene Forderungen im Modus des Wiedergewinnungsanspruchs vorgebracht, als ob die Zukunft in der Vergangenheit läge. Zu dieser fordernden Sehnsucht nach Wiederherstellung des unhistorischen, idealen Zustands gibt es im Angelsächsischen den von Alternativbanken, Privatschulen, Pferdeparadiesen und Fernsehstaffeln gern verwendeten Begriff des «heartland».[716]

---

713 Ulrike Guérot, Eine Verfassung für Europa. Neue Regeln für den alten Kontinent? In: Internationale Politik 2, 2001 S. 28–36. Zit. S. 29.

714 Bezogen auf die aktuelle Ungleichheit mit der Formulierung, «das war einmal anders», oder mit «Rekonstruktion der Demokratie», das neu zu erfindende europäische System müsse «wieder» dem Gemeinwohl dienen u. a. m. Das von ihr vorgeschlagene Programm bezeichnet sie als «Revolution» und behauptet, dass man mit dem «revolvere» an den Beginn eines bestimmten Prozesses zurückkehre. Vgl. Guérot, 2016, S. 111, 114, 178.
Der deutsch-amerikanische Politologe Jan-Werner Müller widerspricht, bezogen auf die 1950er und 1960er Jahre, ebenfalls der Auffassung, dass in früheren Zeiten bessere Demokratieverhältnisse geherrscht hätten, und spricht sogar von Geschichtsklitterung (vgl. ders., Was ist Populismus? Ein Essay. Berlin 2016, S. 103ff.). Man sei aus der Erfahrung mit dem Nationalsozialismus und Faschismus der Massendemokratie gegenüber ausgesprochen skeptisch gewesen und habe auch gegenüber dem Parlamentarismus Vorbehalte gehabt.

715 Kiran Klaus Patel, Wie Europa seine Bürger verlor. Für mehr Teilhabe: Europäisierung und die Defizite der Integration. In: Internationale Politik 60, 7, 2005, S. 22–28.

716 Paul Taggart, Populism and Representative Politics in Contemporary Europe. In: Journal of Political Ideologies, 9, 3, 2004, S. 274ff.

Anstelle einer weiteren Suche nach dem eindeutigen Ausgangspunkt der nationalen Renaissance sei hier lediglich festgehalten, wie der liberal-konservative Berliner Historiker Hagen Schulze in seinem 1994 erschienenen Buch «Staat und Nation» das Phänomen wahrgenommen und wie der Bielefelder Kollege Hans-Ulrich Wehler, der eher progressive Positionen vertrat, Schulzes Darstellung beurteilt hat. An diesen Stellungnahmen sollte man ablesen können, wie in der ersten Hälfte der 1990er Jahre das Problem des wieder erstarkenden Nationalismus wahrgenommen wurde.

Schulze bemerkt zum Nationalstaat, dieser habe den Bedürfnissen des 19. Jahrhunderts entsprochen, den Bedürfnissen des ausgehenden 20. Jahrhunderts könne er alleine jedoch nicht mehr entsprechen. Allerdings ergänzt er – mit der Betonung auf «einstweilen»: «Nur der nationalstaatliche Rahmen ist einstweilen imstande, schützende Hülle für demokratische und freiheitliche Institutionen zu sein.» Der Nationalstaat sei faktisch weniger wichtig geworden, deswegen aber nicht überflüssig. Auf die nur wenig reduzierte Bedeutung des Nationalen sei nun zu Beginn der 1990er Jahre eine erneute Steigerung gefolgt. Er bezeichnet es als eine der «grössten Enttäuschungen der Nachkriegszeit», dass trotz beachtlicher wirtschaftlicher und auch politischer Integrationserfolge «das Prinzip des Nationalstaats unerschütterlich seine Rechte» behauptet habe.[717]

Ohne darin einen wirklichen Faktor für das Wiedererstarken des Nationalismus erkennen zu wollen, verweist Hagen Schulze unter anderen auf das Verblassen der früheren Erfahrungen und Leitideen, wenn auch er (wie dies weiter oben geschehen ist) davon spricht, dass eine Generation, die weder die nationalsozialistische noch die stalinistische Diktatur erlebt hat und die sich zudem militärisch kaum bedroht fühlt, dazu neige, das reale Europa eher als Ärgernis und als ein Gewirr von bürokratischen Institutionen anzusehen. Ohne die Ursachen der Renationalisierung eingehend zu erörtern, lokalisiert er die Rückkehr des Nationalen einerseits in Mittel- und Osteuropa, wo die nationale Eigenständigkeit nach dem Zusammenbruch des sowjetischen Imperiums betont werde, aber auch in Westeuropa mit Verweis auf die dänischen, britischen und französischen Reaktionen auf «Maastricht». Nationale und regionale Ambitionen würden hier den Prozess der europäischen Integration verlangsamen. Schulze ist es wichtig, auch das Aufkommen des kleinen, regionalen Nationalismus etwa in Katalonien, Korsika, Schottland, Flandern oder

---

717 Hagen Schulze, Staat und Nation in der europäischen Geschichte. München 1994, S. 332–341. Zit. S. 338. Das Buch erschien in der weiter oben bereits erwähnten Europa-Reihe des Beck-Verlags 1994. Vgl. S. 28.

im Südtirol sowie den Ethnonationalismus als Teile der nationalen Renaissance zu erfassen.

Schulze schliesst seine Betrachtung mit einem längeren Zitat aus einem Text eines der ersten Architekten des supranationalen Europa. Robert Schuman vertrat 1963 eine auch in der jüngsten Zeit wieder stark gemachte Einschätzung, wenn er von den nationalen Grenzen sagte, dass sie nicht abgeschafft, aber entwertet werden sollten:

> «Über den veralteten Nationalismen soll in Zukunft das Gefühl der Solidarität der Nationen stehen. Verdienst der Nationalismen war es, den Staaten eine Tradition und eine solide innere Struktur zu geben. Auf diesem alten Unterbau muss ein neues Stockwerk errichtet werden. Das Überstaatliche wird auf nationaler Grundlage beruhen. Somit wird die ruhmreiche Vergangenheit nicht verleugnet, die nationalen Energien werden sich aber durch ihre gemeinsame Verwendung im Dienste der überstaatlichen Gemeinschaft neu entfalten.»[718]

Schulze spricht abschliessend die Hoffnung aus, dass die alten Nationen allmählich verblassen und zurücktreten würden, um für eine «Nation Europa» Platz zu machen. Ihm ist aber bewusst, dass heutzutage die Argumente für Europa lediglich die Köpfe, die Argumente gegen Europa jedoch die Herzen ansprechen würden.[719]

Hans-Ulrich Wehler nimmt in seiner Besprechung zu Hagens Buch, das er als «hochkarätig» bezeichnet, ohne Schärfe eine Gegenposition zur Meinung ein, dass selbst in einer engmaschiger integrierten EU die Nationalstaaten weiterhin eine tragende Rolle spielen würden: Das damalige Angebot der EU sei nur darum den Leistungen der Nationalstaaten (demokratische Politik, rechtsstaatliche Sicherheit, sozialstaatliche Daseinsvorsorge) unterlegen, weil man ihr nicht eine zumindest gleichwertige Leistungskapazität zur Verfügung stelle.[720]

In den folgenden Jahren blieb Wehler auf dieser Position: In seiner handbuchartigen Darstellung zum Nationalismus von 2001 geht es ausschliesslich um die Relativierung des Geltungsanspruchs des traditionellen Nationenverständnisses. Er schliesst nicht aus, dass der Nationalismus, obwohl im Grossen und Ganzen bedeu-

718 Robert Schuman, Für Europa. Deutsche Übersetzung von «Pour l'Europe» mit einem Vorwort von Konrad Adenauer. Genf 1963, S. 29ff. Und weiter: Man wolle keine neue Geografie erfinden: «Wir wollen den Grenzen nur ihre Starre – ich möchte sagen ihre unversöhnliche Feindseligkeit nehmen.» (S. 44). Schuman betont, dass dies keine Memoiren seien, sondern eine Schrift, welche die wesentlichen Gedanken zusammenstelle, die seine Handlungen während seiner politischen Tätigkeit zu Gunsten eines Vereinigten Europas geleitet hätten (S. 20).

719 Schulze, 1994, S. 332–341.

720 Hans-Ulrich Wehler, Der Mythos des Nationalstaats. In: Die Zeit Nr. 41 vom 7. Oktober 1994.

tungslos geworden, in Krisenzeiten wieder als «vulgärer Radikalnationalismus» hochschäumen könne. Zugleich erwartet er, dass die Leistungsfähigkeit des demokratischen Verfassungsstaats, des Rechtsstaates und des ökologisch gezügelten Wirtschaftswachstums auch ohne Rekurs auf den traditionellen Nationalismus gewährleistet bleibe, zumal sie über den Rang einer provisorischen Ersatzprogrammatik hinausgewachsen sei.[721] Das Phänomen der Renationalisierung kommt hier gar nicht vor, obwohl es sich bereits seit einiger Zeit geregt hat.[722]

Wilfried Loth, sozusagen seit der ersten Stunde führender Experte der Integrationsgeschichte, bezweifelte etwa zur gleichen Zeit (2000), dass die Nation für immer eine stärkere Bindewirkung als das supranationale Europa behalten werde. Auch wenn das Projekt Europa in naher Zukunft nicht zum Absterben des Nationalstaates führen werde, sei doch zu konstatieren, dass die empirischen Befunde schon jetzt in die andere Richtung weisen würden, nämlich hin zu einer Stärkung der europäischen Komponente innerhalb einer mehrschichtigen Identität, «die regionale, nationale und europäische Momente in sich vereinigt».[723]

Inzwischen herrscht, was das Verhältnis der Ebenen betrifft, wie bei Loth angedeutet, statt einem gegensätzlichen (antagonistischen) eher ein komplementäres Verständnis vor. Dieses erklärt die nationale und supranationale Ebene als gleich wichtig und gleich berechtigt und spielt diese nicht gegeneinander aus, sondern geht davon aus, dass sie in einer umfassenden Verfassungsordnung aufeinander bezogen sein können.[724] Von der regionalen Ebene ist in diesen Erörterungen inzwischen wieder viel weniger die Rede als noch in den 1990er Jahren.[725]

Bereits 1970 hatte der ehemalige, in den Jahren 1958–1967 amtierende EG-Kommissionspräsident Walter Hallstein in seiner Eigenschaft als Vorsitzender der föderalistisch eingestellten Internationalen Europäischen Bewegung (EMI) das Bekenntnis abgegeben:

---

721 Hans-Ulrich Wehler, Nationalismus. Geschichte, Formen, Folgen. München 2001, S. 114ff.

722 Erst ganz am Schluss seines Buches sprich Wehler nicht von Renationalisierung, aber vom Rückfall in autoritäre Politik und vom Abbruch des Sozialstaats, der von neoliberalen Dogmatikern eingeleitet worden sei (2001, S. 115).

723 Loth, 2000, S. 369. Zit. auch bei Trunk, 2007, S. 349.

724 Mario Rainer Lepsius, Bildet sich eine kulturelle Identität in der Europäischen Union? S. 952f. – Trunk, 2007, S. 350.

725 Vgl. etwa Kreis, 2012.

> «Die föderale Formel galt von Anfang an nicht aus einem institutionellen Dogmatismus, sondern weil sie die einzige Denkform ist, die es erlaubt, zwei europäische Notwendigkeiten miteinander zu vereinigen, einerseits den Fortbestand der Staaten, die sich zusammenschliessen, andererseits die Bildung einer übergeordneten politischen Gewalt durch Zusammenlegung von Souveränitätselementen.»[726]

1994 bemerkte Wolfgang Schäuble, damals Vorsitzender der CDU/CSU-Fraktion des deutschen Bundestags: «Es ist falsch, zwischen europäischer Einigung und den fortbestehenden europäischen Nationalstaaten einen unvereinbaren Gegensatz konstruieren zu wollen. Vielmehr bedingt eines das andere.»[727] Offen bleibt dabei allerdings, wo und wie die Zuständigkeitsgrenzen verlaufen. Wie die Verteilung heute vielerorts gewünschte wird, zeigt eine bei Ulrike Guérot übermittelte Erklärung, womit Frans Timmermans, erster Vizepräsident der EU-Kommission, seine Landsleute bei der Übernahme der niederländischen Ratspräsidentschaft zu Jahresbeginn 2016 beruhigen wollte: «So europäisch wie nötig, so national wie möglich.»[728]

In jüngerer Zeit gewann die Auffassung zudem an Boden, dass das auf supranationaler Ebene gleichsam zusätzlich entwickelte Gebilde keine schlichte Kopie eines Nationalstaats höherer Ordnung sein solle – obwohl in der Entwicklung der EU durchaus gewisse Parallelen zu den nation-building-Prozessen des 19. Jahrhunderts bestehen. Vielmehr müssten unsere Vorstellungen der Realität einer uneinheitlichen Politikgestaltung vermehrt Rechnung tragen.[729]

Schäuble griff 1994 ein Problemverständnis auf, das bereits 1980/81 in ähnlicher Form begegnete und das auch heute noch als ziemlich alte Neuigkeit wahrgenommen wird:

> «Es ist ja wohl kein Zufall, dass die Menschen insbesondere in Zeiten der Unsicherheit, der wachsenden Risiken und Gefährdungen den eigenen, national definierten Staat als Garanten ihres Schutzes empfinden, ihn dann manchmal als solchen gar erst wiederentdecken. Jedenfalls ist bislang noch keinem ein besserer Rahmen eingefallen, in dem die Rechte der Bürger formuliert und garantiert werden können, als eben dieser demokratische und pluralistische,

726 Votum im Bundestag vom 18. Juni 1970; Lipgens, 1986, S. 526.

727 Wolfgang Schäuble, Nationale Identität und die Einheit Deutschlands. In: NZZ Nr. 289 vom 10./11. Dezember 1994: Vortrag vor der Konrad-Adenauer-Stiftung vom 25. November 1994.

728 Guérot, 2016, S. 48.

729 Münch, 1993, S. 284ff.

> mit einem Gewaltmonopol ausgestattete Nationalstaat. Für diese Schutzfunktion, Frieden und Freiheit und Recht nach aussen wie nach innen zu sichern, haben die Menschen ein latent waches Bewusstsein.»[730]

Der tendenzielle Rückzug ins Nationale ist aber mit der Illusion verbunden, dass nicht das supranationale Verfolgen gemeinsamer Interessen, sondern nationalistischer Protektionismus den nationalen Eigeninteressen am besten diene. In Anbetracht des historischen Verständnisses, wonach der Nationalstaat die Funktion einer Überlebensgemeinschaft erfüllen muss, ist es verständlich, dass man den eigenen Staat als «last resort» empfindet und gestützt auf protektionistische Reflexe meint, seine eigenen Interessen am besten verteidigen zu können, indem man die vermeintlichen Interessen des eigenen Staates verteidigt. Protektionismus wird gemeinhin mit einer Haltung in Verbindung gebracht, die den nationalen Wirtschaftsraum abgrenzt und so vermeintlich auch eigene Arbeitsplätze schützt.

Gegenwärtig geht es aber auch darum, das eigene nationale Revier gegen unbegrenzte Arbeits- und Asylimmigration zu schützen. Vermehrt ist davon die Rede, dass nicht in ein Land, sondern in ein Sozialsystem eingewandert werde.[731] Dass sich mit Protektionismus in der Regel trügerische Erwartungen verbinden, könnte man dem Verlauf der Geschichte entnehmen. Um es auf den Punkt zu bringen: Der Nationalstaat kann im Meer der Globalisierung weit weniger eine Insel der Rettung sein, als nationalistische Reflexe dies nahelegen wollen. Mit der Relativierung der Bedeutung des Nationalstaates soll nicht automatisch gleichermassen die Bedeutung des Staats oder der Staatlichkeit in Frage gestellt werden. Nach wie vor, vielleicht mehr denn je, braucht es Staatlichkeit, ob auf nationaler oder supranationaler Ebene, als bündelnde und Verbindlichkeit gewährleistende Kraft. Und dies genau deswegen, weil wir uns der wachsenden Relativität des Territorialstaates bewusst sind.

Aus der existierenden «Europaproblematik» ergeben sich nun Fragen, was die EU tun kann und was sie unternehmen muss, um dem archaischen Rückzug ins nationale Nest entgegenzuwirken. Zugleich sind wir aber auch einmal mehr aufgefordert, die EU nicht für Schwächen verantwortlich zu machen, die zu einem grossen

730 Guérot, 2016, S. 48.

731 So beispielsweise der Berliner Osteuropahistoriker Jörg Baberowski in einer seiner regelmässigen Kolumnen der rechtsnationalen «Basler Zeitung»: «Denn es ist nicht der Auftrag des Sozialstaates, aller Welt Angebote zu machen, sondern seine Bürger zu schützen. Seine Existenzberechtigung beruht auf der unausgesprochenen Übereinkunft, dass der Staat das öffentliche Vermögen der Bürger treuhänderisch verwaltet und soziale Wohltaten jenen erweist, die auf sie angewiesen sind.» (Der Nationalstaat sichert die Freiheit, 12. Februar 2016).

Teil darum bestehen, weil es die nationalen EU-Mitglieder sind, die sich weigern, die EU mit den nötigen Gestaltungskompetenzen (*empowerment*) auszustatten.[732]

4.5 Demokratie als Rettung?

Im kompakten Begriff der «Demokratie» sind verschiedene Funktionen zusammengefasst. Es sind dies: die Delegation, die Rechenschaftspflicht, die Repräsentation, die Transparenz, die Verantwortlichkeit und die Teilnahme.[733] Die Demokratiedebatte konzentriert oder beschränkt sich aber häufig nur auf die Abstimmungsvorgänge, also auf die Frage, wer wozu einen Zettel in die Urne legen darf. Das E-Voting via Mausklick wird die Fokussierung auf diesen finalen Moment des umfassenderen Prozesses noch verstärken. Demokratie ist aber wesentlich mehr als das. Sie ist ein Vorher und ein Nachher, und sie findet nicht nur im Abstimmungslokal, sondern an vielen Orten und in vielen Etappen statt. Dieses Politik- und Demokratieverständnis beschränkt sich nicht auf das Ausüben finaler Entscheide, sondern berücksichtigt auch viele Vorentscheidungen – und führt deswegen letztlich auch zu einer anderen Einschätzung des (angeblichen) Demokratiedefizits.

Das hat der Bamberger Soziologe Richard Münch schon 2001, also vor mehr als fünfzehn Jahren, in einem unscheinbaren Aufsatz aufgezeigt: Er betont hier, dass Politik keinen zentralen Ort habe, weder auf nationaler noch auf supranationaler Ebene, und dass sie eine Vielzahl von Arenen mit einer Vielzahl aktiver Gruppen in offenen Verfahren habe, angefangen bei der Programmformulierung und mündend in der Implementierung und der gerichtlichen Streitschlichtung in kleinen Teillösungen von kleinen Teilproblemen.

---

732 Studie zur Transnationalisierung des Staates am Beispiel der Migrationspolitik mit Publikation 2014: http://www.staatsprojekt-europa.eu/index.php?option=com_content&view=article&id=46&Itemid=59.

733 John Erik Fossum/Johannes Pollak, Which Democratic Principles for the European Union? What Deficit? In: Simona Piattoni (Hg.), The European Union. Democratic Principles and Institutional Architectures in Times of Crisis. Oxford 2015. S. 29–45. Ferner: Johannes Pollak, Repräsentation ohne Demokratie. Wien 2007. – Stellvertretend auch für andere siehe auch Andrew Moravcsik, In Defence of the ‹Democratic Deficit›: Reassessing Legitimacy in the European Union. In: Journal of Common Market Studies 40, 4, 2002, S. 603–624. Im Weiteren und auch für andere: Winfried Kluth, 1995 (vgl. S. 47). Ihm zufolge verfügt die EU über eine doppelte demokratische Legitimation (Parlament und Rat) und eine doppelte Legitimationsbasis (Unionsbürger und Regierungen/Parlament der Mitgliedstaaten); S. 109.

Diesen vielfältigen und komplexen Prozess der partizipativen Praxis sieht Münch auf der EU-Ebene bereits stärker ausgeprägt als auf der Ebene der Mitgliedstaaten. Was sich auf der EU-Ebene entwickelt habe, solle vermehrt auch auf der Ebene der Mitgliedstaaten eine anerkannte und gepflegte Wirklichkeit werden. Umgekehrt sei es falsch, das «Korsett» des Nationalstaates auf die supranationale Ebene übertragen zu wollen. Die nötige Legitimation der EU-Politik werde nicht durch eine enge Übertragung der herkömmlichen nationalstaatlichen Demokratie auf die supranationale Ebene erreicht. Münchs Umschreibung ist vor allem gegen die normative Vorstellung des Volkskörpers gerichtet. «Eine pluralistische Mehrebenendemokratie ist eine Demokratie ohne einheitlichen Demos.»[734]

Diese Betonung des hybriden Charakters des Politischen schärft die Wahrnehmung für einen Teil der Realität, sie tendiert aber auch dazu, einen anderen Teil auszublenden, indem sie unterschätzt, dass es letztlich doch im doppelten – im formalen wie im materiellen Sinn – «entscheidende» Orte der Politik gibt. Die beiden Politikrealitäten, die traditionelle wie die weiterentwickelte, stehen jedenfalls nicht alternativ, sondern komplementär nebeneinander.

Mit diesem Verständnis wird auch die alternative Gegenüberstellung von repräsentativer und direkter Demokratie relativiert. In diesem Sinn haben sich die Politologen Andersen und Eliassen bereits 1996, also lange vor Münch, für ein neues, weniger statisches und auf einfachen Organigrammen basierendes Politikverständnis ausgesprochen und ein Verständnis empfohlen, das sie als «post-parliamentary governance» verschiedenster, keineswegs an Nationalterritorien gebundener, hochdifferenzierter und nicht der Volksgesamtheit, sondern ganz speziellen Institutionen verpflichteter Organisationen bezeichneten. Die traditionelle Vorstellung der repräsentativen Demokratie stehe im Widerspruch zu dieser Wirklichkeit.[735]

734 Richard Münch, Demokratie ohne Demos. Europäische Integration als Prozess des Institutionen- und Kulturwandels. In: Loth/Wessels, 2001, S. 177–203. Zit. S. 200. Und weiter: «Alle diese Modelle gehen von der Illusion aus, dass sich Politik auf entscheidende Orte konzentrieren lasse und Politik ihre Legitimation aus repräsentativdemokratischer Willensbildung – europäisch und/oder national – gewinne.» (S. 203).

735 «The hegemony of modern representative democracy in the West is perhaps more an illusion than a reality.» (Andersen/Eliassen, 1996, S. 238). Weitere Arbeiten legen dar, wie «partizipative Demokratie» über Einbindung der Zivilgesellschaft einen Beitrag zur Legitimität der EU leisten könne. Vgl. Beate Kohler-Koch/Christine Quittkat (Hg.), Die Entzauberung partizipativer Demokratie. Zur Rolle der Zivilgesellschaft bei der Demokratisierung von EU-Governance. Frankfurt a. M. 2011. Die im Titel vorgenommene Relativierung des Zugewinns durch Partizipation gilt dem Effekt, dass dadurch vor allem die Kommission zusätzliche Legitimation erwirbt.

Aus einem von Beate Kohler-Koch etwa zur selben Zeit geleiteten Workshop ging 1996 ein Aufsatzband hervor, der sich ebenfalls mit dem komplexen Zusammenwirken von autonomen, zugleich interdependenten Akteuren in der EU beschäftigte. *Governance*, einleitend allerdings als neues Modewort («new buzz-word») abqualifiziert, wird um die Netzwerkdimension erweitert als Schlüsselbegriff für ein Verständnis empfohlen, das dem weitgehend informellen, von Staatsverträgen wenig einbezogenen Zusammenwirken von staatlichen Verantwortungsträgern und mehrheitlich privaten Akteuren als transnationale Realität gerecht wird.[736]

In einer 2012 publizierten Studie über die Zukunft der europäischen Demokratie haben sich zwei weitere Politologen, Claudio Franzius und Ulrich K. Preuss, mit dem Dilemma auseinandergesetzt, dem die demokratische Partizipation in internationalen Systemen ausgesetzt ist. Dieses ergebe sich daraus, dass immer weniger Deckungsgleichheit zwischen gesellschaftlichem und politischem Raum bestehe. In internationalen Institutionen wie der WTO bestünden zu grosse Unterschiede zwischen den sozio-ökonomischen Betroffenheiten – deswegen sei eine Kultur des «Sinnverstehens» weniger gegeben. In der EU hingegen sei das Problem nicht unüberwindbar, weil diese über Institutionen verfüge, deren Demokratisierung an ein abgrenzbares politisches, wenn auch zusammengesetztes Kollektiv anknüpfen könne, das aus den Staatsangehörigen der Mitgliedstaaten und den Unionsbürgern bestehe.[737] In der EU könne die Demokratie zu einem grossen Teil aufgrund der bestehenden Rechtslage ausgebaut werden, und zwar unter der Schwelle zum Bundesstaat. Die bestehenden Verträge enthielten ein «beachtliches demokratiepolitisches Potential, das in der Praxis mit Leben zu füllen ist». Das Verhältnis der nationalen und supranationalen Ebene sei kein Nullsummenspiel, wonach die eine Ebene verliert, was die andere hinzugewinnt: Supranationale Elemente können auf der nationalen Ebene und nationale Elemente auf der supranationalen Ebene implementiert werden. Zum Ausschöpfen dieses Potentials gehöre die stärkere und frühzeitige Berücksichtigung der Zivilgesellschaft und der NGOs (inkl. der Lobby-

---

736 Beate Kohler-Koch/Rainer Eising (Hg.), The Transformation of Governance in the European Union. London 1999. Das klassische Governance-Verständnis geht davon aus, dass die Steuerung und Regelung in politisch-gesellschaftlichen Einheiten nicht nur vom Staat («Erster Sektor»), sondern auch von der Privatwirtschaft («Zweiter Sektor») und vom «Dritten Sektor» (Vereinen und ad hoc gebildeten Komitees) vorgenommen wird. Vgl. auch den in diesem Band publizierten Beitrag von Thomas O. Hueglin: Government, Governance, Governmentality. Understanding the EU as a Project of Universalism (S. 249–266).

737 Claudio Franzius/Ulrich K. Preuss, Die Zukunft der europäischen Demokratie. Baden-Baden 2012, S. 98 u. 104.

organisationen) auf beiden Ebenen und, von der oberen Ebene ausgehend, gehöre parallel zum politischen Dialog mit den nationalen Behörden auch der soziale Dialog mit den Bürgern und Bürgerinnen.[738] Die Abstützung der EU auf die nationalen Arenen sei wichtig, in den Mitgliedstaaten gebe es aber eine gesamteuropäische Verantwortung für den Zustand der Demokratie, und die EU müsse «nicht einfach» nach dem Vorbild der nationalen Demokratie ausgestaltet werden.[739]

Das europäische Integrationsprojekt hat so gesehen eine Appellfunktion: Als seine Bürger sind wir aufgerufen, uns zu überlegen, was wir von der Demokratie jenseits des bekannten nationalen Rahmens erwarten. Welche Funktionen soll die Demokratie auf supranationaler Ebene erfüllen?

Demokratie lässt sich aus prinzipiellen, individualrechtlichen Überlegungen heraus rechtfertigen und einfordern. Man kann aber auch der Meinung sein, dass demokratische Mechanismen für die richtigen Entscheide sorgen, also Fehlentwicklungen vermeiden oder korrigieren. So lange in der EG/EU alles tatsächlich oder scheinbar seinen guten Gang ging, gab es offenbar keinen Anlass, überhaupt nach Demokratie oder nach mehr Demokratie zu rufen. Die gegenwärtig zu beobachtende «Referendumania» beruht auf Reaktionen, die zwar vermeintlich demokratietheoretisch fundierte Grundsatzforderungen erheben, aber primär vor allem Ausdruck eines allgemeineren Missmuts sind.

Um ein Argument zu wiederholen, das bereits oben vorgestellt worden ist: Ein Mehr an Demokratie könnte beispielsweise auch darin bestehen, dass nicht erst am Ende eines Erarbeitungsvorgangs das «letzte Wort» der Stimmbürger und -bürgerinnen eingeholt wird, sondern bereits zu seinem Beginn eines Prozesses eine konsultative Grundsatzabstimmung anberaumt und nach einer ersten, die ausschliesslich einen Auftrag erteilt, eine zweite Abstimmung über die konkrete Umsetzung des allgemeinen Auftrags durchgeführt würde. Ein solches Vorgehen wäre grundsätzlich auch bei manchen innenpolitischen Vorlagen ratsam, bei zwischennationalen Vereinbarungen wäre es aber besonders angezeigt. Ein derart zweistufiges Vorgehen wäre zum Beispiel im Fall des «Brexit» sehr sinnvoll gewesen: Eine erste Abstimmung hätte einen bestimmten Weg (den Austritt aus der EU) vorgegeben, eine zweite Abstimmung hätte dann den im besten Willen ausgehandelten Bedingungen gelten können. Ein vergleichbares Verfahren hat sich das britische Parlament inzwischen – wie bereits dargelegt – auch ausbedungen.

---

738 Ebenda, S. 165ff. http://eur-lex.europa.eu/legal-content/DE/TXT/?uri=URISERV%3Aai0003 http://ec.europa.eu/citizens-dialogues/index_de.htm.

739 Ebenda, S. 5.

Der Ausgang der «Brexit»-Abstimmung verweist noch auf eine weitere Problematik: auf die Tatsache, dass Referenden in Grossbritannien (wie in den meisten Mitgliedstaaten) höchst sporadisch durchgeführt werden. Mit welcher Partizipationsqualität kann man rechnen, wenn das letzte vergleichbare Referendum vierzig Jahre zurückliegt? Der Wunsch nach mehr Demokratie im Sinne von häufigeren Volksabstimmungen geht auch von der Erwartung aus, dass bei den Stimmberechtigten damit so etwas wie eine (nicht näher definierte) Verantwortungskultur gefördert werde. Die jüngsten schweizerischen Erfahrungen zeigen jedoch, dass bei regelmässigem Einbezug des Volkes durch Mittel der direkten Demokratie wie Volksabstimmungen nicht «bessere» Entscheidungen herauskommen.[740]

Demokratie ist gut. Kann es jedoch des Guten – in diesem Fall der Demokratie – zu viel geben? Das ist davon abhängig, um welche Art von Demokratie und um Demokratie auf welcher Ebene es sich bei dieser Fragestellung handelt. Der Politologe Ludger Kühnhardt, Direktor des Zentrums für Europäische Integrationsforschung (ZEI) der Universität Bonn, erlaubte sich, den Ausgang des «Brexit»-Referendums vor Augen, eine «Schadensliste» zusammenzustellen und in einem Artikel in der NZZ vor der «derzeitigen Demokratieinflation» zu warnen. Er kassierte prompt ein Leserbriefschreiben aus Deutschland, dessen Autor sich darüber empörte, dass man «so etwas» in einer Schweizer Zeitung lese. Kühnhardt hatte auf den sich verschärfenden Systemkonflikt verwiesen, der «in der Dualität des repräsentativ ermittelten Volkswillens einerseits und des gefühlten oder mobilisierbaren andererseits» liege, und dabei keinen Zweifel gelassen, wie auch die eben zitierte Formulierung zeigt, welche Art von Demokratie er für die bessere hält.[741]

Ein Zuviel an repräsentativer Demokratie in der Form des Parlamentarismus kann es eigentlich nie geben, obwohl Kritik auch an parlamentarischen Betrieben durchaus möglich und, wie Vorkommnisse zeigen, auch nötig ist.[742] Dagegen sollte die direkte Demokratie in Sachentscheiden (also nicht bei Wahlen) sinnvollerweise

740 Trotz jährlich mehrfacher Urnengänge wurden demokratietheoretisch gesehen höchst problematische Vorlagen wie das allgemeine Minarettverbot, die «Ausländerausschaffung» (d.h., Abschiebung) bei kleinen Vergehen oder die (selbstschädigende) Einschränkung der Einwanderung angenommen.

741 Ludger Kühnhardt, Das Demokratieproblem lähmt Europas Einheit. In: NZZ vom 22. Februar 2017. Leserbrief aus Köln in NZZ vom 7. März 2017. Kühnhardt hatte bereits 2007 nach dem gescheiterten Verfassungsvertrag und mit Blick auf den nächsten Anlauf unter dem Titel «Europa neu begründen» dargelegt, welchen Anforderungen die EU entsprechen müsste.

742 Zum Beispiel bei den unerfreulichen Machenschaften vom Januar 2017 des Liberalen Guy Verhofstadt und des Populisten Beppe Grillo im Schacher um das Parlamentspräsidium.

nur sehr eingeschränkt, das heisst vor allem auf unteren (kommunalen) und weniger auf oberen Ebenen (beispielsweise der nationalen) zum Zug kommen. Die direkte Demokratie auf nationaler Ebene, die ebenfalls bereits zur oberen Kategorie gehört, steht hier nicht zur Diskussion. Hier geht es vor allem um die Frage, wie viel Demokratie auf supranationaler, europäischer Ebene benötigt wird und tragbar ist. Unabhängig von der aktuellen EU-Problematik ist bereits vor bald dreissig Jahren die Meinung vertreten worden, dass in einem internationalen und supranationalen System keine nationalen Referenden durchgeführt werden sollten.[743]

Nach dem «Brexit»-Entscheid machte der ehemalige CDU-Bundestagsabgeordnete Stephan Eisel auf der Plattform der Konrad-Adenauer-Stiftung im Juli 2016 auf die Problematik aufmerksam, die solchen Abstimmungen von grosser Tragweite grundsätzlich innewohnt:

> «Die Attraktivität [der Plebiszite, d. Vf.] für Protestwähler überlagert oft den eigentlichen Entscheidungsgegenstand. Mit ihrer Anonymität entkoppeln sie den Zusammenhang zwischen Entscheidungsmacht und Entscheidungsverantwortung.»[744]

Eisel legte in einer bedenkenswerten Argumentation die Überlegenheit der repräsentativen Demokratie dar. Obwohl damit der Fokus vorübergehend weg von der speziellen Europafrage hin zur allgemeinen Demokratiefrage verschoben wird, seien die von ihm aufgeführten sieben Gründe kurz aufgeführt:

Plebiszite

1. entlassen die Verursacher aus der Verantwortung für die Folgen,
2. reduzieren komplexe Sachverhalte auf Ja/Nein-Fragen,
3. lassen sich leicht für sachfremde Themen instrumentalisieren,
4. wirken wie Magnete auf Protestwähler,
5. laden Demagogen ein,

743 Noch 1989 vertrat Robert A. Dahl, wenngleich nur nebenbei, die Meinung, dass sich einzig die damalige EG zu einer demokratischen Supranation entwickeln könne: «Only the European Community shows much sign of harboring a supranational growth gene» (Democracy and its Critics, New Haven 1989, S. 320).

744 Stephan Eisel, Europas Plebiszit-Erfahrung (http://www.kas.de/wf/de/33.45709/). Dieses Dokument enthält auch die beste Zusammenstellung der bisher abgehaltenen EU-Referenden. Ein weiterer Text von Eisel zur «Plebiszitfalle» vom 12. Juli 2016 findet sich unter http://www.kas.de/wf/de/33.45839/ (letzter Zugriff Juli 2017).

6. sind schwer korrigierbar,
7. eignen sich nicht zum Interessensausgleich.

Die meisten der aufgeführten Defizite sind der repräsentativen Demokratie nicht immanent. Parlamente sind Orte des verbindlichen Verhandelns über die Zusammensetzung der gegebenen pluralistischen Verhältnisse, die es nicht gestatten, einen Populismus zu betreiben, der für sich eine verabsolutierende Volksmeinung beansprucht.[745] Die Politologen Guido Tiemann, Oliver Treib und Andreas Wimmel haben 2011 – abgeleitet aus allgemeinen Theorien – in einer kenntnisreichen Schrift die Punkte zusammengestellt, die für und gegen internationale EU-Referenden sprechen: Positive Aspekte sind demnach die unmittelbare Mitsprachemöglichkeit, der dadurch verbesserte Informationsstand und die von den Politikern mit Blick auf vermutete Erwartungen vorgenommene Rücksicht. An negativen Aspekten werden gegenübergestellt: das mangelnde Wissen und die schwere Einschätzbarkeit des ausserhalb des nationalen Erfahrungshorizonts liegenden Entscheidungsgegenstands; die Nutzung für Manifestationen, die mit der Abstimmung direkt nichts zu tun haben; das Risiko negativer Auswirkungen nationaler Entscheide auf die übrigen Mitglieder der Union.[746]

Der «Brexit» war eine rein nationale Abstimmung, aber eine mit hoher internationaler Auswirkung. Der Wiener Historiker Wolfgang Schmale sprach sich darum unmittelbar danach kühn für die Aufhebung nationaler Entscheidungsräume in Fragen aus, die alle betreffen. Der britische Austrittsentscheid bürde nämlich allen EU-Volkswirtschaften Kosten in Milliardenhöhe auf, darum könne es nicht angehen, dass ein Drittel der britischen Stimmberechtigten (51,9% von nur 72% Abstimmenden) über 500 Mio. Bürger und Bürgerinnen bestimmen könne.[747] Gleiches kann man vom niederländischen Ukraine-Referendum vom April 2016 sagen, in dem 0,007% der EU-Bürger und -Bürgerinnen einer nationalen Teileinheit den Entscheid von 27 nationalen Parlamenten blockieren konnten (vgl. oben, S. 200ff.). [748]

---

745 Jan-Werner Müller, Was ist Populismus. Berlin 2016. S. 129ff.

746 Tiemann/Treib/Wimmel, 2011. S. 214ff.

747 2. Juli 2016: http://wolfgangschmale.eu/die-antwort-auf-das-brexit-votum/ (letzter Zugriff Sept. 2016). Dabei blendet er natürlich aus, dass von den 500 Mio. manche nicht stimmberechtigt sind oder im Sinne von UKIP gestimmt hätten.

748 Cécile Ducourtieux, in: Le Monde vom 20. April 2016 (http://www.lemonde.fr/idees/article/2016/04/20/pourquoi-bruxelles-est-allergique-aux-referendums_4905373_3232.html#Hd00j9LJuSuCyCiE.99).

Die an sich aussenpolitischen Themen gewidmeten, aber stark auf innenpolitische Sachverhalte abzielenden Plebiszite werden dann problematisch, wenn der Abstimmungsgegenstand eminent internationale Konsequenzen mit sich bringt. Das zeigte sich bereits 1992 beim dänischen Nein zu «Maastricht», das in hohem Mass ein Nein zur eigenen Regierung war, ebenso wie beim niederländischen Nein von 2016 zum EU-Assoziierungsabkommen mit der Ukraine. Dazu bemerkte der EU-Parlamentspräsident Martin Schulz völlig zutreffend, die Argumente des Nein-Lagers hätten bei diesem Referendum mit vielem zu tun gehabt, «nur nicht mit dem Inhalt der eigentlichen Frage, nämlich dem Assoziierungsabkommen EU–Ukraine». Nunmehr müsse um das «Zivilisationsprojekt» Europa gekämpft werden.[749] Und Rebecca Harms, Fraktionschefin der Grünen im Europäischen Parlament, erklärte zur gleichen Abstimmung, sie sei «das Ergebnis einer Kampagne zur Ablehnung gewesen, die mehr gegen alles und jedes da oben in Brüssel gerichtet war». Ihre allgemeine Schlussfolgerung lautete: «Plebiszitäre Elemente zu europäischer Politik, die so angelegt sind wie die gestrige Abstimmung, können die EU in ihrem Bestand gefährden.»[750]

Schon früher ist, unter anderem auch im Verfassungskonvent von 2002/03 (Conv 658/03), vorgeschlagen worden, ein in allen Mitgliedstaaten gleichzeitig angesetztes und wenn möglich nach gleichen Regeln abzuhaltendes Europa-Referendum einzuführen. Der (ausgesprochene oder unausgesprochene) Leitgedanke war dabei, auf Gesamtmehrheiten abzustellen und negativen Abstimmungsergebnissen in einzelnen Mitgliedstaaten keine Vetowirkung einzuräumen.

Simon Hug hat sich 2002 eingehend mit der Frage befasst, wie sich die Einführung eines «EU-wide» Referendums auswirken würde und dabei zwölf der Literatur entnommene Beurteilungen aus den Jahren 1989–1998 systematisch analysiert. Den vereinzelt durchgeführten nationalen Referenden kann er nichts Positives abgewinnen, weil diese dazu führen, dass man, um Zustimmung zu erlangen, den nationalen Interessen zu weit entgegenkomme. In europaweiten Referenden (natürlich ohne Einstimmigkeitsklausel) sieht er eine Möglichkeit der Verbesserung der demokratischen Legitimität der EU und der Vermeidung von Blockaden durch negative Mehrheitsentscheide in einzelnen Nationen. Gewiss sei es kein Wundermittel, aber es könne helfen, das Demokratiedefizit zu reduzieren und einen gesamteuropäischen

749 Die Zeit vom 8. April 2016.

750 Ebenda.

Demos zu schaffen. Dies würde aber die Position der nationalen Regierungen schwächen und darum wohl kaum deren Zustimmung finden.[751]

Vincent Martenet, Rechtsprofessor der Universität Lausanne, sprach sich im März 2017 ebenfalls für die Schaffung eines EU-weiten, zeitgleich abzuhaltenden Referendums aus. Er geht davon aus, dass auf diese Weise die für die supranationale Ebene schädlichen nationalen Referenden (zum Beispiel in den Niederlanden) umgangen werden könnten. Diese würden sich vor allem um Innenpolitik drehen, wahlpolitischen Interessen und der populistischen Agitation ausgesetzt sein und in viel zu kurzen Fristen gleichsam übers Knie gebrochen werden. Einem gesamteuropäischen Referendum («le plus grand de l'histoire de l'humanité») müsste die Erarbeitung eines Reformpakts vorausgehen, dieser müsste den Bürgern und Bürgerinnen vorgestellt werden («offre la chance d'expliquer [...]»), was diesen wiederum Gelegenheit böte, Stellung zu nehmen («la parole serait donnée aux peuples»). Zum Inhalt des Paktes verliert dieser Vorschlag nicht viel Worte, es scheint die Annahme zu bestehen, dass er in jedem Fall den Erwartungen der Stimmbüger entsprechen werde, da er ihnen ja vorgelegt würde und ihre Zustimmung erhalten müsse. Angenommen wird, dass die Nationalstaaten auf die für die EU-Verträge bisher vorausgesetzte Einstimmigkeit beziehungsweise Vetomöglichkeit verzichten würden. Das Abstimmungsresultat dieses implizit als einmalig verstandenen Vorgangs würde nach doppelten Kriterien (Mehrheit aller Abstimmenden und Mehrheit der EU-Mitgliedstaaten) – also eigentlich wie bei Wahlen in der Schweiz – ermittelt.[752]

Ein essentieller Bereich der EU kann jedoch selbst bei einer verbesserten Referendumsregelung nicht über demokratische Partizipation gestaltet werden: die Geld- und Währungspolitik der nationalen Zentralbanken wie diejenige der Europäischen Zentralbank (EZB). Man stelle sich vor: eine Volksabstimmung über Zinssätze, Wechselkurse, Kreditgewährung! Der benötigte Sachverstand zur Ausgestaltung und Führung dieser Institutionen erfordert eine weitestgehende Unabhängigkeit von der Politik der Regierungen und der Parlamente. Auch diesbezüglich

751 Simon Hug, Voices of Europe: citizens, referendums, and European integration. Lanham 2000, S. 101–113. – Ders., Vertragsratifizierung und demokratische Legitimation in der EU. St. Gallen 2003. – Ders., Möglichkeiten und Grenzen der direkten Demokratie in der EU. In: Francis Cheneval (Hg.), Legitimationsgrundlagen der Europäischen Union. Münster 2005, S. 411–431.

752 Vincent Martenet, Un pacte pour réformer et refonder l'Union européenne. In: Collection débats et documents Nr. 8, März 2017, der Fondation Jean Monnet, Lausanne. S. 22ff. Unklar ist, wie die Äusserung gemeint ist, dass der Pact nur in Kraft trete, «en cas de vote favorable dans tous les Etats membres».

wird auf nationaler Ebene mit grosser Selbstverständlichkeit akzeptiert, was auf supranationaler Ebene als Diktatur von Technokraten kritisiert wird.

Tatsächlich werden in der aktuellen Schuldenkrise Entscheide mit grösster finanzieller Tragweite von Akteuren gefällt, die nur über eine schwache demokratische Legitimation verfügen: die berüchtigte Troika, die heute eine Quadriga ist, bestehend aus Repräsentanten der Euro-Gruppe, der Europäischen Zentralbank (EZB), der EU-Kommission und der Weltbank (IMF), unter Umständen auch des Europäischen Stabilitäts- und Rettungsfonds (ESM). Von hier gehen auch Kompetenzanmassungen aus bei der Erzwingung von Reduktionen nationaler Mindestlöhne und Massenentlassungen beim Staatspersonal und werden für nationale Haushaltsbudgets Vorgaben oktroyiert. Demokratie in Form von Referenden wäre da kein geeignetes Instrument zum Abbau des Demokratiedefizits, mehr Einbettung in die repräsentative Demokratie durch begleitende Fachausschüsse des Europäischen Parlaments wäre aber sehr wohl möglich. Der Euro ist heute noch in diesem Gremium schlecht verankert, die Basis der 1998 geschaffenen Euro-Gruppe beruht lediglich auf einem dem Vertrag von Lissabon angehängten Protokoll und wird auch deswegen kritisiert.[753] Es gibt den bedenkenswerten Vorschlag, für den Euro ein eigenes Parlament, einen Senat, zu schaffen, da nicht alle Länder des Europäischen Parlaments der Euro-Zone angehören. Dieser Senat müsste die nationalen Haushalte kontrollieren und die jährlichen Staatsverschuldungen festlegen.[754] Dann wäre es auch möglich, dass Länder nach objektiven Möglichkeiten vorübergehend unterschiedlichen Sparzwängen des Stabilitätspakts unterstünden.

Der amerikanische Politökonom Dani Rodrik kritisiert nicht, dass zentrale Institutionen der Finanzpolitik demokratiefern angesiedelt sind, er spricht sich aber dagegen aus, die gleichen Verhältnisse auf supranationaler Ebene zu reproduzieren und so die nationalen Steuerungsmechanismen der schwachen Mitglieder auszuhebeln.[755] Diese Kritik gilt der «Unverantwortlichkeit», die sich aus der Kombination

753 Zum Beispiel: https://de.wikipedia.org/wiki/Democracy_in_Europe_Movement_2025 (letzter Zugriff März 2017).

754 Vgl. etwa die Vorschläge des französischen Starökonomen Thomas Piketty, Die Schlacht um den Euro. München 2015. Vgl. Sammlung von Artikeln aus der «Libération», in diesem Fall insbesondere vom 22. November 2011. – Ders., Ökonomie der Ungleichheit. München 2016.

755 Dani Rodrik, Harvard-Professor für politische Ökonomie, stellt in Abrede, dass sich ein gesteigerter Inter- und Supranationalismus mit den Erfordernissen der Demokratie vereinbaren lässt und will der Demokratie eindeutig den Vorrang geben. Vgl. ders., Das Globalisierungs-Paradox. Die Demokratie und die Zukunft der Weltpolitik. München 2011. Schon zuvor: ders., Grenzen der Globalisierung. Ökonomische Integration und soziale Desintegration. Frankfurt a. M. 2000.

von technokratisch funktionierenden Institutionen (Troika/Quadriga) ergibt. Die Euro-Gruppe der Finanzminister hat nur einen informellen Status. Die Lösung würde auch hier darin bestehen, dass die Union in diesem Bereich ein Staatsgebilde würde und ein gemeinsames Finanzministerium erhielte, was in der Konsequenz auch eine Vergemeinschaftung der Fiskalpolitik zur Folge hätte.

4.6 Zum Schluss

Zahlreich sind die Stimmen, die einem Neuanfang gleichkommende Reformen der EU fordern. Einige dieser Stimmen begnügen sich nicht mit der allgemeinen Forderung, sondern schlagen sogar vor, worin der Neuanfang bestehen soll. Der Soziologe Claus Offe empfiehlt, in einem «ersten Schritt» das Vertrauen der Bevölkerung zurückzugewinnen und das Gleichgewicht «zwischen den Polen der politischen Demokratie und kapitalistischem Markt» wiederherzustellen.[756] Unerläutert bleibt jedoch in der Regel und auch im gerade zitierten Fall die Frage, wie man mit dem Neuanfang anfangen soll. Allenfalls wird das Bild des Barons Münchhausen evoziert, der sich samt seinem Pferd am eigenen Zopf aus dem Sumpf zieht.[757]

Zur Zeit sieht es so aus, als ob man den Neuanfang nicht herbeiführen muss, der Neuanfang ist – als Möglichkeit – beinahe von alleine gekommen, in einer Kombination von verschiedenen Elementen: mit der Infragestellung des Integrationsprozesses selbst, die der «Brexit» provoziert hat; mit dem Druck, der vom US-Präsidenten Trump ausgeht; mit der Bedrohung, die vom russischen Präsidenten Putin herkommt; in Frankreich mit der Wahl des sich entschieden zu Europa bekennenden Präsidenten Macron, mit der zunehmenden wirtschaftlichen Erholung u. a. m. Es scheint nun wieder Bewegung in das europäische Integrationsprojekt zu kommen. Dennoch bleibt die Frage, ob die Reformbemühungen die nötige Substanz aufbringen, ob sie innerhalb der nötigen Fristen greifen werden, ob die leider unvermeidliche Diskrepanz zwischen Absichtserklärungen und realisiertem Fortschritt nicht zu viel Enttäuschung hervorruft und den Verdacht nährt, dass auf dringenden Reformbedarf (erneut) nur wieder mit leeren Worten reagiert wird.[758]

---

756 Offe, 2016, S. 19ff.

757 Auf dieses Bild bezogen: Georg Kreis, Nur mit mehr Willen kommt Europa aus dem Sumpf. In: Tageswoche vom 4. Mai 2016.

758 Es fällt auf, dass in den aktuellen Stellungnahmen auf frühere Papiere zurückgegriffen wird wie beispielsweise den Fünf-Präsidenten-Bericht vom Juni 2015, der nicht nur Vertiefung, sondern nichts weniger als die Vollendung der WWU in den Blick nahm (https://ec.europa.eu/commission/

Beinahe im Monatsrhythmus sind in jüngster Zeit «Papiere» produziert und präsentiert worden: das Weissbuch Ende Mai 2017,[759] sodann bereits vier Reflexionspapiere: zur sozialen Dimension,[760] zur Globalisierung,[761] zur Vertiefung der WWU[762] und zur Verteidigung.[763] Das alles kommt von einer Kommission, der man abwechselnd Führungsanmassung und Führungsschwäche vorwirft und die ihre Impulse nur als Diskussionsgrundlagen ohne Zeitplan und Hinweise auf Möglichkeiten nach 2020 versteht. Realisieren müssen sie die im Namen ihrer Nationen handelnden EU-Mitglieder. Dies alles kann und wird unter den derzeitigen Gegebenheiten aber ohne direkt-demokratische Partizipation erfolgen, im besten Fall unter Mitwirkung von Ausschüssen und Delegationen nationaler Parlamente.

Abschliessend darf man vom Autor eine persönliche Stellungnahme erwarten. Diese besteht im ziemlich naheliegenden und keineswegs Originalität beanspruchenden Vorschlag, statt der Aneinanderreihung von Kleinstreformen einen grösseren Schritt zu unternehmen: in einem neuen Gründungsakt ein Kerneuropa mit einer definitiven Ordnung zu schaffen, die nicht immer wieder der Notwendigkeit ausgesetzt ist, fundamentale Nachbesserungen in Detailfragen vornehmen zu müssen.

Die Krux der heutigen Verhältnisse besteht darin, dass immer wieder über Grundverträge abgestimmt werden muss und diese Abstimmungen dann wiederum die Einstimmigkeit der Mitgliedstaaten erfordern. Mit diesen Abstimmungen ist – mehr oder weniger – stets die Existenz der EU als solche zur Disposition gestellt, weil die Plebiszite Gelegenheit bieten, nicht nur zu konkreten Einzelfragen Stellung zu nehmen, sondern gleich auch vorsätzlich die EU-Zugehörigkeit des betreffenden Mitgliedstaates grundsätzlich in Frage zu stellen. Da mehr oder weniger zu Recht davon ausgegangen wird, dass bei der gegenwärtigen Stimmung und der politischen Lage auf absehbare Zeit keine Grundverträge (als weiteres Primärrecht) mehr zustande kommen können, wird man realistischerweise Kleinreformen innerhalb der bestehenden Rechtsordnung (mit Sekundärrecht) anstreben.

---

publications/five-presidents-report-completing-europes-economic-and-monetary-union_de; letzter Zugriff Juli 2017).

759 Weissbuch, 31. Mai 2017 (http://europa.eu/rapid/press-release_IP-17-1454_de.htm).

760 Reflexionspapier vom 27. April 2017 (https://ec.europa.eu/commission/sites/beta-political/files/reflection-paper-social-dimension-europe_de.pdf).

761 Reflexionspapier vom 19. Mai 2017 (http://europa.eu/rapid/press-release_IP-17-1230_de.htm).

762 Reflexionspapier vom 31. Mai 2017 (http://europa.eu/rapid/press-release_IP-17-1454_de.htm).

763 Reflexionspapier vom 7. Juni 2017 (https://ec.europa.eu/commission/sites/beta-political/files/reflection-paper-defence_de.pdf).

Dieses Verfahren ist bereits bekannt und hat mit der Einführung des Europäischen Stabilitätsmechanismus (ESM), mit dem Fiskalpakt und der Bankenunion erfolgreich Anwendung gefunden. Mit einem Ausbau des Euro-Rettungsschirms ESM könnte ausserhalb der Verträge und unabhängig von basisdemokratischer Zustimmung diese Nebenordnung weiter ausgebaut werden, mit einem informellen Finanzminister als hauptamtlichem Euro-Gruppe-Vorsitzenden, einem Euro-Schatzamt, einem Europäischen Währungsfonds, einer gemeinsamen Rückversicherung für nationale Arbeitslosenversicherungen, sogar einer Parlamentszuständigkeit für den Euro, einem Euro-Budget und einer gewissen Zuständigkeit für die nationalen Finanzhaushalte. Eine wesentliche Voraussetzung ist die Einigung zwischen Deutschland und Frankreich als den Hauptakteuren der EU in der Frage, wie Umverteilungs- und Überwachungskompetenzen kombiniert werden. Ziel ist noch immer die Ausdehnung der Euro-Zone auf alle EU-Mitglieder mit Ausnahme Dänemarks, dem das Fernbleiben 1993 ausdrücklich zugestanden worden war und das in einem zusätzlichen Volksvotum im Jahr 2000 dieses Fernbleiben bestätigt hat.

Eine weitergehende Reform bestünde drin, dass man statt der stets weiterführenden Grundverträge mit einem einmaligen Basis- und Ausgangsvertrag ein demokratisches Kerneuropa schafft. Über diesen Vertrag sollte nicht wie nach dem bisherigen Muster in einzelnen Nationalabstimmungen in Parlamenten oder Referenden, sondern in einem europaweiten Referendum befunden werden. Mit der Unterbreitung eines solchen Ausgangsvertrags würde etwas nachgeholt, das man schon um 1948/50 hätte durchführen müssen und das von den Föderalisten jener Zeit auch gefordert worden war. Stattdessen war, wie hier ausführlich dargelegt, die Etappenintegration mit den Teilverträgen und den bekannten Schwierigkeiten, die sich in extremster Form mit zusätzlichen Abstimmungen 1993, 2002 und 2009 stellten, auf den Weg gebracht worden.

Die Abstimmung über den Ausgangsvertrag wäre dann eine Art zweite oder gar die eigentliche Gründung der EU – und alles Bisherige eigentlich nur Vorgeschichte dazu. Diese Abstimmung sollte den Bürgern und Bürgerinnen Europas die Gelegenheit geben zu entscheiden, ob ihre Nationalstaaten einem mit mehr demokratischer Legitimation ausgestatteten europäischen Bundesstaat angehören sollen – oder nicht. Wenn dieser finale Ausgangsvertrag einmal abgeschlossen wäre, sollten Fragen der Grundstruktur nicht mehr zur Disposition stehen. Der Gründungsakt ginge davon aus, dass das europäische Haus im Prinzip gebaut ist und keine weiteren Abstimmungen zu fundamentalen Fragen mehr durchgeführt werden müssen, welche die Existenz des ganzen Gebäudes in Frage stellen könnten – analog zu den Nationalstaaten, in denen auch nicht immer wieder abgestimmt wird, ob es sie geben solle oder besser doch nicht.

Die gesetzgeberische Weiterentwicklung läge in den Händen eines dann vollwertigen Parlaments, also der repräsentativen und mit zusätzlicher Legitimation versehenen Demokratie. Fragen von besonderer Tragweite (wie Militärdienstpflicht oder Atomausstieg) könnten EU-weit und mit einfachem Mehr über Mechanismen der direkten Demokratie entschieden werden. Bei derartigen Vorlagen stünde die EU aber nicht immer erneut vor der Existenzfrage, und die EU-Bürgerinnen und -Bürger wären nicht mit alternativlosen Vorlagen konfrontiert, die man nicht ablehnen könnte, ohne das grosse Ganze zu gefährden; Vorlagen wie bisher also, die man entweder lustlos durchwinkt – oder wegen der zu erwartenden negativen Konsequenzen im Ablehnungsfall besonders lustvoll bekämpft.

Bereits in der Erklärung von Laeken von 2001 (vgl. oben, S. 183) tauchte die Idee einer Aufteilung der Gemeinschaft in zwei Zonen mit unterschiedlichen Rechtsqualitäten auf: Bei einer Änderung der Verträge könnte zwischen einem Basisvertrag und den übrigen Vertragsbestimmungen unterschieden werden, und dies könnte zu einer Unterscheidung zwischen den Änderungs- und Ratifikationsverfahren für den Basisvertrag und für die anderen Vertragsbestimmungen führen.[764]

Der Basis- oder Ausgangsvertrag würde im Sinne von «mehr Europa» einen Bundesstaat mit klassischer Struktur (mit allgemeinen Wahlen, Regierung gemäss Parlamentsmehrheit und Zweikammersystem) vorsehen und den bisherigen EU-Mitgliedstaaten vorgelegt werden, deren Bürger und Bürgerinnen in voller Freiheit entscheiden können, ob sie dem neuen Bundesstaat angehören wollen.[765] Die zustimmenden EU-Staaten würden als «Vereinigte Staaten von Europa» ein Kerneuropa bilden, die ablehnenden EU-Staaten in einer «Kontinentalen Partnerschaft» bloss einen Assoziationsstatus haben. Für die EU-Staaten (und allenfalls auch für andere) sollte es möglich sein, nach dem Muster der inzwischen erprobten Erweiterungsverhandlungen auch zu einem späteren Zeitpunkt zu Kerneuropa aufzuschliessen.

Im Moment könnte man meinen, dass höchste Eile angezeigt ist (gewissermassen bevor Europa zerfällt). Sicher wäre es gut, die europäischen Bürgerinnen und Bürger würden Zielstrebigkeit spüren. Das Projekt sollte aber sorgfältig angegangen werden. Und man kann sich die nötige Zeit lassen. Wichtig ist, dass die Richtung

---

764 http://www.europarl.europa.eu/brussels/website/media/Basis/Organe/ER/Pdf/Erklaerung_Laeken.pdf (letzter Zugriff Juli 2017).

765 Diese Idee stimmt überein mit der Beurteilung, die der angesehene alt Staatssekretär Jakob Kellenberger, der für die Schweiz nach dem Fiasko des EWR-Nein vom 6. Dezember 1992 die ersten «Bilateralen» ausgehandelt hatte, nach dem «Brexit» vorgenommen hat: Phantasien zum «neuen» Europa. In: NZZ vom 4. Juli 2016.

stimmt. Dazu gehört auch das ernsthafte Festhalten an den in Art. 2 des EU-Vertrags festgehaltenen Werten wie Pluralismus, Minderheitenschutz und Rechtsstaatlichkeit. Heute sind Staaten (Polen und Ungarn, auch Rumänien) Mitglieder der Union, deren jetziger politischer Zustand im Jahr ihres Beitritts 2004 nicht gestattet hätte, sie aufzunehmen. Speziell diese Staaten sollten nur mit verbindlichen Zusagen Teil des neuen Clubs werden können.

Entgegen heutigen Beliebigkeitsvorstellungen und dem «Brexit»-Entscheid sollte es – wie etwa in den Fällen der USA oder der Schweiz – im Prinzip aber nicht mehr möglich sein, später ohne die Zustimmung der Stimmbürger und -bürgerinnen-Mehrheit aller Mitglieder den Kern wieder zu verlassen. Diese Auffassung folgt der anti-sezessionistischen Doktrin, dass nur von einer Mehrheit wieder aufgelöst werden kann, was eine Mehrheit zusammengefügt hat.[766]

Bleibt die Frage, was mit dem bestehenden EU-Recht geschehen soll und wie man von den heutigen Gegebenheiten zu der vorgeschlagenen Abstimmung kommt. Grosse Teile des EU-Rechts könnten von Kerneuropa übernommen werden und für «beide Europa» gelten. Und für die Erarbeitung der Grundlagen zur Bundesstaatsabstimmung müsste, wie bereits in anderen Fällen geschehen, vom Europäischen Rat eine Regierungskonferenz, möglicherweise auch ein Konvent beauftragt werden. Käme ein solcher Einstimmigkeit voraussetzender Beschluss des Europäischen Rats nicht zustande, müsste der zustimmende Teil des Europäischen Rats eben einen Bruch der geltenden Regeln in Kauf nehmen und das Projekt auch ohne einstimmige Zustimmung in Angriff nehmen. Es gibt einen schöpferischen *Pouvoir Constituant*, der nur seinen eigenen Willen zur Voraussetzung hat.

Die aufgeladenen und überfordernden Erwartungen gegenüber dem europäischen Integrationsprojekt und die enttäuschten Beurteilungen sind mehrheitlich von Unkenntnis geprägt und von falschen Voraussetzungen ausgegangen. Wie diese Ausführungen gezeigt haben, ist es nicht fair, dem europäischen Gemeinschaftsprojekt Schwächen vorzuwerfen, für die es selber nicht verantwortlich ist, weil die in diesem Verbund zusammengeschlossenen Staaten (die Regierungen, die Parlamente, die Bürger und Bürgerinnen) ihm die nötige Stärke bisher gar nicht geben wollten. Wir sollten ein sachpolitisches Versagen nicht vereinfachend der

766 Vgl. Luzius Wildhaber, Territorial Modifications and Breakups in Federal States. In: The Canadian Yearbook of International Law, 1995, S. 41–74. – Ders., Québec, Schottland, Katalonien – Gedanken zur Sezession in Demokratien. In: Giovanni Biaggini u. a. (Hg.), Polis und Kosmopolis. Festschrift für Daniel Thürer. Zürich 2015. S. 803–813. – Ähnlich ist heute die Haltung der britschen Regierung gegenüber schottischen Sezessionswünschen.

Grundidee, die am Anfang des Projekts stand, und den «Bürokraten» anlasten, die in Brüssel arbeiten. Wir sollten uns vielmehr fragen, in welchem Masse die nationalen Akteure – und damit auch wir – für Schwierigkeiten und Mängel verantwortlich sind, weil von der nationalen Ebene der EU nicht zur Verfügung gestellt wird, was sie zu einer besseren Ausübung ihrer eigentlichen Funktionen benötigen würde. Europa kann als Verbund nur so gut sein, wie es seine Mitglieder möglich machen. Darum sei an dieser Stelle die Forderung des Titels dieser Schrift wiederholt: Es geht um «Gerechtigkeit für Europa».

Anhang

Anhang I: Chronologie

Sept. 1946	Churchills Zürcher Europa-Rede
Sept. 1947	Europäisches Wiederaufbauprogramm (ERP/Marshall-Plan, OEEC)
März 1948	Brüsseler Fünfmächtepakt (WEU)
Mai 1948	allg. Kongress von Den Haag
April 1949	Nordatlantikpakt (Nato)
Mai 1949	Schaffung des Europarates
Mai 1950	Erklärung zum Schuman-Plan
April 1951	Gründung der Europäischen Gemeinschaft für Kohle und Stahl (EGKS)
Mai 1952	Vertrag über die Europäische Verteidigungsgemeinschaft (EVG)
Aug. 1954	Ablehnung der EVG durch das französische Parlament
Okt. 1954	Erweiterung des Fünferpaktes um BRD und Italien
März 1957	Gründung der Europäischen Wirtschaftsgemeinschaft (EWG) und der Europäischen Atomgemeinschaft (EAG). Römische Verträge
Jan. 1960	Gründung der Europäischen Freihandelszone (EFTA)
Dez. 1960	Umwandlung der OEEC in OECD (Organisation für wirtschaftliche Zusammenarbeit und Entwicklung, inkl. USA und Kanada)
1963	Abkommen von Jaunde/1975 Lomé I (später II-IV)
1963/67	Französische Vetos zum Beitritt Grossbritanniens
April 1965	Fusionsvertrag: EGKS, EWG und EAG werden EG
Jan. 1966	Luxemburger Kompromiss
1968	Zollunion
1973	Mitgliedschaft von Grossbritannien, Irland und Dänemark
1976	Inkraftsetzung des Europäischen Währungssystems (EWS)
Juni 1979	Erste Direktwahl eines europäischen Parlamentes
1981	Mitgliedschaft von Griechenland (Beginn der Süderweiterung)
1986	Mitgliedschaft von Spanien und Portugal
1.1.1981	Inkraftsetzung der ECU (European Currency Unit)
1981–1984	Entwürfe zur Europäischen Union / Projekt Spinelli
Sept. 1985	Erste Regierungskonferenz zur Weiterentwicklung des Primärrechts

Dez. 1985 Einheitliche Europäische Akte (EEA) mit Horizont 1.1.1993

1986 Ratifikation durch nationale Parlamente / «Naissance d'une nouvelle ambition»

Dez. 1989 Verhandlungsbeginn zur Schaffung eines EWR

Okt. 1990 EG integriert Ex-DDR

Okt. 1991 Verabschiedung des EWR

Dez. 1991 Gipfeltreffen von Maastricht

1.11.1993 Inkrafttreten der EU

1995 EU-Mitgliedschaften von Österreich, Finnland, Schweden

Okt. 1997 Unterzeichnung Vertrag v. Amsterdam (Regierungskonferenz 1996)

Dez. 1997 Start der 2004 realisierten Osterweiterung

Dez. 1999 Grundrechtecharta

Feb. 2001 Unterzeichnung Vertrag v. Nizza (Regierungskonferenz 2000)

1.1.2002 Einführung des Münz-Euro

1.5.2004 EU-Mitgliedschaften von Estland, Lettland, Litauen, Polen, Slowakei, Slowenien, Tschechien, Ungarn, Malta und Zypern

2005 Abstimmungen zum Verfassungsvertrag

1.1.2007 EU-Mitgliedschaft von Bulgarien und Rumänien

2007/2009 Abstimmungen zum Reformvertrag von Lissabon

Sept. 2008 Höhepunkt der Finanzkrise (Zusammenbruch von Lehmann Brothers)

1.7.2013 Kroatien wird 28. EU-Mitglied

Juni 2015 Zuspitzung der griechischen Finanzkrise

Sept. 2015 Zuspitzung der Flüchtlingskrise (partielles Aussetzen des Dublin-Abkommens)

23.6.2016 51,89% der Wähler oder 37,44% der britischen Wahlberechtigten für den EU-Austritt

1.3.2017 Weissbuch der Kommission mit fünf Szenarien

Anhang II: Besondere Sachabstimmungen

27.06.1986 – Dänemark	Einheitliche Europ. Akte	56,2% Ja
26.05.1987 – Irland	Einheitliche Europ. Akte	69,9% Ja
18.06.1989 – Italien	Initiative für EU-Verfassung	88,1% Ja
02.06.1992 – Dänemark	«Maastricht»	52,1% Nein
18.06.1992 – Irland	«Maastricht»	69,1% Ja
20.09.1992 – Frankreich	«Maastricht»	51,1% Ja
18.05.1993 – Dänemark	«Maastricht» 2. Abst.	56,8% Ja
22.05.1998 – Irland	«Amsterdam»	61,7% Ja
28.05.1998 – Dänemark	«Amsterdam»	55,1% Ja
28.09.2000 – Dänemark	Euro-Beitritt	53,1% Nein
07.06.2001 – Irland	«Nizza»	53,9% Nein
19.10.2002 – Irland	«Nizza» 2. Abst.	62,9% Ja
14. 9. 2003 – Schweden	Euro-Beitritt	56,1% Nein
20.02.2005 – Spanien	Verfassungsvertrag	81.8% Ja
29.05.2005 – Frankreich	Verfassungsvertrag	54,7% Nein
01.06.2005 – Niederland	Verfassungsvertrag	61,5% Nein
10.07.2005 – Luxemburg	Verfassungsvertrag	56,5% Ja
12.06.2008 – Irland	Reformvertrag «Lissabon»	53,4% Nein
02.01.2009 – Irland	Reformvertrag «Lissabon» 2. Abst.	79,2% Ja
05.07.2015 – Griechenland	Euro-Verbleib	61,3% Nein
06.04.2016 – Niederland	Assoziation mit Ukraine	61,0% Nein
23.06.2016 – Grossbritannien	Verbleib in der EU	51,9% Nein

Anhang III: Beitrittsabstimmungen und Nato-Beitritte

EG-Westerweiterung von 1973

10. Mai 1972	Irland	83,1% Ja (für einen Beitritt)
26. Sept. 1972	Norwegen	53,5% Nein (gegen einen Beitritt)
02. Okt. 1972	Dänemark	63,3% Ja (für einen Beitritt)
05. Juni 1975	Grossbritannien	67,2% Ja (für ein Verbleiben)

EG-Süderweiterung von 1981/86

keine Volksabstimmungen

EU-Norderweiterung von 1995

12. Juni 1994	Österreich	66,6% Ja (Beteiligung 81 Prozent)
16. Okt. 1994	Finnland	56,9% Ja (Beteiligung 74 Prozent)
13. Nov. 1994	Schweden	52,7% Ja (Beteiligung 82 Prozent)
28. Nov. 1994	Norwegen	52,2% Nein (Beteiligung 88,6 Prozent)

EU-Osterweiterung von 2004

08. März 2003	Malta	53,7% Ja
23. März 2003	Slowenien	89,6% Ja
03. April 2003	Slowakei	86,8% Ja
12. April 2003	Ungarn	83,8% Ja
11. Mai 2003	Litauen	91,8% Ja
08. Juni 2003	Polen	77,4% Ja
14. Juni 2003	Tschechien	77,3% Ja
14. Sept. 2003	Estland	66,8% Ja
21. Sept. 2003	Lettland	67,5% Ja
2003	Zypern	einstimmiges parl. Ja
2005	Bulgarien	Parl. 231:1 Ja bei 2 Enthaltungen
2006	Rumänien	Parl. (keine weiteren Angaben)
22. Jan. 2012	Kroatien	68% Ja

Nato-Mitgliedschaften

Zwölf Staaten gründeten am 4. April 1949 als Verteidigungsbündnis die «North Atlantic Treaty Organization» (Nato): USA, Belgien, Dänemark, Frankreich, Grossbritannien, Island, Italien, Kanada, Luxemburg, Niederlande, Norwegen und Portugal. Hinzu kamen 1952 Griechenland und die Türkei, 1955 die Bundesrepublik Deutschland. Spanien war bereits seit 1981 Nato-Mitglied, aber erst seit 1986 EG-Mitglied. Polen, Tschechien und Ungarn konnten, nachdem sie am Madrider Nato-Gipfel vom Juli 1997 eingeladen worden waren, am März 1999 Nato-Mitglieder werden, aber erst im Jahr 2004 EU-Mitglieder werden.[766] Ihre Situation unterschied sich insofern von

766 Kürzlich erschienen und ausführlicher: Michael Gehler, Revolutionäre Ereignisse und geoökonomisch-strategische Ergebnisse. Die EU- und NATO-«Osterweiterungen» 1989–2015 im Vergleich. ZEI Discussion Paper C 239 2017.

derjenigen Griechenlands, der Türkei und Spaniens, als die neuesten Nato-Mitglieder zuvor Mitglieder des von der Sowjetunion geführten Warschauer Paktes waren. Auch die folgenden Staaten konnten alle bereits im März 2004 der Nato beitreten, obwohl sie erst im Mai 2004 oder sogar erst 2007 EU-Mitglieder wurden: die drei baltischen Staaten Litauen, Lettland, Estland, dazu Slowenien und die Slowakei, Rumänien und Bulgarien. Das geschah jedoch nicht auf eigenen Antrag, sondern aufgrund der bereits im November 2002 erfolgten Einladung von Seiten der Nato. Der Aufnahme mussten dann alle bisherigen Nato-Mitglieder zustimmen. Nach der ersten Nato-Osterweiterung von 1999 handelte es sich 2004 um die zweite Erweiterungsrunde. Die dritte fand 2009 statt und betraf Kroatien und Albanien, die als als 27. und 28. Mitglieder aufgenommen wurden, obwohl Kroatien erst im April 2014, also fünf Jahre später, EU-Mitglied wurde und Albanien es noch längere Zeit nicht sein wird. Aber weitere Länder stehen bereits um Aufnahme an: Mazedonien, Montenegro, Bosnien-Herzegowina, Georgien – und die Ukraine. Das traditionell stark mit Russland verbundene Serbien will nicht in die Nato, sondern sich mit einer Partnerschaft begnügen. Montenegro, das seit 2010 Beitrittsstatus hatte und 2012 EU-Beitrittsverhandlungen führte, ist am 28. April 2017 das 29. Mitglied der Nato geworden.

Anhang IV: Abstimmungen zum Verfassungsvertrag von 2005

Volksabstimmungen:

Spanien:	20. Februar 2005 (81,8% Ja)
Frankreich:	29. Mai 2005 (54,7% Nein)
Niederlande:	1. Juni 2005 (61,5% Nein)
Luxemburg:	10. Juli 2005 (56,5% Ja)
Dänemark:	September 2005 (verschoben)
Portugal:	Oktober 2005 (verschoben)
Polen:	Oktober 2005 (verschoben)
Schweden:	Dezember 2005 (verschoben)
Grossbritannien:	März 2006 (verschoben)
Tschechien:	Juni 2006 (ohne Termin)
Irland:	2006 (ohne Termin)

Parlamentsabstimmungen (alle zustimmend):

1. Litauen:	11. November 2004
2. Ungarn:	20. Dezember 2004
3. Slowenien:	1. Februar 2005
4. Italien:	6. April 2005
5. Griechenland:	19. April 2005
6. Slowakei:	11. Mai 2005
7. Österreich:	25. Mai 2005
8. Deutschland:	27. Mai 2005
9. Lettland:	2. Juni 2005
10. Zypern:	30. Juni 2005
11. Malta:	6. Juli 2005
12. Belgien:	9. Feb. 2006
13. Estland:	9. Mai 2006
14. Finnland:	14. Mai 2006

Anhang V: Abkürzungsverzeichnis

In der Gesamtentwicklung der europäischen Integration sind die Abkürzungen EWG, EG und EU besonders wichtig. Mitunter werden diese in der Literatur nicht zeitgerecht verwendet. Die 1957 geschaffene Europäische Wirtschaftsgemeinschaft (EWG) ging zusammen mit der gleichzeitig entstandenen Europäischen Atomgemeinschaft (EAG oder Euratom) und der 1951 geschaffenen Europäischen Gemeinschaft für Kohle und Stahl (EGKS) im April 1965 in der Europäischen Gemeinschaft auf. Diese wurde am 1. November 1993 zusammen mit der Polizeilichen und Justiziellen Zusammenarbeit in Strafsachen (PJZS) und der Gemeinsamen Aussen- und Sicherheitspolitik (GASP) zur Europäischen Union (EU).

CETA	Comprehensive Economic and Trade Agreement
COSAC	Konferenz der Europaausschüsse
EAG	Europäische Atomgemeinschaft
EEA	Einheitliche Europäische Akte
EFTA	European Freetrade Assoziation
EGKS	Europäische Gemeinschaft für Kohle und Stahl
EP	Europäisches Parlament
EPZ	Europäische Politische Zusammenarbeit
EuGH	Europäischer Gerichtshof
EVG	Europäische Verteidigungsgemeinschaft
EWG	Europäische Wirtschaftsgemeinschaft
EWR	Europäischer Wirtschaftsraum
EZB	Europäische Zentralbank
GASP	Gemeinsame Aussen- und Sicherheitspolitik
IMF	International Monetary Fund
NATO	North Atlantic Treaty Organization
OECD	Organisation for Economic Co-operation and Development
OEEC	Organisation for European Economic Co-operation
TISA	Trade in Services Agreement
TTIP	Transatlantic Trade and Investment Partnership
WEF	World Economic Forum
WTO	World Trade Organisation
WWU	Wirtschafts- und Währungsunion

Anhang VI: Bibliografie

Nicht systematisch aufgeführt sind Jahrbücher, Zeitschriften und Zeitungen.

Gesamtdarstellungen (chronologisch seit 2000)

Freiburghaus, Dieter: Wohin des Wegs, Europa? Ein Lesebuch zur Vergangenheit, Gegenwart und Zukunft der europäischen Integration. Bern 2000.

Schmale, Wolfgang: Geschichte Europas. Wien 2000/2001.

Brunn, Gerhard: Die Europäische Einigung. Von 1945 bis heute. Stuttgart 2002.

Kohler-Koch, Beate/Conzelmann, Thomas/Knodt, Michèle: Europäische Integration – Europäisches Regieren. Wiesbaden 2004.

Clemens, Gabriele/ Reinfeldt, Alexander /Wille, Gerhard: Geschichte der europäischen Integration. Ein Lehrbuch. Paderborn 2008.

Mittag, Jürgen: Kleine Geschichte der Europäischen Union. Von der Europaidee bis zur Gegenwart. Münster 2008.

Gehler, Michael: Europa. Ideen, Institutionen, Vereinigung. München 2010.

Dinan, Desmond: Ever Closer Union. An Introduction to European Integration. Basingstoke 2010.

Wirsching, Andreas: Der Preis der Freiheit. Geschichte Europas in unserer Zeit. München 2012 (besonders S. 153–192).

Gehler, Michael: Europa: von der Utopie zur Realität. Innsbruck/Wien 2014 (und weitere Auflagen, zuletzt 2017).

Winkler, Heinrich August: Geschichte des Westens. Bd. 4, Die Zeit der Gegenwart. München 2015 (besonders S. 264–292).

Loth, Wilfried: Building Europe. A History of European Unification. Berlin 2015.

Weidenfeld, Werner: Europas Seele suchen. Die Bilanz der europäischen Integration. Baden-Baden 2017.

Nicht speziell auf die Integrationsgeschichte ausgerichtet, aber sehr lesenswert als gesellschafts- und kulturgeschichtliches Panorama: Tony Judt, Geschichte Europas von 1945 bis zur Gegenwart. Frankfurt a. M. 2009 (1. Aufl. 2006; im amerik. Original 2005. Das Kap. 22, S. 810–868, befasst sich kenntnisreich mit der EU-Politik.)

Spezialdarstellungen (alphabetisch)

Abbas, Nabila/Förster, Annette/Richter, Emanuel (Hg.): Supranationalität und Demokratie. Die Europäische Union in Zeiten der Krise. Berlin 2015.

Alioth, Martin: Irland und Europa 2002–2009. Basel 2009. Basler Schriften zur europäischen Integration Nr. 90.

Amato, Giuliano: Nach der Sintflut. Die jüngsten Rückschläge sind eine heilsame Lektion. In: Internationale Politik 7, Juli 2005, S. 13–16.

Andersen, Svein S./Eliassen, Kjell A.: EU-Lobbying: Between Representativity and Effectiveness. In: dies. (Hg.), The European Union. How Democratic Is It? London 1996. S. 41–56.

Anderson, Benedict: Imagined Communities: Reflections on the Origin and Spread of Nationalism. London 1983. (Deutsche Übersetzung: Die Erfindung der Nation. Zur Karriere eines folgenreichen Konzepts. Frankfurt a. M. 1988.)

Armingeon, Klaus/Guthmann, Kai: Democracy in crisis? The declining support for national democracy in European countries 2007–2011. In: European Journal of Political Research 53, 3, 2013, S. 423–442.

Becker, Peter/Leisse, Olaf: Die Zukunft Europas. Der Konvent zur Zukunft der Europäischen Union. Wiesbaden 2005.

Bernholz, Peter: Die Bundesbank und die Währungsunion in Europa. In: Deutsche Bundesbank (Hg.), Fünfzig Jahre Deutsche Mark. Notenbank und Währung in Deutschland seit 1948. München 1998. S. 773–833.

Bieber, Roland: Demokratie und Entscheidungsfähigkeit in der künftigen Europäischen Union. In: Astrid Epiney/Karine Siegwart (Hg.), Direkte Demokratie und Europäische Union. Freiburg 1997. S. 77–91.

Biedermann, Marc: Braucht die EU Lobbying-Gesetze? Annäherung an eine schwierige Frage. Basel 2005. Basler Schriften zur europäischen Integration Nr. 73.

Bieling, Hans-Jürgen/Große Hüttmann, Martin (Hg.): Europäische Staatlichkeit. Zwischen Krise und Integration. Berlin 2016.

Bitsch, Marie-Thérèse: Le rôle de la France dans la naissance du Conseil de l'Europe. In: Poidevin 1986, S. 165–198.

Bitsch, Marie-Thérèse: Les sommets de la Haye. La mise en route de la relance de 1969. In: Wilfried Loth (Hg.), Crises and Compromises: The European Project 1963–1969. Baden-Baden/Brüssel 2001. S. 539–565.

Boden, Martina: Europa von Rom nach Maastricht. Eine Geschichte in Karikaturen. München 1997.

Böckenförde, Ernst-Wolfgang: Staat, Nation, Europa: Studien zur Staatslehre, Verfassungstheorie und Rechtsphilosophie. Frankfurt a. M. 1999.

Böhmer, Katharina: ‹We Too Mean Business›: Germany and the Second British Application to the EEC, 1966–67, in: Oliver J. Daddow (Hg.): Harold Wilson and European Integration: Britain's Second Application to Join the EEC. London 2003. S. 211–226.

Bracher, Karl Dietrich: Europa in der Krise. Innengeschichte und Weltpolitik seit 1917. Frankfurt a. M. 1979.

Brait, Andrea/Gehler, Michael: Grenzöffnung 1989. Innen- und Aussenperspektiven und die Folgen für Österreich. Wien 2014.

Braudel, Fernand: L'identité de la France. Espace et histoire. Paris 1986.

Bredebach, Patrick: Vom bedingten «Nein» zum bedingten «Ja»: Die deutsche Sozialdemokratie und die europäische Integration in den 1950er Jahren. In: Maria Gainar/Martial Libera (Hg.), Contre l'Europe? Anti-européisme, euroscepticisme et alter-européisme dans la construction européenne, de 1945 à nos jours. Vol. 2: Acteurs institutionnels, milieux politiques et société civile. Stuttgart 2013, S. 191–205.

Brubaker, Rogers: Nationalism Reframed. Nationhood and the national question in the New Europe. Cambridge 1996.

Brugmans, Hendrik: Les origines de la civilisation européenne. Liège 1958.

Brühlmeier, Daniel: Auf dem Weg zu einer verfassten nationalen Identität. Basel 1991.

Brunkhorst, Hauke: Das doppelte Gesicht Europas – Zwischen Kapitalismus und Demokratie. Berlin 2014.

Brunnermeier, Markus/James, Harold/Landau, Jean-Pierre: The Euro and the Battle of Ideas. Princeton 2016.

Bude, Heinz: Die Selbstgerechten, die Übergangenen und die Verbitterten. Die Gesellschaft der Angst und der Protestbegriff des Volkes. Eine Dresdner Rede. In: Theater heute, Nr. 3, März 2015, S. 30–35.

Bude, Heinz: Das Gefühl der Welt. Über die Macht von Stimmungen. München 2016.

Cameron, David R.: Creating Supranational Authority in Monetary and Exchange-Rate Policy: The Sources and Effects of EMU. In: Wayne Sandholtz/Alec Stone Sweet, European Integration and Supranational Governance. Oxford 1998. S. 188–216.

Carlier, Philippe: Fernand Dehousse et le projet d'Union politique. In: Trausch, 1993, S. 365–377.

Cheneval, Francis: Die Europäische Union und das Problem der demokratischen Repräsentation. Basel 2004. Basler Schriften zur europäischen Integration Nr. 67.

Cheneval, Francis: Die EU und der Prozess ihrer Legitimation. In: ders. u. a. (Hg.), Legitimationsgrundlagen der Europäischen Union. Münster 2005. S. 1–28.

Chiti-Batelli, Andrea: L'idea d'Europa nel pensiero di Altiero Spinelli. Manduria 1989. S. 167–189.

Clerc, Louis: Un euroscepticisme nordique? Le Danemark face à la construction européenne (1918–1993). In: Wassenberg/Clavert/Hamman 2010, S. 175–193.

Compagnon, Antoine/Seebacher, Jacques (Hg.): L'Esprit de l'Europe. 3 Bände, Paris 1993.

Dahl, Robert A.: Democracy and its Critics. New Haven 1989.

Dahrendorf, Ralf: Europa als Ersatz für die Nation ist gescheitert. In: EG-Magazin 1982, 1, S. 16/17.

Dalton, Russell J./Eichenberg, Richard C.: Citizen Support for Policy Integration. In: Wayne Sandholtz/Alec Stone Sweet, European Integration and Supranational Governance. Oxford 1998. S. 250–282.

Decker, Frank: Weniger Konsens, mehr Wettbewerb: Ansatzpunkte einer institutionellen Reform. In: Rüttgers/Decker, 2017, S. 163–179.

Decker, Frank/Hartleb, Florian, L'euroscepticisme en Allemagne. Les partis politiques et l'Union européenne, in: Neumayer, Laure/Roger, Antoine/Zalewski, Frédéric (Hg.): L'Europe contestée: ‹populisme› et ‹euroscepticisme› dans l'Union européenne élargie. Paris 2008. S. 34–54.

Dell, Edmund, The Schuman Plan and the British Abdication of Leadership in Europe. Oxford 1995.

Demokratisierung der Europäischen Gemeinschaften. Bonn 1972. (Schrift der Europa-Union und ihres Bildungswerks Europäische Politik.)

Dicke, Klaus (Hg.): Politisches Entscheiden. Baden-Baden 2001.

Dinan, Desmond: From Treaty Revision to Treaty Revision: The Legacy of Maastricht. In: Journal of European Integration History 19, 1, 2013, S. 123–139.

Duchêne, François: Jean Monnet. The First Statesman of Interdependence. New York 1994.

Enno, Rudolph: Kerneuropa – Chance oder Hypothek? In: Cheneval u.a., 2005, S. 273–285.

Enzensberger, Hans Magnus: Ach, Europa! Wahrnehmungen aus sieben Ländern. Frankfurt a. M. 1987/89.

Enzensberger, Hans Magnus: Brüssel oder Europa – eines von beiden. In: ders., Der fliegende Robert. Gedichte. Szenen. Essays. Frankfurt a. M. 1989, S. 117–125.

Enzensberger, Hans Magnus: Sanftes Monster Brüssel oder die Entmündigung Europas. Berlin 2011.

Forster, Anthony: Britain and the Maastricht Negotiations. Oxford 1999.

Fossum, John Erik/Pollak, Johannes: Which Democratic Principles for the European Union? What Deficit? In: Simona Piattoni (Hg.), The European Union: Democratic Principles and Institutional Architectures in Times of Crisis. Cambridge 2015, S. 29–45.

Frank, Robert: La société française depuis 1945. Américanisation, européanisation, mondialisation et identité nationale. In: Reiner Marcowitz (Hg.), Nationale Identität und transnationale Einflüsse. Amerikanisierung, Europäisierung und Globalisierung in Frankreich nach dem Zweiten Weltkrieg. München 2007. S. 146–157.

Franklin, Mark/Marsh, Michael/McLaren, Lauren: Uncorking the Bottle. Popular Opposition to European Integration in the Wake of Maastricht. In: Journal of Common Market Studies 32, 4, 1994, S. 455–472.

Franklin, Mark/Van der Eijk, Cees/Marsh, Michael: Referendum Outcomes and Trust in Government: Public Support for Europe in the Wake of Maastricht. In: West European Politics 18, 3, 1995, S. 101–117.

Franzius, Claudio/Preuss, Ulrich K.: Die Zukunft der europäischen Demokratie. Baden-Baden 2012.

Gabel, Matthew J., Public Support for European Integration: An Empirical Test of Five Theories. In: The Journal of Politics 60, 2, 1998, S. 333–354.

Gabel, Matthew J.: Interests and Integration. Market Liberalization, Public Opinion and European Union. Ann Arbor, MI 1998.

Garton Ash, Timothy: Europa denken. In: Internationale Politik 9, 1995, S. 3–11.

Gehler, Michael: Zeitgeschichte im dynamischen Mehrebenensystem. Zwischen Regionalisierung, Nationalstaat, Europäisierung, internationaler Arena und Globalisierung. Bochum 2001.

Gehler, Michael: At the Heart of Integration: Understanding National European Policy. In: Wolfram Kaiser/Antonio Varsori (Hg.), European Union History. Themes and Debates. London 2010. S. 85–108.

Gehler, Michael: Die Europäische Union – ein postmodernes Imperium? In: ders./Robert Rollinger (Hg.), Imperien und Grossreiche in der Weltgeschichte. Bd. 2. Wiesbaden 2014, S. 1255–1308.

Gehler, Michael: Revolutionäre Ereignisse und geoökonomisch-strategische Ergebnisses. Die EU- und NATO-«Osterweiterungen» 1989–2015 im Vergleich. ZEI Discussion Paper C 239 2017.

Gemper, Bodo (Hg.): Das Europäische Einigungswerk in der Bewährungskrise: Integrationserfolg durch Ordnungspolitik. Netphen 2010.

Geppert, Dominik: Die Europäische Union ohne Grossbritannien: Wie es zum Brexit kam und was daraus folgt. In: Rüttgers/Decker, 2017, S. 117–130.

Gerbet, Pierre: La construction de l'Europe. Paris 1994 (2. Aufl.).

Gerhards, Jürgen: Westeuropäische Integration und die Schwierigkeiten der Entstehung einer europäischen Öffentlichkeit. In: Zeitschrift für Soziologie, 22, April 1993, S. 96–110.

Girault, René (Hg.): Identité et conscience européennes au XXe siècle. Paris 1994.

Girault, René/Bossuat, Gérard (Hg.): Les Europe des Européens. Paris 1993.

Girault, René/Bossuat, Gérard (Hg.): Europe brisée, Europe retrouvée. Paris 1994.

Giscard d'Estaing, Valéry: Europe. La dernière chance d'Europe. Paris 2014.

Göler, Daniel: Deliberation – Ein Zukunftsmodell europäischer Entscheidungsfindung? Analyse der Beratungen des Verfassungskonvents 2002–2003. Baden-Baden 2006.

Grabitz, Eberhard: Europäisches Bürgerrecht zwischen Marktbürgerschaft und Staatsbürgerschaft. 1970 (ohne Ort).

Grabitz, Eberhard: Die Grundrechte der Europäischen Union. Das Europa der Bürger? In: Schneider/Wessels, 1977, S. 167–188.

Griffiths, Richard T.: Europe's First Constitution: The European Political Community, 1952–1954. London 2000.

Grimm, Dieter: Europa ja – aber welches? Zur Verfassung der europäischen Demokratie. München 2016.

Grüner, Stefan: Paul Reynaud (1878–1966). München 2001.

Guérot, Ulrike: Eine Verfassung für Europa. Neue Regeln für den alten Kontinent? In: Internationale Politik 2, 2001, S. 28–36.

Guérot, Ulrike: Stell dir vor, es gibt Europa und keiner macht mit. Eine persönliche Betrachtung über die ethnozentrische Ignoranz vieler Europäer. In: Internationale Politik 7, Juli 2005, S. 47–49.

Guérot, Ulrike: Warum Europa eine Republik werden muss. Eine politische Utopie. Bonn 2016.

Habermas, Jürgen: Ach, Europa. Frankfurt a. M. 2008.

Halecki, Oskar: Grenzraum des Abendlandes. Salzburg 1957.

Hallstein, Walter: Der unvollendete Bundesstaat. Europäische Erfahrungen und Erkenntnisse. Düsseldorf 1969.

Hannay, David (Hg.): Britain's Entry into the European Community. London 2000.

Harmsen, Robert/Spiering, Menno (Hg.): Euroscepticism: Party Politics, National Identity and European Integration. Amsterdam 2004.

Hanschmann, Felix: «Europäische Identität»: Eine Flucht ohne Ende. Kommentar zu Johannes Pollak. In: Christian Joerges/Matthias Mahlmann/Ulrich K. Preuss (Hg.), «Schmerzliche Erfahrungen der Vergangenheit» und der Prozess der Konstitutionalisierung Europas. Wiesbaden 2008. S. 81–94.

Heins, Volker: Das Andere der Zivilgesellschaft: zur Archäologie eines Begriffs. Bielefeld 2002.

Hennette, Stéphane/Piketty, Thomas/Sacriste, Guillaume/Vauches, Antoine: Für ein anderes Europa. Vertrag zur Demokratisierung der Eurozone. München 2017.

Hieber, Thomas: Die Europäische Bürgerinitiative nach dem Vertrag von Lissabon. Rechtsdogmatische Analyse eines neuen politischen Rechts der Unionsbürger. Tübingen 2014.

Hierzinger, Roland/Pollak, Johannes (Hg.): Europäische Leitbilder. Festschrift für Heinrich Schneider. Baden-Baden 2001.

Hohls, Rüdiger/Kaelble, Hartmut (Hg.): Geschichte der Europäischen Integration bis 1989, Stuttgart 2016.

Honecker, Stefan: Die Debatte um das «Kerneuropa»-Papier der CDU/CSU-Fraktion. In: Roland Erne u. a. (Hg.) Transnationale Demokratie. Impulse für ein demokratisch verfasstes Europa. Zürich 1995. S. 330–341.

Hrbek, Rudolf: Demokratiegebot und Europäische Gemeinschaft. In: Klaus Hartmann (Hg.), Die Demokratie im Spektrum der Wissenschaften. Freiburg 1980. S. 285–322.

Hrbek, Rudolf: Das Vertragswerk von Maastricht. Die EG auf dem Weg zur Europäischen Union, in Wirtschaftsdienst 72. Jg. 1992, H. 3, 131–137.

Hrbek, Rudolf: Der Vertrag von Maastricht und das Demokratie-Defizit der Europäischen Union auf dem Weg zu stärkerer demokratischer Legitimation? In: Albrecht Randelzhofer/Rupert Scholz/Dieter Wilke (Hg.): Gedächtnisschrift für Eberhard Grabitz. München 1995. S. 171–193.

Hrbek, Rudolf: Bürgerinitiative, Europäische. In: Jan Bergmann (Hg.): Handlexikon der Europäischen Union. Baden-Baden 2015 (5. Aufl.).

Huber, Peter M.: Maastricht – ein Staatsstreich? Stuttgart 1993.

Huber, Peter M.: Die parlamentarische Demokratie unter den Bedingungen der europäischen Integration. In: ders. (Hg.), Das Ziel der europäischen Integration. Berlin 1996.

Huber, Sophie: What does it Mean to Be European? Questions and Answers in the Early 1970s. In: Francis Cheneval u. a. (Hg,), Legitimationsgrundlagen der Europäischen Union. Münster 2005. S. 287–301.

Huber, Sophie: Polyphonie sur l'identité européenne. Aux origines d'un discours identitaire 1962–1973. Thèse n°811 HEID Genève 2009.

Hueglin, Thomas O.: Government, Governance, Governmentality. Understanding the EU as a project of universalism. In: Beate Kohler-Koch/Eising, Rainer (Hg.), The Transformation of Governance in the European Union. London 1999. S. 249–266.

Hug, Cathérine/Robert Menasse: Europa. Die Zukunft der Geschichte. Zürich 2015.

Hug, Simon: Möglichkeiten und Grenzen der direkten Demokratie in der EU. In: Francis Cheneval u. a. (Hg.), Legitimationsgrundlagen der Europäischen Union. Münster 2005. S. 411–431.

Hug, Simon: Vertragsratifizierung und demokratische Legitimation in der EU. St. Gallen 2003.

Hug, Simon: Voices of Europe: citizens, referendums, and European integration. Lanham 2003.

Inglehart, Ronald: Cognitive Mobilization and European Identity. In: Comparative Politics 3, 1970, S. 45–70.

Jansen, Thomas: Die Kontinuität der Bemühungen um die Politische Union Europas. In: Schneider/Wessels, 1977, S. 33–54.

Jansen, Thomas: Die Europäische Union als Antwort auf die Krisen des Jahrhunderts. In: Kirt, 2001, S. 49–58.

Jarausch, Konrad H./Sabrow, Martin (Hg.): Die historische Meistererzählung. Deutungslinien der deutschen Nachkriegsgeschichte nach 1945. Göttingen 2002.

Kaelble, Hartmut: The Historical Rise of a European Public Sphere? In: Journal of European Integration History 8, 2, 2002, S. 9–22.

Kaelble, Hartmut: The European Public Sphere. Florenz, Europäisches Hochschulinstitut, 2007.

Kaelble, Hartmut: Europa in der Krise: Zivilisationskrise – Integrationskrise – Krisenmanagement. In: Mergel, 2012, S. 131–144.

Kaiser, Wolfram: Die EU-Volksabstimmungen in Österreich, Finnland, Schweden und Norwegen. Wien 1995.

Kaiser, Wolfram: Die Geschichte der Europäischen Union und die Gesellschaftsgeschichte Europas. In: Arnd Bauerkämper/Hartmut Kaelble, Gesellschaft in der europäischen Integration seit den 1950er Jahren. Stuttgart 2012. S. 43–62.

Karner, Christian/Kopytowska, Monika (Hg.): National Identity and Europe in Times of Crisis: Doing and Undoing Europe. Bingley/UK 2017.

Kaufmann, Bruno: Eine Prise Schweiz für die EU-Verfassungg. In: Jürg Altwegg (Hrsg.), Helvetia im Aussendienst. Was Schweizer in der Welt bewegen. Zürich 2004, S. 155–170.

King, Anthony: Referendums and the European Community. In: Austin Ranney (Hg.), The Referendum Device. Washington, DC 1981.

Kirt, Romain (Hg.): Die Europäische Union und ihre Krisen. Baden-Baden 2001.

Klaus, Václav: Europe. The Shattering of Illusions. London 2012.

Kleger, Heinz (Hg.): Der Konvent als Labor, Münster 2004.

Kleger, Heinz: Was kann und was soll eine Europäische Verfassung? Überlegungen zum Verfassungsentwurf des Konvents. In: Cheneval u. a., 2005, S. 153–177.

Kluth, Winfried: Die demokratische Legitimation der Europäischen Union: eine Analyse der These vom Demokratiedefizit der Europäischen Union aus gemeineuropäischer Verfassungsperspektive. Berlin 1995.

Knipping, Franz: Rom, 25. März 1957. Die Einigung Europas. München 2004.

Knipping, Franz/Schönwald M. (Hg.): Aufbruch zum Europa der zweiten Generation. Die europäische Einigung 1969–1984. Trier 2004.

Kohler-Koch, Beate/Rainer Eising (Hg.), The Transformation of Governance in the European Union. London 1999.

Kohler-Koch, Beate/Conzelmann, Thomas/Knodt, Michèle: Europäische Integration – Europäisches Regieren. Wiesbaden 2004.

Kohler-Koch, Beate/Quittkat, Christine (Hg.), Die Entzauberung partizipativer Demokratie. Zur Rolle der Zivilgesellschaft bei der Demokratisierung von EU-Governance. Frankfurt a. M. 2011.

König, Helmut u. a. (Hg.) Europas Gedächtnis. Das neue Europa zwischen nationalen Erinnerungen und gemeinsamer Identität. Bielefeld 2008.

Körkemeyer, Stephan: Direkte Demokratie und Europäische Integration: zu den Möglichkeiten und Grenzen unmittelbarer Volksbeteiligung an der staatlichen Willensbildung in der Europäischen Union: dargestellt am Beispiel der Schweiz unter Berücksichtigung der Rechtslage in den derzeitigen EU-Mitgliedstaaten. Bern 1995.

Kopper, Christopher: Die Entwicklung des europäischen Binnenmarktes und die Einheitliche Europäische Akte von 1986. In: Hohls/Kaelble, 2016, S. 231–243.

Koselleck, Reinhart: Kritik und Krise. Eine Studie zur Pathogenese der bürgerlichen Welt. Frankfurt a. M. 1959.

Koselleck, Reinhart: «Krise», in: Otto Brunner, Werner Conze, Reinhart Koselleck (Hg.), Geschichtliche Grundbegriffe. Historisches Lexikon zur politisch-sozialen Sprache in Deutschland. Band 3. Stuttgart 1982, S. 617–650.

Kreis, Georg: Der Blick auf Europa – ein Blick in die Geschichte. Wie Herbert Lüthy die europäischen Vergemeinschaftungsprozess beurteilte. In: Schweizer Monatshefte 12,1997/1,1998. S. 35–38. Erneut in: ders., Vorgeschichten zur Gegenwart, Ausgewählte Aufsätze. Bd. 3, Basel 2005. S. 323–329.

Kreis, Georg: Keine postnationale Zukunft. In: Zeitschrift Kultur Politik Kirche 44, Okt. 1995. S. 364–369.

Kreis, Georg: Nationalismus – ein Produkt der Moderne. In: Nationalismen. Hinweise für die Zukunft. Jahrbuch der NHG. Aarau 1998. S. 35–41.

Kreis, Georg: Europa und seine Grenzen. Mit sechs weiteren Essays zu Europa. Bern 2004.

Kreis, Georg: Die EU: legitimiert aus dem Gang der Geschichte? In: Cheneval u. a., 2005.

Kreis, Georg: Wie viel Demokratie für Europa? In: ders., Vorgeschichten zur Gegenwart. Ausgewählte Aufsätze. Bd. 3, Basel 2005, S. 375–390.

Kreis, Georg: Die direktdemokratische Dimension der Europäischen Gemeinschaft. In: Jahrbuch für Europäische Geschichte 7, 2006, S. 157–177.

Kreis, Georg: Grenzen der Demokratie? Überlegungen anlässlich Frankreichs jüngster EU-Abstimmung. In: Bruno Kaufmann (Hg.), Direkte Demokratie und europäische Integration. Basel 2005, S. 35–53 (= Basler Schriften zur europäischen Integration Nr. 75). Erneut in: ders., Vorgeschichten zur Gegenwart. Ausgewählte Aufsätze. Bd. 3, Basel 2005. S. 392–415.

Kreis, Georg: Auf dem Erinnerungspfad der europäischen Einigung. Zur Rekapitulation der Römischen Verträge von 1957. In: Jahrbuch für Europäische Geschichte 9, 2008, S. 205–215. Erneut in: ders., Vorgeschichten zur Gegenwart. Ausgewählte Aufsätze. Bd. 4, Basel 2008, S. 131–141.

Kreis, Georg: L'émergence de la notion d'«identité» dans la politique de la Communauté européenne. Quelques réflexions autour de la Déclaration du sommet de Copenhague de 1973. In: Relations internationales 140, 2009, S. 54–72.

Kreis, Georg: Europa auf dem Weg zu einem gemeinsamen Geschichtsbild? In: ders., Vorgeschichten zur Gegenwart. Ausgewählte Aufsätze. Bd. 5, Basel 2011, S. 273–285.

Kreis, Georg: Europa – eine Schnecke? In: ders., Vorgeschichten zur Gegenwart. Ausgewählte Aufsätze. Bd. 5, Basel 2011. S. 293–299.

Kreis, Georg: Europakonzeptionen: Föderalismus, Bundesstaat, Staatenbund. Europäische Geschichte Online (EGO) 2012 (http://ieg-ego.eu/de/threads/modelle-und-stereotypen/modell-europa/georg-kreis-europakonzeptionen-foederalismus-bundesstaat-staatenbund).

Kreis Georg (Hg.), Grenzüberschreitende Mikrointegration. Der Basler Dreiländerraum gestern – heute – morgen. Basel 2012. S. 11–30. Basler Schriften zur europäischen Integration Nr. 100.

Kreis, Georg: Das Gelegenheitsfenster von 1992. In: Dieter Freiburghaus/ders. (Hg.), Der EWR – verpasste oder noch bestehende Chance. Zürich 2013. S. 13–42.
Kühnhardt, Ludger: European Integration. Challenge and Response. Crises as Engines of Progress in European Integration History. Bonn 2006.
Kühnhardt, Ludger: Europa neu begründen. Bonn 2007.
Kühnhardt, Ludger: European Union – The Second Founding. Baden-Baden 2008.
Küsters, Hanns Jürgen: Die Gründung der Europäischen Wirtschaftsgemeinschaft. Baden-Baden 1982.
Lachmann, Per: The Treaty of Maastricht vs. the Danish Constitution. In: Nordic Journal of International Law 67, 1998, S. 365–368.
Lacroix, Justine/Coman, Ramona (Hg.): Les résistances à l'Europe. Cultures nationales, idéologiques et stratégiques d'acteurs. Brüssel 2007.
Lager, Carole: L'Europe en quête de ses symboles. Bern 1995.
Lamers, Karl: Die Fundamente tragen noch. Wie Europa seine Bürger wiedergewinnen kann. In: Internationale Politik 7, Juli 2005, S. 29–34.
Lapparent, Olivier de: L'euroscepticisme de Raymond Aron. In: Wassenberg/Clavert/Hamman, 2010, S. 207–221.
Lepsius, Rainer Mario: Nationalstaat oder Nationalitätenstaat als Modell für die Weiterentwicklung der Europäischen Gemeinschaft. In: Rudolf Wildenmann (Hg.), Staatswerdung Europas? Optionen für eine Europäische Union. Baden-Baden 1991, S. 19–40.
Lepsius, Rainer Mario: Bildet sich eine kulturelle Identität in der Europäischen Union? In: Blätter für deutsche und internationale Politik 8, 1997, S. 948–955.
Lindberg, Leon L./Scheingold, Stuart A.: Europe's would-be polity. Patterns of change in the European Community. Cambridge 1970.
Lipgens, Walter: Die Anfänge der europäischen Einigungspolitik. Stuttgart 1977.
Lipgens, Walter: Die Europäische Integration. Stuttgart 1983.
Lipgens, Walter: 45 Jahre Ringen um die Europäische Verfassung. Bonn 1986.
Loth, Wilfried: Walter Hallstein – der vergessene Europäer? Bonn 1995.
Loth, Wilfried: Vertiefung in der Erweiterung? Die Europäische Regierungskonferenz in historischer Perspektive. In: Kulturwissenschaftliches Institut, Jahrbuch 1995. Essen 1995. S. 77–81.
Loth, Wilfried: Regionale, nationale und europäische Identität. In: ders./Jürgen Osterhammel (Hg.), Internationale Geschichte. Themen – Ergebnisse – Aussichten. München 2000.
Loth, Wilfried: Entwürfe einer europäischen Verfassung. Eine historische Bilanz. Bonn 2002.
Loth, Wilfried: Europäische Identität in historischer Perspektive. Bonn 2002.
Loth, Wilfried: Negotiating the Maastricht Treaty. In: Journal of European Integration History 19, 2013, S. 67–83.
Loth, Wilfried: Die «Kerneuropa»-Idee in der europäischen Diskussion. In: Journal of European Integration History (JEIH) 21, 2, 2015, S. 203–216.
Loth, Wilfried/Osterhammel, Jürgen (Hg.), Internationale Geschichte. Themen – Ergebnisse – Aussichten. Oldenburg 2000.
Ludlow, Peter: The Laeken Council. Brüssel 2002.

Ludlow, Piers: Dealing with Britain. The Six and the first UK Application to the EEC. Cambridge 1997.

Ludlow, Piers: European Integration in the 1980s: on the Way to Maastricht? In: Journal of European Integration History 19, 2013, S. 11–22.

Lübbe, Hermann: Abschied vom Superstaat: Vereinigte Staaten von Europa wird es nicht geben. Berlin 1994.

Lübbe, Hermann: Regionalismus und Föderalismus in der politischen Transformation, in: Peter M. Huber (Hg.), Das Ziel der europäischen Integration. Berlin 1996. S. 85–95.

Lüthy, Herbert: Frankreichs Uhren gehen anders. 1954. In: Werkausgabe Bd. II. Zürich 2002.

Lüthy, Herbert: Europa als Zollverein? Eine karolingische Meditation im Jahre 1960. In: Werkausgabe Bd. III, Essays I, 1940–1963. Zürich 2003. S. 369–392.

Lüthy, Herbert: Wo liegt Europa? Zehn Versuche zu den Umtrieben des Zeitgeistes. Ein Nachwort nach dreissig Jahren, 1990. Zürich 1991. In: Werkausgabe Bd. IV, Essays II, 1963–1990. Zürich 2004. S.S. 412–428.

Mair, Peter: Political Opposition and the European Union. In: Government and Opposition 42, 1, 2007, S. 1–17.

Martelli, Roger: L'identité c'est la guerre. Mayenne 2016.

Martenet, Vincent: Un pacte pour réformer et refonder l'Union européenne. In: Collection débats et documents Nr. 8, März 2017, Fondation Jean Monnet, Lausanne.

Melandri, Pierre: Le rôle de l'unification européenne dans la politique extérieure des Etats-Unis 1948–1950. In: Poidevin, 1986, S. 25–45.

Menasse, Robert: Der Europäische Landbote. Die Wut der Bürger und der Friede Europas. Wien 2012.

Mergel, Thomas (Hg.): Krisen verstehen. Historische und kulturwissenschaftliche Annäherungen. Frankfurt a. M./New York 2012.

Meyer, Carla/Patzek-Mattern, Katja/Schenk, Gerrit Jasper (Hg.): Krisengeschichte(n). ‹Krise› als Leitbegriff und Erzählmuster in kulturwissenschaftlicher Perspektive. Stuttgart 2013.

Meyer, Jan-Henrik, Der Haager Gipfel von 1969. Von den Krisen der Europäischen Gemeinschaft der 1960er Jahre zum europäischen politischen System. In: Hohls/Kaelble, 2016, S. 163–174.

Middelaar, Luuk van: Vom Kontinent zur Union. Gegenwart und Geschichte des vereinten Europa. Berlin 2016.

Milward, Alan S.: The Reconstruction of Western Europe 1945–1951. London 1984.

Milward, Alan S.: The European Rescue of the Nation State. Los Angeles 1992.

Milward, Alan S.: The United Kingdom and the European Community: The Rise and Fall of a National Strategy, 1945–1963. London 2002.

Monnet, Jean: Mémoires. Paris 1976.

Moravcsik, Andrew: In Defence oft the ‹Democratic Deficit›: Reassessing Legitimacy in the European Union. In: Journal of Common Market Studies 40, 4, 2002, S. 603–624.

Moreau, Patrick/Wassenberg, Birte (Hg.): European Integration and New Anti-Europeanism. Vol. 1: The 2014 European Election and the Rise of Euroscepticism in Western Europe. Vol. 2: The 2014 European Election and New Anti-European Forces in Southern, Northern and Eastern Europe. Stuttgart 2016.

Morin, Edgar: Penser l'Europe. Paris. Paris 1987.
Müller, Jan-Werner: Was ist Populismus? Ein Essay. Berlin 2016.
Müller-Härlin, Maximilian: Nation und Europa in Parlamentsdebatten zur Europäischen Integration. Identifikationsmuster in Deutschland, Frankreich und Grossbritannien nach 1950. Baden-Baden 2008.
Müller, Manuel: Diplomatie oder Parlamentarismus. Altiero Spinellis Ablehnung des Genscher-Colombo-Plans 1981. Themenportal Europäische Geschichte, 2009, http://www.europa.clio-online.de/Portals/_Europa/documents/B2009/E_Mueller_Diplomatie.pdf.
Münch, Richard: Das Projekt Europa. Zwischen Nationalstaat, regionaler Autonomie und Weltgesellschaft. Frankfurt a. M. 1993.
Münch, Richard: Demokratie ohne Demos. Europäische Integration als Prozess des Institutionen- und Kulturwandels, in: Wilfried Loth/Wolfgang Wessels (Hg.), Theorien europäischer Integration, Opladen 2001, S. 177–203.
Nassmacher, Karl-Heinz: Demokratisierung der Europäischen Gemeinschaften. Bonn 1972.
Niedermayer, Oskar: Bevölkerungsorientierungen gegenüber dem politischen System der Europäischen Gemeinschaft. In: Rudolf Wildenmann (Hg.), Staatswerdung Europas? Optionen für eine Europäische Union. Baden-Baden 1991, S. 321–353.
Niess, Frank: Die europäische Idee – Aus dem Geist des Widerstands. Frankfurt a. M. 2001.
Niethammer, Lutz: Kollektive Identität. Heimliche Quellen einer unheimlichen Konjunktur. Hamburg 2000.
Noelle-Neumann, Elisabeth: Die Schweigespirale. Öffentliche Meinung – unsere soziale Haut. München 1980, S. 294–305.
Nohlen, Dieter/Stöver, Philip: Elections in Europe: A data handbook. Baden-Baden 2010.
Noiriel, Gérard: L'identité nationale dans l'historiographie française. Note sur un problème. In: Jacques Chevalier (Hg.), L'identité politique. Paris 1994, S. 294–305.
Offe, Claus: Europa in der Falle. Berlin 2016. Engl. Original: Europe Entrapped. Cambridge 2014.
Offe, Claus/Ulrich K. Preuss, The Problem of Legitimacy in the European Polity: Is Democratization the Answer? In: Colin Crouch/Wolfgang Streeck (Hg.), The Diversity of Democracy. Corporatism, Social Order and Political Conflict. Cheltenham 2006. S. 175–204.
Offe, Claus/Ulrich K. Preuss, Citizens in Europe: Essays on Democracy, Constitutionalism and European Integration. Colchester 2016.
Oppermann, Thomas: Der Maastrichter Vertrag — Rechtspolitische Wertung, in: Rudolf Hrbek (Hg.), Der Vertrag von Maastricht in der wissenschaftlichen Kontroverse. Baden-Baden 1993, S. 103–119.
Passerini, Luisa: The Question of European Identity. San Domenico (EUI) 1998.
Passerini, Luisa: From the Ironies of Identity to the Identities of Irony. In: Anthony Pagden (Hg.), The Idea of Europe. Cambridge (UK) 2002, S. 191–208.
Patel, Kiran Klaus: Wie Europa seine Bürger verlor. Für mehr Teilhabe: Europäisierung und die Defizite der Integration. In: Internationale Politik 60, 7, 2005, 22–28.
Patel, Kiran Klaus: Europäisierung wider Willen. Die Bundesrepublik Deutschland in der Agrarintegration der EWG, 1955–1975. München 2009.

Patel, Kiran Klaus: Europäische Integration. In: Jost Dülffer/Wilfried Loth (Hg.), Dimensionen internationaler Geschichte. München 2012. S. 353–372.

Piattoni, Simona/Schönlau, Justus: Shaping EU Policy from Below. EU Democracy and the Committee of the Regions. Cheltenham 2015.

Pichler, Peter: Acht Geschichten über die Integrationsgeschichte. Zur Grundlegung der Geschichte der europäischen Integration als ein episodisches historiographisches Erzählen. Innsbruck 2011.

Picht, Robert (Hg.): L'identité européenne. Analyses et propositions pour le renforcement d'une Europe pluraliste. (o.O.) 1994.

Piela, Ingrid: Walter Hallstein – Jurist und gestaltender Europapolitiker der ersten Stunde. Berlin 2012.

Poidevin, Raymond (Hg.): Histoire des débuts de la construction européenne (mars 1948–mai 1950). Brüssel 1986.

Pollak, Johannes: Repräsentation ohne Demokratie. Wien 2007.

Pollak, Johannes: Ist eine politische Identität möglich? Oder: Warum wir lernen sollten, Zwiebeln zu lieben. In: Christian Joerges/Matthias Mahlmann/Ulrich K. Preuss (Hg.), «Schmerzliche Erfahrungen der Vergangenheit» und der Prozess der Konstitutionalisierung Europas. Wiesbaden 2008. S. 63–80.

Preuss, Ulrich K.: Revisiting the Rationale Behind the European Union – the Basis of European Narratives Today and Tomorrow. In: J. van der Walt/J. Ellsworth (Hg.), Constitutional Sovereignty and Social Solidarity in Europe. Baden-Baden 2015. S. 193–220.

Raschke, Joachim (Hg.): Soziale Bewegungen. Ein historisch-systematischer Grundriss. Frankfurt a. M./New York 1985.

Rasmussen, Morten (Hg.), The road to a united Europe: interpretations of the process of European integration. Brüssel 2009.

Rasmussen, Morten: European Rescue of the Nation-State? Tracing the Role of Economics and Business. In: Wolfram Kaiser/Antonio Varsori (Hg.), European Union History. Themes and Debates. London 2010. S. 128–149.

Reif, Karlheinz: Ein Ende des «Permissive Consensus»? Zum Wandel europapolitischer Einstellungen in der öffentlichen Meinung der EG-Mitgliedstaaten. In: Rudolf Hrbek (Hg.), Der Vertrag von Maastricht in der wissenschaftlichen Kontroverse. Baden-Baden 1993. S. 23–40.

Reif, Karlheinz: Wähler und Demokratie in der EG. Die drei Dimensionen des demokratischen Defizits. In: Aus Politik und Zeitgeschichte B 19, 1. Mai 1992, S. 43–52.

Rieben, Henri u. a. (Hg.): Un changement d'espérence. La Déclaration du 9 mai 1950. Jean Monnet – Robert Schuman. Lausanne 2000.

Rodrik, Dani: Das Globalisierungs-Paradox. Die Demokratie und die Zukunft der Weltwirtschaft. München 2011.

Roll, Evelyn: Wir sind Europa! Eine Streitschrift gegen den Nationalismus. Berlin 2016.

Rougemont, Denis de: Europa. Vom Mythos zur Wirklichkeit. München 1961.

Rummel, Reinhardt/Wessels, Wolfgang (Hg.): Die Europäische Politische Zusammenarbeit. Leistungsvermögen und Struktur der EPZ. Bonn 1978.

Rüttgers, Jürgen/Decker, Frank (Hg): Europas Ende, Europas Anfang. Neue Perspektiven für die Europäische Union. Frankfurt a. M. 2017.

Salmhofer, Andreas: Die Europapolitik von Norwegen. Saarbrücken 2008.

Scharpf, Fritz Wilhelm: Demokratietheorie zwischen Utopie und Anpassung. Konstanz 1970.

Scharpf, Fritz Wilhelm: Regieren in Europa: Effektiv und demokratisch? Frankfurt a. M. 1999.

Scheingold, Stuart A.: The rule of law in European integration: the path of the Schuman plan. New Haven 1965.

Schleicher, Klaus: Zur Biographie Europas. Identität durch Alltagshandeln. Hamburg 2007.

Schlumberger, Jörg A./Segl, Peter (Hg.): Europa – aber was ist es? Aspekte seiner Identität in interdisziplinärer Sicht. Köln 1994.

Schmale, Wolfgang: Scheitert Europa an seinem Mythendefizit? Bochum 1997.

Schmale, Wolfgang: Geschichte und Zukunft der europäischen Identität. Stuttgart 2008.

Schmale, Wolfgang: Mein Europa. Wien 2013.

Schmid, Thomas: Europa ist tot, es lebe Europa! Eine Weltmacht muss sich neu erfinden. München 2016.

Schmierer, Joscha: Mein Name sei Europa. Einigung ohne Mythos und Utopie. Frankfurt a. M. 1996.

Schmuck, Otto: Heterogene Diskussionslandschaft zu Maastricht: Die Ratifizierungsdebatten zum Vertrag über die Europäische Union. In: Integration 15, 4, 1992, S. 206–215.

Schnapper, Dominique: La notion d'identité nationale: quelques significations? Cahiers français Nr. 342, janvier/février 2008.

Schneider, Heinrich/Wessels, Wolfgang (Hg.): Auf dem Weg zur Europäischen Union? Diskussionsbeiträge zum Tindemans-Bericht. Bonn 1977.

Schulz-Forberg, Hagen: Europa entzaubert? Öffentlichkeit und Integration Europas. In: Johannes Wienand/Christiane Wienand (Hg.), Die kulturelle Integration Europas. Wiesbaden 2010. S. 51–96.

Schulze, Hagen: (Hg.): Europäische Geschichte: Quellen und Materialien. München 1994.

Schulze, Hagen: Staat und Nation in der europäischen Geschichte. München1994.

Schulze, Hagen: Die Identität Europas und die Wiederkehr der Antike. Bonn 1999.

Schuster, Gunnar: Der Sonderstatus Dänemarks im Vertrag über die Europäische Union. In: Europäische Zeitschrift für Wirtschaftsrecht 4, 6, 1993, S. 177–180.

Schwabe, Klaus: Jean Monnet. Frankreich, die Deutschen und die Einigung Europas. Baden-Baden 2016.

Schwarze, Jürgen/Bieber, Roland: Eine Verfassung für Europa. Baden-Baden 1984.

Seidendorf, Stefan: Europäisierung nationaler Identitätsdiskurse? Ein Vergleich französischer und deutscher Printmedien. Baden-Baden 2007.

Siedentop, Larry: Democracy in Europe. London 2000.

Simms, Brendan/Zeeb, Benjamin: Europa am Abgrund. Plädoyer für die Vereinigten Staaten von Europa. München 2016.

Siune, Karen/Svensson, Palle/Tonsgaard, Ole: The European Union: The Danes Said «No» in 1992, but «Yes» in 1993. How and Why? In: Electoral Studies 13, 2, 1994, S. 107–116.

Sloterdijk, Peter: Falls Europa erwacht. Frankfurt a. M. 1994.

Smith, Anthony D.: National Identity and the Idea of European Unity. In: International Affairs 68 1992, S. 55–76.

Spierenburg, Dirk/Poidevin, Raymond: Histoire de la Haute Autorité de la Communauté européenne du charbon et de l'acier. Une expérience supranationale. Brüssel 1993.

Stiftung Mitarbeit (Hg.): Wieviel Europa verträgt die Demokratie? Redaktion: Tilman Evers. Opladen 1994.

Strath, Bo: Die enttäuschte Hoffnung auf das soziale Europa. In: Arnd Bauerkämper/Hartmut Kaelble (Hg.), Die Europäische Union und ihre Gesellschaft. Wiesbaden 2012. S. 23–42.

Suleiman, Ezra: Is Democratic Supranationalism a Danger? In: Charles A. Kupchan (Hg.), Nationalism and Nationalities in the New Europe. Ithaca 1995. S. 66–84.

Svein S. Andersen/Kjell A. Eliassen: The European Union: How Democratic Is it? London 1996.

Taggart, Paul A./Szczerbiak, Aleks (Hg.): Opposing Europe? The Comparative Party Politics of Euroscepticism. Oxford 2005.

Taggart, Paul: Populism and Representative Politics in Contemporary Europe. In: Journal of Political Ideologies 9, 3, 2004, S. 269–288.

Thiemeyer, Guido: Vom «Pool vert» zur Europäischen Wirtschaftsgemeinschaft. Europäische Integration, kalter Krieg und die Anfänge der gemeinsamen europäischen Agrarpolitik 1950–1957. München 1999.

Thiemeyer, Guido: Die Ursachen des «Demokratiedefizits» der Europäischen Union aus geschichtswissenschaftlicher Perspektive. In: Wilfried Loth (Hg.), Das europäische Projekt zu Beginn des 21. Jahrhunderts. Opladen 2001. S. 27–47.

Thiemeyer, Guido: Der Kampf um das wahre Europa: Anti-Europäismus und Euro-Skeptizismus in der Opposition gegen die Wirtschafts- und Währungsunion in der deutschen Öffentlichkeit 1990–1999. In: Maria Gainar/Martial Libera (Hrsg.), Contre l'Europe? Antieuropéisme, euroscepticisme et alter-européisme dans la construction européenne de 1945 à nos jours. Vol. 2: Acteurs institutionels, milieux politiques et société civile, Stuttgart 2013, S. 271–284.

Thiemeyer, Guido: Das Demokratiedefizit der Europäischen Union. Geschichtswissenschaftliche Perspektiven. In: Hohls/Kaelble, 2016, S. 95–105.

Thomä, Dieter: Puer Robustus. Eine Philosophie des Störenfrieds. Frankfurt a. M. 2016.

Tiemann, Guido/Treib, Oliver/Wimmel, Andreas: Die EU und ihre Bürger. Wien 2011.

Trausch Gilbert (Hg.): Die Europäische Integration vom Schuman-Plan bis zu den Verträgen von Rom. Baden-Baden 1993.

Trunk, Achim: Eine europäische Identität zu Beginn der 1950er Jahre? Die Debatten in den europäischen Versammlungen 1949 bis 1954. In: Wilfried Loth (Hg.), Das europäische Projekt zu Beginn des 21. Jahrhunderts. Opladen 2001. S. 49–80.

Trunk, Achim: Europa, ein Ausweg. Politische Eliten und europäische Identität in den 1950er Jahren. München 2007.

Utzinger, André: Mythen oder Institutionen? Zur Bildung kollektiver Identitäten im postnationalen Europa. In: Cheneval u. a., 2005, S. 235–251.
Vaisse, Maurice: La grandeur. Politique étrangère du général de Gaulle 1958–1969. In: Politique étrangère 63, 3, 1998, S. 667–670.
Van der Eijk, Cees/Franklin, Mark N.: Potential for Contestation on European Matters at National Elections in Europe. In: Gary Marks/Marco N. Steenbergen (Hg.), European Integration and Political Conflict. Cambridge 2004. S. 32–50.
Varoufakis, Yanis: Adults in the Room. My Battle with Europe's Deep Establishment. London 2017.
Verheugen, Günter: Europa in der Krise. Für eine Neubegründung der europäischen Idee. Köln 2005.
Vial, Philippe: Jean Monnet, un père pour la CED? In: René Girault/Gérard Bossuat (Hg.), Europe brisée. Europe retrouvée. Paris 1994, S. 197–262.
Vorländer, Hans: Die Dauerkrise der Europäischen Gemeinschaft. In: Aus Politik und Zeitgeschichte, Beilage 29–30, 18. Juli 1981, S. 3–23.
Wassenberg, Birte: Histoire du Conseil de l'Europe (1949–2009). Brüssel 2012.
Wassenberg, Birte: L'opposition à la création de la CEE au sein de l'Assemblée Parlementaire du Conseil de l'Europe (1955–1957). In: Maria Gainar/Martial Libera (Hg.), Contre l'Europe? Anti-européisme, euroscepticisme et alter-européisme dans la construction européenne de 1945 à nos jours. Vol. 2: Acteurs institutionels, milieux politiques et société civile, Stuttgart 2013, S. 105–126.
Wassenberg, Birte/Clavert, Frédéric/ Hamman Philippe (Hg.): Contre l'Europe? Anti-européisme, euroscepticisme, et alter-européisme dans la construction européenne de 1945 à nos jours. Vol. 1: Les concepts. Stuttgart. 2010.
Wassermann, Rudolf: Die Zuschauerdemokratie. Düsseldorf 1986.
Wehler, Hans-Ulrich: Nationalismus. Geschichte, Formen, Folgen. München 2001.
Weidenfeld, Werner (Hg.): Nur verpasste Chancen? Der Reformbericht der Europäischen Gemeinschaft. Bonn 1983.
Weidenfeld, Wolfgang (Hg.): Die Identität der Deutschen. München 1983.
Weidenfeld, Wolfgang (Hg.): Die Identität Europas. Fragen, Positionen, Perspektiven. München 1985.
Weidenfeld, Werner: 30 Jahre EG. Bilanz der europäischen Integration. Bonn 1987.
Weidenfeld, Werner (Hg.): Reform der Europäischen Union. Materialien zur Revision des Mastrichtvertrags 1996. Gütersloh 1995.
Weilemann, Peter: Die Anfänge der Europäischen Atomgemeinschaft. Zur Gründungsgeschichte von Euratom 1955–57. Baden-Baden 1982.
Wessels, Wolfgang: Die Integrationsstrategie des Tindemanns-Berichts. In: Schneider/Wessels, 1977, S. 219–238.
Wessels, Wolfgang: Der Europäische Rat. Stabilisierung statt Integration? Bonn 1980.
Wessels, Wolfgang: Maastricht: Ergebnisse, Bewertungen und Langzeittrends. In: Integration 1, 1992, S. 2–16.
Wessels, Wolfgang: Jean Monnet – Mensch und Methode: überschätzt und überholt? Wien 2001.
Wessels, Wolfgang: The European Council. London 2016.

Wildhaber, Luzius: Québec, Schottland, Katalonien – Gedanken zur Sezession in Demokratien. In: Giovanni Biaggini u. a. (Hg.), Polis und Kosmopolis. Festschrift für Daniel Thürer. Zürich 2015. S. 803–813.

Wildhaber, Luzius: Territorial Modifications and Breakups in Federal States. In: The Canadian Yearbook of International Law, 1995, S. 41–74.

Williams, Shirley: Sovereignty and Accountability in the European Community. In: Robert Keohane/Stanley Hoffmann (Hg.), The New European Community: Decisionmaking and Institutional Change. Boulder, CO 1991, S. 155–176.

Winkelmann, Ingo (Hg.): Das Maastricht-Urteil des Bundesverfassungsgerichts vom 12. Oktober 1993. Dokumentation des Verfahrens mit Einführung. Berlin 1994.

Personenregister

Georg Kreis

Vorgeschichten zur Gegenwart. Ausgewählte Aufsätze

Bd. 1:
2003. 574 Seiten,
40 Abbildungen.
Broschiert.
ISBN 978-3-7965-2020-4

Bd. 2:
2004. 578 Seiten,
43 Abbildungen,
3 Grafiken. Broschiert.
ISBN 978-3-7965-2080-8

Bd. 3:
2005. 574 Seiten,
55 Abbildungen.
Broschiert.
ISBN 978-3-7965-2154-6

Bd. 4:
2008. 572 Seiten,
51 Abbildungen.
Broschiert.
ISBN 978-3-7965-2441-7

Bd. 5:
2011. 555 Seiten,
47 Abbildungen,
davon 1 in Farbe,
5 Tabellen, 2 Grafiken,
2 Karten. Broschiert.
ISBN 978-3-7965-2799-9

Bd. 6:
2013. 577 Seiten,
59 Abbildungen,
davon 18 in Farbe,
6 Tabellen, 12 Grafiken,
7 Karten. Broschiert.
ISBN 978-3-7965-2934-4

Alle Bände sind auch als
ePub eBook erhältlich unter
www.schwabeverlag.ch.

Das Signet des 1488 gegründeten
Druck- und Verlagshauses Schwabe
reicht zurück in die Anfänge der
Buchdruckerkunst und stammt aus
dem Umkreis von Hans Holbein.
Es ist die Druckermarke der Petri;
sie illustriert die Bibelstelle
Jeremia 23,29: «Ist nicht mein Wort
wie Feuer, spricht der Herr,
und wie ein Hammer, der Felsen
zerschmettert?»